大西洋战争

从15世纪到革命时代

ATLANTIC WARS

FROM THE FIFTEENTH CENTURY TO THE AGE OF REVOLUTION

[英] 杰弗里·普兰克 著
(Geoffrey Plank)

吴畋 译

陕西新华出版
陕西人民出版社

图书在版编目（CIP）数据

大西洋战争：从 15 世纪到革命时代 / （英）杰弗里·普兰克（Geoffrey Plank）著；吴畋译. —西安：陕西人民出版社，2023. 11

书名原文：ATLANTIC WARS：FROM THE FIFTEENTH CENTURY TO THE AGE OF REVOLUTION

ISBN 978-7-224-14785-8

Ⅰ. ①大… Ⅱ. 杰… ②吴… Ⅲ. ①战争史—世界—15-18 世纪 Ⅳ. ①E19

中国版本图书馆 CIP 数据核字（2022）第 253334 号

著作权合同登记号　　图字 25-2023-203

出 品 人： 赵小峰
总 策 划： 关　宁
策划编辑： 管中洑　李　妍
责任编辑： 李　妍
封面设计： 白　剑

大西洋战争：从 15 世纪到革命时代

作　　者 ［英］杰弗里·普兰克
译　　者 吴　畋
出版发行 陕西人民出版社
（西安市北大街 147 号　邮编：710003）
印　　刷 西安市建明工贸有限责任公司
开　　本 787 毫米×1092 毫米　1/16
印　　张 23. 75
字　　数 232 千字
版　　次 2023 年 11 月第 1 版
印　　次 2023 年 11 月第 1 次印刷
书　　号 ISBN 978-7-224-14785-8
定　　价 85. 00 元

如有印装质量问题，请与本社联系调换。电话：029-87205094

献 给 伊 娜

目　录

第三部分　跨大西洋战争

绪　论

5000 年前，北美沿海的渔民乘坐大型划艇从拉布拉多、纽芬兰和 1
现今美国的缅因州出发，驶入大西洋捕获鳕鱼和剑鱼，猎杀海象和鼠海豚。他们在征途中收集捕获物，用鲸骨和剑鱼吻制作工具，而且在埋葬死者时陪葬鲨鱼和虎鲸的牙齿。后来，航海逐渐衰落下去，最终归于停顿。直到现在，我们也不知道这些美洲原住民为什么会撤出深水区。数千年来，定居在大西洋周边的欧洲、非洲和美洲居民数以百万计，其中只有很少的人敢于出海远行，包括亚速尔诸岛（Azores）、百慕大（Bermuda）、佛得角群岛、法罗群岛、冰岛、马德拉（Madeira）、圣赫勒拿（Saint Helena）、圣多美（São Tomé）和普林西比（Principe）在内的众多知名岛屿仍然无人居住。于是，美洲人和非洲、欧洲人之间的交往被搁置下来。与印度洋以及由波利尼西亚和亚洲环绕的太平洋相比，大西洋在 2000 年前的独特之处就是它的主要岛屿荒无人烟。大西洋的特性塑造了欧洲海上扩张的早期历史。

等到欧洲帆船完成跨大西洋航行时，波罗的海、北海和地中海上为期几个世纪的冲突已经让帆船成为强大的战争工具。当欧洲殖民者和军人在非洲或美洲展开陆战时，他们时常会陷入苦战，但舰船使欧洲人具备了优势，让他们能够长途运输人员、武器和补给，乃至转移、撤离和带走战俘。从公元 8 世纪起，来自欧洲的水手开始向大洋深处稳步前行。不过，他们在深水区几乎不会遇到来自非洲或美洲原住民的竞争，欧洲人及其后裔几乎垄断了大洋上的帆船航行。截至 18 世纪末，他们已经主宰了大西洋的绝大部分海域和至少北至加利福尼亚的美洲沿岸太平洋地区，这些海域及其邻近海岸地区构成了一个独特且日趋融合的“大西洋世界”。

2 本书审视了从中世纪晚期到 19 世纪战争对大西洋沿岸地区人类历史的塑造。不论美洲殖民地建立在哪里，新近抵达的殖民者总会面对美洲原住民或对立殖民地乃至帝国军人的武装抵抗。不论殖民者是谁，不论他们横越大洋的原始动机是什么，这些殖民地都会成为征服的目标。人们生活在何处，如何生活，与谁交往，如何相互认知，怎样塑造社会结构乃至能否生存，都受到战争的影响。至关重要的军事事务推动了舰船、港口、要塞和道路等相关技术的发展，这些技术又在相隔遥远的诸多海岸重新塑造了海岸景观。殖民扩张通过强制迁徙获得大量土地，对战俘的奴役和运输则提供了劳动力。在美洲，需要动用武力才能把人们束缚在奴隶制下。

若将大洋地区作为一个整体审视，显然能够发现，战争的影响弥漫在近代早期大西洋周边地区的生活当中。军事技术和人员穿过邦国、殖民地和帝国的边界，跨越岛屿和大洲的界限。战争让形形色色的人一起产生关系紧密的共同体验。水手或是出于自愿，或是被强制征募，后一种情况出现得颇为频繁。在海上和陆地，美洲原住民、非洲人以及欧洲人的后裔时而并肩作战，时而相互厮杀。整军备战和应对战争带来的后果会让整个大西洋卷入其中，包括来自大西洋世界各个地区的妇女、男子、儿童乃至老人。有些战争，比如 17 世纪初荷兰反抗西班牙的战争、17 世纪末和 18 世纪的欧洲帝国战争以及法国大革命和拿破仑时代的战争，令散居在这片广大地域内的人直接交战。即便是小规模的地方性冲突也时常源自大西洋彼岸的影响，继而给战区以外带来深远后果。比如说，发生在非洲的战争就会给加勒比海地区及南北美洲的殖民地带来直接影响，这是因为战俘会被卖到那里去做奴隶。

学者们早已意识到环大西洋地区拥有超越民族、国家或帝国边界的历史，这是一部独特的、共有的历史。自 20 世纪 90 年代起，随着历史学家越发关注非洲人、欧洲人和美洲原住民间的互动，人们对大西洋史的兴趣也日益增长。在解读欧洲、非洲和美洲间的关系时，从大西洋史角度出发的学者的等级观念并不会像帝国视角的史学家那样严重。他们对官僚制度和帝国法规不太关注，转而关注多元文化的大西洋周边地区的移民、贸易和思想交流。不过，尽管已经有不少关于大西洋历史的优 3
秀作品面世，但还没有一部是以战争的重大影响为中心的。

欧洲人从未像他们主宰海战一样主导非洲、美洲或大西洋诸岛上的陆战，与此相反，欧洲殖民者和远征军时常需要依靠当地盟友。随着各个群体相互学习，新的作战方式也得以发展起来。16 世纪零星、孤立的冲突模式逐步演变成 17、18 世纪的一系列大规模跨洋战争，邦国和帝国越发占据主导地位。但针对这一趋势的广泛反抗也引发了大西洋沿岸诸多地区的革命斗争。革命时代结束后，旧式的跨文化联盟受到冷遇，这促使大西洋战争在近代早期走向终结。

为了阐明上述发展的地理、年代维度，这本书分为三个部分。最初几章探究欧洲和殖民地海上力量的起源、发展状况和局限性。第二部分审视塑造欧洲人、非洲人和美洲原住民交汇地区战争方式的陆战技术和同盟网络。书末的三个章节按时间顺序排列，先后勾勒出大西洋战争的初始阶段、横跨大洋的战争和革命时代。不过，我们首先还是得思考战争的起源。

*　　*　　*

1539 年，流亡国外的瑞典天主教传教士奥劳斯·芒努斯（Olaus Magnus）在威尼斯出版了一幅斯堪的纳维亚及北大西洋地图。在当时，这幅名为《海图》（*Carta Marina*）的地图既是印刷出版的最大地图之一，也显然是最详尽描绘大西洋北部边缘海域及其邻近地区的海图。在现代人看来，图上的陆地略微有些变形、失调，但芒努斯还是准确标示了苏格兰、奥克尼群岛（Orkneys）、设得兰（Shetland）、法罗群岛、冰岛和格陵兰的位置。他将洋流信息载入图中，并且似乎在寒冷的极地海水和

图绪 1 奥劳斯·芒努斯《海图》(1539 年)细节。收于乌普萨拉大学图书馆

穿过大西洋流向挪威的暖流之间画出了分界线。芒努斯用描绘人群特征
和海洋及其海岸风景的图画装点地图，除了几头源于想象的海兽之外，
4 图上还有渔民、猎人、役使驯鹿的萨米(Sami)牧人、一头在浮冰上的
北极熊和冲上格陵兰海岸的漂流木。芒努斯并没有亲自到过图上的绝大
多数地方，他在前往意大利之前曾担任外交官，需要到斯堪的纳维亚和
波罗的海沿岸履职，他在那些地方遇到过渔民、商人和水手，从他们那
里得知了有关上述地点的种种信息。

芒努斯模糊处理了格陵兰的轮廓和大小，只让这个岛屿的两个部分进入地图的上方边界。他在这两个半岛描绘出暴力场景，左边的格陵兰里有两个人持矛对峙，其中一个人要比另一个高得多。矮个子自信地手持兵器，似乎是在向上刺击对手。这两个人势均力敌。他们是谁？他们为什么战斗？他们是发生私人争斗还是参与了一场战争？这两人装束大相径庭，夸张的体格对比表明他们可能代表截然不同的族群。芒努斯在格陵兰的另一部分以明确得多的方式展示了不同文化发生冲突的画面，图上一名身穿皮毛衣物的男子手持一副弓箭，瞄准了一艘停泊在海岸附

图绪2　奥劳斯·芒努斯《海图》(1539 年)细节。收于乌普萨拉大学图书馆

近的三桅帆船。

这些图之所以值得注意，原因在于 16 世纪初格陵兰人与欧洲人的相关记录极为罕见。芒努斯有可能用到了来自渔民和其他旅行者的口头传闻，如其不然，他的画作也可能源自北欧人殖民格陵兰时期的集体记忆。我们手头关于此次殖民的最古老文献写于 12 世纪 20 年代，据该文献所述，北欧人于公元 985 年从冰岛抵达格陵兰，其后不久就发现： 5
“这一地区的东西两部分都有人居住，有皮艇的碎块和石器。”这个简短的段落表明，在欧洲人定居格陵兰岛的最初 200 年里，北欧人和格陵兰原住民的交往很少。起初，岛上原住民向北迁移避开北欧人，但在公元 1200 年左右，情况发生了变化，一群来自北美大陆的人——现今因纽特人的先祖抵达格陵兰岛。这些新来客在北欧人定居点附近建立了自己的定居点，收集包括毛织品和大宗铁制品在内的北欧人工制品。目前尚不清楚他们是通过贸易、拾荒还是劫掠来获得此类物品。考古学家几乎没有发现北欧人和格陵兰原住民之间武装冲突的证据，但中世纪的记载里有时会提到暴力行为。例如记录了原住民战士在 1379 年“怀着敌意对格陵兰人发动攻击，杀死了 18 名男子，抓获了 2 名男童充当奴隶”。一位旅行者提到他在 1420 年身处挪威时，曾目睹沦为俘虏的因纽特人，这些人和他们的划艇被一并带到斯堪的纳维亚，后者还被放在主教座堂里展览。按照奥劳斯·芒努斯的回忆，他曾在 1505 年见到类似的展览，

“奥斯陆主教座堂西入口上方的墙壁上固定着几条小皮艇”。

就欧洲人拓殖格陵兰的这一早期阶段而言，我们所拥有的因纽特视角记录最早可以追溯到18世纪60年代，当时，某个因纽特巫医给一名丹麦传教士提供了一份记录。根据这位巫医的说法，早在因纽特人从北方抵达格陵兰之前，北欧人就已建立了定居点。因纽特人希望可以融入北欧人的生活，但北欧人拒绝让他们接近，只同意展开贸易。后来，来自英格兰的劫掠者乘坐三艘小船攻击了位于峡湾入口的一个北欧人定居点，北欧人击退了入侵者，夺取了一艘船。此次冲突令因纽
6 特人颇为惊诧，导致他们退入内陆。一年后，一整支船队抵达此地，意欲劫掠北欧人的农场并夺走家畜。许多北欧定居者死于随后发生的战斗，不少人则乘船逃跑。那些离开定居点的北欧人对留下来的人许下诺言，声称要是劫掠者再出现，他们就会赶回来提供保护。但第二年，劫掠者再度出现，彻底摧毁了北欧人的定居点。北欧人一方并没有来自海外的援军，拯救幸存者的使命也就留给了因纽特人。因纽特人将北欧妇孺带到远离海岸的地方，让他们安全地生活在因纽特社群中。

关于中世纪格陵兰的暴力战争，《海图》和巫医的故事做出了截然不同的诠释，但它们都没有提到特定的、足以识别的事件。《海图》上的图画随意分布在广袤的土地上，也没有仔细地定位到格陵兰的任何特定地点。与此相反，它们的目的仅仅在于提供概述，为传说中的岛民个性和行为提供写照。巫医的故事似乎提到了较为具体的时间和地理位置，但它将发生在几个世纪里的诸多事件浓缩成区区几个生动的故事。芒努斯的《海图》直白地展现了对立社群间的冲突对抗，巫医则描述了社群间的关系随着时间流逝发生变迁，区分了诸多暴力事件中原住民的不同反应，与芒努斯形成了鲜明对比。他还着力区分了相互对立的欧洲人群体，将妇女和儿童纳入其中。巫医强调了跨文化同盟、相互扶持和文化融合，这与芒努斯截然不同。

这或许反映了欧洲人和原住民在看待北大西洋暴力战争时的视角差

异。截至 16 世纪 30 年代，意大利人、葡萄牙人、西班牙人、巴斯克人以及其他体验过大西洋的人，他们已经认可了与美洲原住民武装群体结盟颇具价值，联合作战也具有可行性。但到了 18、19 世纪，因纽特人以类似的方式对自己的往昔给出了相互矛盾的诠释。18 世纪 60 年代之后，因纽特人讲述的传说开始越发强调北欧时期的原住民与维京人后裔间的暴力对抗。

芒努斯《海图》所处的时代，是美洲显而易见的奇异和独特之处令欧洲人惊诧不已的时代，当时，有许多欧洲人开始第一次推测、概括西方大陆的奇妙与恐怖。与此相比，到了 18 世纪 60 年代，因纽特人已经拥有和欧洲人交流数个世纪的经历。例如，丹麦人早在 18 世纪 20 年代就建立了一块新的格陵兰殖民地。

《海图》和巫医在描绘格陵兰历史时都给它加上了传说式的、不受时间影响的特征，尽管芒努斯和巫医的视角差异极大，但他们对早期战事的描述却保持一致。他们刻画的战士都是男子，巫医并不认为妇女和儿童积极参与了战斗。他们也都将帆船和危险联系到一起。《海 7
图》上的图画描绘了海员面对的苦难。芒努斯用怪兽占据了洋面，沿着格陵兰海岸画出了几艘失事船只的残骸。即便是在他展示的唯一一艘完好无损的船上，那位孤独的船员也被一名原住民战士当成了靶子。至于巫医，他也回想起一旦海船将人员运到陆地，暴力就随之而来，这些人只想着劫掠和破坏。但在殖民格陵兰后的数个世纪里，芒努斯和巫医描绘的社群冲突特征，会在大西洋的诸多海岸发生变化并被赋予全新的意义。

欧洲人和美洲原住民之间最早载入史册的有组织暴力行为发生在拉布拉多和纽芬兰岛。北欧人在公元 1000 年左右抵达纽芬兰，岛上当时存在的不同原住民群体可能有三个，每个原住民群体都拥有自己的物质文化。岛民依靠渔猎为生，有些人会为了追逐猎物离开定居点前往季节性营地。岛民也会打鱼和采集野生覆盆子等植物。北欧人在纽芬兰的前哨据点要比他们在格陵兰的定居点小一些，而且性质也不同，即便在人最多的时候也仅有 70 至 90 人居住。北欧人在当地越冬数年，但并没有产出多少生活垃圾，而且也没有公墓，这表明他们并没有待很久。当他们离开纽芬兰时，这些人带走了包括武器在内的大部分财产。

两部写于 13 世纪的冰岛“萨迦”①提到了移居纽芬兰的北欧人和美洲原住民间的冲突。这些“萨迦”写于事件发生几个世纪之后，其中叙述的事件无疑经过了挑选和润饰，以便突出与故事讲述者和冰岛、格陵兰听众相关的主题。

根据《红色埃里克萨迦》的记载，来自纽芬兰的探险队刚刚在北美大陆海岸设立营地，就有九只皮艇接近他们。每只艇上都直挺挺地站着一个挥舞棍杖的人。北欧人原本希望这是个“和平的表示”，可一旦接近，就立刻被这些人的外表所吓到。这部“萨迦”将美洲原住民描绘成
8 身材很矮小、相貌十分邪恶猥琐、头发粗硬、双眼巨大、颧骨高耸的人。皮艇上的人看到北欧人也感到惊讶，他们停留了一会儿，然后继续前行。几个月后，一大群人又乘坐皮艇、挥舞棍杖前来，显然是要邀请北欧人进行贸易。他们给予北欧人未经鞣制的灰色生皮，以此换取小块红布。他们还要求购买武器，但北欧人拒绝出售。后来，一头突然出现的公牛让美洲原住民受到了惊吓，贸易也就终止了。三个星期后，一大群武装人员过来，他们用箭和石头从四面八方攻击北欧人。北欧人一直逃到一处峭壁下方，就在这时，一名妇女挺身而出，她斥责这些人的逃跑行为，她从一名战死的北欧男子身上捡起剑，朝着敌方的弓箭手冲了过去，用剑猛掴自己袒露的胸乳。最后，美洲原住民战士竟然在她的恐吓下撤退了。②

而《格陵兰萨迦》里记录的第一场战斗发生在拉布拉多。一支沿着海岸扬帆北行的北欧探险队看到三只蒙了兽皮的船底部朝上堆放在一片海滩上。他们上岸细细检查后才发现每只皮艇的船体下方都有三个人在

---

①13 世纪前后被冰岛和挪威人用文字记载的古代民间故事。（本书脚注均为译者注）

②本书中的所有“萨迦”译文均引自《萨迦选集》，［冰岛］佚名著，石琴娥等译，商务印书馆，2000 年 5 月版。

睡觉。北欧人分成几支独立部队从多个方向迫近。他们突袭了正在睡觉的人，抓获八名俘虏，但还是有一人逃脱。北欧人杀害了落入他们手中的人，然后撤退到附近的海角，不过他们在海滩上睡觉时还要留有一名卫兵负责警戒。很快，这名卫兵便发现一支运载大批弓箭手的船队抵达。北欧人利用船只侧面作为墙体，匆忙沿着船建起了一道粗糙的栅栏。他们决定等待对方攻击并且“愈少反击愈好”。原住民战士朝着北欧人射箭，杀死了其中一人，但临时搭建的栅栏还是保护了其他人。对峙了一段时间后，原住民战士发现射箭毫无成效，便退了回去。

《格陵兰萨迦》还讲述了发生在北欧人设于纽芬兰的主要定居点附近的冲突。文中暗示即便在北欧人发现岛上有人居住之前，就有岛民正在搜集毛皮以从事贸易。当一批岛民携带毛皮接近北欧人后，他们都被殖民者的牲畜吓到了。至于北欧人，也被原住民弄得惊骇不已，以至于要闩上房门以防他们入内。最终，北欧人用一道篱笆将定居点圈了起来。尽管这两个群体小心翼翼又没有共同语言，但他们还是设法展开贸易，越过篱笆交换成捆的食物和毛皮。一天，有个原住民男子趁着贸易时机越过篱笆潜入定居点，想要窃走一些武器，被一个北欧人发现并将其杀死。杀戮吓坏了贸易团体里的其他岛民，他们逃之夭夭，连毛皮也扔到身后不管不顾，北欧人则开始准备战斗。北欧人将一群岛民引诱到
一片开阔地，放出一头公牛冲击岛民，北欧人则手持兵器跟在公牛后 9
面。美洲原住民既惊恐又晕头转向，于是就有许多人当场被杀。

这些故事突出了双方在军事技战术方面的差异。北欧人熟悉弓箭，但他们偏爱使用剑、斧这样的兵器投入近战，而对手倾向远距离射击和依靠退却避免伤亡。“萨迦”就强调了北欧人在面对这种战斗时的两难境地，其中一种对策是寻找掩蔽物并等待敌军发起进攻，另一种对策则是放出动物对付原住民战士或拿起剑和斧头进行交战。

可以看到，“萨迦”中的北欧人似乎已经准备好对美洲原住民施加暴力。《红色埃里克萨迦》中曾详述过一个片段：一群北欧人遇到一个长胡子的男子、两名女子和两个男孩。他们立刻发起攻击，赶跑了成年

人，抓住了男孩，此等行径和北欧人在其他地方的所作所为毫无二致。“萨迦”暗示跨过大西洋的北欧人中也包括了来自冰岛和欧洲各地的人——包括斯堪的纳维亚人、操德语的中欧地区人和不列颠人。挪威国王原先曾有两个充当奴隶的苏格兰人——一个名叫赫克雅(Hekja)的女子和一个名叫哈基(Haki)的男子。挪威国王将他们派给红色埃里克，埃里克又派他俩乘坐一艘船勘测北美海岸。如果相信这些“萨迦”的描述，那么他们就是第一批涉足拉布拉多大陆的欧洲人。从公元 9 世纪到 11 世纪，除了欧洲大陆的某些地区之外，不列颠和爱尔兰也为北欧奴隶贸易提供了“货源”，有些不列颠和爱尔兰商人依靠将虏获的奴隶卖给北欧人牟利。北欧劫掠者也会在不列颠和爱尔兰亲自抓人，将他们关在安格尔西岛(Anglesey)和奥克尼群岛等地区的沿海堡垒里，然后再将这些人带到布里斯托尔(Bristol)、都柏林这样的城市并在市场上出售。
10 捕获的人有时候会被转卖给城里的商人，再由他们运到海外出售。而在另一些情形下，在市场上出售奴隶的人也正是那些捕奴的战士。那些被卖到海外的人在运输途中被带上锁链，而后横跨大西洋运到冰岛或穿越地中海卖给非洲、亚洲的穆斯林商人。奴隶贸易是一种从战争中获利的途径，北欧人的战斗动机之一就源于此。

依靠他们独有的舰船，北欧人能够长途奔袭，在几乎无人注意的情况下登陆，并通过绑架和劫掠牟利。尽管北欧人是凶悍的劫掠者，“萨迦”却表明北欧人在北美时常处于守势。“萨迦”并没有扬扬得意地描述欧洲兵器的优势，反而传达出局促不安的情绪，或许这是以暗示和回溯的方式证明北欧人撤出纽芬兰的合理性。“萨迦”将原住民描述成灵活机动的人，根本无法预测他们的到来和离去，北欧人也很难理解他们的意图，于是，北欧人认为就连这些原住民的外表都堪称“邪恶猥琐”。为了自卫，他们和美洲原住民保持一定距离，禁止向他们出售武器，而且用篱笆圈住了定居点。北欧人是娴熟的航海家，但正如“萨迦”所述，这种技能并不能为他们提供陆地上的安全保障。

根据《格陵兰萨迦》的记载，冰岛农场主的儿子比亚德尼·赫尔约夫松(Bjarni Herjolfsson)是第一艘抵达北美的北欧船只的船东兼船长，他在少年时代就急切渴望出海到外国去。他先是在他人的船上工作，几次长途远航后，就已挣得了财富并赢得了好名声，下一步则是买下一艘船。比亚德尼在驶向格陵兰途中偏离了航线，让他看到了西面的土地。他探索了北美海岸，但并没有把船拖上岸，也没有涉足陆地。船员里的确有些人想要登岸，但比亚德尼却表示："在我眼里这片土地似乎毫无用处。"他指挥自己的船返回格陵兰，让其他人继续探究他的发现。北欧人在纽芬兰的后续斗争表明比亚德尼做出了正确的决定。

北欧人花了几年时间在纽芬兰搜寻适宜耕作的土地和有利可图的出口资源，而后无奈地选择离开。他们的船只运载能力相当有限，而且哪怕是和距离最近的格陵兰殖民市场或欧洲市场都有相当一段航程。他们或许意识到无法在北美海岸自给自足，但根据"萨迦"的描述，军事上的考量也影响到他们的想法。维持纽芬兰的前哨据点不仅成本高昂，而且相当危险。《红色埃里克萨迦》就描述过一群殖民者在和美洲原住民交战后放弃了殖民，这是因为他们明白过来，"纵使这片土地有千般好，他们决计不会在此地过上太平日子，因为既然已有原住民住在此地，他们决不肯拱手让出地盘"。

这两部"萨迦"都提到了一则轶闻：面对北欧人不得不让出的物品，北美原住民宁愿选择拒绝接受。其中一个版本提到一群原住民战士回到他们与北欧人交战的海滩，发现了一具北欧人遗体，而且他身边还有一把斧子。一个原住民捡起斧头，开始用它砍树。他的同伴对这件工具着了迷，轮流用它劈砍，直到其中一个人在砍石头时把斧子砍坏为止。原住民认为要是斧子砍不了石头，它就没有用，所以他们扔掉了斧头。在另一个版本当中，战士们着手评定战斧作为武器的威力。有名美洲原住民战士在一场战斗中从地上捡起一把北欧战斧，用它击打身旁的人，结果发现可以轻易将人砍死，其轻松程度令人惊诧。随后，他们的头领一把夺过战斧，用足力气将它扔进水里。

如果这个故事是打算描绘美洲原住民面对北欧技术时的普遍反应， 11

那么在北欧人中或许存在某种实际经历可以作为故事的基础。在北欧人之前居于格陵兰的人显然选择躲避前者。11 世纪初的纽芬兰居民中包括了贝奥图克人(Beothuk)的祖先，当大批欧洲渔民和其他殖民者于16—18 世纪抵达纽芬兰时，贝奥图克人也避免与欧洲人接触。不过，美洲原住民对待欧洲人到来的态度并不一致，其中有些人就热衷于从殖民者手中获取物品。

欧洲殖民者群体对美洲原住民的反应也存在差异。正如“萨迦”中描绘的那样，北欧海盗似乎与后来的某些欧洲人颇为相似。北欧海盗害怕美洲原住民，对他们的外表感到惊讶，并且原住民以笨拙的方式努力从事贸易而且还会诉诸暴力。不过，尽管这些持续存在的行为可以将北欧人和后来的探险者、商人和殖民者联系起来，但应当注意到纽芬兰的北欧人要比他们的近代后继者孤立得多。他们受困于航海技术的局限性，而且在和美洲原住民邻居交流时也遇到了异乎寻常的困难。他们从未和岛民建立任何紧密联系，而且正如“萨迦”所示，他们很难区分各类岛民。

* * *

后面各章将阐述作战方式在北欧人撤出纽芬兰后的几个世纪里发生了怎样的变迁。随着船舶越来越大，不仅运载能力得以增强，它们的作战效能也有提高。北大西洋的远洋交通量日益增长，吸引了来自西欧各个港口的渔民、捕鲸者和商人。由于海员进入了复杂的多国劳动力市场，航海就成了极为国际化的事业。海员时常交战，从而以这种方式磨炼出适应海洋环境的专业化军事技能。他们相互捕捉战俘，有时还会强迫敌方舰船的船员为己方舰船服役。早在葡萄牙人沿西非海岸冒险航行、西班牙人开始一步步从大洋中部岛屿横越大西洋前往加勒比海之前，暴力、抓捕战俘和强迫服役就已成为海上战争的典型特征。

大西洋历史上的北欧殖民时期和其后的历史时期之间的确存在着连

续性，这种连续性虽然重要，但并未得到充分认识。大西洋周边冲突的
性质在 15 世纪发生了根本性的变化。从那时起，不管欧洲军人、定居
者和流动商人在什么地方遇到美洲原住民和非洲人，他们几乎都会把自
己融入非洲和美洲原住民的外交、军事与贸易网。新来客和当地人努力 12
理解彼此，找寻共同利益，进而利用跨大西洋贸易发展带来的机遇。而
在许多战区，人们开始利用政治混乱获利。非洲人、美洲原住民、欧洲
人和殖民者领袖在上述战争环境下积累了财富、权力和威望。许多原住
民和殖民者社群发觉自己身处脆弱境地，他们坚信为了让自己生存下
去，就要采取入侵性的军事行动，或者至少也要发出外交威胁。新的战
斗方式由此发展出来，主要包括劫持人质、采取酷刑、运用肢解以及其
他各类严厉惩罚形式，也会涉及奴役战俘和将俘虏作为奴隶出售。随着
交战双方竭力尝试恐吓、维护己方势力范围以及通过奴隶贸易牟取财
富，非战斗人员在非洲和美洲成为战争目标，捕俘行为也愈演愈烈。在
大西洋世界的几乎每个地区，投放军力都在经济当中发挥了重要作用。
战争改变了家庭生活的模式，引导了横跨大西洋的移民潮，这股潮流运
送了数以百万计的人员，其中既有被奴役的人，也有自由民。在环绕大
西洋的每个大洲，其政治历史都被战争改变了。在这个将以革命年代告
终的时代，跨大西洋战争正是时代特征。

第一部分

海　战

第一章

舰　船

截至15世纪，大西洋仍是这个世界上除了极地海洋之外航运最少 15
的大洋。加勒比人虽然也喜爱旅行和贸易，但他们并不会驾着划艇航行到远离巴哈马群岛又或是北美洲东南海岸的地方。接连不断的移民浪潮沿着海路在遥远的北方东进，一路远抵格陵兰。有时候，洋流还会将某些个体带到更远的地方。中世纪的欧洲就流传着一些引人入胜的传说，它们提到一些奇形怪状的人乘坐皮艇或小筏子抵达海岸——其中有些人上岸时已经死了，有些还活着。仅以陆地板块间的距离而论，横渡北大西洋要比穿过中大西洋、热带或是南半球洋面容易一些。除了距离问题之外，冒险驶入大西洋的非洲人和欧洲人还要面对一条向南流淌的强大洋流[①]，它能够推挤沿着非洲海岸航行的探险家，使其毫无返航可能。直到15世纪，才有人在非洲以西的洋面上探索到一小块反向洋流交汇的地方，这个问题也在那时才得以解决。葡萄牙海员找到了一种方法：先是沿着非洲海岸南下，其后在返航时不走原路，而是向西驶入大洋，找到带他们回家的洋流。发现这一现象后，欧洲人着手占据大西洋中部的岛屿，他们也开始在非洲和美洲遭遇此前从未见过欧洲帆船的原住民。

帆船与皮艇、小筏子存在显而易见的差别。它们更大、更复杂、更易损坏，而且受损时更有可能沉没。因此，当欧洲人接近未曾载入地图的海岸线时，他们就会和海岸保持一定距离。他们的舰船远远看去会给人留下深刻印象，而且也有助于界定欧洲人的特征与身份。有个名叫帕

---

① 即加那利洋流（Canary Current），亦称加那利寒流。

斯泰德舒昂(Pastedechouan)的易洛魁人①提供过一份描述初遇时刻的记载，它可以说是最生动的相关记载之一，不过，这个故事也是他听人转述过来的。

17世纪初，当时还是个小男孩的帕斯泰德舒昂被人带离位于圣劳伦斯河(St. Lawrence River)附近的住所，而后前往法国。他在昂热
16 (Angers)学习法语和基督教基本教义，受了洗礼，还得到了皮埃尔这个名字。重整方济各会的法国神父们打算先让他接受教育，然后送回家乡以传教士身份在加拿大原住民当中布道。不过，由于帕斯泰德舒昂在法国丧失了母语能力，他们的计划出了岔子。返回圣劳伦斯河后，他竭力争取融入自己出生的地方。但他结婚不久就被妻子赶走。法国传教士并不喜欢帕斯泰德舒昂重新融入原住民社会的做法，他们轻蔑地宣称“此人已变成和其他人一样的野蛮人”。尽管如此，他们还是意识到这个人或许还能派上用场，就将他带回布道团，给了他一套法国服饰，让他充当翻译。

这个年轻人就这样成了自己国度里的外人。这一视角令他讲述的故事变得鲜活，它涉及欧洲人有别于美洲原住民的文化断层。帕斯泰德舒昂在1633年告知传教士，他的祖母过去常常喜欢向他提起原住民头一次看到一条法国船抵达他们河岸时的惊讶，“他们觉得那是座正在移动的岛屿，也不知道如何去称呼驱动它的庞大风帆，当看到甲板上还有许多人后，他们的震惊骤然倍增……由于他们无法理解我们这些人属于什么民族，就给这些人起了一个从那时起始终和法国人紧密相关的名字——韦米什蒂古希乌(ouemichtigouchiou)，意思是在木头上劳作的人，或者说是在划艇或木船里的人。他们注意到了我们用木头制成的船，而他们的小筏子却仅仅由树皮制成”。

此后几个世纪里，这个故事的各种版本在北美东部各地一再得到重述。贵格会创始人乔治·福克斯(George Fox)曾于1672年夏季穿越新

---

①北美洲印第安人的一支。

英格兰旅行，他将遇到的一个人认作某位“印第安国王”，这位“国王”竭力向他解释新英格兰原住民为何苦难深重，并讲述了这个故事的其中一个版本。他告诉福克斯，有个本地人在英格兰人到来之前警告所有人：一个白人民族将要大规模地自海上而来。这个人发出了警告，认为每个人都应当热爱白人，而且要接纳白人，要是他们伤害了白人或无礼对待白人，他们就会遭遇毁灭。由于这个预言已经发生且为人所见，福克斯和“国王”都认为那个印第安人是一位先知而且真诚地做出了预言。

18 世纪末，其时正在北美东部传道的摩拉维亚派传教士普遍提到过如下情形：“印第安人说，在欧洲人到来之前，有些先知已经自称获得了天赐的启示，他们据此预言会有来自大洋之外国度的民族来到这里，甚至给出了抵达日期。那些印第安人进一步指出，就在看到一艘船抵达的那一天，先知告诉自己的同胞：‘看，是神来拜访我们了。’白人 17
登陆后受到了印第安人的膜拜，白人也向印第安人赠送了小刀、斧头、枪支和其他工具作为礼物。”

白人到来

1869 年，一个名为乔赛亚 · 杰里米（Josiah Jeremy）的米克马克（Mi’kmaq）①男子告知人类学家赛拉斯 · 特蒂乌斯 · 兰德（Silas T. Rand），米克马克人当中流传着一则有关白人到来前最后几天的共同记忆。“当时，这个国度只有印第安人，一个年轻女子梦到一座长着高大树木、栖息着生灵的小岛漂向大陆。第二天早上，她前去请教智者，也就是巫师和预言家，但没有一个人能够告诉她这个梦意味着什么。不过，仅仅一天之后，当一艘法国帆船出现在外海时，这个梦似乎就成了现实。米克马克猎人把正在风帆上劳作的人当成了熊，于是，他们全都拿起弓箭和长矛，冲向岸边，想要加以射杀。可当他们看到海员其实是人时，就惊诧地停了下来。尽管彼时这两个群体还没有任何共同语言，

①加拿大东部沿海最大的印第安部落。

图 1.1　1888 年新斯科舍克吉姆科吉克(Kejimkoojik)湖岩画的临摹图片，它描绘了一艘船和旁边的一个人。同美洲原住民关于第一批帆船到来的故事抄本一样，这幅图并不能完全传达原住民的感受。比如说，目前尚不清楚岩画上的船只和邻近人员是否出自同一艺术家之手，也不清楚人们是否打算将它们视为同一构图的两个组成部分。直到这些岩画被描摹到纸上的 19 世纪，上述图像才会以这样的方式排列、构建起来。米克马克艺术家在克吉姆科吉克湖畔的几个地方刻下了船只的图像。收于国家人类学档案，史密森学会

但还是有位神父'打出友好手势'靠近米克马克人，他还领着一群法国人爬进了一艘造型非常奇特的划艇里。”

上述所有故事都反映出随着一再重述，人的记忆显得多么变幻无常，诠释的信息又如何代代累加。当讲述者把它们告知传教士和人类学家时，他们也会在故事当中灌输若干重要信息：这些信息体现出他们认为应当让白人访客听到什么。政治和历史影响了故事的叙述方式。那个和福克斯谈话的人竭力想要解释为什么新英格兰原住民会在英格兰人抵达后蒙受如此深重的苦难。与此相反，乔赛亚·杰里米和 19 世纪的大

部分米克马克人一样自称是天主教徒，他会强调法兰西教友的友善，着重指出法国人和阿卡迪亚殖民地内部及周边地区的原住民之间存在源远流长的友好关系。尽管如此，杰里米的故事依然传达出他所在的群体第一次目睹欧洲帆船时的惊讶和烦恼。

至于非洲人对欧洲帆船首度出现在撒哈拉以南的记载，历史和政治发挥的影响就更大了。在跨大西洋奴隶贸易开始后，任何讲到或写到欧洲船舶的人都会把它与威胁、悲伤和恐怖联系起来。令人惊讶的是，在那些违背自身意愿被运往大洋彼岸的人当中，一部分人却羡慕船只本身和它们跨过大海远航的能力。18 世纪有个名叫贝琳达(Belinda)的小姑娘在非洲被人抓走，然后运到了波士顿。由于年纪不大，贝琳达在横渡大西洋期间获准待在甲板上，不过她并没有无视那些戴上锁链、身处甲板下方的人所受的苦难。尽管如此，即便在她描述磨难的时候，贝琳达也总会表达出自己已经对大洋和载着她的船入了迷。所有这些都是她未曾设想过的景象：一个浮动的世界、海洋深处好动的巨兽、波涛与云朵 18
的日常交会。可是，尽管她尽力关注这些，也不能将自己的注意力从 300 个被束缚的非洲人身上挪开，他们蒙受着最痛苦的折磨，其中有些人甚至欢庆死亡的到来，觉得那就像是自己伤口上的镇痛膏。大约与此同时，另一个遭到捕获的非洲儿童则是被人用“美丽的”许诺诱惑到海边。那个引诱詹姆斯·艾伯特·尤卡索·格罗尼奥索(James Albert Ukawsaw Gronniosaw)离开家乡的非洲男子许下诺言，说他将会见到“能够在水上行走的、长着翅膀的房屋”，还会见到白色的人。格罗尼奥索十分着迷于这些奇妙的情景，非常渴望前往，于是就被诱拐了。

在非洲的某些地方，白人与其船舶的联系已经牢牢嵌入当地语言之中。就像帕斯泰德舒昂身处北美洲的族人给法国人起了“木船里的人”这个外号那样，在非洲的黄金海岸，操阿坎语的人将欧洲人称作“潟湖 19
里的人”①，这是因为他们只能在海洋的入口遇到欧洲人。

---

①潟湖：被沙嘴、沙坝或珊瑚分割而与外海相分离的局部海水水域。

与其后的贩奴船和军舰相比，早期探险时代的大船体积要小一些，装备的也是一些轻武器。但与更早的远洋船只相比，这些探险船就可谓壮观了，人们在设计这些船只时就已怀有恐吓意图。诸多给旁观者留下极其深刻印象的舰船特征，包括船体、高度和黑暗的内部结构之所以会出现，也源于设计者考虑到的军事目的。就其起源和特征而言，探险船实际上就是战争工具。在欧洲航海技术得以发展的几个世纪里，欧洲人几乎持续不断地相互战斗，也不停地与定居在欧洲附近海岸的人交战。因此，从船艉到船艏，探险船的几乎每个特征都是为了便于进攻或防御。

北欧的舰船

1066 年，两支舰队向英格兰发动攻击。9 月初，一支来自挪威的舰队跨越北海，而后扬帆驶入亨伯(Humber)河口①，溯河而上直至船员登陆向约克进军为止。当月稍晚时候，诺曼底的威廉率领另一支舰队越过英吉利海峡，在黑斯廷斯附近登陆。就装备和战术而论，两者都和维京人颇为类似。这两支舰队运载的作战人员并不具备任何海战技能，不过英格兰战船上那些未能阻截他们登陆的作战人员同样不具备上述技能。战船运载的士兵已经准备好在甲板或岸边展开近战，他们计划以军人身份在陆地交战，投入交战的地点或是在海岸上，或是离海岸不远。11 世纪的北欧水域很少会发生大规模远海交战。

此后的几个世纪里，随着南北欧之间的交流日益增长，以划桨为动力的桨帆船②也出现在北方的帆船旁，其中有些是北欧本地制造，有些则来自地中海。因此，北方海战的形式发生了剧烈的变化。古典时期的地中海桨帆战舰拥有低于吃水线的船艏，其功能在于撞击、弄沉敌方船只。而在中世纪，船艏已经跃升到吃水线上方，交战模式也发生了变化，当时的战斗更强调划行到目标船只旁边、登船，而后在甲板上交战。不过，即便在发生这一转变后，地中海上的海军也依然在开阔水域

---

①位于英格兰东海岸的北海港湾。

②桨帆船(galley)，一译大桡战船、木制军用桨船。

图 1.2 描绘征服者威廉 1066 年入侵英格兰的巴约挂毯局部细节。图上的船只很像维京战船。巴约挂毯，11 世纪。巴约市特别授权

频繁运用旨在摧毁、击沉敌方船只的战术，有时还会用上精心设计的“燃烧”弹：把正在燃烧的油投射到对方船上和海面上。

与北欧的帆船相比，桨帆船在短距离航行中速度更快，机动性更强，因而也更适合开阔水域的战斗。葡萄牙和北欧列强将数目可观的桨 20
帆船投入大西洋、北海和波罗的海，这又引发了一系列技术创新。桨帆船需要适应波涛更汹涌的北方海域，风帆也需要针对桨帆船做出调整。桨帆船需要将舷侧做得更高，以防被大洋的浪涛吞没，但它们又依赖桨手，于是也始终要求船舷相对于水面保持较低的高度。帆船的设计师意识到桨帆船的低矮轮廓是个极为严重的弱点，就开始重新设计帆船外形。他们给船只堆叠甲板，在船艏和船艉修建了称作“城堡”的高大战斗平台，后来“城堡”成为帆船的固有结构。他们在桅杆顶部为弓箭手架设了射击台，此外还将船舵固定在船艉——这或许是最重要的改变。上述调整及引入新式风帆增强了帆船的机动性，让它能够在不依赖桨手的状况下控制行进方向。一旦船只摆脱桨手，就可以造得更高，让帆船

变得难以攀爬，当帆船上的士兵居高临下朝着桨帆船或其他敌方船只射击时，他们便拥有巨大的优势。

1340 年，一支英格兰舰队沿着佛兰德海岸向东航行，国王爱德华三世也在船上，他们发现一大群法兰西战船停泊在布鲁日下游的斯勒伊斯(Sluis/Sluys)港口，而且在数量上要比英军战船多得多。两军花费了
21 将近 24 个小时准备战斗。不过，法军并没有扬帆出海迎击英军，而是将他们的舰船锁在一起摆出守势。英军先是绕到法军背后，然后迫近并取得优势，锁链导致法军舰船丧失了机动性，英军弓箭手则将火力倾泻

图 1.3 15 世纪的让·傅华萨编年史中描绘的 1340 年斯勒伊斯海战。英格兰人在这次交战中充分利用了船只的高度优势和机动性优势。收于法兰西国家图书馆

到它们的甲板上。英军随后登上法军舰船，大部分战斗在甲板上进行。交战当天，法军起初拥有202艘舰船，而到战斗结束时，他们只剩下12艘，死亡的法军士兵超过1.6万人。英军充分利用了海战方面的新技术，而法军的备战方式却还是和他们在维京人时代的做法颇为类似。

等到欧洲人在15世纪首次驶入大西洋热带海域时，地中海舰队
已经是由桨帆船和大型帆船混编而成。桨帆船在十字军远征早期已跃
升到主导地位，但到了14世纪，更为高大的帆船进入地中海。它们 22
拥有高大的舷侧，往往看上去无懈可击。在1453年最后一次围攻君
士坦丁堡时，多达150艘奥斯曼桨帆船包围了4艘大型帆船，却无法
将其俘获。

在哥伦布时代，地中海与北欧航海技术已经开始趋同，欧洲帆船总体而言也存在一种通用的设计样式。不过，在这个宽泛的模板范围之内，具体设计方案却显得颇为灵活多变。到了15世纪末，欧洲已经确立了一系列船只样式，可以反映出当地的造船技术和需要面对的特定航行挑战与外部威胁。与15世纪的某些军舰相比，哥伦布在1492年横渡大西洋时用到的三艘船的确是比较小的。它们的长度不过20米出头，也缺乏火炮，但正是火炮这一特征塑造了日后的舰船设计样式，使其拥有强大的力量。

不论是帆船还是桨帆船，对设计师而言，采用火器都是一个缓慢、断续的进程，而且存在诸多技术难题。至少在15世纪之前，绝大多数欧洲火药在潮湿的空气中都效力不佳。公元1400年后，火药制造的若干变革让人们能够在船上开炮。其后不久，火炮就被搬上了船，但它们起初都不大，而且旨在杀伤人员而非击沉敌方军舰。若要用火炮击沉船只，还得对海战战术进行彻底反思，并大幅改变兵器和舰船这两者的设计。在船上很难找到既能够架设火炮，又使得开火不至于让船只倾覆或裂开的好位置。可一旦人们发现一个合适的位置，就开始重新设计船体和甲板，以便承载火炮重量，此外还开发出滑行炮架以减轻后坐力。早在16世纪20年代，葡萄牙人就已经采用了位于吃水线附近的火炮甲

板，舰船的侧舷上也留出活动炮门，让火炮能够展开舷炮齐射。这种设计最终普遍用于整个欧洲，但那已经是船艏架设火炮的桨帆船向帆船发出有力挑战之后的事情了。

尽管近代早期只有少数桨帆船会横跨大西洋航行，可它们却在塑造大西洋世界当中扮演了重要角色。桨帆船是第一种成功搭载火炮的舰船，因此它们成了欧洲最强大的战舰，即便在北方水域也是如此。英格兰人在 1512 年首次遭遇装备火炮的桨帆战舰。当时，一支英格兰舰队正在布雷斯特外海准备展开小规模战斗，但法兰西桨帆船抵达战场，痛击了两艘英格兰帆船，其中一艘当场沉没，另一艘丧失了战斗力。战况令英格兰海军指挥官备受震撼，将火炮装载到帆船上的尝试由此开始，并持续了数十年之久。但正如“玛丽·罗斯号”（*Mary Rose*）遭遇的灾祸
23 一样，火炮上舰进程颇为艰难。“玛丽·罗斯号”在 1511 年首度出航后，16 世纪 30 年代经历了大规模重建，还得到了配备炮门的崭新船体。1545 年，为了迎击一支前来入侵的法兰西舰队，这艘战舰驶出朴次茅斯（Portsmouth）。然而，风向突然发生反转，“玛丽·罗斯号”随即翻覆。随着海水涌入炮门，这艘战舰就此沉没，船上的所有海员丧生。

为了装载火炮而改造的“玛丽·罗斯号”未能调和舰船设计中的三个地方：第一，采用高大甲板和如墙壁般赫然耸立的船体，以此妨碍接舷登船；第二，将火炮部署在靠近吃水线的地方轰击附近舰船，并在开火时保持己方船只稳定；第三，为适应发生在开阔水域的小规模冲突，还需增强机动性。欧洲各地的舰船设计师最终还是找到了实现这三个目标的方法，不过耗时数十年之久。帆船最终装上了防水的炮门，而且在海况恶劣的水域航行时也具备了更强的稳定性。于是就有了 1587 年在西班牙外海发生的奇袭事件：弗朗西斯·德雷克（Francis Drake）率领一支由大型武装帆船组成的舰队攻入加的斯港（Cadiz），由 6 艘桨帆战舰组成的守军也无力阻挡。德雷克消灭了 24 艘西班牙船。这显然意味着桨帆船和帆船的相对威力已经发生逆转。作为回应，西班牙国王腓力二世在集结无敌舰队时并未将任何一艘桨帆船纳入其中。无敌舰队计划于

1588 年入侵英格兰。随着帆船火力日益增长和来自桨帆船的攻击威胁逐步减退，舰船设计师之间又展开了一场新的军备竞赛。

帆船的转型

帆船的逐步转型既有利于实现军事目的，也有利于实现商业目的。升高甲板和扩大船体带来了更大的载货空间。去掉桨手则削减了劳动力，让船只无须停下来补充淡水和粮食即可远航。炮门和火炮看似仅仅具备军事功能，但在欧洲航海技术发展的成型阶段，战斗和贸易几乎是密不可分的。在地中海，像威尼斯、热那亚和比萨这样的城邦为了争夺航道和市场而战。在大西洋、北海和波罗的海，商船会自行武装，而且有时会组成护航船队，以此抵挡海盗船和私掠船。商船在必要时也能够充当战船。当桨帆船撤出欧洲北部水域后，海上贸易和海上作战行动就依赖帆船这样的技术与装备。

大型武装帆船改变了欧洲各地的战争与贸易。现今的巴斯克地区位于法国和西班牙的边境，它的历史可以反映出这种武装帆船从中世纪开始给当地带来的影响和在大西洋世界的演变中发挥的重要作用。随着英格兰与西班牙之间贸易的发展、航海技术的变迁，巴斯克商人和水手在
11 世纪前往大西洋海岸，在比斯开湾(Biscay)一带设立港口。他们起初 24
主要将西班牙羊毛运往英格兰，不过后来逐步发生分化，开始以其他方式利用新航海技术。巴斯克水手在法兰西、不列颠和爱尔兰外海建立渔场，而后甚至冒险前往冰岛，在那里捕捞鳕鱼，最终又开始捕杀鲸鱼，以此为英格兰毛织业供应鲸油。截至 1517 年，巴斯克渔民和捕鲸者已经远达北美海岸。他们在贝尔岛海峡畔的拉布拉多设立季节性营地，距离北欧人曾在 11 世纪短暂定居的地点还不到 50 英里。

巴斯克人的经历说明大型帆船拥有多种用途，其设计也会受到诸多因素影响。比如说，巴斯克捕鲸船就要比捕鱼船队里的船只大得多。捕鲸船也由于其庞大体积成为重要的军事资产。它们能够拥有多达三层的甲板，到了 16 世纪中叶还会携带火炮，船上人员也配置了适宜甲板战

斗的装备。巴斯克捕鲸船携带火器、弩、长矛、盾牌、头盔和躯干护甲。之所以要如此装备，是因为围绕大西洋捕鲸场所可能会发生战斗，而且在返回欧洲水域的冒险归途中还要保卫船只和货物。于是捕鲸船令巴斯克人成为加拿大沿海的强大军事存在。

1542 年，让-弗朗索瓦·罗贝瓦尔(Jean-François Roberval)和雅克·卡蒂埃(Jacques Cartier)麾下的一支法国探险队试图在加拿大设立一个永久殖民地时，西班牙海军讯问了曾在这一地区劳作过的巴斯克渔民。一年后，巴斯克捕鲸者在圣劳伦斯湾摆开阵势威吓法国人，促使他们离开加拿大。此后 60 年间，法国人再未尝试在这一地区设立永久定居点。当法国和西班牙在 16 世纪 50 年代走向战争时，巴斯克捕鲸者陷入了分裂，对立的各方纷纷拿起武器展开对抗，最终迫使那些站到法国一方的人选择退却。几年后，曾有一位遭到驱逐的捕鲸者约翰尼斯·德·加伯里耶(Johannes de Gaberie)将他的船带回纽芬兰海岸，与其对立的其他捕鲸者则发动袭击，杀死了加伯里耶麾下的几个人，夺走了他们收集的鲸油。到了 16 世纪 70 年代，英格兰人开始考虑殖民纽芬兰，他们在此时意识到捕鲸船在军事上的重要性，认为有必要撵走巴斯克人。不过，英格兰议会并不支持在北美海域展开军事行动，而是选择禁止进口巴斯克鲸油。

帆船改变了巴斯克地区的经济，将整个区域纳入一张国际贸易与冲突的网中。为了满足建造、装配、维护船队的需求，成千上万的人流动起来，海岸线和内陆地区也发生了变迁，可以说船只实质上改变了巴斯
25 克地区的地理：天然深水港口获得改良，河流得到疏浚，用以服务船只的船坞与起重机修建起来，大型城镇也在港口附近出现。最后，为了将大西洋贸易引入毕尔巴鄂城(Bilbao)①，工程师和工人们甚至改变了内尔维翁河(Nervión)的水道。在海岸线发生变迁的同时，内陆景观也出现了变化，人们开始特地培育用于造船的橡树林场。林场主以其特有的

① 西班牙北部城市。

高度专业化林业技艺，对树干和树枝进行精选与塑形，以此供应船体骨架和舱板所需的木材。

巴斯克人对木材供应问题的回应可谓异乎寻常。因为欧洲其他地方的树木较为充足，也没有必要依靠如此专业化的林业手段。与此相反，为了寻找合适的木材，造船业者建立了精巧的供应网，以此获取相应体积、强度和形状的木材。“玛丽·罗斯号”虽然是在朴次茅斯建成，但它的船梁用的却是来自远方汉普郡（Hampshire）和东安格利亚（East Anglia）的树木。桅杆用材则带来了特殊的挑战。就船桅而言，欧洲最好的木材源自波罗的海腹地的针叶林，因此英格兰、荷兰和法兰西造船业者都前往那里寻找供应源。在第一次英荷战争期间，英格兰人无法获得波罗的海的木材，新英格兰北部便成为英格兰桅杆用材的替代供应源，这大大刺激了新英格兰新兴造船业的发展。虽然在 17 世纪有评论家发出警告，认为造船业将毁灭欧洲的森林，但事实并非如此，它只是改变了商人和政府、利用、管理林木的方式。

在大型帆船发展所造成的地理影响中，最主要的并非源自建造帆船的挑战，而是停泊帆船的问题。中世纪的桨帆船或维京船都可以直接靠岸，与它们相比，近代早期的帆船停泊难度则要高得多。大型帆船需要良港，于是，它们就将欧洲的主要贸易集中到地理位置较为有利的城镇。在那些最为成功的港口中，有许多像安特卫普（Antwerp）、布里斯托尔、汉堡、伦敦、鲁昂（Rouen）和塞维利亚（Seville）那样，或是地处狭长河口的内陆末端，或是距离海岸线尚有一定距离，但坐落在深水河畔。它们的地理位置能够为船只提供保护，使其不受恶劣海况或海上突袭的损害。停泊船只的需求引导了欧洲贸易发展。此后，随着跨大西洋殖民和贸易的降临，帆船也对非洲、大西洋及加勒比诸岛乃至南北美洲海岸的贸易和开拓带来了类似的影响。

葡萄牙人 15 世纪在非洲西海岸的探险便是一个典型例子。葡萄牙人急于让船尽可能接近当地市场，于是就自然而然地选择溯河而上。他们尝试在塞内加尔河（Senegal）、冈比亚河（Gambia）和刚果河（Congo）

岸边设立内陆港口，但航行中遇到的麻烦、当地居民的武装抵抗和危险
26 的疫病环境令葡萄牙人确信还是撤出大部分上游据点为好。他们转而将船只带到沿海港口，鼓励非洲贸易对象弄来黄金、象牙等物产，以及作为奴隶出售的囚犯与战俘。船只的吃水深度①让欧洲人对非洲地理有所了解。探险者起初在能够航行到的沿海、沿河地区和未知的、大概存在危险的内陆地区之间画出一条界线，后者只能依靠步行或乘坐骆驼、马匹乃至划艇抵达。最终，面朝大西洋的整个大洲在欧洲人眼中都成了一块庞大的"内陆"，只有葡萄牙的安哥拉殖民地周边是个例外。欧洲人只能在船上或奴隶贩子沿海岸修建的坚固城堡里找到安全感。大型帆船也塑造了非洲人对欧洲人的认知。船是欧洲权力的根基，但它们也限制了这种权力的行使范围，使得两大洲居民在物质和文化上的疏离感愈加严重。

欧洲人对美洲的地理认知

船还以类似的方式塑造了欧洲人对美洲地理的认知，西班牙发现并征服中美洲与安第斯山区的富裕内陆帝国也会对其产生影响。在被西班牙征服之前，那些帝国并不像西班牙船那样严重依赖深水港口或又深又
27 宽的河流，于是，西班牙人就有必要重塑地貌景观以满足自己的需求。埃尔南·科尔特斯(Hernán Cortéz)在向阿斯特卡帝国②进军之前于韦拉克鲁斯(Vera Cruz)督建了一座崭新的港口城市。后来，那座城市不但得以幸存，而且繁荣发展。但西班牙人在建立位于秘鲁的港口时却遇到了困难。1535 年，佩德罗·德·门多萨(Pedro de Mendoza)率领 13 艘船驶入拉普拉塔河(Rio de la Plata)，建立了布宜诺斯艾利斯港，希望它能够充当中间站，帮助西班牙探险队溯河而上数百英里进入安第斯山区。然而最终，西班牙人通过一条更短却也更复杂的途径将秘鲁和大西

---

① 即船体在吃水线下方的深度。

② 阿斯特卡(Aztec/Azteca)，一译阿兹特克，此处据江禾、林光译，墨西哥驻华大使序《征服新西班牙信史》译法。

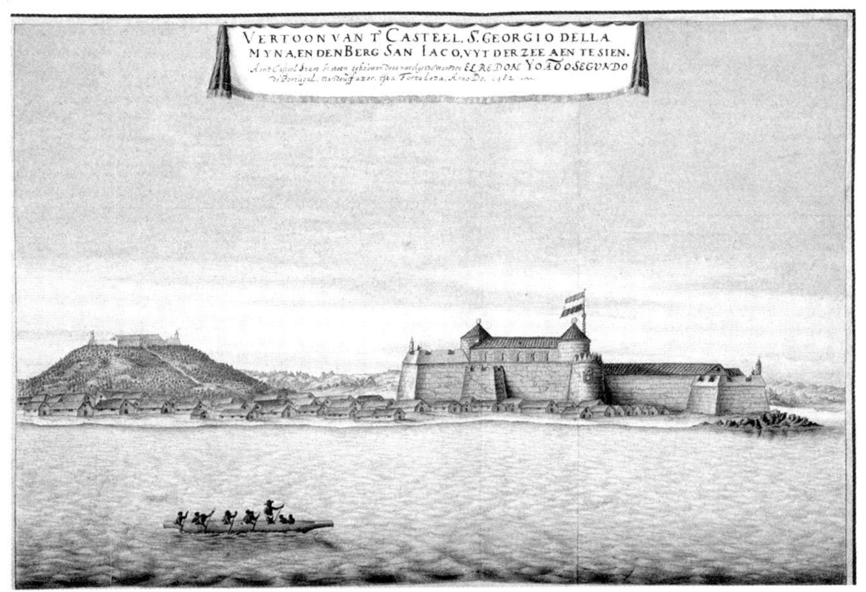

图 1.4　圣若热–达米纳堡，葡萄牙人于 15 世纪 70 年代在非洲海岸修建此堡，其后又被荷兰人夺走。收于奥地利国家图书馆，维也纳

洋联系起来，而且还包括通过巴拿马地峡转运。

布宜诺斯艾利斯的早年发展状况也并不顺利。首先，远洋运输技术将西班牙人带到了一个他们无力维持供给的地方。布宜诺斯艾利斯缺乏可以饮用的水，且土地颇为贫瘠，西班牙人也没有可靠的贸易伙伴。一位参与探险的人如此描述在这座城市最初几个月的状况："人没有东西吃，饿坏了，因而处于极度疲乏的境地。更为糟糕的是，马匹也无法行动。那里实在是太贫穷、太悲惨了，竟然到了没有小鼠，也没有蛇的地步，人们不得不去啃鞋和皮革。"西班牙人在 1542 年撤出布宜诺斯艾利斯，此后 38 年里都未曾重返此地。在 16 世纪三四十年代的北美洲，当法国探险队在圣劳伦斯河两岸蒙受诸多苦难时，建立有利可图的商路的梦想、想象中内陆财富的诱惑和征服的希望，吸引着欧洲探险队在南北美洲的大河逆流而上，比如奥里诺科河（Oronoco）、亚马孙河和密西西比河，但这些探险都以灾难告终。

和在非洲的情况一样，欧洲人对航海技术的依赖促使他们在南北美洲的所到之处都画出想象中的边界，将那些船只不易抵达的地方同混乱、危险联系起来。实际上，那些地方有不少已经拥有兴盛的原住民族群，而且大多也会在此基础上最终发展成繁荣的殖民点。欧洲船只触及范围之外的地区实际上并没有什么固定的匮乏或危险之处，但当探险家不断远离大西洋深入内陆，在饥饿、风餐露宿和外来攻击下变得颇为脆弱时，他们就会害怕与补给线断绝联系。

要发展维持殖民所必需的海军和贸易基础设施，就得等待相当长的一段时间，而在早期探险和殖民阶段，当时的欧洲各国政府很少会在远离已有补给线的地方发展跨大西洋远航资源。因此，如果想要取得成
28 功，每一次冒险都得在经济层面做到自给自足。16、17 世纪，欧洲商人和海军将领在美洲大西洋沿岸的几个战略要点携手投资，建立了港口、船坞、仓库、要塞和定居点。在此期间，他们将原本偏僻、人口稀疏的落后地区变成商业和军事中心，其中就包括魁北克（Quebeci）、波士顿（Boston）、纽波特（Newport）、纽约、费城、查尔斯顿（Charleston）、韦拉克鲁斯、卡塔赫纳（Cartagena）①、波托贝洛（Portobello）、累西腓（Recife）、巴伊亚（Bahia）、里约热内卢和布宜诺斯艾利斯等地。事实上，美洲所有港口都是以军事和商业利益相结合的方式进行选址、设计和经营的。就像欧洲海军利用捕鱼船队、捕鲸船队和商业船队的军事潜能一样，进入美洲港口的船只也会扮演诸多角色。

法国人最早派出大批私掠船横跨大西洋。1523 年，法兰西弗朗索瓦一世授权著名船舶装备商让·安戈（Jean Ango）派遣舰船袭击西班牙
29 船队。自从征服墨西哥以来，西班牙船就开始装载着数目极多的财宝穿过大洋航行。只需捕获一条船，就能够让船主、船长和船员轻易致富。在安戈派出私掠船进入大西洋后，他麾下就有两艘船满载黄金返航。此

①哥伦比亚北部城市。

后便出现了许多志愿者。私掠船起初是在西班牙南部的大西洋海岸线上巡航，其后短短几年时间内，竟有些人冒险跨洋航行，在某些战略要点例如古巴和佛罗里达之间的海峡发动伏击。为应对急剧变化的形势，西班牙人果断采取防御措施回击私掠船，他们不仅组织运输金银的护航船队，要求商人自行武装舰船，还专门设立了一个新税种，以此满足护航的大型军舰的开支。

截至 16 世纪末，英格兰人已经取代法兰西人，成为西班牙船队在加勒比海地区的主要威胁。为了抵抗英格兰人，西班牙护航船队规模越来越大，而且运输金银的船队也被合编起来以增强火力。西班牙人还在他们在美洲的港口强化防御设施，甚至采取了调动桨帆战舰的措施。从 1578 年到 17 世纪 30 年代，西班牙王室抽调了 2000 余人划桨、操帆，将至少 20 条桨帆战舰运过大西洋。这些战舰停泊在卡塔赫纳、哈瓦那和其他海港用于港口防御。西班牙的上述防御措施总体上颇为有效。引入护航机制后，运宝船队仅仅在 1628 年被截获过一次。

欧洲列强在为舰船筹备资金、配备武装、部署舰船的方式等方面，各有不同。从 15 世纪起，葡萄牙政府就运用自身资源，督建了专门用于保护贸易网的军舰。当时，葡萄牙的贸易网已经顺着非洲海岸一路延伸到印度洋。不过，葡萄牙的舰队规模相对较小。在 16 世纪，其他欧洲国家的海军大多会购买或租赁商船，将它们改装得适于战斗，有时甚至会加固船体或增添炮门。西班牙就是租借商船用于海军。就利用贸易船队的军事潜能而言，其他国家更倚重私掠船。英女王伊丽莎白一世授权私人船只发动袭击并搜集掠夺物，于是能够组建一支政府原本无力负担建造成本的庞大海军。

在 16 世纪的加勒比海地区，英格兰和西班牙以截然不同的态度对待海战。正当西班牙人为自己国家的运宝船队开征税收、花费可观的公共经费时，英格兰人却严重依赖私掠船，特别是在伊丽莎白一世的统治下。1585—1586 年冬季，弗朗西斯·德雷克率领一支拥有 22 艘战舰和

2000余名士兵的远征队进入西班牙海岸、佛得角群岛（Cape Verde Islands）[①]和加勒比海。德雷克及其麾下士兵在圣多明各捕获并摧毁了被派到那里守卫港口的西班牙桨帆战舰，烧毁了部分城区，并以保全剩余城区为条件勒索赎金，而后驶向卡塔赫纳展开劫掠。德雷克此次远征的确拥有王室支持，但他的大部分战舰仍是船主主动提供，多数船员也是出于私人意愿主动参战，他们都想要从劫掠中分肥。这些人的成功促使其他人也想以私掠者的身份寻找发迹机会。

16世纪末，荷兰反抗西班牙哈布斯堡帝国的独立战争改变了欧洲各国维持海军的方式。荷兰人拥有造船、航海和长途贸易的丰富经验，建立了从波罗的海到地中海的精巧供应网和物产市场。独立战争始于1579年，但随后进行的漫长而激烈的战争并没有令荷兰人陷入贫困，与此相反，他们在冲突期间成功扩大了自己的贸易规模。16世纪90年代，西班牙和弗拉芒私掠船开始加大袭击荷兰船队的力度，尼德兰联省共和国则以命令军舰护航的方式作为回应。荷兰海军在五个相互独立的省海军部管理下组织起来，最终被部署到攻势行动中去，例如袭击亚速尔群岛和非洲海岸贸易堡垒里的西班牙人。1609年，双方进入休战期，荷兰人依然维持着自己的海军，这是因为他们的商船在面对私掠船时还需要海军保护。1621年休战结束，西班牙人发起了征服联省共和国的最后一次努力，并为主要用于北海战场的军舰投入了可观的经费。

当时的西班牙控制了葡萄牙及其海外属地，因此，荷兰人在欧洲海域、加勒比海、巴西与安哥拉附近海域乃至印度洋各地，同时与西班牙人和葡萄牙人交锋。因为荷兰人拥有更多的舰船，更好的海军火炮和训练有素、经验丰富的船员，因而在大部分海上交锋中占了上风。荷兰人
30 的舰船航速更快，更擅长抢风航行，这让他们在多次交战中能够选择投入战斗的时机。而当战斗进入交火阶段时，荷兰炮手也更有可能命中目标。可以说上述优势就源于荷兰对常备海军的投入。

---

①位于北大西洋。

日益增长的海军实力助长了荷兰商业的发展。为了促进公共投资武装力量，荷兰人采用了崭新的征税、记录方法和官方财政管理手段。一旦荷兰海军在北海和波罗的海确立支配地位，那么荷兰商船就能够免除出于自卫目的全副武装的负担。对于那些在较为危险的大西洋、印度洋海域逐利的人来说，联合股份公司可以让投资者无须承担全部风险，新的银行和海上保险则让人便利、安全地运用不断增长的资本总量。截至17世纪50年代，荷兰人不仅已经确立了现代资本主义经济的基础结构，而且也发展出相关的政治架构与实践，它们被历史学家以“财政—军事国家”联系到一起。

荷兰人的成功说明了维持一支常备海军所带来的优势，它对欧洲的其他海上大国形成了挑战。西班牙在17世纪上半叶增强了自己的海军，葡萄牙在1640年重获独立后也是如此。英格兰人的反应相对较慢，要到英格兰共和国时期才开始，从1649年到1651年，英格兰海军规模几乎翻了一番，共和国督建了20艘军舰，还捕获、购买了25艘其他船舶并进行改装，使它们能够入役海军。截至1660年，英格兰海军已经扩张到156艘军舰，规模几乎翻了两番。英格兰人和荷兰人在1652年到1674年间发生过几场战争，其中的第三次属于法荷漫长、庞大战争中的一小部分。而在那场战争中，法国人也建立了属于自己的强大海军。1688年之后，荷兰人依旧令人生畏，但英格兰人和法兰西人也已进入大西洋的最强海上力量之列。

专业化

英格兰共和国对海军的投入标志着一个漫长的转型过程由此开始，它对不列颠的经济和政治带来了深远影响。从17世纪40年代到1815年，英国人在海军上花费的资金几乎和陆军一样多。当陆军将大部分收入用于支付薪饷和维持部队时，海军却在船坞和军舰上花费更多。17世纪40年代不列颠的军费支出促使政府开支从不足国民收入的4%上升到1815年的19%，英国海军则成为世界上最庞大、最昂贵的资本密集型组织。

31 帆船结构的改变得益于政府对海军投入的增长。荷兰人在 17 世纪上半叶研制的是彻头彻尾的民用商船，但这些船舶只能在巡逻频繁的安全水域行动，大西洋上的许多水域依旧颇为危险。事实上，在加勒比海域和非洲外海，18 世纪早期就成为海盗的黄金时代，即使在欧洲海岸的私掠船已经颇为罕见后许久，私掠船依旧在美洲海域游弋。因此，为了安全起见，大部分跨越大西洋的船只依旧装载火炮。在 18 世纪上半叶的大西洋世界，船舶设计与结构方面最剧烈的变化与商船、贩奴船、渔船或捕鲸船无关，反倒出现在专业化的军舰上。

在英格兰，查理二世个人对军舰设计产生了兴趣，他把船舶设计师指派到自己的海军委员会里，还亲自督建越发庞大且武装精良的军舰。17 世纪 70 年代，当法兰西人开始扩张自己的海军时，他们在建造这类军舰方面的经验相对不足，于是，就从包括西班牙、联省共和国和英格兰在内的其他国家招募人才。由于法国在这一领域并没有什么根深蒂固

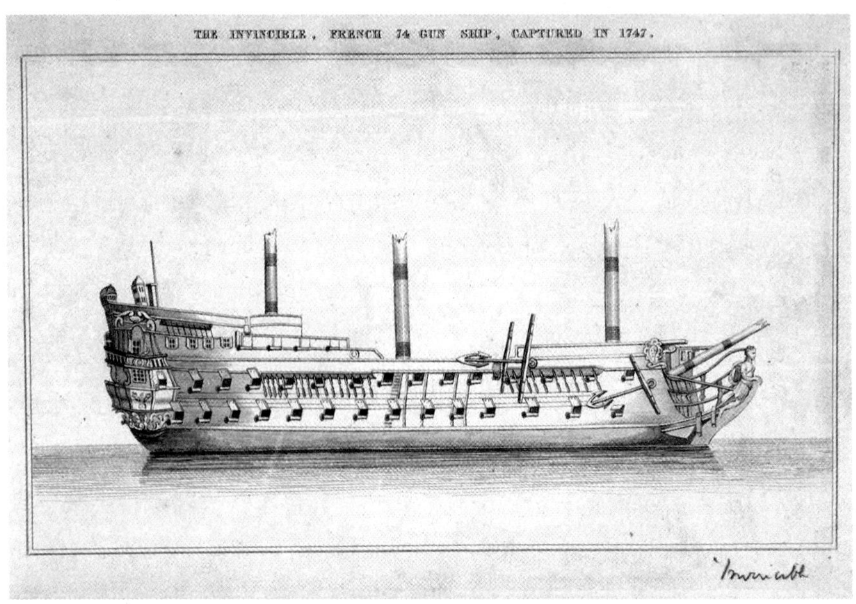

图 1.5 1747 年被英军俘获的法国军舰“无敌号”。收于皇家格林尼治博物馆

的传统，而他们又招来了拥有诸多设计、建造技术的世界性设计师群体，这就有助于法国成为创新中心。从17世纪90年代到18世纪40年代，英国的舰船设计变化甚微，与此同时，法国却发展出一个强有力的、极富创造力的工艺网，还设立了研究流体力学与船舶设计的著名学校。截至18世纪20年代，人们已经普遍公认法国军舰是世界上最优秀的。与英国相比，法国军舰更快、更机动，也能够倾泻更多的火力。但这类军舰也是极度专门化的船舶。就商业目的而言，这些船的造价高得令人生畏，船只本身不够稳定而且太过狭窄。1747年，英国皇家海军捕获了一艘名为"无敌号"(*Invincible*)的法国74炮战列舰，英国的船舶设计师备受震撼，因为法国军舰的体积是英国的1.5倍，这就让它在军事上享有诸多优势。于是短短几年内，英国就着手建造类似的庞大军舰。

军舰的专业化和英法在船舶、造船厂、船坞以及其他基础设施方面的巨额投入，让其他国家都极难与这两国展开竞争。在18世纪70年代的独立战争期间，美国为了建造军舰努力奋斗，不光部署了私掠船，各个独立的州和大陆会议也将一些船只编入现役。新政府建立了海防工事，还在特拉华河(Delaware)上布雷。尽管在对抗英国人时的确取得过一些零星胜利，但对所有观察者来说，美利坚人永远无法在开阔水域挑战英国霸权是显而易见的事实。因此，美国竭尽全力促成美法同盟， 32
1781年时约克敦(Yorktown)外海的法国海军就为确保胜利发挥了重要作用。到了1812年，美国在毫无欧洲盟友帮助的情况下与英国作战时，不列颠仍旧再度主宰了大洋。

纵观从15世纪到1815年的大西洋海军史，可以轻易得出一个结论：欧洲在海上拥有强大的优势。事实上，从15世纪的美洲和非洲原住民看到帆船、认为它们具备魔力开始，这一点就立刻得到了承认。不过，要是从第一次接触的那一刻开始更进一步仔细审视，就会发现故事变得越发复杂。帆船的出现就足以让人感到恐惧，但这种恐惧总是不可避免地和好奇交织在一起。当阿维索·卡达莫斯托(Aviso Cadamosto)

于 1455 年航行到塞内加尔时，他是这样描述的：

> 他们对我们的船舶结构以及装备——桅杆、帆、索具和锚
> 表示钦佩。他们认为船头的舷窗实际上是船的眼睛，它们在海
> 上航行时依靠舷窗观察驶向何处。他们说我们必定是大巫师，
> 几乎等同于魔鬼，因为走陆路的旅行者都很难知道从一个地方
> 33 到另一个地方的道路，而我们却在海路行进，按照他们的理
> 解，我们看不到陆地很多天了，却依然能够知道朝着什么方向
> 前行，这只有依靠魔鬼的力量才能实现。

1493 年，哥伦布从加勒比海发回报告，说岛民“坚信我与这些船和人一道来自天空”。他们没有将船只与魔鬼联系在一起，而是认为哥伦布和他的船员是天使，因为“一切力量和美好”都来自天上。哥伦布认为这是合理的，因为他们从未见过穿这种衣服的人或这样的船。

1494 年，哥伦布第二次远航时，舰队上的外科医生迭戈·阿尔瓦雷斯·昌卡（Diego Álvarez Chanca）描述了瓜德罗普岛居民首次看到西班牙船只时的反应。最初，他们的回应统一而单纯，“一看到帆，他们就全部逃跑了。可到了第二天，当船只下锚停泊后，岛民的谨慎就被好奇心取代了，许多人沿着海岸走到水边，看着船队，惊叹于如此新颖的事物”。

这些船神奇而强大，在接下来的几十年里横行加勒比海，一些原住民仍旧会选择逃避船只，不过，另一些人则选择学习其运作方式。1516 年，西班牙奴隶贩子在洪都拉斯（Honduras）海岸附近的海湾群岛（Bay Islands）捕获了一群岛民，准备将他们带往哈瓦那，然而，岛民夺取了贩奴船的控制权，驾驶它返回洪都拉斯，航程超过 500 英里。可见 16 世纪初欧洲帆船的技术难度还没有高得令人生畏，即便是美洲原住民也能够驾驶。

征服墨西哥后的两年时间内，埃尔南·科尔特斯曾监造了 13 艘帆

船。他让人就地锻造铁制工具和钉子，搜寻、收集木材，在特斯科科(Texcoco)[①]湖畔一处湖滩上监督原住民建造帆船。当然科尔特斯得到了诸多受过训练的西班牙铁匠和至少一名西班牙船匠的帮助，但他的成就表明，墨西哥在被征服之时已拥有建造16世纪帆船所需的资源、劳动力和基础设施。实际上，早在两年前，瓦斯科·努涅斯·德·巴尔沃亚(Vasco Núñez de Balboa)就曾在巴拿马地峡看似前途不甚广大的环境下动用原住民劳力建造了4艘帆船。甚至16世纪20—30年代时，西班牙人还在墨西哥的海滩上建立了他们的第一支太平洋舰队。

殖民美洲之初，欧洲设计师垄断了建造帆船所需的知识，但这种垄断并未持续多久。造船技术并没有神秘、复杂或严防死守到足以令他者远离的地步。在南卡罗来纳，已经沦为奴隶的人会以船匠的身份工作并 34
监督造船过程。在巴西，葡萄牙人大力推动造船业发展，奴隶、苦役犯和来自其他各个社会阶层的人都能成为船匠。巴西船以其经久耐用而备受赞誉，在巴伊亚建造的船尤其如此，哪怕到了20世纪，当地船匠都在持续使用近代早期的技术来设计、建造船舶。

正如巴西和新英格兰的案例所示，在17世纪的美洲完全有可能开设新船厂并生产出足以与欧洲相媲美的船只。但是，随着欧洲船舶变得越发专业化，体积愈加庞大，造船所需的基础设施也越来越复杂，要做到这一点就日益困难了。资本投资的累积效应确保了欧洲在造船业的统治地位。可是，如果建造强力战舰超出了非洲人或美洲原住民的能力，那么，又是什么让他们无法通过夺取船只来获得海上力量呢？

事实上，早在1516年，就有一群美洲原住民夺取了一艘船的控制权，并驾驶它穿过墨西哥湾。那些被奴役的原住民堪称先驱，后来，其他被奴役的人——绝大多数来自非洲，也在船上发起过暴动并控制了帆船。奴隶们先是夺取运载他们离开非洲的船只，而后转向海岸方向，接下来或是游回陆地，或是划船返回陆地，这样的事件发生过至少120

①它位于阿斯特卡人的首都特诺奇蒂特兰(Tenochtitlan)附近。

起。有时候，原先沦为奴隶的非洲人会把白人船员关押起来，迫使他们引领航向。而有的时候，非洲人还会自行驾船。一些非洲人指挥的帆船甚至会与军舰或其他贩奴船展开持续数小时乃至数天之久的海战，结果竟以非洲人取胜告终。

诸多事件记录提到非洲人和美洲原住民夺取帆船，而后成功驾船，接下来将它们投入战斗当中。在美洲原住民里，曾于缅因湾、芬迪湾（Fundy）、圣劳伦斯湾及其附近大西洋海岸活动的瓦巴纳基（Wabanaki）战士可能是运用帆船最为成功的一群人。从 16 世纪 80 年代算起，他们在其后将近 200 年间捕获帆船供自己使用，而且在战时将其用于战斗。瓦巴纳基战士在 1676 年与殖民船只交战，发动了两栖攻击，而且用缴获的帆船组建了一支舰队，以此围困一座英格兰人的堡垒。18 世纪 20 年代，瓦巴纳基战士还曾使用多艘帆船发起协同攻击，不过，他们并没有能够越洋投送军力的常备海军。

为什么非洲人和美洲原住民从未获得过这种海军实力？根本原因在于海军需要的不仅仅是船只。自中世纪晚期以来，欧洲人和殖民者在码
35 头、海防堡垒和港口设施上投入了巨额资金，还建立了复杂精巧的贸易网来维修、供应船只。任何使用暴力控制帆船的非洲人或美洲原住民都无法使用上述基础设施。商业和军事设施让舰船能够驶遍大西洋世界，它们也巩固、保护了欧洲人和殖民者对海洋的主导权。

第二章

水　手

近代早期的帆船虽然以惊人的效率役使风力，却也同样依赖人力。36
人们将一桶桶水、鱼、酒、火药、弹丸和其他物资搬到船上，然后小心翼翼地放入货舱。在16世纪的西班牙，重炮留在岸上越冬之后也必须由水手拖上船。大部分准备越过大西洋的船只都是手动装载物资。这一过程里需要的除了力气，还有协作和装备。人们利用绞车、绳索和滑轮来工作。等到越洋航行时，他们还以类似的方式使用绳索升起桅杆、扬起风帆和操纵船只。

一位16世纪的西班牙评论家在描述帆船如何运作时，援引了文艺复兴时期有关人体运行的说法。他将绳索比作神经系统，将使用绳索的人比作灵魂。船上的工作既精细又危险，因为人们需要在不平稳的、容易打滑的甲板上维持平衡，需要握紧绳索搬运重达几百磅乃至上千磅的物资，还得时常操纵着正在风中摇摆的索具和设备。水手必须时刻保持警觉，从而既确保自身安全，又避免损坏昂贵的设备乃至危及船舶本身。

水手几乎总是供不应求，但近代早期的海军非但没有给出高价以争取水手前来效力，反而只开出微薄的薪饷。军饷不足反映出大多数水手出身低微，表明航海业在诸多工作里层次低下。海军征募了很多贫穷且不幸的年轻人。海军官员甚至担心与新兵讨价还价会损害海军严格管理的能力。当募兵人员找不到足够数目的水手自愿签约时，他们就会诉诸形式多样的胁迫手段。例如动用武力，战时尤其如此，这都可以归因于水手在军舰上服役时的军饷要低于在渔船、捕鲸船或商船上的薪水。

与近代早期大西洋世界的其他居民一样，水手在多民族、多种族且充斥暴力的脆弱群体里生活、劳作，他们体验了非同寻常的疏离感。水手们远离自己的家，被人带到完全由男性组成的环境里工作，时常会以陌生人的身份来到外国港口。本章将从以下几个人的故事中，用水手的视角来强调他们职业生涯的多样性，他们分别是：参与西班牙西印度舰队航行的男孩弗朗西斯科·曼努埃尔(Francisco Manuel)；英格兰水手爱德华·巴洛(Edward Barlow)；一艘荷兰私掠船上的英格兰船员爱德华·考克瑟(Edward Coxere)；生于西印度群岛，后来在丹麦海军服役的奴隶汉斯·约纳坦(Hans Jonathan)；在葡萄牙和西班牙船上都参与过航海的德意志人汉斯·施塔登(Hans Staden)；后来成为无国籍海盗的尤卡坦(Yucatán)①原住民尼古拉斯·科沃(Nicolás Covoh)等。

水手们的服装标志着他们属于一类独特、惹人怀疑且易受伤害的战士兼工人。他们从事艰苦而危险的工作，动辄一次离家数月之久，有时
37 甚至一去不回。他们在海上需要经受持续不断的监督，要适应船上的作息时间以及食物，而且不得不全天候待命以应对恶劣海况或其他紧急状况。航海使他们能够跨越国家、民族的界限，在商贸和兵役之间来回变换。他们能够改变自己效忠的国家，逾越军人和平民之间的分界线，但上述做法往往要付出巨大的代价。直到 18 世纪末才兴起了一种颂扬普通海员为国效命的意识，海军文化也随之改变，在此之前，不论是大洋的哪片海岸，水手都要蒙受社会的鄙夷，在法律上也处于弱势。

水手大多来自欧洲和殖民地社会的最底层。16 世纪 70 年代，胡安·埃斯卡兰特·德·门多萨(Juan Escalante de Mendoza)曾断言：西班牙西印度舰队里的大部分水兵是穷人或穷人的后代。针对 17、18 世纪荷兰海军招募新兵过程的详细研究也得出了类似结论。荷兰水手来自贫困地区和贫穷的城区，而且不都是荷兰人。贫穷的年轻人长途跋涉寻找工作，最终来到像里斯本、塞维利亚、阿姆斯特丹和伦敦这样的港口

① 中美洲北部，墨西哥东南部半岛。

图 2.1　17 世纪水手的日常服饰，可以令人们立刻识别其为水手，并且几乎不会给出与特定国家、民族来源相关的任何信息。收于伦敦城博物馆

城市。在法国，海军的招兵人员渐渐习惯于征募半裸着身子的饥民，他们卖掉了自己的衣服，以此换取前往招兵地点的路费。为了让新兵恢复体力，招兵人员给他们提供了从返航船舶的仓库里拿出来的陈腐的船用饼干。不论是在法国还是其他国家，海军新兵往往相当年轻，有的是被不能或不想继续抚养儿子的父母赶出家门的，还有些是孤儿。

欧洲各国的海军都征募贫困的男孩，但即便是在穷人当中，也有些人并不考虑成为水手。1781 年，海军将领扬·亨德里克·范·金斯贝亨(Jan Hendrick Van Kinsbergen)要求阿姆斯特丹犹太社区的领袖发布
一份豁免令，允许犹太男孩在安息日工作、放弃祈祷并食用犹太洁食 38
(Kosher)以外的食品，这样就可以让他们加入海军。但犹太社区的领袖们予以拒绝。尽管犹太人占阿姆斯特丹总人口的 10%，而且多是穷人，

但他们当中实际上并没有人应征进入海军。

16 世纪 80 年代，弗朗西斯科 · 曼努埃尔抵达塞维利亚，那时，他不过是一个迷路的男孩，说不出自己的父母是谁，也不知道来自何方。他在 7 岁时成为船上的童仆，随后几年里被船长们“借来借去”，却也一路积累了不少工作技能和经验，最终成为一名领航员。领航员也就是引导船舶航行的人，是一个需要肩负重大职责的岗位。正如曼努埃尔的职业生涯所示，如果某些水手能够具备才华、专注和忍耐，就有可能获得晋升。不过，水手的职业生涯往往很短暂，这导致许多军舰的海员平均年龄很低。在 16 世纪的西班牙西印度舰队里，年轻人从童年就开始服役，他们起初得接受船上几乎每个成年人的命令和指示。近代早期的大部分军舰都会搭载大批这样缺乏航海经验的年轻人。法国军舰“光荣
39 号”(*La Glorieux*)在 1759 年出海时，有三分之一的海员是此前从未经历过海上航行的青少年。

军舰上的等级制度

军舰上普遍盛行等级制度，其目的在于促进团队合作并容许海员培养、传播技能，因为缺乏经验的水手可能给自己和他人带来危险。1659 年，爱德华 · 巴洛成为英格兰“内斯比号”(*Naseby*)上的一名水手，几天后，他被分配到由四五十人组成的起锚机团队里，工作是操作拉起锚索的庞大绞盘。多年后，巴洛在回顾往事时承认，“我并不知道自己在那种工作里哪里做得好，哪里做得不好”。起锚机要想运作起来，就得把四根大横梁插入一个垂直的圆筒当中。这些人分成几组，轮番推动横梁，让绞盘转动起来。巴洛并不知道应当在哪里加入工作，也不知道如何工作。当一名官员要求他挪开时，巴洛竟然跌倒了。就在那一刻，横梁迅速转动起来，其中一根击中了他的脑袋，巴洛跌落到一段没有遮盖的栅栏上，然后头朝下撞到了货舱里的一根圆形支柱，他的头骨骨折了。1701 年，巴纳比 · 斯拉什(Barnaby Slush)指出：军舰在男孩和新手的控制下，实在是个太大也太难管理的器械。即便在平静的水域，这

图 2.2　正在拖动绳索的水手。克里斯托弗·魏迪茨，《服饰志》(*Trachtenbuch*)(约 1530 年)。收于德意志国家博物馆

种工作也超出了他们的能力范畴。而在奔涌的外海和狂暴的天气里，当他们的内心早在船只沉没前很久就趋于下沉时，麻烦就愈发增多了。年轻的水手需要时间和引导才能培养出勇气与技能。

他们还不得不逐步适应一种独特的生活方式。尽管船只大小存在差异，但 16 世纪一艘典型的西班牙军舰就有船员 69 名，更大的船则需要更多的人员。截至 18 世纪四五十年代，英法两国最庞大的军舰都能承载 400 余名水手。船员之所以人数众多，其原因在于航海需要不分日夜时时都付出努力，于是人员就必须轮班工作。西班牙船上的男孩需要每半个小时倒转一次沙漏，并且在每次倒转时大声祈祷。船上各处的官员

则需要以自行背诵祷文的方式给出回应，以表明他们已经听到了男孩的声音并且知道具体时刻。祷文诵读八次即标志已过去四个小时，一个工作班次就此完成。18 世纪的英国船上也有一名军官保管着类似的沙漏。他每隔半个小时会按一次铃，八次报时后就要进行轮班，更迭值班人员。每次值班开始时，都会有一个新团队爬上甲板操帆四个小时，让前一个团队得以休整。

这些精心管理的值班机制是一个指导、协调劳动的精巧体系里的组成部分。大型军舰是以等级制度划分的，权力从舰长向他的副手和其他层级的军官分流。每一名军官都负责监督分配给他的人员，根据他们的表现进行赏罚，不过有时也完全是出于军官的一时兴起。舰长主管整支队伍，行使有时看似“近乎无限”的权力。

40 舰长行使权力的方式各有不同。1754 年 12 月，奥古斯塔斯·赫维（Augustus Hervey）的管家因为迟到，导致他的军舰延迟了离开直布罗陀的时间，赫维痛打了管家，但很快就后悔了，“我用指关节打了他的牙齿，结果割断了肌腱，让我的手肿得很厉害，剧痛了很久”。更常见的方式是舰长使用棍棒或鞭子实施惩戒，而且还是命令其他人负责击打。就习惯而言，船上相当忌讳打水手的脸。有的舰长也会因为过度惩罚船员而受到申斥乃至惩处。大多数舰长意识到维持秩序的最佳方式是在管理纪律时自己要表现得有条不紊。1760 年，荷兰舰长安德里斯·德·布吕恩（Andries De Bruijn）率部在设得兰群岛海岸附近航行了 6 个月之久，其间，仅仅惩罚了 125 名船员中的 7 个人，他下令给几名水手戴上
41 镣铐，并命令其中一名凶暴的男子戴上手铐在船上步行示众，而在发现对该男子不利的后续证据后，他召开了一次军事会议，给予此人如下判决：把他从桁端按进水里，再加以鞭打，最后扔到岸上。

在将此人逐出自己的军舰之前，德·布吕恩竭力尝试让那个人与其他船员之间保持一定距离。他批准的惩戒措施既是对其他人的警告，同时也将这名拒不服从的水手“作为一名无赖”特别挑选出来。在每支舰队当中，指挥官都颇为警惕地维护自己的权威，他们最大的恐惧就是发

生集体叛乱。有位法国军官在 18 世纪曾抱怨道，他所在国度的航海人员实在是天生放荡不羁，而且总是受到太过温和的对待。尽管那位军官拥有上述看法，但在革命时代之前，大型军舰上的兵变都颇为罕见，而且即便发生也往往出现在可能接近陆地的时候。

迪凯纳侯爵(Marquis de Duquesne)是法国海军的一位将领，1758 年他自己麾下几乎整支舰队里都有过抗命行为。迪凯纳下令处决了至少四名士兵，可这也无法令他的水兵投入工作，这些人之所以逗留在港口，是因为尚未拿到军饷。1779 年，荷兰海军也因为类似原因发生了一起罕见的兵变。在小型船舶和私人船只里，海上暴动是有可能成功的，但外海上的大型军舰就不大可能发生大规模兵变了，这是因为在甲板上展开战斗的后果不仅会吓坏军官，也会令水兵感到恐惧。夺取一艘大船的控制权总是颇为困难的，在新的指挥链下恢复秩序、重新正常航行则是尤为艰巨的挑战。船上的人知道他们需要通过共同努力管理这艘船，生存需求为人们在海洋上合作并维持纪律提供了强有力的动机。混乱威胁到的是每一个人，因此，水手们彼此密切注视，互相纠正对方的不良表现。

糟糕的环境

水手在海上根本没有独处的喘息空间。根据官方规定，16 世纪的西班牙军舰没有给水手留出用于睡眠的特定场所。人们竞相争夺甲板上的就寝空间，还架起了小小的栅栏，导致有时很难从船的一侧走到另一侧。军官不时得下令清理甲板上的道路，并且确保每一门火炮附近的地板上没有床垫、毯子和人。1734 年，神父吕克・弗朗索瓦・诺(Luc François Nau)乘坐一艘法国军舰横渡大西洋，吕克被分配到主舱下方靠着火炮的地方睡觉。他抱怨说："我们得让头和小腿撞上 20 次，才能进入铺位……船只的摇摆让我们的铺位颠来倒去，让它们无法避免地纠缠在一起。有一回，我被推到一名可怜的加拿大军官身上，就像是一只老鼠夹一样，我无意间夹住了他，一刻钟之后才把自己解脱出来。当时，

42 那位军官感到窒息，几乎断了气，于是也就没法朝我咒骂。”就分配睡眠空间的方式而言，18 世纪中叶的英国军舰相对而言较有条理，大多数水手每人获得一块 14 英寸宽的空间，而且可以在上面悬挂吊床。另外，还确保每次夜间值班时相邻两块空间中必有一块保持空缺。于是，每个人实际上拥有足足 28 英寸宽的空气柱安置吊床。

军舰上的女人很少。有位西班牙司令在从塞维利亚起航前曾接到如下命令：如果他在自己舰队的船上发现任何女子，那么不论是什么人将她带上船，此人都要受到惩罚。一旦抵达基督徒居住的陆地，就要将女人放上岸。但有些人女扮男装在海上工作，极少数情形下还有海军军官雇用毫无伪装的妇女上舰服役。1749 年，汉娜·贾尔斯(Hannah Giles)曾在一艘充当流动医院的英国舰船上担任护士。军舰“亚马孙号”(*Amazon*)上有个化名为威廉·普罗瑟罗(William Prothero)的水手，实际上是一个年仅 18 岁的女子，她还是另一名水手的情人。其他妇女也可能以不正当方式登船且从未出现在名单上。她们可能会遮遮掩掩地上船，隐藏在与她们合谋耍花招的水手当中，并且以不入账的方式从食品贩子手中购买食物。英国海军的军官有时会公开将妻子、情妇或妓女带上船，而普通水手则更加要谨慎行事。不过，船上终究不大可能存在许多女性偷渡者，因为给一艘在海上停留数月的船提供补给本身就是一个艰巨挑战，船长也会保护他们的库存物资。

为了给水手提供生活必需品，欧洲海上列强演化出复杂的官僚机构。18 世纪的英国海军部会以大纲形式制订供养成千上万人的年度计划。与此相反，荷兰人则授权舰长自行为船员提供给养，也就是根据船长麾下的人数发放对应的补助金，不过一旦出现食物变质或短缺也要追究军官责任。在这种制度下，舰长伊兰·迪·布瓦(Eland du Bois)就依靠妻子玛丽亚的协助购买给养，她负责安排运输大批食物。而玛丽亚正好有个当酿酒商的亲戚，此人就负责给水手供应啤酒。在熟悉的地方运作补给事宜是确保质量过关的途径之一。法国海军采用另一种策略。为了让水手免遭腐烂肉类带来的危害，法国海军的军务官在指定的军械库监督收购肉畜和屠宰过程，而且当场让人腌制畜体，就地进行包装。在所有欧洲海军中，18 世纪的英国海军提供了最为多样化的饮食。除了咸肉之外，英国军舰还携带大量的活禽和牲畜。英国海军水手的标准配给包括每天必备的面包与啤酒，此外还有牛肉、猪肉、豌豆、燕麦片、黄油和奶酪。但英国船员有时还是会受到营养不良的折磨，18 世纪 40
年代在墨西哥的太平洋沿岸曾发生过一起臭名昭著的事件，当时有 43
1000 多名水手死于坏血病。

军官和船员一样经受不幸和不适，但海军很少会在招募军官时碰到困难。若是一个年轻人正好拥有不错的社会关系，那么他就有相当充分的动机去海军就职。尽管起初的薪水可能会比较低，但军官毕竟拥有晋升的机会。在西班牙、荷兰和英国海军里，军官能够获得有利可图的合约并拿到丰厚的奖金。他们拥有推荐职位的权力，也排队等待着海外的行政岗位。军舰上的文书和司务长拥有类似的赚钱途径，船医也能根据治疗患者人数获得相应的报酬。于是，他们的工作都会带来潜在的丰厚报酬。船上其他拥有特殊工作技能的人员，包括桶匠、修帆工和木匠在内，也能够为了提高报酬与海军的招兵人员讨价还价。但是，作为个体的普通水兵从来就没有什么议价权。

那么，为什么还有人选择成为水手呢？爱德华·考克瑟是为了逃避父母的唠叨才在 1648 年上船的，父母一直认为他是个有前途的男孩，于是，就把他从多佛（Dover）家里送到法国农村待了一年学习语言。考克瑟说着一口流利的法语返回家乡，给一位到他家中会谈的商人留下了深刻印象。按照他后来的回忆：“（他们）送我去学门手艺，于是就决定到尼德兰接受酿酒师培训。”考克瑟前往泽兰（Zeeland），但并不喜欢这一行，不到一周就坐船返回英格兰。回家之后，他的朋友和家人都感到惊讶和失望。考克瑟不仅要面对他们的责难，而且对他们找的工作并不满意，于是就把航海当作了替代选项。他写道：“我不打算干那一行，我的命运落到了海上。”他以学徒身份与一艘私人船只的船长签约，却又讨厌自己的第一次航行。“为了把我锻炼得适应海洋，船长会拿着一根用来揍人的短绳追逐我，按照我的理解，与其说他是想要伤害我，不如说是想吓唬我。大副则跟在船长后面跑，好像是要控制住他一般。虽然他们把这当玩笑，我却是认真的。”第一次出航持续了七个星期。船只返航后，考克瑟辞去了工作，回到父母的住所，但很快老旧的烦人腔调就又在他耳旁响起：这回该干哪一行？考克瑟实在找不到别的选择，于是就同意成为“圣乔治号”军舰上某位军官的仆从，他的兄弟当时已经在这艘军舰上工作了。

考克瑟在“圣乔治号”上的服役时间相当短暂。这艘军舰驶出朴次茅斯不久，船上的一座火药库就发生了爆炸，火势蔓延到多层甲板各处。考克瑟从船艉爬下去搭上一条拥挤的小艇，依靠划桨抵达安全地带，他的兄弟也得以幸存，但其他许多水手则被烧死或淹死。发现自己再度失业后，考克瑟选择的下一份工作是到商船上担任侍应生。这艘商
44 船的船长是个从阿姆斯特丹出海活动的爱尔兰人。他们的第一次航行就是前往西班牙，结果这趟航行到了那里就突然演变成军事任务。考克瑟的船长与西班牙当局签约，负责指挥一支运输船队将士兵运送到比斯开湾沿岸与法国人作战。接下来的五个月里，他们在岸边航行，袭击法国船只，夺取船上的货物。令西班牙军人颇为惊讶的是，他们在此期间从未登陆。不过，由于这条船已经虏获了太多的糖、鱼、酒、布、柑橘酱和金钱，船长在航海季节结束后居然选择了退休。考克瑟再度失业，他随后受雇于一条在非洲沿岸海域作业的荷兰渔船，不过这份工作和前一份工作一样，又变成了为军方效力。他的船长获得了一份劫掠英格兰船只的特许状，后来，他们驶入英吉利海峡，在那里遭到一艘英格兰船的突袭，被迫投降，考克瑟的处境因而变得颇为危险，他不得不掩盖自己的出身，以免被人告发（作为英格兰人）参与对英作战。幸运的是，他与操弗拉芒语的人一起工作过多年，因而能够说出弗拉芒口音，“没有人把我当作英格兰人，所以我免去了被抓走的灾祸”。他想要去见父母，因而在前往多佛的路上仍旧伪装成荷兰人行进，以免自己被强征到奥利弗·克伦威尔（Oliver Cromwell）的海军里去。

图 2.3　“闲散的学徒转身出海”，威廉·霍格思(William Hogarth)。它展示了一个绝望的年轻人在几乎没有出路的状况下被哄骗成为一名水手。图片下方是《旧约·箴言》里的诗句：愚昧之子叫母亲担忧。收于维多利亚与艾伯特博物馆，伦敦

有许多像考克瑟这样的年轻人是在尝试了诸多养活自己的方式后，才最终选择成为水手的。比考克瑟更贫穷的男孩在接受海上工作前会尝试搬运工或者码头装卸工这样的临时工作。有些男孩勉强成为水手，另一些则是为了追求发财和冒险才成为水手。无论他们的动机是什么，不管起初签订的合约期有多久，他们都知道一点：与其他工作相比，船上工作会导致他们失去更多的自由。船长把水手带到哪里，水手就得去哪里，即便上了岸，他们也时常会沦为被强征的水兵。

商船、捕鲸船和渔船上的水手需要执行许多与海军一样的任务，承受一样的艰辛。他们不得不一次航行数月之久，睡在狭窄的地方，吃着高度腌制的食物，整夜值班，而且还要完成繁重的工作，甚至要为战斗做好准备。私掠船和海盗在海上袭击商船、渔船和捕鲸船，上述遭遇袭

击的私有船只也会选择武装起来做好防御，在战时尤其如此。这是大西洋航海中的一贯特点，而且在进入 19 世纪后也持续了很久。1762 年，一位名叫约翰·丘奇曼(John Churchman)的贵格会牧师前往费城，想要找到一条能够把他带到加勒比海的船，但作为一位和平主义者，他不想乘坐任何一艘携带防御性武器的船。丘奇曼到达费城时，码头上有五艘正准备开往加勒比海的商船，但它们全都装备了火炮，于是，他就没有登上其中任何一艘。在那些船上工作的人里还有些懂得如何操作重型火
45 炮。水手也会武装自己，准备在甲板上展开战斗，贩奴船上尤其如此。

私掠船

在上述环境下，私人船队不可避免地为海军招募、雇用、培训了潜在的水手。意识到私人船只及其船员的军事价值后，欧洲的君主们大力促进商业航运的发展。1563 年，伊丽莎白女王的政府鼓励臣民在星期三吃鱼，以此扩张渔业，从而增加能够服兵役的水手数量。到了 17、18 世纪，尽管军舰体积越发庞大，职能也日益专业化，海军从私人船只上征募来的水手越来越需要重新培训，政府仍旧将商业船队视为水兵的训练场。不过，要是依赖渔业、贩奴业、捕鲸业或其他商业作为海军新兵的来源，那就需要解决一个普遍存在的问题：几乎在所有地方，海军给水手的军饷都无一例外地低于私人船主开出的工资。

到了战时，在私人船只上工作会提高薪金，对于那些愿意冒险的水
46 手来说，私掠船还提供了另一个可能带来潜在利润的选择。私掠船主不一定会一直支付工资，可要是成功捕获了船只，就会给水手开出远高于海军的奖赏，加勒比海地区的状况尤为特别，那里的私掠船水手可以挣到 6 倍于海军水兵工资的钱。荷兰和英国海军有时会通过捕获赏金提高水手的工资，但他们的赏金分配体系严重倾向军官，导致普通水手只能自行瓜分收益中的四分之一而已。低薪和低下的分配额度反映出水手在军舰上的地位。1665 年，荷兰海军行政长官约翰·德·维特(John de Witt)坚持认为：水兵的军饷应当根据“铁律”固定下来。如果海军军官

背离这一原则，擅自与水兵讨价还价，他们在行动时就只能任凭乌合之众处置了。

海军的招兵人员不愿意开出具备竞争力的工资，因而时常诉诸强制手段，而且也的确找到了迫使水手在军舰上工作的方法。西班牙指挥官在战时下达征召令，要求由他们护航的商船交出部分船员。这时常引发持久的争端：到底谁应该为从商船转到军舰上的水手开工资？荷兰人并没有立法授权海军扣留个别水手，但荷兰海军当局有时会选择性地关闭港口以阻止商船、渔船和捕鲸船出港。这样，失去生计的人们就会加入海军。这种策略的另一个变种是与船主进行协商，使其为军舰征募人员。在 1659 年的一次事件中，荷兰捕鲸船雇用并转交了 1200 人。法国人的做法更为系统化。从 1689 年起，法国就持续将 16～60 岁身体健全、适于充当水兵和海军军士的人登记造册，名单上的每个人都是征兵对象。英国的政策受到成文法和风俗习惯的共同制约，议会法案授权强制征召任何一名无业或无法养活自己的体格健全的人。这是一个宽泛的征召范围，但遵循数百年来的传统，海军招兵人员收到的指令规定：他们只应征召海员或在海上过活的人和职业是在内河船、艇上工作的人。为了搜罗这些人，皇家海军在每个沿海地区都任命了特派官员。这些人雇用了代理团伙在街道、旅馆和小酒馆巡逻，四处寻找水手，他们能够通过衣着认出水手。那些拒绝加入海军的水手很可能会遭到逮捕。海军上校帕特里克·贝尔德（Patrick Baird）在 1755 年利用这一手段 4 个月之久，最后仅从一个金斯林城的街上就带走了足足 410 个人。

英国皇家海军还从海船上捕获水手。海军在 18 世纪将军舰部署到通往英国港口的海路上，它们在战时可以拦截多达五分之一的返程商船和三分之一的贩奴船，从船员中挑选水兵。贩奴船受到特别苛刻的对 47
待，因为它们在卸下运输的奴隶后就出现了冗余的船员，而且这些水手时常在航行中获得了能够在海军里派上用场的技能：巡查舰船、恐吓和惩罚掳来的奴隶乃至有时在甲板上与奴隶格斗。

水手憎恶强征。1668 年，海军把巴洛从多佛海岸附近的一艘商船上抓走，征召他上舰服役。为了防止他逃跑，巴洛被一直扣留在海上。“在此后半年时间里，我都没有获准在任何地方上岸，这令我极为悲痛。”七年战争期间，海军上将爱德华·博斯科恩(Edward Boscawen)担心被迫服役的水兵会陷入精神状况不佳继而无心战斗的窘境，因为对前往西印度群岛的恐惧和对强征入伍的怨恨在许多人心头重重萦绕。面对这种沮丧情绪，海军军官有时会采用严苛措施以防人员逃跑。

强制服役令许多人感到不快。商人、捕鲸业者和渔民抗拒抓丁团伙的工作。大英帝国各个城镇的政府官员竭力寻求令当地人豁免强制服役的法律特许，有时还会针对抓丁团伙成员提起诉讼。一些地方的群众则聚集起来与抓丁团伙做斗争。1747 年，马萨诸塞州(Massachusetts)波士顿的群众在街上与皇家海军派来的团伙战斗了 3 天。1759 年，一艘格陵兰捕鲸船在利物浦抗拒强征，利物浦人则在短时间内集结起来保卫这艘船的船员。当海军的征兵人员开火后，女人们冲着抓丁团伙大喊大叫来掩护男人，还有一名妇女被两颗弹丸击穿了双腿。这个团伙抓走了 17 名捕鲸船员，其他人则在当地群众的帮助下逃脱。

除了海盗、私掠、奴隶贸易和大西洋捕鲸业与渔业中普遍存在的暴力之外，强征水手的做法也模糊了正式兵役和受雇于私人船只之间的差异。水手通过强制兵役途径频繁转换于商船和军舰之间。强征也带来了令船员成分趋于国际化的后果。考克瑟为了免于抓丁装成了荷兰人。巴洛于 1668 年评论这种行为时指出：“强征的威胁使得许多穷人十分不愿意在国王陛下的舰船上航海，以致令他们背弃了国家，在其他国家找到更好的工作。”有些水手是自愿选择离开祖国，但还有许多人是受制于种种机制被迫远离故土。

早在 15 世纪 30 年代，非洲人就开始在葡萄牙人的船上效力。葡萄牙水手在非洲海岸抓捕人员，再让这些当地人担任向导。他们把抓来的一些非洲人带到里斯本接受技术培训，然后回到海上担任领航员。尽管这些人是被绑架过去工作的，并没有自行选择职业，但领航岗位却在船

图 2.4　“为海军补充兵力！”1798 年为抗议强征而印刷的版画。收于伦敦大都会档案馆，伦敦金融城

上赋予他们权威，使其拥有一定程度的自由。领航员之所以受到重视，是因为船只的生存依赖他们。在海况危险的海岸线上，人们不得不信任领航员，而如果领航员要履行其预定职能，就必须学会发号施令。16
世纪时有几名非裔葡萄牙人担任领航员，而且他们并不仅仅为葡萄牙效 48
力。16 世纪 70 年代，曼努埃尔·路易斯（Manuel Luis）曾在加勒比海的一艘西班牙大帆船上负责领航，此人出生在葡萄牙本土，却被描述成黑皮肤的大个子。

西班牙和葡萄牙舰船也大量使用非洲人充当普通船员，其中许多人成为在贩奴船上工作的水手。17 世纪初，耶稣会传教士阿隆索·德·桑多瓦尔（Alonso de Sandoval）乘坐贩奴船抵达南美海岸的卡塔赫纳，寻找能够帮助他传教的非洲人。按照桑多瓦尔的说法，他在水手学徒中总能成功找到帮他翻译的非洲人，还曾在一艘从几内亚比绍(Guinea-Bissau)地区开来的船上，让一名非洲水手向集结起来的奴隶询问他们是否愿意变得像白人一样。非洲人出身的水手学徒永远也不能完全“像白人一样”，可要是他们能够在贩奴船上工作，就可以获得特殊地位。
49 他们受到重视的原因不仅在于拥有地理知识，也源自语言技能和对当地文化的熟悉。他们来回横穿大西洋，促进了非洲海岸和美洲港口的交流。考虑到上述益处，英国皇家非洲公司于1721年发出指示，要求所有船长均应在船员中列入两三名16至20岁的黑人。

17世纪90年代，法国海军从圣多明各招募奴隶，以帮助他们的军舰在加勒比海航行，而且在每个大西洋帝国当中，都有奴隶在私掠船上工作。百慕大(Bermuda)将这种做法推到了极致。18世纪的某些百慕大船几乎完全由奴隶操纵。1782年，一艘名为“监管者号”(*Regulator*)的私掠船载着75名船员驶出百慕大，其中竟有70人是奴隶。后来，一艘美国战舰俘获了“监管者号”，将它带到马萨诸塞，那些奴隶都获得了自由。可他们拒绝接受自由，宣称自己宁愿恢复百慕大水手的身份，即便这意味着他们还得沦为奴隶。很难确定这些水手为何会做出上述决定。有些人可能仅仅是因为对此前的生活还算满意，但同样有可能是他们害怕离开已经熟悉的社群，转而在北美开始令人困惑的新生活，何况他们在北美仍然有可能遭受虐待。

“监管者号”的船员组成在大西洋背景下堪称与众不同，这不仅是因为有太多的船员是奴隶，也是因为他们全都出自同一个孤立社群，而且一般都是从小就彼此认识。更多的情况是航海让陌生人抱团在一起。1600年，泽兰省的军舰船员里仅有51%来自联省共和国，将近15%来自英格兰和苏格兰，超过16%的人来自说德语的邦国和波罗的海沿岸地区。荷兰船上出生在外国的水手人数不断波动，1709年，泽兰省的军舰搭载的人员里有45%是外国人，而在1720年到1733年，驶出阿姆斯特丹的军舰船员里仅有50%的人是荷兰人。

一些海军中还存在来自不同国家的船员相互对立的情况。1565 年，西班牙军舰“圣佩拉约号”(*San Pelayo*)在佛罗里达外海遭遇了一场罕见的舰上兵变事件，其根源便是国家、民族仇恨。一群法兰西、弗拉芒和东地中海的水手组成联盟，发起武装暴动夺取军舰。他们的人数超过了船员里的西班牙人。但联盟很快就陷入分裂，这就表明完成一场兵变有多么困难。经历了一场激烈争执后，联盟决定扬帆驶过大西洋返回法国，但他们无法有效导航，最终在丹麦海岸附近沉了船。为了应对此类事件，西班牙政府从 1568 年开始颁布法规，着手限制在西印度群岛舰船上服役的外国人数量，但这些法规实际上难以执行。招兵人员、舰长和水手时常会在提及新兵来自哪个国家时撒谎，而且国籍问题在近代早期也往往难以断定，参与“圣佩拉约号”暴动的法国水手就自称是加泰罗尼亚①人，以此获得了西班牙军官的信任。

由于水手一起居住在狭窄拥挤的地方而且从事团队工作，多数时候，船上生活的当务之急是鼓励人们尽力适应环境、学习新的语言并融
洽相处。可是，即便不同国家的船员之间能够产生团结感或亲密感，这 50
些好感也往往在回到岸上后破裂了。水手，特别是拥有美洲原住民或非洲血统的水手，通常难以克服在陆地上遭遇的歧视。

安东尼·加维亚洛(Anthony Gaviallo)曾于 1745 年在一艘守卫哈瓦那港的西班牙桨帆战舰上工作。当时船上有 100 多人，其中大部分是桨手。4 月，一支从纽约和新英格兰出航的私掠船队包围了这艘桨帆战舰并将其俘获。私掠者释放了大部分船员，但把加维亚洛认定为一个印第安人，之后就把他带回北美大陆上的英国殖民地出售。同行的还有另外 18 名被描述成印第安人、黑白混血种人和黑人的船员。其中 10 人被运到罗得岛，而后立刻卖做奴隶。加维亚洛和另外 8 个人被带到了纽约，当地海事法庭指出，如果这些人能够提供他们是自由人的证据，就应当予以释放。加维亚洛设法提供了这样的证明，但另外 4 名同事未能说服

① 曾是阿拉贡王国的一个公国，现属西班牙。

法庭，于是，就在竞拍会上被卖掉了。几年前曾有人将西班牙船上 19 名被认定为黑人和黑白混血种人的船员带到纽约，他们也被卖为奴隶。尽管这些人提出抗议，认为他们不仅无辜而且是自己国度里的自由人，但其中还是有 5 人因为涉嫌烧毁纽约城而遭到起诉、审判和绞刑。加维亚洛的多数同事命运较好，听闻他们的处境后，哈瓦那的西班牙官员向纽约发送文件，证明这些人是自由人。最终，大部分人得以摆脱奴隶地位，但至少有一个人在证明文件送抵纽约之前就已死去。

在大西洋世界的多数地区，非裔水手时常得冒着沦为奴隶的危险登陆，而且这不仅发生在他们所在船只投降之后，甚至会发生在以胜利者身份返回母港之时。奥拉达·艾奎亚诺(Olaudah Equiano)曾在英国海军里有过颇为成功的战时服役经历，可随后在 1762 年又成为奴隶，这令他倍感惊讶。19 世纪初的汉斯·约纳坦在丹麦也有过类似的经历，他于 1801 年应征入伍，在一艘丹麦军舰上服役，入伍后短短几天，就有一支怀有敌意的英国舰队迫近哥本哈根并展开攻击。就像其他许多在那时加入海军的人一样，约纳坦怀有复杂的动机。一位了解他的人说得很直率，“他就是想去打仗”。但他也渴望自由，认为自己通过入伍可以迈出决定性的一步：从此远离那个把他扣做奴隶的女人。约纳坦参与了他所在城市的保卫战，和另一名同样拥有奴隶身份的水手一起要求获得
51 自由。他们的船长支持这两人的诉求，他甚至设法让丹麦王储也干预此事，使其向积极方向发展，但法庭还是站在约纳坦所谓的主人一边。这名水手遭到逮捕，他戴上了手铐，又被送进监狱，在那里等待判决结果达数月之久。最终，法庭判决他仍为奴隶，并授权其主人将他运到西印度群岛出售。不过，约纳坦在执行判决前就已逃脱，他离开丹麦，最终航行到冰岛。即便到了 19 世纪，大西洋周边地区也长期存在诸多可供人们逃避侦查或捕获的岛屿、海湾和港口。

在 18 世纪的法国海军中，逃兵可能会面临终身在桨帆战舰上充当划桨手的惩罚，而在荷兰和英国海军里，逃兵可能会被绞死。不过，这些惩罚极少能够落实，这是因为人们很难找到潜逃的水手，而且终身苦

役或处决的威胁会产生反作用，导致逃亡者无法返回自己所在的舰船。更有效的策略是扣留水兵的军饷。巴洛曾在 1666 年不耐烦地等待海军专员上船发钱，当时，他和其他船员一样，已经被拖欠了 18 个月的军饷，但专员只发了应得的一半，“因为害怕我们从船上逃跑，只给我们发了九个月的军饷，把另外九个月的留在手上”。18 世纪的英国海军采用了不在外国港口给水兵发钱的政策。于是，1748 年 10 月在哈瓦那外海参与作战的人得等到 1749 年 6 月才能获得报酬。另一些人等得更久，曾于 1741 年在卡塔赫纳服役的船员直到 1750 年仍在申请发放酬金。

水手的生活

水手薪水低微，时常受到欺压和伤害，因而即便是出海间歇期也时常待在一起。他们群聚在人口稠密、住宿费用低廉的城区。在塞维利亚，水手们挤进了被称为“畜栏”(*coralles*)的寄宿房，这种房子大到足以同时容纳 100 名水手及其家眷。塞维利亚共有几十个“畜栏”，其中绝大多数位于码头附近。至于 18 世纪的波士顿，水手也以类似方式待在滨海区附近。他们来来去去，作为一个整体也无法将其划归为常住居民，但不论在什么时候，其人数都可能占到全城人口的 10%。水兵来自诸多国家，说着不同的语言，他们擅长消失在码头区，这令海军指挥官感到沮丧。对 16 世纪的西班牙水兵而言，到西印度舰队服役是前往殖民地的最廉价方式。军舰一开到美洲，水兵就打破移民限制和入伍条款，毫不意外地选择逃亡。

鉴于许多水手已经生活在法律管辖范围之外，他们就时常惹来掠夺者。在滨海地带游荡的不仅是盗贼，还有高利贷者、赌徒、妓女以及其他骗钱的家伙。水手浸润在这种环境中，于是，也就时常犯罪。有些人 52
通过非法交易商品赚外快，在大西洋沿岸携带小包裹本身并不违法，但在港口和某些沿海地区出现了避开海关官员和税吏的非法交易社区。与此同时，小规模交易将水手纳入了包括走私者和其他在合法商贸边缘活动的人在内的贸易网。一些水手组成了暴力犯罪团伙。在 16 世纪的加勒比海，由军官和水兵组成的盗窃团伙引起了古巴部分地区和墨西哥沿海地区的恐慌。他们犯下了数起强奸案，其目标是拥有非洲或美洲原住民血统的妇女。在 18 世纪的伦敦，水手团伙的服饰惹人注目，但任何人都很难认出其中的个体，于是，他们就很少受到逮捕、审判或惩处。这些状况给水手带来了坏名声。1539 年，天主教修士安东尼奥·德·格瓦拉(Antonio de Guevara)指出："大海是罪人的遮蔽物，是罪犯的庇护所。"但也有稍具同情心的观察家认为水手过着双重生活。这些人在海上可能值得信赖、乐于合作且纪律严明，但一旦进入港口，就会以报复心态放纵行事，这是因为他们知道自己待在陆上的时间很短，而且群居在小房间里，想要尽快享受生活。水手的回忆录证实了他们过着双重生活的观点，但回忆录作者也时常强调是航海让他们远离了原来有秩序的家庭，以此反驳了他们在陆地天生放纵，只有船上生活才有纪律的看法。

巴洛在描述他第一次乘坐军舰沿泰晤士河出海时写道："在这里，丈夫与妻子别离，孩子和慈爱的父母别离，朋友相互别离，他们再也没有见过彼此，有些人在异国土地上终老，有些人卷入战争，有些人身处
53 和平，有些人遇到了突然事件。"写下这段话六年后，巴洛结婚了。他的婚姻颇为艰难，这既是因为海上生活的需求，也是由于他是在强奸了未来的妻子之后才娶的她。

水手的妻子即便未遭到外部攻击，也时常受到丈夫只是在家稍做停留、实际上长期不在身边的困扰。1768 年，一份刊登在《宾夕法尼亚公报》(*Pennsylvania Gazette*)上的广告含糊地暗示了夫妻间的感情疏离。约翰·罗斯(John Ross)在广告中与妻子脱离夫妻关系，并免除了自己的婚姻责任。他列举了最近两次出海远航期间妻子趁他不在时的举止，并宣布剥夺她和自己的一切联系或照顾。考虑到广告中并未提及孩子，罗斯的妻子可能受到的束缚较少。

一些男人选择出海逃避普通家庭生活，并且乐于生活在几乎完全是男人的环境当中。18 世纪的英国海军里仅有四分之一的水兵结了婚。

除了宗教修会工作外，其他任何职业都不能将男女如此彻底地隔开。正如一位 18 世纪作家所论，“水手是所有职业当中结婚人数最少的，因为他们可以自己照顾好自己，不会洗衣的人就不是水手”。水手有时也会相互发生性关系，不过这违背了海军条令。英国海军以死刑惩罚这些行为。1761 年，一个名叫托马斯·芬利(Thomas Finley)的男孩入伍不到一个月就因为参与同性恋活动而被吊死。水手的船上性行为很难加以研究，更不用说进行量化研究了，因为唯一能够流传下来的证据源自一个遭到暴力破坏的社群，那里的人会受到严厉的惩罚，人人都不得不小心说话。

水手生活的特殊环境促使许多人掩盖自己生活里的诸多特征。强制性的压力和普遍存在的猜疑导致航海者隐瞒自己的出身，把自己的历史和性格弄得模糊不清。水手受到普遍的怀疑。任何逾越边界、转移效忠对象或在争端领土上徘徊的人都有可能面临审查，而水手还会受到特殊的猜疑，这是因为他们比其他人旅行得更远，而且通常没有人能够知道他们具体在哪里。

德意志水手汉斯·施塔登在他 1557 年出版的自传中写道，他在十年前离开家乡，先是去了荷兰，后来又到了葡萄牙。他之所以离家，是因为希望航海去世界的另一边，可当他抵达里斯本时，印度船队已经出发了。由于无法航海到亚洲，也不会说葡萄牙语，施塔登就找到了一个 54
说德语的旅馆老板，那人帮助他以炮手身份登上了一艘开往巴西的船。这艘船打着葡萄牙旗航行，获准在非洲的大西洋沿岸攻击其他欧洲国家船只，并在美洲水域攻击法国商船。施塔登在非洲沿海参与了攻击一艘西班牙商船的战斗。他的船在亚速尔群岛附近的大西洋海域捕获了一艘海盗船，又在巴西外海与一艘法国船交火。施塔登在登陆之后与葡萄牙殖民者和非洲奴隶战士一道参加了针对巴西原住民的战斗。等他的船返回里斯本后，施塔登决心前往西班牙，再从那里乘船到西属美洲殖民地。他先是乘坐一艘英格兰船抵达塞维利亚，然后被征入一艘开往拉普拉塔河的西班牙军舰。1549 年，施塔登再度越过大西洋，这一次是身处一支由三艘军舰组成的护航船队。船只先是被暴风雨的侵袭打散，然后竭力会合到一起。抵达南美后，其中一艘船在港口里沉没，另一艘也失事了。施塔登发现自己不得不滞留在巴西海岸，毫无返回西班牙的希望。1554 年，他和其他若干幸存船员(其中至少一人来自法国)一道前往位于圣维森特(São Vicente)的葡萄牙殖民点，在那里入伍，变成为葡萄牙而战的士兵。施塔登的葡萄牙指挥官派他和另外三人一起守卫巴西海岸附近某岛屿上的一座木堡，这三人都不是葡萄牙人。他们依靠捕猎、采集以及与当地图皮尼金(Tupinikin)人进行贸易换取食物得以生存。在海边待了四年后，施塔登已经熟练掌握了图皮瓜拉尼(Tupi－Guarani)语。

根据施塔登的自传，一天他在大陆遭遇了图皮南巴(Tupinamba)战士的伏击。他们将他带到营地，告诉他一件事：他们的神已经下令抓回一个葡萄牙人并予以处决。听到这段话后，施塔登恳请对方饶他一命。他声称自己是德意志人，而且从未成为葡萄牙人，家乡的人们已经和法兰西人结为盟友，而后者正是图皮南巴人的主要欧洲贸易伙伴。为了检验其说法是否属实，战士们将他带到一个法国人面前，可当这个人说法语的时候，施塔登却根本听不懂。当捕获他的人问及此事时，施塔登答道："我已经离开我的国家很久了，以至于竟然忘掉了自己的语言。"按照施塔登对这次遭遇的描述，他当时正在快速思考，想要说出至关重要的话语，于是就分散了注意力。他给审问者的答案是自己已经忘记了出生国的语言，这道出了大西洋世界各地许多水手共通的一种疏离感。

几周之后，施塔登被人赎出，他去了德意志，就与沉船和监禁相关的所有问题，他在那里接受了审查和质询。他曾经和图皮南巴战士一起生活了四个月，因而必须解释自己是如何在其他俘虏都被杀死的情况下
55 幸存下来。他又一次不得不为自己辩白。为了证明自己的清白，将自己和原住民战士撇清关系，施塔登在他的自传中暗示自己一直非常镇定、机敏，且以尽量负面的说法描述图皮南巴人。按照施塔登的说法，这些人不仅威胁要杀死他，还要吃掉他，此外又细致地描绘了他们当中的食

人现象。施塔登对食人的记载吸引了 16 世纪的欧洲读者，对历史学家而言，这样的叙述也因为其影响力显得颇为重要。不过，许多学者已经发出了警告，认为施塔登是个传播逸事的老手，他可能是通过撒谎或者说至少是修饰自己的叙述来保护自己。

尼古拉斯·科沃的故事没有施塔登那么著名，但他也遇到了需要解释的问题。科沃是玛雅人，根据此人向某个西班牙殖民法庭提供的证词，他出生在尤卡坦半岛中部，年轻的时候搬到了墨西哥湾沿岸，在那里依靠捕鱼养活自己和妻女。科沃和另一个名叫弗朗西斯科·坎(Francisco Can)的玛雅人共有一条小船。1661 年，他和坎被迫登上一艘法国帆船。按照科沃的证词，法国人夺走了他俩的船，将这两个渔民带到托尔图加(Tortuga)岛。科沃和坎替他们的法国主人捕鱼，他俩在托尔图加岛遇到了海盗，海盗教会了这两人使用火器。1666 年，他俩登上一艘帆船，参与了一场针对南美大陆的大规模劫掠，并在返回该岛途中被主人赐予自由。科沃并未尝试返回自己在尤卡坦的家庭，而是继续和海盗一起出海。1668 年，科沃被人擒获，而后送到尼加拉瓜接受审判。

科沃的证词让人能够一窥 17 世纪加勒比海地区海盗和原住民水手的生活，但他的故事也带来了一些难题。他是否尝试通过编造回忆说服尼加拉瓜的审问人？科沃告诉法庭他抛下了自己位于尤卡坦的原有家庭，最终在托尔图加岛获得了一个非洲妇女充当奴隶。需要尤为慎重地对待科沃与这个女人相关的说法。他表示自己和她、坎、另一个美洲原住民以及其他几个奴隶生活在一个小屋里。科沃表示他开始担心这个非洲女人会遭到攻击，于是就把她搬出小屋以确保安全。科沃把自己描述成一个无辜的人，他提供这份证词的目的是要让自己免罪。在回顾自己此前七年的经历时，他坚持认为自己一再受到胁迫和欺骗，失去了对自己命运的掌控权，以此寻求宽大处理。

在近代早期的大西洋世界，这是水手当中普遍存在的问题，他们冒 56
险并经历着看似永无止境的一连串不幸遭遇。他们的船只必须穿越黑暗与雾气，在海风、洋流、潮汐和海浪间穿行，而且还得避开浅滩和礁石。就连商船和渔船也很容易受到攻击。弹丸、刀片和弹片让水手面临受伤的风险，动荡的帆桁、缠绕的绳索、绊倒和跌落也可能会受伤。16世纪时，西班牙的西印度舰队出于人员识别目的，记录了水兵的面部、手部和躯干疤痕特征，有一份名册列出了2000名士兵，其中一半人受过伤。而在18世纪的北美海域，水手受伤的比例可能会更高。此外，水手也要受食品供应商的支配。船上的人除了供给的食物外别无选择，水手时常死于干渴、饥饿或疾病。在1746年的一次跨大西洋航行中，数千名法国水兵因为补给品变质而病死、饿死。其中一艘军舰“海狸号”(*Castor*)的舰长不顾一切地为他麾下188名患病水兵提供补给，开始对纽芬兰外海的渔船和其他小船发起袭击、登船、劫掠，有时甚至会将其击沉，其目的仅仅在于夺取船上的水、饼干、鱼和牲畜。1757年，一支法国舰队遭到斑疹伤寒的侵袭，1万多名水兵患病。其中大部分人在被免除兵役后自行康复或死亡，但仍有1000余人在服役期间死去。就在同一年，根据英国海军部的记录，皇家海军里很少有水兵战死或死于和战斗相关的创伤，但有130人溺死，169人死于病员收容所，1425人死于医院，776人则直接死在船上。

面对如此捉摸不定且可能颇为黯淡的前景，水手们时常得出结论，认为是神秘的力量控制着他们的命运。人们很少认为水手是一个总体上信仰宗教的群体，但他们的仪式、回忆录、信件和在危急关头的举动表明其中许多人信奉天使、圣徒、上帝，也许还有决定他们命运的其他神灵。1586年，墨西哥宗教裁判所长就他认为应当禁止的水手祈祷文列出了一份清单。那些祈祷用语热切而具体，但在宗教裁判所眼中，它们对教会不够忠诚、驯服。其中一份祷文祈求：“为我们提供日夜安宁的天空，带给我们好天气，让我们远离糟糕的沙洲、船队和船员，她乐意把我们安全地带到一处良港。我们的父，万福，玛利亚。”另一份祷文
57 内容如下：“圣尼古拉，请守护我们的龙骨、舵柄、船桥和索具。”祈求神力帮助本身并没有什么异常或离经叛道之处，但与帝国鼓吹者和政府

图 2.5　马塔罗(Mataró)船模，约 1470 年。类似这样的还愿船模遍及欧洲各地的教堂，这是信徒为祈祷保护某些特定船只及其船员而捐献的。收于鹿特丹海事博物馆

官员口中认可的祷文相比，水手的祈祷只作用于个人层面，并且没有什么终极目的，也没有对长远的未来表达出确信。

除了海上的无序外，许多水手还经历了陆地上的混乱。家庭灾难迫使男孩流落在外，路上与海军招兵人员的偶然相遇则把他们带上军舰。考虑到大西洋上的生活里普遍存在暴力行为，年轻的水手在上船时就知道自己面临着战争的风险。私人船只船长的心血来潮可能会导致水手投
入战斗。在参与大西洋战争的舰船中，大部分船上的船员都包括一些主 58
动应征参战的人，另一些人要么是在武力胁迫下上船，要么是由于个人不幸或偶然事件上船的。很大一部分船员事先对船长卷入战斗的胜负毫无兴趣，因为他们在登船前没有选择任何一方的机会。

第三章

海上战斗

59 1609年，在北美海岸附近的两条划艇，一条运载着武装起来的战士，一条运载着桨手和芒西(Munsee)商人，接近了亨利·哈得孙(Henry Hudson)的“半月号”(*Halve Maen*)。商人打出手势，表示他们希望用物品换取小刀。哈得孙的部下对此感到怀疑，他们只让两个没有武装的芒西人上船，并且立刻将他俩扣做人质。留在划艇上的人划着桨离开了，但在当天晚些时候，他们又带着两个新人过来，用这两人交换原先被捕的人。“半月号”上的人同意此事，但在完成交换后，其中一名新人质就跳到船外去了。船员扣住了仅存的人质，直到这群芒西人不再打扰“半月号”后才予以释放。

三个星期后，“半月号”上的人们在上游已经没有那么小心了，他们邀请了几个人登船。船员中的伦敦人罗伯特·朱特(Robert Juet)记录了随后发生的事情：

> 山民来到我们船上，对我们的船和武器感到好奇。我们用小玩意儿从他们那里买了一些毛皮。这天下午，有一条划艇一直悬在我们的船艉上，里头还有一个人，我们无法阻止他从那里进来，他沿着我们的船舵来到船舱的窗前，偷走了我的枕头、两件衬衫和两条子弹带。我们的大副朝他开枪，击中了胸部，将他杀死。于是，其余的人全都跑了，待在划艇里的干脆跳出去下了水。我们登上了自己的小艇，又拿回了我们的东西。随后，其中一个下水游泳的人抓住了我们的小艇，想把它

> 弄翻。但我们的厨子拿出一把剑，砍断了他的一只手，这人就淹死了。

朱特和“半月号”上的其他人学到了一个教训：北美海岸相当危险。芒西人学到了同样重要的东西，那就是能够越过大洋的船只难以攀爬。
在某些时间和地点，比如说 15 世纪的西非海岸，乘着划艇发射箭矢、 60
投掷标枪的战士可以成功驱逐帆船。但冒着敌方火力划桨靠近帆船，随后登上甲板、制服船员并控制船只终究算是个严峻的挑战。不论在大西洋世界的什么地方，都很少有关于战士使用划艇夺取帆船的记载。

1657 年，托马斯·勒廷（Thomas Lurting）在加那利群岛（Canary Islands）附近参与了一场大规模协同进攻，勒廷是一艘名为“布里斯托尔号”的军舰上的军官，此次攻击的目标则是一支刚刚载着财宝离开加勒比海横渡大洋的西班牙船队。他在战斗期间看到有条西班牙大帆船在一座城堡附近下锚，就离开“布里斯托尔号”尝试登船。勒廷知道从小船登上帆船相当困难，但他认为这艘西班牙船已经无人值守了。

> 我带着大艇出发，想要登上一艘停留在另一座城堡附近海岸的大帆船，我觉得甲板上没有人，可那里实际上是有些人的，他们一直紧贴在甲板上面，等我们推进到距离他们仅相当于船体长度两三倍之后才动手。他们起身朝我们开了几炮，但船实在离得太近了，他们的所有炮弹都从我们上方飞过……后来，当我们返回己方军舰时，他们从几座城堡里和几段胸墙上用枪炮朝我们猛烈射击，打得离我们非常近，尽管如此，所有人还是安全登上了我们的军舰。

登上一艘帆船的有效方式莫过于使用一艘大小相当的舰船（接舷）。16 世纪 20—30 年代，在加勒比海袭击西班牙船只的法国私掠船会径直驶近攻击对象的舷侧，然后或是直接跳过去，或是借助绳索、舰桥过去，最后与西班牙人在甲板上展开战斗。1587 年，有人在墨西哥出版了一份海战手册，作者建议船长在发起炮击前朝着攻击目标发射抓钩和锁链，届时，参战人员就可以紧抓锁链，将两条船拉到一起，随即在甲板上展开战斗。投入攻击的战舰士兵应当装备小刀、剑和手枪以备战斗，其中一半人编成登船队，另一半留在后方保护己方船只。

17 世纪的军舰在设计和装备时就打算阻碍接舷。船上携带的网可以缠住任何一个想要攀上侧舷的人，向着船艏和船艉方向翘起的甲板可以当作朝袭击者开火的射击平台。许多船用栅栏把甲板划分成几段，于是，防守方的船员既能隐蔽起来又可以看到上方的攻击者。船只的结构和设备的确赋予守方若干优势，但对攻守双方而言，船上战斗都可能既混乱又代价高昂，人们相互进行近距离砍杀和射击，有时还会使用可以纵火的武器在甲板和其他木结构上点火。鉴于很少有水手会游泳，任何跳船逃跑的尝试都颇为危险。

61 理解近代早期海军史的途径之一是认识到接舷的风险，由此追踪海军决策者和军官尝试寻找其他作战手段的努力。人们在 16 世纪初才首次将火炮安装到帆船甲板上，此后步入一个稳定发展阶段，最终进入了这样一个时代：才华横溢的舰长能够规避敌方火力，并指挥己方舰船在毫发无损的状况下用炮火远距离摧毁敌方舰船。尽管这一章会叙述这一进程，但海战的故事远不止如此。无人操纵、无人守卫的船只总会被夺走，扬帆航行中的船也可能被已在船上的内部人员夺取(包括船员、俘虏和客人在内)。尽管接舷战在 16 世纪就开始衰落，海员仍然需要在甲板上战斗以捍卫己方船只。那些战斗极其危险。兵变和奴隶发起的船上暴动不仅挑战了船长及其所效力的帝国的权威和利益，也挑战了正在发展的海战准则和整个大西洋世界帝国秩序的虚假外表。

纵火与交战

纵火是一种显而易见的摧毁木船的方法。1588 年，西班牙人派去进攻英格兰的大舰队(Great Armada)[①]就满载着成千上万只塞了火药的陶罐，作战时先用引信点燃陶罐，然后将它投射到敌方船只的甲板上。火罐可以用手扔，也可以绑在绳子上投出去，还可以用投石器抛到空中。另一种常见的引燃木船的方式是牺牲一艘己方船只，把它点着火，然后放出去，让它顺着洋流冲向敌方船队。瓦巴纳基战士曾于 1688 年修建了一艘特地设计的“烟火船”或木筏，长约 20 英尺。瓦巴纳基人把它塞满了可燃物，将其点燃，然后放它上路，此时的潮水使其漂向一支新英格兰船队。由于突然吹起了一阵相反方向的风，“烟火船”在被海浪浇熄火焰之前始终无法触及对方船只，瓦巴纳基战士的努力落了空。如果有人操纵火船，那么它运作起来就较为可靠了。从 17 世纪 30 年代开始，法国海军在纵火船上装载可燃物，还让技术尤为娴熟的船员驾船驶近目标，随后，船员会引燃己方纵火船，跳船逃走，而后尽力乘着小艇匆忙撤离。这种战术被多支欧洲海军采用。纵火船上的人有时还会登上目标船只点火。1657 年，勒廷在乘坐大艇冒险完毕后，又驾驶一艘他称为“舰载艇”(pinnace)的小船出发，想要烧毁三艘西班牙船。他的船开了一炮，趁着烟雾他毫发无伤地登上其中一艘大帆船(西班牙人已经走了)并立刻点燃了它，它又引燃并烧掉了另外两艘大帆船。

勒廷和他的船员是幸运的。1740 年英国海军将领爱德华·弗农 62
(Edward Vernon)曾给加勒比海的纵火船船员下达过训令，其内容让人能够感知这些人面临的挑战。弗农警告士兵，如果他们玩忽职守，就会受到惩罚，不过他也许诺一旦表现良好就会给予额外奖赏。他指出船员应当随时准备，把握战机。如果看到一艘西班牙船的索具已然损坏，就要迅速靠近点火。他还号召船员一旦看到英国船被敌方优势军力压制，就要进行干预，在这种情形下，他们要把船开过去并以最大力度施压，焚毁敌军的此类船只。弗农表示他原本希望用旗语指挥纵火船的行动，但他知道很难从烟雾中认出这些信号，因此，船员应当主动行事。弗农

①即中文资料中常说的“无敌舰队”。

图 3.1 燃烧弹或火罐，发现于“特立尼达·巴伦塞拉号”(*Trinidad Valencera*)残骸，这是 1588 年西班牙大舰队中的一艘船。收于北爱尔兰国家博物馆

还分别给其他船只的船长下令，要求他们把纵火船船员从水里拉出来，将这些人救出他们放的大火。

考虑到部署纵火船和其他燃烧装置始终存在一定风险，从 16 世纪起，海军决策者更倾向依靠炮击，利用炮弹的冲击力使得敌舰受损、丧
63 失战斗力或沉没。1588 年，佩德罗·科科·卡尔德龙(Pedro Coco Calderón)在英吉利海峡目击了旗舰“圣马丁号”(*San Martin*)遭到的炮击：

> 敌人从早上 7 点开始猛烈轰击我军旗舰，持续了 9 个多小时，右舷中弹数量极多，以至于有 200 多发炮弹命中了风帆和船体侧面，打死打伤了许多人。它们还将火炮从炮架上打下去，导致它们无法继续投入战斗，致使我军损失了 3 门大炮。

> 炮弹撕裂了大批索具，由于炮弹击穿了吃水线部位，大帆船进了很多水，虽然有两名潜水员使用了拖缆和铅板，并且让两台泵不分昼夜作业，仍几乎无法修补缺口。

一次炮击很少能让一艘船丧失战斗力或沉没。英格兰人未能击沉“圣马丁号”可以归因于若干艰巨的技术难题，它们在此后多年中足以令海军设计师专心攻克。17 世纪的欧洲造船厂生产了专业化的军舰，这些船逐渐变得更大、更稳定、更坚固，这是为了给更多的火炮提供射击平台，也为了让船体坚固到足以承受反复炮击。

重炮的广泛应用影响了战斗体验。当船只使用火炮战斗时，船员就得冒着个人负伤或死亡的风险。此外，他们还面临着船只损坏的危险。为了掩护己方退却并使敌军丧失追击能力，舰长时常命令士兵在他们所在舷侧向上翻涌时开火，这是为了瞄准敌方索具射击，可要是舰长对自己的实力感到自信，就有可能下令瞄准敌军船体的吃水线部位。索具损坏可能导致船只随浪漂移，可要是船体被打出缺口，就有可能令全体船员溺死。随着重炮的兴起，自我保护已成为一种团队努力，它涉及数十名负有专门任务的士兵。每个战士个体的命运都决定着整条船的命运。

1759 年 8 月，葡萄牙海岸附近，奥拉达·艾奎亚诺在英军旗舰“那慕尔号”(*Namur*)上参与了拉古什(Lagos)海战。“交战期间，我的岗位在甲板中部”，他后来写道，“我和另一个男孩一起待在那里，负责给最靠近船艉的那门炮输送火药”。为了拿到火药，艾奎亚诺不得不前后穿越几乎整条军舰。“于是，我觉得每一分钟都会是我的死期，特别是看到身边的自己人密密麻麻地倒下的时候。不过，我还是希望尽可能地防范危险，起初，我觉得要等到法国人舷侧齐射完毕后再去拿火药最安全，这样，等到他们装填的时候，我就可以拿着火药走个来回，可后来我发觉这种小心谨慎是徒劳的。”

艾奎亚诺和勒廷都感恩上帝让他们在海战中幸免于难，他俩都认为 64

命运并不由自己掌控。但与勒廷形成鲜明反差的是，艾奎亚诺认为他和船的命运不可避免地联系在一起。他曾经考虑过安排自己的行动时间，以便最大程度降低自己面临的个人风险，但这思绪只持续了片刻，他很快就意识到：当法国人开火时，奔跑就没有意义，甚至躲避也毫无意义。不管他做了什么，都必然暴露在弹片下，要是上帝降下旨意，他终究会和“那慕尔号”上的人一起被烧死、淹死。

舰船间的炮战同纵火船参与的小规模战斗或水手与对手正面搏斗的甲板战截然不同，相比之下，当军舰相互碰撞造成损伤或是相互开炮时，船体和水已将交战双方隔开。艾奎纳诺知道他在和法军交战，但他在记述拉古什海战时从未提到任何作为个体的法国人。

1759 年 11 月，法国海岸附近发生了基伯龙湾(Quiberon Bay)海战，威廉·斯帕文斯(William Spavens)在此战中是英国军舰“报复号”(*Vengeance*)上一名在甲板下方作业的船员。他对此战的记述里几乎完全不存在舰长以外的参与者。他描述了军舰按照舰长的指示运动、机动、开火、取得胜利或沉没。

> 下午 2 点 15 分，74 炮战舰“勇毅号”(*Warspight*)上的约翰·本特利(John Bentley)爵士，靠拢了 80 炮战舰“可畏号”(*Formidable*，少将的座舰)，交战开始了……当“勇毅号”打出几轮侧舷齐射后，它向前开火，给“复仇号”(*Revenge*)让出了位置，然后驶向“多塞特郡号”(*Dorsetshire*)，每一次都和敌军后方的下一艘军舰并列……正在用背风一侧舷炮作战的“壮丽号”(*Superb*)陷入了一场暴风雨，浸满了水，沉没了。不久之后，“忒修斯号”(*Thesee*)也在“高尚号”(*Magnanimie*)旁边沉没了，“可畏号”撞上了“果决号”(*Resolution*)，这在敌军舰队中造成了极大的混乱……

在斯帕文斯对这场海战的描述中，水手们仿佛是从火炮的烟雾和海浪中冒出来一般，直到战斗结束后才出现。斯帕文斯提到“可畏号”上的“大部分军官和很多船员被杀。‘忒修斯号’上有 4 个人被我们的小艇带走了，其他人和‘壮丽号’的全部或大部船员一起丧命，大约死了 1650 人。这些船沉到了水下大约 27 米处，只有桅杆顶部还可以看见，我们发现有几个死人倒在桅楼上，或挂在支索和其他索具之间”。

水手将海战视为船与船的战斗而非人与人的战斗，其原因决不仅仅在于船只间的物理距离或交战双方之间的疏离感。要想在这类交战中取得成功，就需要非凡的团队合作。水手必须全神贯注于分配给他们的任 65
务才能生存。我们永远也不可能全面了解基伯龙湾的沉船甲板下方发生过什么。一位法国军官在对此战进行总结时指出法军表现得十分英勇，但也认为法军出现了抗命、无知、混乱和无能。一位从远处观看法军作战的英国牧师得出了类似的结论。他写道：“要是敌军稍稍保存一丝冷静，或是打得有点准，那么情况就大不一样了。可他们实在是太混乱了，以至于我认为那成百上千发炮弹中只有不到三四十发命中了船只。”

艾奎亚诺对拉古什海战的记载既强调了保持专注时所付出的努力，也着重指出一旦水手未能完成特定任务，整艘军舰将会面临的风险。交战期间，他看到周围的人被撞成碎片，这就需要努力克服令自己分心的环境。当他看到自己的主人受伤时，就希望跑到主人身边去，“可是，尽管我对他十分忧心，希望去帮助他，我还是不敢离开岗位”。艾奎亚诺继续为他的大炮运送火药，可当他打开弹药箱时，却发现自己和伙伴需要执行一个突如其来的额外任务，以防船被炸上天：弹药箱已经腐烂，火药粉末撒到了甲板上。尽管存在危险，艾奎亚诺还是不断为大炮补充火药，炮手也持续开火。他们疯狂地用水浇熄散落的火药，以防发生爆炸。

如果军舰上人人在战斗期间都能服从命令，那么他们就都会把精力集中在分配到的任务上，对艾奎亚诺这样负责操炮的下层水手而言，情形尤其如此，而这种信念在 17、18 世纪与日俱增，以致连舰长都认为他们作为舰队的一部分，应当以有序的、几乎机械般的方式行动。

1639 年，西班牙组建了一支旨在前往尼德兰海岸附近作战的大舰队。他们公然宣布了自己的意图，似乎是要与荷兰人展开一场大规模交战。荷兰人接受了挑战，派出一支舰队在英格兰东海岸附近与西班牙人交手。西班牙人的军舰起初比荷兰人多，但荷兰的舰长们在协同作战时更有效率。荷兰指挥官马尔滕·哈珀特松·特龙普（Maarten Harpertszoon Tromp）在战后大肆吹嘘，背诵了一段自称是在战前军事会议上向下属舰长发表的演说：

> 你们看到，在四周混乱航行的其他船只是增加了敌人的数量，却没有增添实力，而且，鉴于它们只会加剧混乱，敌船越多，就越能确保你们获得胜利。总而言之，我想说的是，如果
> 66 这里有 11 艘军舰，又希望与我们眼前的 70 艘军舰开战，那看起来是有些轻率。可如果我们这 11 艘军舰能够合成一艘，那时候，如果有人攻击我们，就轮到他们轻率了。我们有 500 门大炮，只要还有心智，谁会试图攻击这样一块由 500 门炮守卫、坚不可摧的磐石？

特龙普以提倡“纵列”（line ahead）著称，这种战术是把一支舰队里的军舰前后船艉船头对齐，让全体军舰的舷炮面向相同的两个方向。简而言之，这种海战方式将纪律提升到一个全新的高度。按照特龙普的描述，就连舰长也放弃了自主权，整支舰队事实上成为拥有毁灭性火力的“一艘军舰”。

在这一创新出现前，打算袭击敌方船只的船长通常会尝试快速攻击。他们驶入交战区域后先从船艏开火，然后移动到舷侧方向，以便让一侧的舷炮开火，随后掉转航向，让船艉炮和另一侧的舷炮投入战斗。一旦完成上述机动，船长就会让船只撤到安全距离外重新装填。各船在交战中自主活动，即便是协同作战也仅仅跟随先头船只，让攻方船只轮流投入小规模的冲突上。

海军战术的确在1639年后发生了变化，但“纵列”实际上既不易于操作也不像特龙普所说的那样具有决定性意义。只要任何一艘船陷入混乱或发生像艾奎亚诺发现的火药散落事故那样的内部问题，就有可能令一艘船失去战斗力乃至损毁，继而破坏整条战列线。航行中遭遇的种种挑战，如应对不断变化的风向、海流和未知的浅滩，都令保持战列线变得颇为困难。通信也带来了严峻的挑战。海军将领并不总能像特龙普那样，亲自给他的下属舰长——至少是部分舰长——当面下达详尽的战斗指令。事实上，即便是在唐斯锚地(the Downs)海战中，特龙普在初始兵力之外，还得到了数十艘荷兰战舰的支援，它们的舰长并没有听到特龙普的计划，也没有维持他的战列线。他们的主动性和在战列线外活动中取得的胜利帮助荷兰海军获得了胜利。为了促进军舰间的协作，法国海军率先开发出复杂精细的信号系统，使用各种颜色、多种图案的旗帜，根据旗帜悬挂的不同桅杆传达不同的命令。可是，茫茫大海、糟糕天气和烟雾降低了能见度，在某些大规模海战中，分散到天边的军舰可能会彼此无法看到。此外，即便旗语信号可以传给舰队中的所有军舰，等舰长收到指令后，交战环境也可能已经发生了变化。霍拉肖·纳尔逊(Horatio Nelson)在1799年就上述问题发表评论，主张舰长与其遵守细致的命令，不如问问自己：“我的上级知道我鼻子底下正在发生什么吗？要是知道会怎么指挥？”

大洋上的导航

在无边无际、不可预测的水域交战时，通信问题只是海军指挥官面 67
临的诸多挑战之一。不论在什么海域，导航都可能颇为困难，而广袤的
大西洋和它的海风洋流又加剧了挑战。早在1503年，西班牙王国政府
就已意识到导航在大西洋的重要性和难度，因而在塞维利亚设立了贸易 68
署(*Casa de la Contratación*)，以管理西印度群岛贸易。贸易署拥有诸多
职能，其中一条就是核定和分发航海图，这些图融汇了数十名曾经越过
大西洋的领航员的观测资料和导航建议，其中有些航海图体积庞大，宽

(8)

SINGLE FLAGS, appropriated to particular SIGNALS, independent of the NUMERAL FLAGS.

Colour.	Purport.	SIGNIFICATION.	Inſtruct. Pa.	Inſtruct. Art.
	Truce.	—This Flag when hoiſted *Singly*, is to direct the Diſcontinuance of Battle, and denotes Truce — — — — N. B. *It may be hoiſted occaſionally at the Fore-top-maſt-head when to call in diſtant Ships not ſuppoſed to have theſe Signals.*	4	iv
	Negative Anſwer.	—Expreſſive of the Admiral's Notice of, but Diſſent with reſpect to the Purpoſe of the Signal made to him. — — — But when ſhewn under any of the Numeral Flags, it denotes a *Cypher*, conſequently increaſes the Numerals in a ten-fold Proportion. Vide Page 12.		
	Affirmative.	—Denotes that Signals made to the Admiral are ſeen and underſtood, and gives Permiſſion for any Purpoſe indicated for the Admiral's Approbation from the Ship to which the Anſwer is addreſſed. — — —		
	Annuls.	—Annuls or countermands the Purpoſe of the preceding Signal, or that repeated herewith.—		
	Officers wanted.	—For calling Officers on board the Admiral to take Orders, &c.—Vide Page 50.		
	Sailing Order by Diviſions.	—To form in Order of Sailing by Diviſions.— If at Anchor, for all Chaplains or Ships denoted	14	xviii
	Rendezvous.	—Rendezvous denoted.—The Number correſponding to the particular Rendezvous ſo diſtinguiſhed in the ſeparate Inſtructions given thereon, will be ſignified by the proper Integral or Numeral Flag hoiſted under this Flag. — Vide Separate Inſtructions.		

图 3.2 《军舰信号书》(1796 年)中的一页。收于大英图书馆

达两米，并且提供了跨越成百上千英里海域所需的罗盘方向。另一些较小的航海图承载着更为地方化、更加详细的信息。航海图是国家机密。西班牙领航员需要宣誓不向外国人出示自己的航海图，可与此同时，与西班牙对立的王国也制作出自己的航海图。随着 16 世纪逐渐过去，欧洲各王国竞相招募具有航海技能和知识的人员。完善导航、控制导航的竞争一直持续到 18 世纪。在整个近代早期，船长都难以准确测定自己的方位，而且即便他们能够以可以接受的精度测定方位，他们也没有可靠方法定位远在地平线以外的敌方船舶和舰队。

船舶可以在浩瀚的大洋中避开探测。对于寻求交战的指挥官而言，这的确是个问题，而对那些可能在大规模交战中面临火力劣势的指挥官而言，这却提供了机遇。1778 年夏季，停泊在波士顿港的法国舰队里有位名叫皮埃尔·安德烈·德·叙弗朗(Pierre Andre de Suffren)的舰长主动给舰队司令夏尔·埃克托尔即埃斯坦伯爵(Charles Hector, comte d'Estaing)提出了建议。考虑到与新英格兰沿海一带英国海军的实力对比，叙弗朗认为法国人成功进行海上冒险的希望很小。但叙弗朗继而指出，如果他们就这样浪费夏季，那也堪称耻辱。“唯一能够让我们的海上力量充分派上用场的方式是准备一支分队袭击纽芬兰。届时仍会有足够多的时间摧毁他们的渔业，俘获多艘舰船以及抓获许多俘虏。”叙弗朗意识到在地平线之外发动突袭的重要性。同这一时期的其他所有船长一样，他也了解有些船只会不出所料地集中到特定海域，比如说到纽芬兰外海捕鱼，因而易于寻找。

海战通常发生在容易找到船舶的地方。军舰会潜伏在历史悠久的海上通道、港口周边水域和河流当中。17 世纪 20 年代，荷兰私掠船或是集中在巴西海岸，或是聚集到西非海岸附近的航运通道。1627 年，皮特·海恩(Piet Heyn)指挥荷兰私掠船在巴西沿海捕获了 38 艘葡萄牙船。小规模袭击和大规模交战往往发生在船只来往频繁的地方，通常是在海岸附近，有时也会发生在上游河段。1667 年第二次英荷战争即将结束之际，一支荷兰舰队驶入泰晤士(Thames)河口附近的梅德韦河(River

69 Medway)。荷兰人发现英格兰舰队已经抛锚停泊而且疏于防备，就出动纵火船烧掉了几艘最大的船，他们还登上英军旗舰“查理国王号”(*Royal Charles*)并将它俘获。于是，英格兰在这场战争中最惨重的海战失利发生在肯特(Kent)的一条河里。

公海上的船只更有可能逃脱。当交锋迫在眉睫时，每位船长都会评估自己的胜算，要是处于弱势，就有可能尝试扬帆撤退，而后续的追击可以持续数日之久。追击考验的既有船员的耐力和技能，也有船只的机动性和速度。为了减轻船只负重，提升航行速度，船员有时会抛弃淡水和其他补给品，显然，即便在不发一枪一弹的状况下，穿越大洋的追击行动也可能破坏性极大。

欺骗有时可以取代逃跑。人们很难识别远处的船只，当船员们离得太远，以至于无法相互喊叫或交换文件时，他们通常会依靠旗帜。按照

图 3.3 “焚毁查塔姆附近的英格兰舰队!”它描绘了荷兰人在 1667 年 6 月袭击梅德韦河里的英格兰舰队。威廉·斯海林克斯。收于荷兰国立博物馆，阿姆斯特丹

惯例，船旗是船长权威的象征，只有当船长在船上时才会悬挂起来。这是为了表明他是这艘船的“君主”，对船舶和船员拥有管辖权，而且他们也都享有法律的保护。但是，在船只频繁易手的交战区域，一艘船可能会携带多面旗帜。1746 年，奥古斯塔斯·赫维舰长看到了一艘船并且暂时将其识别为法国私掠船，他随后做出判断，认为最好还是将其诱
捕。赫维后来记述道：“我升起了一面荷兰艏旗，他打出一面丹麦艏旗 70
作为回应；我随后展开了一面法国舰旗和三角旗。”于是，赫维的船就被错误地当成法国船，之后，他又升起了代表遇险信号的旗帜，那艘船随即靠近，“一旦让他进入自己的大炮射程内，就扬起了我的英格兰旗”。一番短暂交火后，那艘船就投降了。直到战斗结束后，赫维才确认了对手的身份，他的确俘获了一艘法国私掠船。

面对令人胆怯的军力，投降始终是一种选择，但这种举动自身也有风险。1480 年，11 艘停泊在西非海岸附近的西班牙船披上白布，以抵御在船员中肆虐的传染病。一天清晨，4 艘葡萄牙船发现了它们，正如一位西班牙目击者所说：“没有交战的必要，葡萄牙的 4 艘船无疑能够轻松干掉我们的 11 艘。”要是发生战斗，那将会是一场“健康人对病人、全副武装的人对毫无防御的人、生气勃勃的人对精神萎靡的人”的战斗。西班牙人投降后，葡萄牙人接管了他们的船只，沿着海岸将它们开到一个村庄，希望在那里进行黄金和奴隶交易。为了向非洲人展示力量，他们在那个国度的国王面前让西班牙人列队行进。三天后，他们将俘虏分开，其中的巴斯克人被安置到两艘最不耐用的小帆船上，只提供了少量给养，建议他们自行驾船返回欧洲。随后，葡萄牙人把其余的战俘带到大加那利岛（按照西班牙人的说法），把他们关在阴暗的地牢里。战俘们忍饥挨饿，面临着日复一日的死亡威胁。

战　俘

在海上被俘的人员命运各异，这取决于胜方指挥官的需求、能力和冲动。1580 年，当弗朗西斯·德雷克指挥“金鹿号”（*Golden Hind*）沿着

非洲的大西洋海岸北行时，他俘获了几艘西班牙和葡萄牙船。德雷克强迫部分船员到自己的船上效力，允许其他人驾船离开。“金鹿号”已经装满了人，他自己的船员都人满为患，也就不可能继续扣押俘虏。不过，德雷克还是留住了最有价值的俘虏：一名熟悉非洲沿海航道的领航员。

在 17、18 世纪，人们普遍认为水兵数目稀少且颇具价值，这就让交换战俘变得相当困难。法国海军曾企图与英国海军签署交换战俘的协议，但英国决策者担心这会给敌军舰队补充人手，因而故意回避此事。在不存在交换战俘协议的状况下，许多向英国海军投降的法国水兵从未获释。七年战争期间，英国海军部一共经手了 64373 名法军战俘，其中 8499 人死在不列颠。根据历史学家詹姆斯·普里查德(James Pritchard)
71 的说法，死于英国监狱里的法国水兵很可能和在法国军舰上服役时死亡的水兵一样多。

战时交换战俘是欧洲人的古老习俗。不论是在陆地还是海上，军人荣誉隐含的行事准则、根深蒂固的道德规范和对大规模报复的恐惧都鼓励军队的指挥官饶过战俘性命，将他们扣留起来，继而通过谈判实现有条件释放。不过，海战不同于陆战，这是因为没有人在海战中的战斗人员和非战斗人员之间划出明确界线，不论船只是否参与战斗，其船员都有可能遭到强征。18 世纪的英吉利海峡渔民就抱怨过自己的权利要比军舰上的水兵少。战争时期的渔民可能会在违背其意愿的状况下遭到扣押，被迫无限期地在海军舰艇上服役。

水兵在沦为战俘时会得到不同的待遇。船只投降后，胜方指挥官会对被俘船只的船员进行分类，逐个判定他们是否符合战俘交换条件。17 世纪末 18 世纪初的法国人不大可能宽容对待被发现在英国海军舰艇上服役的法国新教徒。英国人也会以类似方式惩罚他们在法国军舰上俘获的不列颠或爱尔兰詹姆斯党人士。18 世纪要是非洲水兵所在的船向法国人或英国人投降，那么这些水兵就会处于危险之中，因为这两国的海军都会把非裔战俘卖作奴隶。

和陆地一样，海上俘虏的命运取决于他们的身份，更具体地说，取决于捕获者判断俘虏是否享有适用于欧洲战争中的习惯性保护的权利，不过，他们的命运也取决于捕获者的权威。1682 年秋季，40 名男子乘着一艘载有糖、烟草和橘子酱的船从古巴的圣地亚哥（Santiago de Cuba）出发，他们向南航行，穿越加勒比海，想要到卡塔赫纳出售产品。这些人知道自己正在穿越危险的海域，他们的船上装着 12 门大炮，人员也携带手枪和剑，以便在遭遇攻击时自卫。抵达南美海岸前，他们看到远处出现了 3 艘渔船，其中最大的渔船悬挂着一面英格兰旗靠近他们并开火，另一艘打着一面荷兰旗在半个小时后抵达战场加入攻击，第三艘渔船飘扬着一面法兰西旗，等这艘船迫近时，古巴人开炮打坏了它的索具。不过，这艘古巴船最后还是被打垮了。荷兰船靠拢了古巴船，让它的武装船员强行登船。其后不久，英格兰船也靠近古巴船并让船员登船。甲板上的战斗或许存在，或许不存在，因为这一事件的相关记载 72
在该问题上模糊不清，但古巴水手中至少有 2 人战死，此外还有 7 人负伤，可能是炮火和弹片导致了这些人的伤亡。幸存者选择了投降。登船队控制了这艘古巴船，用它载着俘虏航行到南美大陆上的一个小港口，结果，在这里捕获者出现了内斗。先是 3 艘渔船的指挥官发生争吵，然后是他们的船员加入其中，最终共有 100 多人加入争端。这些人就如何分配俘获的船只及其货物产生了争议，但他们的分歧也对俘虏产生了影响，这是因为争端结果将决定谁会成为俘虏的主人。

渔民和水手就如何处置古巴船、分配货物，如何安排新船员发生的争执，可以看出帝国权力在海上有多么脆弱。欧洲和殖民地的政府依赖私掠者，但随着投资者、船长和水手竞相在负担兵役时为自己牟利，这种做法就不断造成利益冲突。大西洋及其毗邻海域和海岸线的广袤导致严格执法无法落实，也就让船长和水手能够各行其是，并重新定义其义务、军事职责和政治效忠。大多数军事纪律体系都将战斗人员和非战斗人员做了区分，但在近代早期的海战中，分隔这两者的界限是模糊的，只要渔民和其他水手能够被强征服兵役，商船和渔船继续以私掠船身份冒险投入战斗，这种界限就会一直模糊下去。

出于类似的原因，区分私掠者和海盗始终是困难的。在参与攻击古巴船的三艘渔船里，只有两艘船的船长获得了私掠许可证，根据大部分欧洲帝国的法律，第三位船长要么是以从属于另外二人的身份参战，要么是在没有得到特许或授权的状况下以海盗身份独立行动，但第三位船长拒绝成为他人下属。不过，在这种情况下，他的举动也无足轻重了。因为这三位指挥官拥有诸多共同利益，并且能够在海上顺利合作。他们最终达成妥协，同意在南美的里奥阿查港（Ríohacha）分配战利品并释放战俘。对于俘虏而言，这几乎算是个好消息：只要他们愿意，就可以在那里找到工作，返回古巴。

的确有一些海盗欣然接受他们的不法之徒身份，特别是在 17 世纪末 18 世纪初，比如说，他们会展示海盗旗或为了恐吓目标船只发出耸人听闻的威胁。但还有许多海盗利用了与海盗行为相关的法律模糊性。从法律上说，海盗和私掠者的区别在于委任状和权力范围。有的海盗伪
73 造了自己所需的文件、研读了法律、准备了证据，以便日后可以在法庭上坚称自己其实是私掠者。然而，还有些人因为其语言、文化和外貌特征，永远也无法让任何人相信他们从某个帝国或殖民地政府获得了许可证。

1725 年 8 月，来自马萨诸塞普利茅斯（Plymouth）的渔民塞缪尔·多蒂（Samuel Doty）驾着载重 25 吨的单桅小帆船“考验号”（*Tryal*）驶向塞布尔岛（Sable Island）周围的浅滩。尽管他知道新斯科舍海岸相当危险，可还是在航行途中停在那里补充淡水。在过去 5 年里，殖民地内外持续不断地发生着战斗，米克马克战士武装反抗英国殖民统治，许多阿卡迪亚人，也就是法国殖民者的后裔，给米克马克人提供了情感上和后勤上的支持。多蒂熟悉新斯科舍，会说英语和法语，他的船员里既有美洲原住民，也有新英格兰殖民者。靠近海岸时，他认出了自己的老相识，那是一个名叫让-巴蒂斯特·热德尔（Jean-Baptiste Jedre）的阿卡迪亚人，绰号“拉韦迪尔”（Laverdure，意为绿人）。他朝着拉韦迪尔挥手，

邀请此人登上“考验号”。拉韦迪尔接受了邀请，他还招来了四个人：一个名叫詹姆斯·缪斯(James Mews)的米克马克人、另外两个米克马克人和拉韦迪尔年仅 13 岁的儿子。五个人一起划着一条划艇驶向帆船。等他们抵达时，多蒂询问这些人有没有什么新消息，拉韦迪尔答道：“英格兰人和印第安人之间保持着和平。”多蒂发出欢呼，邀请拉韦迪尔到他的舱室里喝酒。

登船队在试图以暴力把船只完好无损地夺到手时面临两难抉择。为了取得成功，他们需要威吓船员，迫使船员执行命令并要求占有属于自己的战利品。他们知道这需要展现出令人恐惧的武力，但他们并不想把船弄沉，也不想给它造成严重破坏，他们的目的是在强行控制船只的同时，把虏获物和潜在的俘虏沉入海底的风险降到最低。一种常见的手段是设法培养目标船员对自己的信任，并将他们置于易受攻击的位置，然后突然宣布这些人遭到攻击，继而要求投降。有些时候，只需要举起代表着同盟或效忠于同一国家的旗帜就足以建立信任。在多蒂这个案例中，攻击者假装与他友情深厚。拉韦迪尔和他的同伴不仅向多蒂热情地打招呼，还邀请他上岸拜访拉韦迪尔的母亲。多蒂接受了邀请，当他看到那位被他认作“吉德里夫人”(Mrs. Giddery)的女性时，他还认为自己正在进行社交访问，可拉韦迪尔的米克马克伙伴却说，等多蒂进入“盖德里夫人”(Madame Guédry)的房屋时，他就已经沦为俘虏了。

“考验号”的其他船员也面临着类似的困惑。几乎所有人都上岸取水，而且在登陆的时候，迎接他们的米克马克人和阿卡迪亚人还呼喊“英格兰人和印第安人现在都是兄弟”。可等到渔民转身走向大海时，他们看到一队米克马克战士划着桨驶向他们的船。一名站在划艇上的男
子开了一枪，并且用英语喊道：“英格兰人，现在求饶吧。”当米克马克 74
战士追上“考验号”时，船上唯一一名船员是为多蒂工作的美洲原住民水手菲利普·萨奇姆斯(Phillip Sachimus)。登船队攀上了甲板，围成一圈。他们彼此交谈了一阵，然后其中一个人冲向萨奇姆斯，用小刀朝他砍过去。拉韦迪尔的儿子也在登船队里，他把枪口对准了萨奇姆斯，吓

得后者日后都无法详述接下来发生的事情。这些人在船上搜集了一些绳子，把萨奇姆斯绑了起来，然后将多蒂和其余船员带回船上。盖德里夫人和她的儿子亚历山大陪同多蒂回船。等他们抵达的时候，拉韦迪尔和更多的米克马克男人已经上了船，一同上船的至少还有一名米克马克女子和她的两个孩子。多蒂后来报告说，这些人推搡着他，拖着他在甲板上走，威胁要杀掉他和任何留在岸上的船员。其中一个米克马克男人想要用斧头砍他，不过之后有另一个男人过来阻止了他。其他船员也得到了类似的待遇。登上“考验号”的人小心翼翼地不去伤害任何人，但他们也几乎一刻不停地竭力恐吓多蒂及其船员。最终，这条渔船的全体船员都服从了劫持者的要求。

拉韦迪尔和缪斯驾驶“考验号”远离海岸，不过，他们还有许多任务得去完成。于是，他们命令多蒂和另外两名原船员轮流掌舵。劫持者粗暴地对待船员。约翰·罗伯茨(John Roberts)提到拉韦迪尔当晚弄醒了他，一边骂一边把他从吊床上撵下来，要他去掌舵。另一次，缪斯让罗伯茨给他拿面包，等到罗伯茨带回一整袋饼干后，缪斯竟满舱房地追打他，等等。在任何一艘被人劫持的船上，淡水和各类补给的保存、分配都可能出现紧张状况。要不是“考验号”缺乏新鲜淡水，多蒂和他的船员也永远不会接近新斯科舍。但袭击他们的人就不那么害怕这种短缺状况了，这是因为他们在自己家乡附近行动。拉韦迪尔、缪斯等人铺张地消耗掉船上的补给品，他们整夜点着蜡烛，吃掉面包、黄油、奶酪、猪肉和糖，痛饮朗姆酒和其他酒类，还抽原属于渔民的烟草，多蒂的船员们焦虑不安地目睹着这一切。

甲板上的战斗是发生在个体之间的，这与18世纪的大规模海战形成了鲜明反差。甲板战往往始于错付的信任，因而会产生强烈的背叛感。如果船员抵抗，战斗就会以密闭空间内的短兵相接形式展开。人们竭力在黑暗的角落、舱房和甲板下方寻找避难所。他们在黑暗中挣扎，
75 挥舞枪支、小刀、斧头和棍棒，朝着密闭空间盲目射击。在一个大规模海战变得越发机械化的时代，甲板战的个性化特征激起了官方的愤怒，

促使他们激烈处理“考验号”袭击事件等问题。人们普遍认为这类袭击是对欧洲与殖民地海洋霸权发起的挑战。登船队控制了“考验号”后，米克马克人发号施令，呵斥英格兰人，完全占据了舱房及其全部设施，并把包括妇女、儿童在内的家庭成员都舒适地安顿在船上，这就出现了一幕帝国权力倒转的景象。就殖民者视角而言，这是一系列令人深感不安的事件。

是谁在这一事件中指挥了登船队？那已经永远都弄不清楚了。拉韦迪尔——一个说法语的殖民者，赢得了多蒂的信任，把他从船上拉走，因而发挥了重要的作用。等米克马克登船队控制了渔船后，拉韦迪尔自称是“渔船船长”，他把英国旗从桅杆上降了下来缠在腰上，接着塞进去一把手枪。与此同时，米克马克人中最突出的人物詹姆斯·缪斯拿走多蒂的帽子，把它戴到自己头上，自称是“舰长”。这两人都给被俘的船员下过命令，也都邀请自己的亲属上船。

拉韦迪尔的母亲盖德里夫人在“考验号”的舱房里待了几个小时，和登船队一起吃喝、抽烟。她对这一事件的陈述表明拉韦迪尔和他的米克马克伙伴之间存在着复杂的权力关系。她告诉自己的儿子，自己“并没有问船上的印第安人为什么要在和平时期从英格兰人手里夺取这艘单桅帆船，因为按照她的理解，尽管已经和平了，他们还是早就打算采取报复手段，尽量夺取英格兰人的船只”。控制了这艘船的米克马克人希望将多蒂和其他渔民扣做人质，以此报复新英格兰人扣留两名当地米克马克战士的行为。

如果这真是袭击者的原定计划，那么他们可能是打算把船开到僻静的地方拖上岸，再给新斯科舍和马萨诸塞的殖民当局传递信息，要求与他们交换俘虏。但在他们能够落实计划之前，拉韦迪尔和缪斯看到远方出现了另一艘船，他们担心这是英格兰船。然而，他们哪怕是在控制“考验号”时都遇到了足够多的麻烦，要是再遇上另一艘船的攻击，就会在火炮和人数上都处于下风。投降并不是一个有吸引力的选择，因为如果他们在海上被英国人羁押，就一定会被带到波士顿接受审判。他们

图 3.4 “沃斯利船长”，引自《最臭名昭著的海盗及其下属的历史和传记》(伦敦，1727 年)第 112 页描绘的一名海盗。斧头和短弯刀是甲板战斗中的常用兵器。收于国会图书馆

竭力维持虚张声势的模样，同时表现出恐吓与包容。他们向多蒂宣布，“自己会夺取另一艘船，杀掉船上的所有英格兰人，把‘考验号’还给多蒂及其船员，乘坐新的战利品扬帆离开”。拉韦迪尔和缪斯起初可能只有非常有限的目标，但他们的危险处境令这些人在短时间内成为坚定的 76
“法外狂徒”，宣称他们打算持续不断地袭击一艘又一艘船只。

事实上，远方的那条船居然是法国船。米克马克人和法国人关系良好，于是，他们害怕的战斗实际上并未发生。可是，其后不久，多蒂和其他渔民就重新评估了他们的处境，这些人团结在一起，发起了夺回“考验号”控制权的斗争。他们和登船队员逐个展开搏斗，夺取了枪支后，他们朝着舱房开火，导致登船队里有三人跳海。考虑到“考验号” 77
距离海岸有好几英里远，这三人很可能被淹死了。战斗即将结束之际，拉韦迪尔的儿子为了避免沦为俘虏发起最后一搏，他抓起一根渔民用来把鱼吊进货舱里的长钩钉，想要用它刺向纳撒尼尔·斯普拉格（Nathaniel Sprague）。长钩钉撕开了斯普拉格的衬衫，但并没有刺中他的身体。最终，这个男孩和他的父亲、祖母、叔父以及登船的米克马克男子、女子、儿童一道被关进货舱。多蒂最终释放了大部分俘虏，但将包括拉韦迪尔父子在内的五个人带到了波士顿，他们在那里接受审判，定罪后被处以绞刑。

内部暴动

此事发生前的 10 年当中，有一场旨在努力铲除大西洋各地海盗行为的跨大西洋国际协作行动。法国、荷兰、西班牙、葡萄牙和英国法庭在欧洲和殖民地审判海盗，吊死了 400 余人。但这一问题并未得到根除。海盗行为继续存在的部分原因是袭击船只有利可图，但掠夺并不是抢夺船只的唯一动机。水手们在面对强制征召、严苛的船上纪律和低薪时会发起暴动，水手在反抗船长时与夺走“考验号”的人面临许多相同的难题，也采用了类似的解决方案，他们依赖伏击，发出耸人听闻的威胁，使用斧头、小刀、轻兵器和手头的任何工具投入战斗。成功的哗变者仍会面临被人当作不法之徒逮捕、起诉的危险，于是，就像夺取了“考验号”的登船队一样，若是哗变者拥有了一艘船，他们也往往别无选择，只能不停地与其他船只交战，所处的大环境令他们成为海盗。

任何在大西洋航行的船只都可能受到内部暴动的威胁，但在大洋上的所有船长和船员当中，贩奴船的工作人员最易受到甲板战斗的伤害，他们也最为担心这类战斗。贩奴船主让·巴尔博(Jean Barbot)指出：“我们的所有轻兵器始终保持随时可以动用，岗哨不断地出现在大门和通道，就这样严阵以待，挫败船内奴隶可能突然做出的任何尝试。”巴尔博的船员还仔细地解除了奴隶的武装。“我们已经极其小心地不在路上留下任何工具，如钉子或其他东西，而且每天都会时常监视他们，仔细地搜索甲板之间的每个角落，看看他们是否在船上搜集任何铁块、木片或小刀。”贩奴船的主人会额外雇用船员负责限制和持续监视船上运载的奴隶。因此，贩奴船的船员人数通常要比体积相近的其他船只多出50%。障碍物将甲板的各个部分封闭起来，锁链将男性奴隶束缚到墙
78 上，使其身处甲板下方的黑暗之中。贩奴船的船员时常允许女性奴隶待在甲板上或把她们带到舱室里，这就给了奴隶发起暴动的机会。1770年，奥托巴·库戈阿诺(Ottobah Cugoano)作为奴隶被人从非洲海岸带走，按照他的回忆，他和其他奴隶离开海岸后不久，便制订了一个计划：“我们可以烧掉这艘船，炸毁这艘船，一起死在火焰当中。”根据这个计划，“应当由妇女和男孩烧船，其他人则发出赞许和呻吟”。不过，在点火之前，其中一名与水手同睡的妇女向他发出了警告，计划就此夭折。被奴役的妇女和儿童有时会在船上的暴动中独立行动，但更为常见的状况是利用自己的能力影响捕获他们的人，在甲板上漫步、找到钥匙并藏起来乃至设置埋伏。一般情况下，大部分战斗仍由男子承担。

1721年，300名被人掳走的奴隶在如今的加纳外海登上了“费雷尔的桨帆船号”(*Ferrer's Galley*)①，这是一艘来自伦敦的船，正在进行第

①“费雷尔的桨帆船号”因航海家豪梅·费雷尔(Jaume Ferrer)得名，此人于1346年指挥一艘桨帆船沿西非沿海探索“黄金之河”，最后失踪，但这艘贩奴船本身并非桨帆船。

一次贩奴远航。大部分奴隶是彼此知根知底的男子，这是因为他们刚刚作为一个战斗集体并肩作战：这些人保卫自己的村庄，抵御外来侵袭，但最终以失败告终。这艘船的船长梅瑟维(Messervy)是个贩奴新手，此人希望和奴隶保持良好关系，让他们在甲板上用餐。“费雷尔的桨帆船号”离开海岸驶向牙买加 10 天后，梅瑟维身处艏楼，就在奴隶当中注视他们用小盆煮米饭。突然，几名男子抓住了他，开始用盆击打他的头部，直到把他的脑浆打出为止。这是一次协同攻击的起始点。针对船长的喧闹袭击是一个信号，另一群男人跑进艏楼，然后列队冲向船艉方向，朝着升高的后甲板推进，向那里的船员发起攻击。

为了预防此类事件，贩奴船配备了封锁后甲板的隔板。隔板为船员提供了庇护所，但板上也穿了孔以便船员在防守时使用武器。防御方将长矛伸出孔洞刺向进攻方，他们还朝着暴动者开枪。船员此时可能是只想杀掉暴动的领导者，以此恐吓其他人使其屈服。但非洲人继续冲向隔板，数量上处于劣势的船员不得不求助风险更大、代价更高的火力。他们在大炮里装填了“山鹑弹”[1]，将炮口转到甲板上方，然后朝着进攻方所在方向开火。最终，船上的 300 名奴隶中有 80 人被杀，其中有些人被刺死，有些人被枪炮打死，还有些人是跳进大洋里淹死的。

现已存在许多与此类似的船上暴动的报道。这类记载一般会强调奴隶面临着几乎必定要失败的结局，指出他们的斗争徒劳无功。圈禁在贩奴船上的男女老少总人数几乎始终多于船员，但他们没有武装，而船员却为了对付他们武装得令人生畏。当船只离非洲海岸还算近的时候，相 79
当一部分奴隶能够在逃跑后设法游回岸上。奴隶有时还会拥有海岸上的盟友，他们能够从陆地朝船员开火，为奴隶提供军事援助。可到了外海，船上战斗(对奴隶而言)即便算不上自杀性的，也可以说是孤注一

①山鹑弹(Partridge-shot)系英国人对霰弹的俗称，是一种将许多金属小块乃至石块包裹到一起的炮弹，因它起初用于猎杀山鹑得名。海战中的山鹑弹以人员杀伤为主要目标。参见 Marley, David F., *Pirates of the Americas*. Santa Barbara, California: ABC-CLIO, 2010, Vol. 2, p. 729—30。

图 3.5　一幅 1794 年的画作，描绘了一场发生在贩奴船上的暴动，升高的后甲板上设有隔板，船员待在隔板后方朝船艏方向的奴隶开火。摘自卡尔·伯恩哈德·瓦德斯特伦《殖民论：非洲西海岸》（伦敦，1794 年），收于大英图书馆

掷。密谋烧毁运载库戈阿诺那条船的妇女只能惩罚掳走她们的人，除此之外不可能实现其他任何目标。

海洋是一块无人的战场。海上没有任何非战斗常住人口，当舰船相互开火时，交战双方的人员直到战斗结束前都看不到对方的面孔。船员
80 根据旗帜使用武器。每艘船作为一个单位，都在一支舰队中列队航行，舰队指挥官则需要对欧洲政府、欧洲殖民地当局和 1776 年后继承了殖民地的国家政府负责。这种海战景象反映了重要的技术、战术和意识形态倾向，但它未能涵盖海上战斗的全部。

在大西洋世界各处，频繁发生甲板战的状况一直持续到 19 世纪。为了捍卫船只，使其免遭内部暴动威胁，人们花费了巨额资金，失去了许多生命。这些甲板战挑战了政府的权威，还有可能削弱欧洲的海军优势地位，弱化欧洲人及其后裔对海上贸易的控制。想要争取从贩奴船上脱身的奴隶最有可能在非洲海岸附近获得成功并幸存下来。在缅因、新不伦瑞克和新斯科舍的多石海湾航行的瓦巴纳基水手熟悉当地的浅滩、海流和地标，因此在面对大多数追击者时拥有优势。海盗总体而言青睐复杂局面，他们在难以航行的地方兴旺发达，若是在海岸上拥有支持者，那也有利于海盗发展。有些被带上船的奴隶在非洲海岸附近得到了来自陆地的支援。瓦巴纳基水手得到了来自阿卡迪亚人、米克马克人和其他沿海阿尔衮琴人社群的帮助。许多海盗在康沃尔找到了避难所，那里的人们从走私中获利。船上战斗永远都无法危及大西洋世界里欧洲与殖民地强权商业、军事的根基。船只对港口设施的依赖限制了海盗、兵变和其他船上暴动的影响。在整个大西洋世界，任何非法劫持帆船的团体都可能在长期停留海上时遭遇困难。海盗有时可以依靠耍花招保养己方船只，但美洲原住民战士和为自己争取得自由的非洲奴隶却无法获得维持船只航行所必需的养护和装备。

第四章

舰船与陆地军力

81 可以装载武器的舰船，能够携带数十门重炮迫近海岸，炮击海防要塞、城镇和营地；若是整支舰队迫近海岸，那就是成百上千门重炮投入轰击了。舰船可以充当运兵船，在登陆船队的协助下，军方能够将成千上万的士兵突然投入某个战区，或是让他们在出乎意料的地方登陆，发动侵袭或围城战。舰船能够长途运输援军和补给，以此维持作战部队以及被困的殖民地居民。攻下防御工事后，还可以用舰船将守军和支持他们的城镇居民转移到别处，攻占大片土地后可以用舰船把当地搬空，改变一个岛屿乃至大陆上一整块地区的文化特性。

就上述各个方面而言，舰船都是相当强大的，可它们也只能局限在能够有效行动的区域。火力越强，载重越大，船就越重，安全航行时就越需要深水。成功的近岸行动要求海军始终注意航道深度，以及包括潮汐、水下地形变化在内的其他因素。岸上的人可以采取防御措施，人为增加上述航行难度，比如说若存在通往受保护港湾的深水航道，就可以在俯瞰航道的高地上修筑工事。即便指挥官成功地把士兵送上岸，他们也时常在通信和协同中遇到困难。大规模远征军的数量往往比登陆地的人口都多，这种不均衡状况可能会导致烦人的补给难题。登陆部队需要食物、淡水和其他给养，即便入侵者不与当地居民为敌，他们的需求也往往超出周边地区的可用资源总量，于是，他们就需要不断输入新的补给和武装。成千上万的士兵骤然到来，继而扰乱了当地经济，引发食物短缺、饥荒和疾病，这在大规模军事行动中屡见不鲜。舰船是欧洲人横
82 跨大西洋扩张帝国的基本工具，但在整个近代早期，欧洲和殖民地的军

方一再从艰难的体验中学到一个教训：海上霸权并不能确保胜利。

西班牙人登陆

1580年，葡萄牙国王去世，西班牙的腓力二世宣称他拥有葡萄牙王位，于是一支庞大的西班牙军队随即入侵葡萄牙。与此同时，就在远离大陆的地方，在大西洋中亚速尔群岛的特塞拉岛(Terceira)上，岛民们坚持反抗西班牙当局，向声称拥有王位的葡萄牙人唐·安东尼奥(Don Antonio)宣誓效忠。1581年，效忠于腓力二世的军队占据了亚速尔群岛的另一个岛屿圣米格尔岛(São Miguel)，并且着手强化岛屿防务。随后两年间，群岛沦为了战场。法国出于支持安东尼奥的目的干预战争，此外还有几个颇有实力的英国私掠者也站到安东尼奥一方。上百艘军舰和成千上万人加入了战斗。1581年，一位到访特塞拉岛的英格兰来客提到当地正在修筑15座堡垒。1582年，法国把安东尼奥送到岛上，和他一同到来的还有一支拥有60艘船和整整7000人的舰队。西班牙则派出数十艘(风帆)战舰与12条桨帆战舰作为回应，出征的军人和水手也有16000人之多。这是法国在16世纪规模最为庞大的海外远征，西班牙也为保住亚速尔群岛投入颇多。

亚速尔群岛之所以会吸引各国投入兵力，是因为它在经济和战略层面都相当重要，从墨西哥和秘鲁运走金银的西班牙船队全副武装，他们时常要在前往塞维利亚之前待在群岛补充淡水和其他补给品，渔船、贩奴船、携带各类货物越过大西洋的商船、海盗船和私掠船也会光临亚速尔群岛。英格兰和法兰西的大臣与鼓吹扩张帝国之辈梦想夺取群岛，削弱西班牙，最终打破西班牙对尼德兰、葡萄牙和葡属殖民地的控制。1582年，远征亚速尔的法军指挥官们认为在夺取亚速尔群岛之后，他们的下一个目标可能是征服佛得角群岛，然后就是巴西。他们是在通过试验判断这样的计划是否可行。就军事层面而言，法军和他们的西班牙对手正在测试大规模、远距离两栖作战的极限。

法军的状况很糟。他们的舰队抵达后停泊在圣米格尔岛附近，“陆海军长官们”一起乘坐小艇探查海岸线。这些人起初的评估意见是他们来错了地方，“他们发现自己离要塞太近，那座要塞俯瞰着法军，而且装备了很多门不错的火炮，在要塞下方战斗一定会付出巨大的代价”。最终，他们选择在圣米格尔岛的其他地方登陆。但此次登陆过程非常麻烦，海水波涛汹涌，因此，大多数运载人员的小艇撞上了岸边的礁石，幸存下来的人一爬上陆地就得和西班牙士兵交战。最终，西班牙人退回
83 要塞里的安全处所，对撞得七零八落、登陆时又把自己弄湿了的法国人不管不顾，后者无人指挥，只得在岛民中寻求庇护。

意识到登陆部队面临的挑战后，舰队指挥官们把安东尼奥带到一艘靠近海岸的小艇上，这样，他就可以协调各部作战，激励岛民人心，鼓舞部队士气，让士兵离开水里的庇护所，但安东尼奥也无法挽救此次行动。登陆部队与出击的西班牙人在要塞的城墙外战斗了好几天，但他们并没有轰击要塞所需的火炮，也没有准备长期围城战所需的水和补给品，更糟糕的是，他们还害怕惹恼岛民。安东尼奥和他的军官们在圣米格尔岛的主要居民点附近安排了卫兵，以控制士兵，阻止他们劫掠，防止他们给居民造成任何伤害。于是，士兵就在饮食方面吃了很大的苦头。听说一支运载西班牙援军的庞大舰队即将抵达后，法军放弃了圣米格尔岛，撤回船上，准备进行海战。西班牙人在海上利用了复杂的风向，在机动中胜过法军，他们登上了法国军舰，还击沉了好几艘，并且击毙了法国舰队司令。大部分法军退回特塞拉岛，而他们带回来的疾病却蔓延到整个岛屿。

1583 年，又一支西班牙舰队抵达战场，它拥有 100 多艘军舰和 12000 人，准备进攻特塞拉岛上实力已经有所削弱的法军。西班牙人还带来了专业的登陆工具——平底船，用它们把士兵送上岸，这与一年前的法军形成了鲜明反差，西军依靠优势兵力夺取了该岛的控制权。这一事态变化令腓力二世激动不已。1585 年，他让人用详细描绘亚速尔群岛之战的壁画装饰了自己位于埃斯科里亚尔的宫殿。这场胜利增强了西班牙人的信心，也可能导致他们低估了自己在试图入侵英格兰时面临的

困难。若是回顾 16 世纪 80 年代早期发生在亚速尔群岛的一系列战斗，显然可以发现：与其说是展现了两栖作战的能力，倒不如说是展现了军队统帅在试图利用海上力量将自己的意志强加于陆地时面临的挑战。

无论作战意图是让部队上岸、运送补给物资还是运输大批人员，任何两栖作战的第一步都是让船只靠近海岸。天气可能会给靠近海岸的舰船带来挑战，若是舰船还面临敌方舰队，挑战就尤为严峻了，就像 1588 年在英格兰外海的西班牙人一样。但是，即便是在晴朗的天气下，就算没有敌方部队，许多地方也难以沿岸航行。就像让·巴尔博在西非海岸附近发现的那样，隐蔽的自然危险可能会构成致命威胁。

阿尔比翁号

1699 年，巴尔博乘坐一艘名为“阿尔比翁号”(*Albion*)的船前往尼

图 4.1 《西班牙人在特塞拉诸岛登陆》，作者尼科洛·格拉内洛，位于埃斯科里亚尔的壁画。西班牙国家遗产

日尔河三角洲，打算在那里购买战俘充当奴隶。“阿尔比翁号”载重300吨，安装了24门大炮，在当时而言算是条大船，船上的军官也对靠近海岸保持警惕。这条船的船体最低吃水深度为14.5英尺。水手们起初
84 在距离海岸14英里远的地方下锚——他们认为不可能找到让这么大的一条船开进去的航道，然后派了一条大艇溯邦尼河(Bonny River)而上进行贸易。就在他们等待大艇返航时，船员们又派出一名领航员坐着小艇用测锤测量周边水域的深度，期望还能发现一条足以通行的航道。当时天气相当凶险，可以说是风急浪高，领航员花费了整整一个白天，直到晚上才回船。次日上午，“阿尔比翁号”的一根锚索在大风中绷得太紧，最终还是折断了。

三天后，“阿尔比翁号”上的人们仍在等待大艇返航，却看到一条大划艇正在迫近他们。划艇可以轻易在浪花中穿行。等划艇靠近后，水手们认出大艇的船长竟在划艇上，他身边还有9名桨手、一个来自邦尼的代表团和3名非洲领航员。领航员们带着几位英格兰船长开具的书面证明，船长们担保这些人拥有引导船只进入河口的知识、技能和经验。

大艇艇长向巴尔博发出了告诫，指出通行颇为困难，他之前设法将大艇开进河里，但在返航途中搁浅在沙洲上，只能被迫返回邦尼。他在那里租了这条划艇，还得知要是他们能够让“阿尔比翁号”溯河而上，或许就会有丰厚的回报在前方等待——他在邦尼遇到了一名英格兰船长，此人刚刚买下了500名奴隶。这个奴隶贩子告诉他，“黑人们一看见我们的船出现在海上，就会立刻到上游购买奴隶”。如果“阿尔比翁
85 号”能够逆流而上，就能够买到成百上千的奴隶。巴尔博和他的军官们听了这段话，又从领航员那里得到了进一步的保证，就同意尽可能地让他们的船往上游开。他们决定在次日上午着手尝试。

这一天破晓时，阳光明媚，军官们急于趁着晴朗天气出发，就命令水手拉起船上两只锚中的第一只，但人们始终无法将它从海底拉上来。所有人手都被派去拉起锚机，把锚索绕到绞盘上去，可它却断掉了。巴尔博推测那只锚已经深陷在烂泥里或被夹在礁石当中。丢失一只锚已经

是个问题了，但到了那天下午，当人们试图拉起第二只锚时，再一次弄断了锚索，他们遇到的难题就愈加复杂了。此时，“阿尔比翁号”已经可以自由航行，但它无法在开阔水域下锚停船。“为了拯救我们的船，并且尽可能地保全我们的人员，人们决心立刻驶向河口。”测锤两次表明他们已经身处深度仅有 15 英尺的海域。船艉反复剐蹭着沙子。一度撞击非常猛烈，船上的每个人都以为它要沉没了，但这条船还是幸免于难，滑进了较深的水域，然后在河上航行。这些人花了好几个小时把船停在河道最深处，派了一条小艇找停泊在河岸边上的一艘英格兰船借一只锚，然后靠着月光在河里作业，找到了就连小锚都能够固定住船的地方。他们重获安全后，巴尔博就责问领航员为何航行会如此困难？他发出怒斥，“这些人在我们的困境中根本派不上用场”。可是，领航员终究了解当地状况，他们为自己辩护，表示自从上次航行之后河道已经发生了变化，“他们从未意识到河口沙洲的水会有那么浅”。“阿尔比翁号”在它的泊地停留了将近 6 周。巴尔博和他的船员购买奴隶的地点不仅是邦尼，还有能够乘坐小船抵达的其他城镇。他们一共买到了 583 个奴隶，全都非常强壮健康，很少有人超过 40 岁。他们还购买了薯蓣、山羊、家禽、木柴、水以及一些母牛和牛犊，充当横跨大西洋航行中的补给品。出航之前，巴尔博派了一名领航员乘坐小艇追踪另一艘贩奴船选择的航道，那条船毫发无伤地抵达深水区，“阿尔比翁号”也沿着同样的航道驶入大洋。

浅水、暗礁和流沙导致大西洋周边的许多海域无法通行。哪怕是在防风的深水港，潮汐和水流的相互作用、泥沙的侵蚀和流动堆积、沙洲和礁石也能构成威胁。船长通常会避开浅水区和明确可见的礁石，不去考虑攻击位于它们后方的海岸。然而，即便是天然防御体系已经出现缺口，拥有码头和航船的殖民点也表明可能存在足以通行的航道，可要是攻击方并不熟悉当地海况，谨慎的水手还是会远远离开。1672 年，科尔内留斯·埃弗岑(Cornelius Evertsen)指挥一支荷兰舰队迫近位于南美洲加勒比海畔的法国殖民地卡宴(Cayenne)，他派出领航员和侦察兵寻

86 找登陆点。卡宴的主港位于一条多石的狭窄直航道后方，因此埃弗岑并不敢直接将军舰开入码头。他的侦察兵发现或许可以趁着涨潮在附近的某处海滩登陆，但军舰需要在登陆后的两个小时内撤离滩头，只留下登陆的士兵自生自灭。于是，埃弗岑最终选择继续航行，寻找防御较为脆弱的其他定居点。

两栖作战

16 世纪 90 年代和 17 世纪初，随着西班牙入侵英格兰的企图破灭，尼德兰起义也取得成功，荷兰人就成为欧洲最成功的两栖作战实践者。1596 年，荷兰军队在英格兰人的指挥下从海上抵达战场，参与洗劫了西班牙港口加的斯。到了 17 世纪 20 年代，荷兰人开始进攻大西洋周边地区的西班牙和葡萄牙堡垒，其中包括位于巴西的萨尔瓦多、圣胡安-德波多黎各(San Juan de Puerto Rico)、非洲海岸的圣若热-达米纳(São Jorge da Mina)和罗安达(Luanda)。像这些拥有屏障的深水港以疏浚航

图 4.2 《从乔治斯岛远眺哈利法克斯》，乔治·艾沙姆·帕金斯，水彩画，1801 年。新斯科舍的哈利法克斯拥有典型的 18 世纪港口防御设施。收于大英图书馆

道、设立码头和防御工事的形式吸引了投资。在守备森严的港口中，防御设施可能包括一座用来抵御围城战的要塞、几座设在邻近岛屿和俯瞰水面的岬角上的炮台。安放在这些地方的大炮要比船上的大炮威力更强。它们有土墙和石墙的保护，固定在炮位上，易于瞄准，而且还拥有高度优势。

积累了数十年的经验后，荷兰人发展出袭击、占领要塞的有效战术。他们利用突袭，摧毁停泊在港口的商船，将大量士兵部署到小艇上，着手围困港口的要塞。尽管如此，就连荷兰人也时常面临困难。在 17 世纪的美洲，荷兰人最成功、意义最为重大的两栖登陆战是 1628 年的伯南布哥(Pernambuco)之战，可即便是在这场战斗中，当荷兰人击沉了两排锁在一起的葡萄牙船后，他们也几乎不得不放弃登陆战。港口守军原本打算在那些船上放火挡住荷兰人，但当船只沉没后，它们竟成了更有效的防御设施，实际上成了让荷兰人远离海岸的礁石。直到另一支荷兰舰队抵达战场，在港口以南找到了登陆场后，攻打伯南布哥的作战行动才免于失败，2000 名士兵登岸，而后从陆路行进，包围了葡萄牙人。

大西洋上的每一个帝国强权都在沿海堡垒上花费了大笔资金，不过，有效抵御两栖攻击也需要用到不大先进的、相对廉价的其他军事技术。在 18 世纪，位于路易斯堡(Louisbourg)的法国要塞被人视为北美 87
海岸最令人生畏的前哨据点之一，可当英国舰队于 1758 年抵达时，攻守双方都意识到这座堡垒的命运将取决于附近的海滩，乘坐小艇的英军士兵正打算在那里登陆。法军预料到可能会发生战斗，就在附近的几乎每个海滩堆积了伐倒的树木，在每个登陆场都部署了士兵，朝着正在这些障碍物当中艰苦跋涉的英军士兵开火。直到一队士兵乘着小艇发现了一个不设防的港湾后，法国人认为这里无法通行，英军才能够取得路易斯堡之战的胜利。大约 150 名英军从那里爬上岸，翻过一座小丘，突袭了守卫另一处海滩的若干法军，他们撵跑了这些法军，为上千人清理出一片登陆场。

尽管率先登岸的士兵在夺取路易斯堡的过程中发挥了决定性的作用，但水手也在整个军事行动中扮演重要角色。他们将士兵和登陆艇带到交战区域，储存了必要的装备，并协助士兵将装备运上岸。光是给围困路易斯堡的部队提供夺取要塞所需的大炮和军械，就消耗了将近一个月的时间。水手还阻止了法军获得补给，驻扎在周边水域的英国军舰封锁了远洋贸易，使法军无法得到从海路输送的任何支援。

大型舰船在靠近海岸时遇到的困难塑造了整个大西洋世界的军事行
88 动格局，使得欧洲人和殖民者无法仅仅依靠主宰大洋深处就控制岛屿和沿海地区。大自然并不会影响所有船只，在大船无法通行的美洲、非洲海域，有人可以划着划艇航行。浅滩也对小船的船长有利。1668 年，法国海盗弗朗索瓦·洛洛奈（François L'Olonnais）率领一支船队驶向南美洲的北海岸，想要洗劫西班牙殖民城市马拉开波（Maracaibo），他的船队拥有 10 艘大小不等的船，其中最大的一艘装备了 16 门炮。船只为了抵达城市，不得不通过一个咸水潮汐河口。进入潟湖的最佳航道相当狭窄，其中一部分还被沙洲堵塞，这就迫使船队在某座堡垒附近航行。洛洛奈的船队停泊在远离水道的地方，派人乘坐小艇在距离河口尚有一定距离的地方登陆。西班牙堡垒里的火炮对着大海方向，因此，登陆的部队可以从后方迫近堡垒，他们打过去的时候仅仅携带了剑和手枪，除此之外没有其他任何兵器。西班牙守军抵抗了几个小时，但最终还是逃出堡垒。一份记载提到守军向着马拉开波逃跑时大呼："马上会有 2000 个海盗出现在这里，弄不好还会更多。"但洗劫马拉开波却不得不暂缓进行。

次日，随着西班牙堡垒丧失战斗力，洛洛奈率领他的船穿过水道，但散布着沙洲的河口底部深不过六七尺①，这些浅滩非常不安全，对那些不熟悉它们的水手来说尤其危险。洛洛奈下令船队停止前进，等待涨潮。与此同时，马拉开波及其邻近村庄的许多居民收拾了自己最宝贵的财物，把它们装上小艇和划艇，划着桨穿过河口抵达帆船无法到达的登

①原文系法国人在荷兰出版的著作，此处尺应系法尺或荷尺，与英尺略有出入，本书其他章节提到的尺与此处尺意思相同。

陆点。大部分市民以及他们的家人拯救了自己的生命和财产，使其免于沦为战利品。

一旦船只能够安全靠近海岸，攻击方就登上他们买来充当登陆艇的划艇。他们洗劫了马拉开波和附近的另一座城镇，横扫附近的乡村，抓捕俘虏，劫夺金钱、牲畜和货物并勒索赎金。他们从未打算征服并长期占领马拉开波，因为并不具备所需的人力、兵器或补给。他们抓捕了600 余名人质用以勒索赎金，其中大部分人质此前在马拉开波城内及周边地区充当奴隶。可过了 4 个星期之后，海盗的给养就开始匮乏了——袭击者已经消耗掉他们找到的大部分食物——俘虏陷入饥饿，甚至开始死亡，因此，海盗认为他们是时候离开了。洛洛奈和他的部下发了财，此外也学到了一些经验。这些人的下一次劫掠冒险针对的是尼加拉瓜海域，那时，他们就用上了大小各异的多种舰船，其中大部分是小船，而且还特意给船队配备了大量划艇。

在加勒比海，小船的船长采用了诸多机动方式。这片海域地理复 89
杂，岛屿种类多样，因而难以巡逻，到了 17 世纪，这种状况让加勒比海的海岸线在小规模袭击面前显得尤为薄弱。当然，海洋及其周边地貌的自然特征也有助于保护加勒比海地区的各族人民免遭海上封锁。18 世纪的荷兰作家认为加勒比诸岛属于两个贸易网络，“大环”将岛民与非洲和欧洲联系起来，“小环”则既让各个岛屿相互连通，也连接了诸岛与南北美大陆的殖民地。随着航行距离的变化，船只大小也各有不同。岛间航行的船只一般是单桅船，船员不超过 8 人。

加勒比海周边的小岛推行集约经营的种植园农业，在引入数以万计的奴隶劳工后已经丧失了自给自足的能力，因此，这些岛屿上的许多种植园主开始意识到他们在面临封锁时有多么脆弱。不过，岛屿的多样性，地理的复杂性，小船寻找庇护所、躲避拿捕的能力，让种植园免于陷入饥馑。在奥地利继承战争和七年战争期间，英国海军的确尝试过封锁加勒比海周围的法属岛屿和领地，但上百艘小船避开了英军的巡逻，它们携带了足以令岛民在困苦时期坚持下去的食物，还输入输出了足够令种植园经济维持运转的蔗糖、咖啡、奴隶和金钱。

岛屿和海岸据点的殖民地定居者与守军如果能够拥有盟友、贸易伙伴和多个补给来源，就能够抵御封锁和攻击。可是，如果大陆上的沿海前哨据点仅仅拥有一个出海口，还缺乏周边地区当地人的支持，那就会变得相当脆弱。这样，原住民便具有了举足轻重的作用。荷兰人两次强攻西非海岸的葡萄牙据点圣若热-达米纳堡的例子，就说明了当地人在两栖作战期间的重要性。

1625 年，一支拥有 15 艘船，运载士兵、水手合计 1200 人的荷兰舰队试图攻占圣若热-达米纳。荷兰人搜集的情报表明这座堡垒防御薄弱，即便包括几个病号在内，守军也仅有 56 人。距离堡垒 15 公里远的特拉波克纳镇(Terra Poquena)还有荷兰人的盟友。荷兰舰队在当地人没有抵抗的状况下将 1000 人送上岸，当地的萨布(Sabu)战士还提供了向导乃至若干援助。荷兰士兵于上午从特拉波克纳动身，行进了一整个白天抵达圣若热-达米纳。他们在黄昏时分来到堡垒外侧，结果刚刚搭完营帐，与葡萄牙人结盟的当地战士就开始发动进攻，展开冲击。惊恐万状的荷兰人被击溃了，面对大砍刀的袭击，他们只能在被砍杀之前用火枪打出
90 一轮齐射。400 多名荷兰人战死，几名萨布战士也和荷兰人一起阵亡。登陆部队被击溃后，舰队指挥官们打算用舰炮轰击当地人，以此进行威慑并摧毁城堡，但他们的舰炮只能造成微小的损害。陆地上的葡萄牙大炮却拥有高度和精度的优势。

荷兰人最终放弃了当年的进攻，可在随后 12 年里，局面发生了变化。在 1625 年到 1637 年，荷兰西印度公司向这一地区派出了 80 条船，与此同时，葡萄牙方面却仅有 5 艘携带补给的小帆船抵达当地。荷兰商人沿着海岸搜罗伙伴和盟友，葡萄牙人则无法通过贸易方式给出什么回报，因而变得越发孤立。1637 年，荷兰指挥官赢得了萨布王国和科门达(Komenda)王国的支持，1000 名当地战士愿意加入对圣若热-达米纳的新一轮攻击，此外还有 1000 名荷兰士兵参与此战。虽然在居住于堡垒附近的当地人里，葡萄牙人依然拥有盟友，但这些人的数量处于劣

势。当双方在堡垒附近的村庄交战时，一支荷兰部队将一门大炮拖到了附近的山顶上。面对来自陆地和海洋的重炮，葡萄牙人选择了投降。

虽然殖民地环境迥异，但荷兰人在 1673 年夺回纽约时也以类似方式表明了当地人对海上围城战的影响。结束了加勒比海战役后，由科尔内留斯·埃弗岑指挥的荷兰舰队沿着北美海岸展开袭扰，最终抵达纽约。尽管这支舰队是从卡宴开回来的，可随着战役的持续，它不断攻击舰船、虏获战利品，攻击性竟变得越来越强。荷兰指挥官们派出一支登陆部队短暂占据过圣尤斯特歇斯岛（St. Eustatius），但其目的并非长久占据。荷兰人同时面临与法兰西人和英格兰人交战的严峻挑战，指挥官的指令也仅仅要求这些人尽可能地夺取、破坏一切。直到他们听到荷兰殖民者痛苦地抱怨英格兰人的苛刻统治后，才决心夺取、据守纽约。纽约是英格兰人在 9 年前从荷兰人手里夺走的。埃弗岑希望能够得到友善回应，就和另一名军官给“城里的好市民”写了一封信，“亲切地”要求他们劝说总督立刻将要塞和城市交给他们。

市民们虽然没有发动反抗英格兰人的起义，可当英格兰总督竭力召集民兵想要抵御荷兰人的进攻时，他们却显然也没有响应号召，而且，城里还有人破坏了要塞以外的英格兰大炮，使其丧失了战斗力。当 21 艘荷兰军舰运载着 3000 人驶入海湾，迫近纽约港时，他们陆上的对手 91
大概也就 100 人。荷兰人在海上没有遭遇任何武装抵抗。当他们让 600 名士兵登岸包围要塞后，成百上千的城市居民欢呼着迎接荷兰人，和他们一同沿着百老汇（Broadway）街行进。荷兰军舰朝要塞开了火，荷兰士兵也和他们的支持者一起迫近要塞。看到这种状况，守军只得在要塞上空升起一面白旗。尽管如此，由于船上没有人能够透过烟雾看到代表投降的旗帜，炮击还是持续了一小会儿。

英法在殖民地的战争

如果海军能够拥有当地人的支持，攻占海防要塞就会容易一些，可在七年战争后期，从 1758 年攻克路易斯堡开始，再到其后几年夺取魁

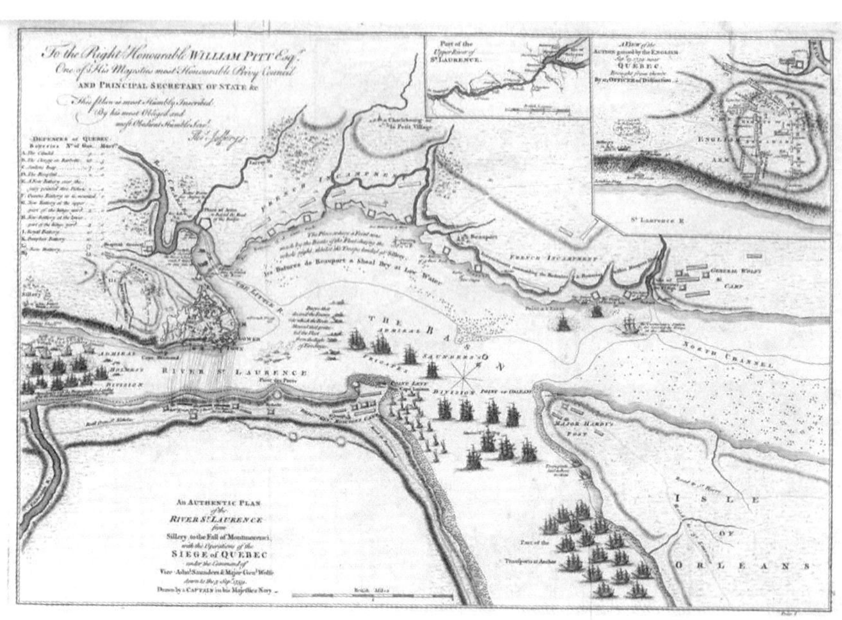

图 4.3 詹姆斯·库克船长在 1759 年绘制了圣劳伦斯河水路图，为英军进攻魁北克的两栖作战行动提供了便利。这幅出版于 1760 年的作战地图是在库克水路图基础上绘制的。承蒙约翰·卡特·布朗图书馆惠赠

北克、瓜德罗普、马提尼克和哈瓦那，英国皇家海军在并未得到当地居民任何支持的状况下多次成功进行了两栖作战。皇家海军在欧洲海域取得胜利，掌控了欧洲一带具备战略意义的海峡，这让法军无法在海上挑战它。可即使在英国海权看似最强大的地方，两栖作战也代价高昂且颇为困难。1759 年春季，法国舰船就打破了英军的封锁企图，将补给物资输送到魁北克。当年春末和夏季，英军在内河航行时也遭遇了远多于从前的困难，他们小心翼翼地推进，仔细为每一段航程准备水路图。

92 当英军抵达战区，着手包围魁北克时，他们在数量上是少于法国守军的。为了削弱法军，英军沿着长达数十英里的河道炮击、突袭河畔的农场与村庄，也几乎摧毁了魁北克城，可随着秋季日益临近，英军仍然无法拥有相对法军的明显数量优势。他们不得不尽快行动，在河水结冰、困住舰船之前结束作战。英军取胜并不是注定的结局。大部分历史学家

在讨论1759年魁北克陷落时，将注意力集中在指挥官们的个人战术抉择上，詹姆斯·沃尔夫(James Wolfe)决心让他的士兵渡过河流攀上悬崖进入要塞以外的原野，路易·约瑟夫·德·蒙特卡姆(Louis Joseph de Montcalm)的回应则是派遣士兵离开要塞与英军在平地上展开会战。

沿着圣劳伦斯河进行的两栖作战已经颇为困难，英国海军在加勒比海地区则面临更大的挑战。1759年，英军未能从法军手中夺取马提尼克，后来，英军经历了长达数月的战斗，付出了上千人死亡的代价，才将瓜德罗普拿下。将大量缺乏经验的人员运送到热带会使这些人遭遇传染病的威胁，继而导致死于疾病的人远多于负伤死亡的人。按照理查德·加德纳(Richard Gardiner)上尉的说法，早在英军抵达马提尼克之前，就有大量人员中途死亡。“部队并不习惯这里的气候，因为热病、腹泻、食用腌制食品导致的坏血病，让士兵受了很多苦，同时还有一桩意外的灾祸——运输船上爆发了天花。”1762年，英国在加勒比海地区继续攻城略地，战果中还包括哈瓦那，但攻击哈瓦那的英军的死亡率将近50%。

军队的指挥官在发动海上突袭、围困或入侵时都要仰仗舰炮，击沉、击伤或吓阻敌方舰船需要它，轰击要塞和其他海防设施需要它，恐吓当地人需要它，保护己方登陆部队朝着敌方士兵开火也需要它。但是，舰船最重要的军事职能却是运送士兵、定居者和给养。在第一次英格兰—波瓦坦(Anglo-Powhatan)战争中，1610年时英格兰人几乎放弃了弗吉尼亚。托马斯·盖茨(Thomas Gates)总督在当年5月末抵达詹姆斯敦(Jamestown)，发现这里已经无人居住，房屋遭到洗劫，甚至有一部分已经被拆成了木材。波瓦坦人早在1609年10月就开始围攻殖民地。殖民者害怕遭到攻击，不愿冒险离开定居点，因而陷入饥饿，超过一半的殖民者已经死去。快速调查当地状况后，盖茨意识到他们必须得撤离定居点。他将市镇居民召集起来，发表了一篇讲话，给居民分发了一部分从自己船上带来的补给，告诉他们自己会考虑殖民地是否能够维系下去的问题，可要是殖民者无法自给自足，就要做好准备，他会将他们全都运回出生的国度去。按照一位目击者的说法，詹姆斯敦居民听到

93 这段话后发出了欢呼声——他们急于离开。盖茨在其后两周里编制了一份殖民地食物资源清单，调查了田地状况，派人去切萨皮克湾（Chesapeake Bay）观察究竟能够捕获多少鱼。调查完成后，人们普遍认同的是：要想保全所有人，让他们免于饥饿，目前最稳妥的方法莫过于放弃此地。但航海离开也不容易。

尽管詹姆斯敦的人口已经处于衰颓境地，但还是多得无法用盖茨手头的船只直接运到大西洋彼岸。根据盖茨的计算，他们的食物并不足以在跨大西洋航行期间养活詹姆斯敦的所有人，殖民者届时就得在大洋中部寻找新的给养，因此，盖茨决定将殖民者带到纽芬兰附近的渔场，他在那里或许可以分散一部分人口，加入渔船船员之列。这是一个不顾一切的冒险计划，但看起来总比其他任何选择要好。盖茨是 1610 年 6 月 7 日最后一个离开詹姆斯敦的人。当这位总督在离开码头前回头眺望时，那里已经空无一人。

撤离詹姆斯敦的船队出发仅仅几个小时，就遇到了补给船，它们掉头返航，弗吉尼亚得以幸存。詹姆斯敦的人口迁移和后来的恢复提醒了人们，使人们重新意识到：舰船是将人员带到大洋彼岸、为人员提供补给的重要工具。这一事态变化扭转了波瓦坦同盟在军事上的命运，改变了英格兰殖民北美的未来。

原住民遭受的迫害

1624 年和 1625 年，葡萄牙殖民者在殖民地巴西的巴伊亚也有类似的经历。1624 年春季，一支规模为 3000 人的荷兰军队冒险进行了两栖作战，他们攻克、劫掠、占领了巴伊亚。一些葡萄牙殖民者逃到乡村，组织武装抵抗，把荷兰人困在了城里。巴伊亚陷落的消息传到马德里后，为了夺回此地，西班牙人和葡萄牙人集结了一支拥有 56 艘船的舰队，将 12000 余名士兵送过大西洋。船只从位于欧洲和非洲的各个港口出航，集结到佛得角，而后才驶向巴西。舰队运载的士兵来自佛兰德、那波里、葡萄牙和西班牙，其中许多葡萄牙人是从非洲贸易点的驻军里抽调出来的。他们于 1625 年 4 月抵达巴伊亚，仅仅交战一个月后，荷兰人就投降了。当时有许多葡萄牙殖民者将此事视为解放加以庆祝，可巴伊亚很快就面临着几乎无法避免的问题——在近代早期，每当成千上万的军人骤然抵达某地，就会产生这类问题——葡萄牙的新来客驻扎在城外，西班牙军人却占领、洗劫了城镇。将大批士兵投送到大洋彼岸的代价是高昂的，这不仅会在后勤补给层面遭遇困难，而且时常在政治上引发激烈反应。荷兰投降后发生在巴伊亚的诸多事件促使西班牙与葡萄牙关系趋于恶化，这样的恶化不仅出现在巴西，也同样出现在欧洲。西班牙人和葡萄牙人此后再未在美洲进行过如此规模的军事合作。重要的 94
是，在接下来的一个世纪里，再没有一个欧洲列强会跨洋投送这么多士兵。

大军所到之处，当地的生活方式就被打乱，食物资源不堪重负，权力也发生变化。无论大军是从陆路还是海路到来，状况都是如此，可要是从海上入侵，那么上述影响往往会更加严重。在近代早期，舰船能够将成千上万的人投放到陌生的地方，仅仅一次大规模登陆就可能给某些地区带来永远无法恢复的影响。1755 年 6 月 2 日，来自新英格兰和不列颠的 34 艘舰船，装载 2000 多名士兵抵达英军设在芬迪湾东端附近的一个小小前哨据点——劳伦斯堡（Fort Lawrence）。在少量英国驻军及其火炮的保护下，新近抵达的士兵未曾遭遇武装抵抗就下船登岸。但登陆过程依然极具挑战性，舰船和登陆艇都挤进了港口，与世界上最大的潮汐展开搏斗。来自新英格兰的水手了解当地状况，也知道登陆的难处，在他们的指导下，英军还是成功上岸了。他们的到来永远改变了这一地区。几天之后，这些新来的家伙就向博塞茹尔（Beauséjour）进军，那是几英里之外某个法国堡垒的所在地。即便算上法军从当地殖民者亦即阿卡迪亚人中征召的志愿者，堡垒里的法军在人数上也远逊于英军。博塞茹尔围城战始于 6 月 12 日，结果法军在 16 日就投降了。随后，英军开始准备迁移当地的阿卡迪亚人。

根据英国方面 1755 年的估算，生活在芬迪湾沿岸的阿卡迪亚人有 8000 名之多。新斯科舍总督和议会给出了驱逐阿卡迪亚人的若干理由，不过他们要求尽快采取行动的论据则出于实用主义——这些人希望利用暂时性的军事优势，因为被带到芬迪湾的舰船和人员不可能无限期地停留在那里，而一旦撤走舰队，行省就无法将他们(阿卡迪亚人)逐出所在地。迁移阿卡迪亚人是一场涉及复杂后勤组织工作的两栖行动。士兵奉命封堵道路，沿着可能从陆地逃脱的路径摧毁村庄。而在海上，阿卡迪亚人的浅底船、小艇、独木舟以及一切类型的船，都依照命令被没收或销毁。阿卡迪亚人中的成年男性和年纪较大的男孩遭到逮捕，他们被扣押在堡垒和营地里；与此同时，他们的母亲、姐妹、妻子和女儿则奉命看守牲畜、收割谷物，为即将到来的远行准备给养。原先将士兵和补给输送到劳伦斯堡的船只多数已经离开这一地区，转而负责将大炮和补给物资运输到波士顿和纽约。不过还是有些其他船只奉命从哈利法克斯开到芬迪湾，以带走当地的阿卡迪亚人。按照预计，每艘船至少要运载 100 人，其中最大的一艘能够运载将近 400 人。第一批阿卡迪亚人在 9
95 月中旬奉命登上运输船，最后一批从博塞茹尔附近出航的船则于 10 月 13 日离开。这些船一共将 6000 多名阿卡迪亚人从芬迪湾运送到更偏南的北美沿海英属殖民地，其目的地从马萨诸塞一直延伸到佐治亚。有些船上货舱里的人员离船登岸前就几乎耗尽了给养，有些前往佐治亚的阿卡迪亚人到了 12 月中旬才能够下船。他们陷入饥饿，许多人得了病。

阿卡迪亚人大概算不上是第一个成为强制迁徙或毁灭目标的群体。从 16 世纪起，舰船的火力和运力就让处于不同背景下的帝国领导人认为他们能够使用舰队阻止、改变乃至逆转殖民进程。1560 年，新近就职的葡萄牙巴西总督梅姆·德·萨(Mem de Sá)决心消灭瓜纳巴拉湾(Guanabara Bay)里的一个法国据点，它当时已经在海湾里的某个小岛上存在了 5 年之久。法国殖民地的人口时常发生波动，高峰时期可能接近 1000 人，大部分居民是原住民，还有法国人的图皮南巴盟友及贸易伙伴，被扣作奴隶的战俘以及与士兵、殖民者住在一起的妇女儿童。梅姆·德·萨派了 12 艘船包围该岛。这些船花了 3 周时间炮击堡垒，然后才让船上的士兵登陆。经过为期两天的艰苦战斗后，他们完成了征服。舰船在此次行动中既充当投送部队的运输船，也成了毁灭该岛的工具，它们并没有用来转移或重新安置岛上人口。在炮击和围困中幸存下来的法国人与巴西原住民乘坐划艇和筏子逃离岛屿。守军刚放弃堡垒，葡军就把它炸上了天，此后 4 年里，葡萄牙人再未返回岛屿。

1614—1615 年，当西班牙和葡萄牙舰队围困法国人位于巴西北部海岸马拉尼昂(Maranhão)的一处新殖民地时，其行动与葡萄牙人早先对瓜纳巴拉湾的法国人发动的攻击颇为类似。不过也有一点不同：解决冲突要求把舰船用作转移人口的工具。1613 年，运载 300 名战斗人员的 8 艘船对马拉尼昂的法国人发动进攻。西班牙人和葡萄牙人在距离法军要塞尚有一小段距离的地方登陆。法军虽然拥有原住民盟友，不过还是在与登陆部队进行了一场短暂、激烈的战斗后撤出定居点。与登陆部队脱离接触后，法国人派出使者与入侵者进行停火谈判。法国和葡萄牙谈判者同意派出一个联合代表团前往西班牙和法国解决争端。然而，充当外交官的两名法国殖民者和两名葡裔巴西人未能达成妥协。第二支伊比利亚舰队于 1615 年抵达马拉尼昂，它发现法国殖民者处于窘迫的境地，缺乏来自法国的给养。攻方舰船封锁了港口，要求殖民者永远放弃这一地区。为了鼓励、催促殖民者离开，伊比利亚人表示愿意将殖民者 96
运回法国，后者欣然同意。

当西班牙人于 1629 年摧毁尼维斯岛和圣基茨岛的英格兰、法兰西殖民地时，他们用自己的船运走了英、法岛民。当时，四艘西班牙大帆船来到尼维斯外海，与港口附近的船只展开了一场虽然混乱但终究取得胜利的海战。后来，其中一艘西班牙船在海岸附近搁浅，且处于一座英格兰小堡的火炮射程范围之内，于是，另一艘西班牙船的船长就决心让士兵登陆，到岛上作战。英格兰人遭到突袭，数量上也处于劣势，于是就逃离了海岸。可尼维斯并不像马拉尼昂，岛上没有可供逃避的富庶腹地，也没有庞大或繁荣到足以接纳难民的原住民社群。英格兰人害怕在丛林中陷入孤立，面临饥馑，于是就回来向西班牙人投降，结果被塞进了船里。西班牙人拆除了堡垒，烧掉了英格兰人的所有住所和仓库，然

图 4.4 《夺回圣基茨：1629 年》(1634 年)，费利克斯·卡斯特略。收于普拉多博物馆

后带着落入他们掌控的殖民者起航，攻击邻近的圣基茨岛。

尽管西班牙从哥伦布时代就开始宣称拥有圣基茨，但这个岛屿当时却存在两个相互对立的殖民点，英格兰人的定居点在北部，法兰西人的在南部。1629 年，当西班牙人以压倒性优势兵力抵达该岛时，法兰西人和英格兰人都投降了。圣基茨的殖民者登上了西班牙船，与来自尼维斯的殖民者会合到一起。上述行动结束之际，西班牙人在甲板下方已经扣押了 2000 余名俘虏。他们用在尼维斯附近捕获的船只把大部分俘虏运送回欧洲，又将 600 人扣做人质，直到他们承诺永不返回这些岛屿后才将其释放。但许多人随后却违背诺言，返回尼维斯和圣基茨重建殖民地。

大规模迁移

在 17 世纪，有好几起大规模迁徙事件发生在加勒比海地区。1631 年，一支装载 1000 余人的西班牙舰队将荷兰人逐出圣马丁岛（St. Martin）。根据投降条款，西班牙人同意将荷兰岛民运送回荷兰。1641 年，另一支规模相近的西班牙舰队征服了普罗维登斯岛，摧毁了一块已 97
经在岛上延续了十多年的殖民地，将英格兰人迁出该岛。就提供的运输待遇而言，西班牙人对待普罗维登斯岛民就没有对圣马丁岛的荷兰人那么宽大了。西班牙人将 350 名英格兰殖民者运送到加的斯，要求他们自费前往英格兰或新英格兰。1672 年，英格兰人对多巴哥岛（Tobago）发动两栖攻击，这导致当地的全体荷兰殖民者被驱逐到库拉索岛（Curaçao）和巴巴多斯岛（Barbados）。

早在 1755 年驱逐阿卡迪亚人之前，大西洋北部区域就出现过类似的行动。16 世纪的捕鲸者和渔民武装团体就一再相互摧毁季节性定居点和沿海营地。即使在殖民者开始沿着纽芬兰海岸全年定居后，这样的暴力冲突仍旧在持续。随着人口的日益增长，驱逐对立团体就需要越来越多的努力，从纽芬兰和路易斯堡的历史可以看到，用船转移人口的结果往往是可以逆转的。1696 年，法军攻击纽芬兰的英格兰定居点，强行把近 500 名殖民者运到英格兰和法兰西。法英两国于 1697 年恢复和平后，上百名英格兰渔民及其家人又返回了纽芬兰。直到大部分法国渔民在 18 世纪的第二个十年前去协助建立路易斯堡为止，法兰西人和英格兰人都共享着纽芬兰。新英格兰人于 1745 年攻占了路易斯堡，将 2000 多名法国士兵和平民运到了法国。许多被他们从路易斯堡迁走的人又在 1749 年回来了，等到路易斯堡的法军于 1758 年再度向英军投降时，人口迁移的规模甚至比上一次还要大。从皇家岛（Isle Royal，即今天的布雷顿角岛）运走了大约 1 万名士兵和平民，从圣让岛（Isle St. - 98

Jean，即爱德华王子岛）运走了3000多名殖民者。上述所有迁移的目的都是把人运送过大洋，但并非所有人都能够完成航程。两艘离开爱德华王子岛的运输船不幸沉没，导致船上所有人丧生，运输过程中总共约有1600人溺死或病死。

在布雷顿角岛和爱德华王子岛进行的大规模迁徙给英国陆海军后勤带来了沉重负担，但这些举动有效地改变了上述岛屿。随着殖民地人口的增长，复杂的大规模迁徙事件变得越发难以掌控。当英军于1759—1760年征服法属加拿大时，这个殖民地的人口至少有7万。这超出了人们想象中任何一支船队的运载能力。如何在不驱逐法国殖民者的情况下保住加拿大？这带来了特别的挑战，也引发了有关英帝国政策的广泛反思。

殖民地人口的撤离一直是一个有选择性的过程，在这一过程中对人员进行分类，则在很大程度上反映出舰船在构建大西洋世界各地权力关系时发挥的作用。当西班牙人于1641年夺占普罗维登斯岛时，他们一共捕获了731人，其中350人是英格兰殖民者，另外381人是充当奴隶的其他岛民。英格兰殖民者获得被送回西班牙的待遇，奴隶身份的成年男女和儿童则被运到卡塔赫纳和波托贝洛出售。1691年，英军攻击位于圣基茨、玛丽－加朗特岛（Marie－Galante）、圣巴泰勒米（Saint Barthélemy）和瓜德罗普的法国种植园时，也出现了类似状况，英军抓获了1800个男人，此外还有妇女、儿童和黑人。他们将法国殖民者运到伊斯帕尼奥拉岛（Hispaniola），但把奴隶留下，将其作为战利品瓜分。

对待原住民的态度也与对待奴隶类似，就算曾经有过将原住民和殖民者一同运走的状况，那也纯属偶然。在1615年的马拉尼昂，西班牙人和葡萄牙人从未考虑过迁移原住民。而在其他地方，当美洲原住民遭遇围困、沦为俘虏并被带上船，这些人就有可能被送到能够控制和剥削他们的地方。尽管这种做法在所有欧洲帝国中都引起了争议，美洲原住民还是时常遭到捕获，然后被装上船运到海外作为奴隶出售。

1645年的英格兰—波瓦坦战争期间，弗吉尼亚殖民者将许多11岁以上的美洲原住民战俘运到西印度群岛，以此阻止他们返回各自的部落，来增强部落实力。1675 年，在菲利普王战争期间，普利茅斯殖民者把 178 名战俘运到西班牙以奴隶身份出售。后来，新英格兰人也把其他美洲原住民战俘运到西印度群岛。他们运到巴巴多斯的战俘实在太多，以至于该岛议会竟在 1676 年通过一条法令，禁止从新英格兰向本 99
岛运输印第安奴隶。议员们发出告诫，认为美洲原住民战俘的涌入可能会给本岛带来巨大的不幸，其程度胜过任何黑人。《巴巴多斯法令》针对的是大小帆船的船长，它发出威胁：一旦这些人再从新英格兰带来任何美洲原住民战俘，就要没收他们的船只。

菲利普王战争结束后，围绕出售原住民战俘展开的道德和实用层面的争论在英属殖民地变得愈加喧闹。尽管如此，这种做法仍旧持续了数十年之久。在南卡罗来纳(South Carolina)的查尔斯顿，英格兰殖民地官员和奴隶贩子从原住民战士那里收购战俘，再将战俘以奴隶身份卖到海外。南卡罗来纳的经济依赖奴隶劳动，但殖民者宁愿运走美洲原住民战俘，转而购买非洲奴隶。按照历史学家艾伦·加莱(Alan Gallay)的估计，在 1715 年之前，殖民地运送到海外的美洲原住民战俘人数要超过殖民者从加勒比海和非洲买来的奴隶数目。在南卡罗来纳，有些沦为捕获、贩卖目标的美洲原住民自愿选择流亡海外，以此免于奴役。1711 年，一位名为路易斯·佩尔多莫(Luis Perdomo)的古巴船长将原住民成年人及儿童合计 270 人，从佛罗里达运到哈瓦那。这些流亡者当时正在躲避雅马西战士，后者本打算在查尔斯顿卖掉他们。佩尔多莫提到他身后还有成百上千名，可能多达 2000 人的其他原住民希望乘船去古巴，以此逃避南卡罗来纳奴隶市场。他说要是他还有船，就一定会把更多的人带到安全且自由的地方。

佩尔多莫认为他的船给佛罗里达的某些原住民提供了逃避危险的途径。他帮助的若干家庭和乞求他给予帮助的其他人，都希望能够跨过大洋，以在自己和攻击者之间设下一道屏障。讽刺的是，把战俘运送到加勒比海地区的弗吉尼亚人和新英格兰人也有类似的目的：在他们自身和对手之间留出一定距离，让海洋提供保护。越过大西洋以逃避欧洲宗教迫害的难民，将叛逆者和其他罪人送到美洲充当劳工的欧洲帝国官员，也都以类似的方式看待浩渺的大洋。大洋能够分隔对立双方，可在大部分情况下，越过大洋或将人员运送到海外并不会消弭冲突，它只是将暴力转移到视野之外，仅仅改变了对战争的感知。抓捕战俘并使战俘卷入跨大西洋奴隶贸易中的非洲军事领袖，以及将美洲原住民运到加勒比海地区的弗吉尼亚人、新英格兰人存在诸多相同动机。奴隶贸易当然是门生意，推销、利用战俘能够让人发大财，可在近代早期，用船运走捕获的俘虏也是一种越发盛行的战争特征。

100 1699 年，巴尔博溯邦尼河而上的航行产生了巨大的累积效应。在近代早期的大西洋，规模最大的移民活动就是跨大西洋奴隶贸易。从 1500 年到 1760 年，约有 200 万荷兰、英格兰、法兰西、葡萄牙和西班牙移民来到美洲，与此同时，荷兰、英格兰、法兰西、葡萄牙与西班牙船只将两倍以上的非洲人，约 438 万人，运送过大西洋充当奴隶。在 1500 年到 1760 年，贩奴船越洋航行 13000 多次，平均每次强行运输 300 人。根据估算，捕获的奴隶中有 36% 是妇女和女孩，14% 是儿童。这些航行与其他两栖作战行动颇为类似。正如巴尔博的经历所示，大船有时候需要花费好一番力气才能靠近海岸，往往会出现不得不把人用划艇和其他小艇转移到大船上的状况。为奴隶提供给养是个持续存在的挑战，航程越长，就越难养活奴隶。疾病会威胁到船上的每一个人，这种威胁在长途航行中尤为突出。从 1500 年到 1760 年，跨洋运输奴隶时的平均死亡率是 17%。尽管存在上述状况，而且甲板上的暴动和战斗也颇为频繁，欧洲人或殖民者一般也不会把跨大西洋奴隶贸易视为军事行动。贩奴船很少编组成协调一致的舰队，也几乎不会遵守详尽复杂的命
101 令。虽然欧洲和殖民地政府鼓励奴隶贸易，奴隶贩子通常仍以机会主义态度自发行动，他们急忙赶到存在奴隶的地方，把这些人带到任何能够卖出价钱的场所。

贩奴船主导了奴隶贸易的历史，因为现在留存有奴隶贩子在非洲沿海和美洲殖民地奴隶市场活动的详尽记录。与此相比，有关捕奴过程的

记录就相对稀少，也更具轶事风格，这是因为贩奴船极少参与捕奴流程，也没有簿记员会记录令上百万非洲人陷入奴役的暴力进程。

要想从军事层面上理解奴隶贸易，就要既考虑负责在陆地奴役他人的非洲武装力量，又得将跨大西洋贸易作为一种两栖军事行动。英国奴隶贩子威廉·斯内尔格拉夫（William Snelgrave）曾提到一件事：西非的卖家急急忙忙地打折出售战俘，以便尽快将这些人运走。按照斯内尔格拉夫的说法，“胜利者”实际上乐于在那一刻给自己弄到些东西，因为当时要是锚地里没有船，他们就得出于自身安全考虑被迫杀掉大部分男性战俘。尽管这些人无法控制将要带走俘虏的船，却意识到跨洋运输的军事价值。和大西洋世界其他地区的军事领袖一样，他们谋求以运走对手的方式巩固自身权力。

第二部分

陆　战

第五章

陆战技术

1634 年，上百名塔赖留(Tarairiu)男子、妇女和儿童来到位于巴西的海防堡垒雷斯马戈斯(Reis Magos)，向在荷兰西印度公司领导下将葡萄牙人逐出沿海的士兵致敬。塔赖留人和来自尼德兰的新来客共同举办庆祝仪式，作为节庆的一部分，塔赖留战士和西印度公司士兵竭力炫耀军力，想给对方留下深刻印象。荷兰炮手在堡垒的城墙上开炮，塔赖留弓箭手则回之以持续一个小时的射箭表演，以此展现他们的娴熟技艺。在 16、17 世纪的大西洋世界，拥有独特军事技术的人们会面并展示其兵器效力，各地都存在类似的表演。在雷斯马戈斯炫耀武力的行为还算友好，但很多时候，这样的炫耀会带来致命后果。

1609 年，北美东部，法国人萨米埃尔·德·尚普兰(Samuel de Champlain)在以自己名字命名的大湖畔让一队豪德诺索尼[①]战士见识了火器。他当时与美洲原住民盟友同行，要是没有这些盟友，他就会陷入困境，但尚普兰对自己遭遇豪德诺索尼人的记载实质上却表明了他坚信欧洲人的优越性，“当我看到他们正在做出朝我们射(箭)的动作时，我用自己的脸颊靠住火枪，径直瞄准三个人中的一个”。尚普兰的火枪里装了四颗子弹，他一下子打死了两个人，还导致第三个人负伤，伤者不久也死去了。按照尚普兰的说法，“尽管这两人装备了用棉线纺成的护甲和能够挡住他们箭矢的木块，可他俩还是这么轻易被杀，易洛魁人(豪德诺索尼人)对此深感震惊”。等到尚普兰的一名法国同伴开火后，

① 豪德诺索尼人(Haudenosaunee)即易洛魁人的自称，意为“住在长屋里的人”，本书多使用豪德诺索尼人指代易洛魁人。

豪德诺索尼战士们开始丧失勇气逃跑，放弃了他们的营地和堡垒。火药爆炸的响声、火枪发射子弹的速度和子弹造成的创伤吓坏了这些战士，让他们惊慌失措。

枪炮的第一印象固然令人恐惧，但其他兵器也同样可以令人不安。15 世纪 40 年代，当葡萄牙探险队刚刚开始探索佛得角以南区域时(这
106 也是非洲的最西端)，22 名葡萄牙士兵乘坐两只小艇离开他们的帆船，划着桨逆流驶入一条宽阔的河流。潮水在身后上涨，他们划向一座村庄，就在这些人抵达村庄之前，12 条划艇运载着几十名装备大弓和箭的战士前来迎击，其中一条划艇偷偷绕过葡萄牙人抵达河岸，让它运载的那群战士能够到陆地上对付葡萄牙人。就在这些人开始射箭时，那些待在其他划艇上的人也开始从葡萄牙人后面划过去。划艇上的战士放箭后，葡萄牙人立即让他们的小艇掉了头，但此刻已陷入包围，他们不仅数量上处于劣势，还要面临声势骇人的箭雨，于是他们拼死迎着潮水划桨，冲向自己的帆船。等他们遇上帆船时，这 22 人已经全都中了箭，而且箭头上还下了毒。葡萄牙士兵中有 4 人在登上帆船前就已死去，其后几个小时里，又有 16 人相继死去。此外，原先还有 7 个人待在后方的帆船上，其中 2 人也中了毒箭，随后死去。伤员中仅有 2 人幸存，但他们花了整整 20 天时间康复。剩下的 5 个人陷入迷惘、震惊和恐慌。上述事件的记录者写道：他们哭泣着、悲痛地离开了战场，这些人因为害怕可憎的敌人而离去，知道这些敌人就在身旁，敌人的致命伤害令多少个勇敢的人在极短时间内死亡。

大多数研究近代早期军事技术的历史学家会强调火药的影响，它于 13、14 世纪从中国传到地中海和欧洲，又在 15、16 世纪从那里传播到非洲、美洲的广大区域。就欧洲内部而言，学者认为火药传入引发了一场军事革命，被它改变的不仅有这个大洲的武装力量，还有欧洲的财政体系和政府官僚机构。就非洲来说，有的历史学家声称“枪—奴循环”因火器流通而出现，认为非洲人将奴隶卖给欧洲人换取枪支，因此，枪支就成了防御和袭击中的必要工具。随着时间的流逝，交战方用越来越

高的频率发动攻击以获取奴隶，其目的就是把他们卖给欧洲人换枪。研究美洲原住民的历史学家也强调火器和其他重要技术的引入造成的转型，比如金属刀片和马匹。可在欧洲、非洲和美洲，火药的变迁仍是逐步发生的，其过程有时长达数个世纪之久，而在转型期间，每个社会都有大量的经济、人口和文化因素推动变革。即便在军事技术领域之内，火药也仅仅是近代早期的若干创新之一。在美洲的一些地区，从西班牙引入的马匹导致战争发生了剧变。

陆地上的大部分军事技术可以轻松易手。武器贸易符合欧洲帝国的 107
经济和军事利益，而且也存在一些欧洲人和殖民者从未掌握的、原住民拥有的技术。非洲和美洲原住民战士拥有独特的武器和技能。面对近代早期社会、物质环境的变化，随着原住民战士找到应对、利用变化的方法，原住民工匠的技艺也得以存续。由于原住民发展出新的区域性军事技术，加上欧洲的战斗方式在转移到其他大洲时会面临后勤困难，这就妨碍了欧洲权力的扩张。虽然远洋舰船给予欧洲帝国海上霸权，但欧洲帝国带到其他大洲的东西却根本无法使其在陆地享有类似海上的支配地位。下文的讨论将集中在几种关键军事技术上：火药、铠甲、要塞、毒箭、狗、马和划艇。

火药改变了欧洲战争

在欧洲，火药传入带来的影响之一就是要塞消耗的资金越来越多。中世纪古老的城墙在沉重的炮弹面前显得脆弱不堪，火炮能够利用火药或是将炮弹抛过城墙，或是打破城墙较高、较薄的部分，进而击倒整个石造建筑。15 世纪发生在欧洲的诸多围城战一再展现了中世纪城墙的弱点。记述西班牙征服格拉纳达(Granada)的编年史描绘了火药的影响，以龙达(Ronda)围城战为例：

> 炮击极为猛烈和频繁，以至于那些坚守的摩尔人要想听到彼此说话都很困难……他们也不知道哪一段最需要支援，因为

> 火炮或是在这里击倒了城墙，或是在那里毁坏了房屋，而且，就算他们尝试修补……那也做不到，因为小型火器那持续不断的弹雨杀死了城墙上所有的人。

或许还存在其他应对火药和重炮的方法，但欧洲的民政和军事领导人选择了重新设计要塞作为对策。他们放弃了修建高墙以防敌人用梯子攀上城墙的陈旧做法，转而开始修建低矮的要塞，要塞的护墙相当厚实，后方还有土层支撑，其目的既在于抵御炮击，也是为了给守军火炮创造安稳的射击平台。要塞周围的护城壕能够困住袭击者，棱堡向外凸出到壕沟内侧，新式要塞的各段城墙也形成交角，以便为炮手提供广阔的视线和射界，要塞周围不但没有可以让敌军容身的掩蔽物，而且要尽可能地使敌军易于被内部守军发现，不仅是前面，还有侧面乃至后面。这种新式建筑的设计目的是将进攻方挡在距离要塞尚有一定距离的地
108 方。出于保护自身的目的，守军装备了诸多不同射程的专用枪炮，其中既有用于射击穿越周边护城壕敌军的轻型火器，也有可以打到一英里开外的大炮。

近代早期的火炮要塞在修建、配备人员和装备兵器方面都耗资巨大，但人们认为这样的代价是值得的，这是因为这些要塞比中世纪城堡更坚固，而且也很难被人以突袭或强攻手段攻克。在大部分情况下，攻克火炮要塞的唯一有效方法就是旷日持久的围攻。攻方军队先在要塞周围挖掘守军火炮最大射程轰击范围之外的堑壕，然后逐步向前，持续不断地掘进，一步步收紧包围圈。一般以这种方式进行围攻需要至少两万人，整个围攻过程往往耗时数月之久。围攻破坏了地貌景观，也给攻守双方的后勤供应带来了沉重负担。

正当重炮改变了欧洲攻城战的基本特征之际，手持火器也缓慢改变了军队在野战中的行动。改变进程之所以耗时长久，是因为军械师和军人需要奋力克服技术难题：如何才能找到装填、引燃装药，继而将子弹从手持的狭窄枪管末端推出去的有效方法。此外还存在准度问题。直到

16 世纪，弩相对于火器仍然具备一定的技术优势，这是因为弩矢能够更快地发射，而且也能够更精准地命中目标。欧洲军人也仍旧挥动着长枪。1571 年，驻扎在尼德兰的哈布斯堡军队里的长枪兵数目是火枪兵的两倍以上。截至 18 世纪，绝大部分欧洲步兵都已经携带火器，但这并不意味着近战就此结束。1745 年的普雷斯顿潘斯会战（Battle of Prestonpans）中，詹姆斯党的苏格兰高地人把阔剑使出了毁灭性效果。在 18 世纪的欧洲，高地人和其他经验丰富、训练有素的士兵一样熟悉火器，但他们仍然携带着剑，而且枪口还装着刺刀，于是，枪支就可以充当刺杀兵器。

图 5.1　正在装填火枪的士兵。装填火枪的任务既麻烦又耗时，这导致不设防的士兵易受伤害。雅各布·德·海恩第二作坊制图，约作于 1600 年。收于荷兰国家博物馆，阿姆斯特丹

近战仍旧存在，但到了18世纪，火药带来的转型成果已经在每一个欧洲战场上明晰可见。17世纪初的士兵还穿戴着金属盔甲，可随着火器的扩散，保护躯干的铠甲用处越来越少。经过多年的理论争辩、试验和实际训练后，荷兰军队于1600年将火枪手排成队列，以便让每一列都能够依次前进、开火，为后方各列提供保护，使后方的士兵有时间装填，做好准备轮流开火。1600年，荷兰人在弗拉芒海滩进行的一次会战中，以这样的齐射近距离击毙了4000名西班牙、意大利骑兵和步
109 兵。步兵齐射火力在此战中展示威力后，这种做法随即普及开来。早在1605年，奥斯曼军队就用这种战术对付匈牙利人。有关步兵齐射的描述开始出现在野战当中，它很快就普及到欧洲各地。

修建、装备、把守火炮要塞，围攻火炮要塞和部署装备火器的步兵等相关费用，让那些能够有效筹集、使用资金的欧洲国家占据了优势。中央集权国家之间的相互竞争和欧洲军队规模的不断增长导致近代早期的军费开支稳步上升。从1500年到1700年，欧洲最强大的几支军队规模膨胀了10倍之多。1500年之前的法国军队仅能在战时出动3万—6万人，可到了17世纪90年代，法国已经能够调遣40万士兵。火药全面改变了欧洲战争。

火药在其他地区的影响各不相同。1591年1月，摩洛哥苏丹艾哈迈德·曼苏尔(Ahmad Al-Mansur)命令5000名装备火枪和少量轻型火炮的战斗人员越过撒哈拉沙漠，攻击位于西非中部的桑海(Songhay)帝国军队。苏丹的军队里既有来自西班牙和葡萄牙的人，也有北非人，其
110 中有些人骑马，有些人步行。两个月后，这支远征军抵达尼日尔河畔(Niger River)，此时，军中已有2000人死亡，幸存者也疲惫、饥饿，有的还身患疾病。3月12日，他们遭遇了对手：1万多名桑海骑兵和可能多达3万名的徒步战士。桑海步兵大多装备标枪，但其中也有一队既坚韧又技艺娴熟的弓箭手。尽管北方人在数量上处于劣势，他们还是取得了胜利。当天的胜利展现了火器的威力。但此战的环境也颇为特殊，桑海人列成一条战线发起进攻，骑兵处于两侧。他们的步兵使用了一种

常用的战术——驱赶着数以千计的牛冲向摩洛哥军队，却没有预料到接下来会发生什么。当摩洛哥的枪炮开火后，牛掉头就跑，向后击穿、踩踏了桑海军队。被分割、打散的桑海人虽然继续战斗了一段时间，却无法重组部队。

枪炮此前就曾在西非开过火，但从未取得过如此成效。因为内部分裂而削弱的桑海帝国就此崩溃。火器让摩洛哥人能够在 1591 年击败桑海人，但随后几年乃至几十年里发生的事情则说明了火器在西非的用场终归有限。摩洛哥军队数量不多，武器也有限，他们只能占据原先属于桑海帝国的一小块地方。由于交通颇为困难，入侵者与摩洛哥当局陷入隔绝，他们最终分化成若干个实际上独立行动的小规模武装团体，这些团体被当地人称作“射手”。摩洛哥军队的后裔在此后 100 多年里维持着对火器的局部垄断，但由于将枪炮带过撒哈拉沙漠代价高昂，他们的武器库总是很小。与此同时，他们的邻居则学会了以更有效的方式应对枪炮火力，不再被枪炮声响吓坏的骑兵集群能够在列阵对战中取得胜利。由于射手人数较少，他们往往会在发动小规模袭击时较为有效地运用火器。

在跨大西洋奴隶贸易中，大量火器作为交易品出现在西非海岸。17 世纪中叶英格兰人加入奴隶贸易，在价格更低廉、杀伤效力更强的滑膛枪成为可供交易的对象后，枪支输入量就开始上升。到了 18 世纪 30 年代，欧洲商人每年将大约 18 万支各式火器输入非洲。而在 18 世纪末，单单英国每年就会给非洲奴隶贩子提供 30 多万支枪。一些装备了这类武器的非洲王国能够出动庞大的步兵部队，扩张它们的领土、引入新的税制乃至建造与同期欧洲要塞大体相似的要塞。据说西非的达荷美（Dahomey）国王在 1728 年拥有环绕整个国度的深壕，此外还有城墙和炮台，炮台上也安放着大炮。有位访客曾于 1772 年来到达荷美王室居所，他当时穿行在绵延将近 1 英里、高 20 英尺，不时间隔以碉堡的泥
砖墙里。达荷美和其他西非国家能够出动上千名装备滑膛枪的步兵，集 111
结士兵抵挡骑兵，乃至有条不紊地将士兵分成若干个小单位，让他们从

多个角度同时袭击敌军。

达荷美的泥砖墙是这个王国权力的纪念物，它们让人想起在火药传入后作战时面临的挑战，但在西非的其他地区，这样的建筑物就堪称多余了。以贝宁城(Benin)为例，它早在欧洲商人和火器到来前就已建起了有效的防御设施，壕沟和足以抵挡射击的宽阔土木工事环绕着贝宁城。规模较小、资源较少的地区也会在它们的村落周围修建类似的防御工事。防御工事时常把能够妨碍部队推进的沼泽和密林变为它的一部分。在西非的一些地区，地貌景观的固有特征导致火器几乎派不上用场，在森林或沼泽密布的地方，就很难有序安排人员并实现火力协同。在集群作战无法相互掩护的地方，装备火器的人时常陷入无遮无掩、缺乏保护的境地，而且还得和火器的常见缺陷做斗争，包括火器可靠性不高、射速慢且不准等。有些非洲人对火器评价并不高。以几内亚比绍沿海为例，欧洲奴隶贩子时常往来于此，却发现当地人对铁矛头、小刀、刀剑和箭的需求大于枪支。

和非洲的大片地区一样，南美洲也有许多地貌并不适合使用火器。约翰·马韦(John Mawe)曾于1808年和1809年到访巴西东部的米纳斯吉拉斯(Minas Geras)地区，他提到那里的原住民极为害怕火器，不论什么时候听到枪响都会自动逃跑。马韦叹惜道，“在定居者当中，这类兵器绝没有普及到应有的程度”，但他随后提道，“他们拥有的少数火器制作低劣，时常无法使用”。他略带夸张地指出，在士兵进入该地区遭遇原住民战士时，并不会发生任何战斗，这是因为当地战士会尽快跑掉。米纳斯吉拉斯地区的战士并没有用火器还击或以其他方式展开大规模会战，而是依赖秘密行动。他们会把树枝和小树捆在自己身上，使别人看不见自己，而且不知不觉地校正他们的弓箭。于是，当一个可怜的黑人或白人从他们身边路过时，这些人几乎不会失手。马韦还提到战士们挖掘“陷阱”困住对手，在里面安上尖桩，用小树枝和树叶加以掩盖。直到19世纪，这样的战术都曾在米纳斯吉拉斯的一些地方成功阻挡了殖民进程。

在美洲的另一些地方，火器传播速度相当快。西班牙征服者几乎每到一地都会把武器分发给他们的盟友。由于西班牙领导人之间的不和、西班牙人的逃亡和内乱，当地的火器来源很快就出现了相互竞争的局面。在16世纪，当西班牙人到了智利中部比奥比奥河(Biobío River)以南地区短短几年后，就面临携带火器的阿劳坎(Araucanian)战士的抵抗。西班牙逃兵给这些战士提供了枪支，随后几十年里，阿劳坎人通过战地缴获和劫掠扩充自己的军械库，16世纪尚未结束时，他们就已经能够利用当地矿层里的火山硫黄、硝石和木炭自行制备火药。而在17世纪，随着对立的欧洲列强争夺盟友和贸易的斗争日趋激烈，火器甚至 112
比以前更易获取。17世纪40年代，大部分莫霍克(Mohawk)战士都会携带枪支，他们的许多原住民盟友和对手的装备也与之类似。到了17世纪末，从墨西哥湾到北冰洋南部边缘的美洲原住民都已经用枪支把自己武装起来了。

随着战士采用上述武器，他们也发展出属于自己的独特战术。阿劳坎人起初避免与西班牙人列阵交战，而是选择在山口和其他狭窄通道奇袭西班牙士兵。枪支在这类伏击战中相当有用，但阿劳坎战士也依靠其他作战工具，这当中就有他们特地开发出来应对西班牙人的工具。他们悬挂罗网将西班牙骑手从马上拉下来，挖掘底部插满钉子的壕沟刺穿掉进去的西班牙人，此外也仍旧使用弓箭、投石索、长矛和棍棒。

火器的扩散促进了各类试验。北美的原住民战士很少主动寻求大规模会战，也不会加入其中，他们较为常见的做法是设伏等待敌军，列成一个松散的半圆队形，对敌军发动突然袭击。攻击之初打出的一阵猛烈火力会吓坏敌人。为了加剧对方的惊慌，战士们在手持战斧和其他用于重击、劈砍的兵器投入近战时还会发出呼啸。这种战术在对付小股敌人时最有效，也可以用于对付整个村落，由伏击战组成的漫长战役甚至能够逐步消耗大军。

防御的变革

和欧洲一样，火器传入美洲所带来的最常见、最剧烈、最明显的影响之一就是人们普遍放弃了护身铠甲。易洛魁战士在投入战斗前会精心掩蔽自己，这样的传统存在了几个世纪之久。他们戴上木头盔，用木头、芦苇织物和皮革遮住自己的胸部、大腿和手臂。但这种衣物在防御子弹时几乎毫无作用。于是到了 17 世纪，北美东部各地的战士就开始身着轻薄的服饰投入战斗，通常不过是内衬、长袜和软皮鞋，有时几乎赤身露体。

欧洲人到来后，传染病侵袭了美洲的城镇中心，许多地区的市镇和城市变得少有人烟。在亚马孙河流域那样的地方，城市生活的衰落减少了修筑要塞的需求。而在其他地方，比如对于豪德诺索尼人来说，虽然城镇的数量减少了，位置也更分散了，可它们依然保有防御性建筑物。
113 村民仍旧会到围栏后方寻求庇护，保卫自己村庄的战士在抵抗拥有火器的敌人时遭遇了挑战，因此防御工事的设计也随之发生变化。17 世纪 40 年代，休伦人(Huron)和豪德诺索尼人开始修建正方形或矩形要塞，要塞有时会配备棱堡，有时会在四角设立塔楼。1713 年，塔斯卡罗拉人(Tuscarora)修建了一道要塞围栏，它配备了向外凸出的、建有屋顶的棱堡，他们还在围栏内部挖出了地堡。休伦人根据法国人的建议重新设计了要塞，塔斯卡罗拉人的军事建筑也同样参考了殖民地模型，但这两个族群都没有直接采用欧洲的设计。在重塑围栏和其他防御工事外形以增强防御能力时，休伦人、塔斯卡罗拉人和北美东部的其他族群，既使用了已经在当地发展数个世纪之久的设计方案和建造方法并进行一定调整，也运用、改造了随着新式武器到来而出现的设计方案和建造方法。

毒箭被保留下来

在近代早期，人们横跨大西洋，买卖、运输了许多手持兵器或制造这类兵器所必需的原材料。法国人抵达魁北克几年后，圣劳伦斯河一带的原住民战士就早早于 17 世纪 20 年代用上了金属箭头、斧子、小刀和剑。在非洲的某些地方，奴隶贩子发觉当地人对制造手持兵器所需的铁需求颇多，甚至超出对枪支的需求，这种状况一直持续到了18世纪。欧洲和殖民地商人依靠出售枪支、其他武器成品和金属发了财，获取了对贸易伙伴的影响力。随着这种情况的出现，武器成品和军用金属的跨大西洋贸易就产生了毁灭性后果。非洲人、美洲人向欧洲和殖民地商人出售毛皮、象牙、黄金或战俘，以此换取短暂的军事优势。当商人们为争夺顾客展开竞争时，相互对立的原住民政权也时常进行军事竞争，于是，战争促进了跨大西洋贸易，与欧洲的贸易又促进了战争。当然，这样的状况也存在例外，西非本土的冶铁业尽管因欧洲的竞争而受损，却依然得以维持下来；在被西班牙人征服后，墨西哥一些地区的工匠依旧生产用黑曜石打制的武器尖头；非洲和美洲的一些社群同样保留了自己的毒箭。

1572年，弗朗西斯·德雷克袭击了位于巴拿马地峡的西班牙港口农布雷·德迪奥斯(Nombre de Dios)，他的部下携带了火枪、弓箭、喷火枪和长枪。守军也使用了一大批类似的兵器，双方还都随机应变用上了火攻。在英格兰人的箭雨下，有些西班牙人几乎无法目视，差点陷入恐慌，他们转而依靠自己的枪支，握住枪管，将它们当作棍棒使用。在此次袭击和16世纪发生在美洲的其他许多战斗中，最令西班牙人恐惧的武器是箭。按照英格兰人对事件的记述，当德雷克和他的部下撤退到 114
附近的一座小岛后，西班牙总督派了一名信使过去恳求德雷克，“因为他们有许多人被箭射伤了，他们得知道这些箭是不是有毒”。西班牙人担心箭上有毒，还问他们的伤口怎么治最好。在加勒比海周边的岛屿和海岸线上，许多原住民战士使用有毒的箭矢，他们用的毒一般会致命，而且会令伤员缓慢、痛苦地死去。一位记录者在16世纪50年代写道，“加勒比战士在箭头上涂了某一种草药的汁液，被其中一支箭射伤的任何人都注定像一条疯狗一样撕咬着自己死去”。德雷克不赞成使用毒箭，尽管他得到了原住民盟友的支援，却还是骄傲地告诉信使，使用毒箭从不是他的风格。

毒箭在南北美洲和大西洋两岸都令人生畏。1654年，逃离伊利湖畔(Erie)战区的原住民告诉蒙特利尔的法国人：伊利人或“猫族”已经集结起 2000 人。这是一个由阿尔衮琴和易洛魁难民组成的混合社群，这些人“虽然没有火器，却相当擅长打仗”。据说，伊利战士“像法国人一样战斗，他们勇敢地经受住装备法国枪的易洛魁人的第一轮射击，然后把一阵冰雹般的毒箭倾泻到对方身上。在对方枪支重新装填完毕之前，他们就能够发射八次或十次”。

毒箭的有效性一定程度上取决于制毒者能否记住有关的毒剂配方，以及解毒剂的详细知识，并对此加以保密。1731 年，一名身处冈比亚的战士向一位英格兰访客展示了一大批箭，箭上涂抹了一种黑色混合物。据说它毒性非常大，只要让箭沾到血就会致命，除非制作混合物的人解毒才能活下来，也只有他才有能力这么做，他以夸张的方式表现了这一点。制毒者的保密有助于解释为什么毒箭没有大面积普及，毒剂的精确配方从未广泛传播。此外，人们也想当然地认为制作毒剂相当危险。贝尔纳多·德·巴尔加斯·马丘卡(Bernardo de Vargas Machuca)上尉曾在西班牙的新格拉纳达殖民地及其周边地区服役数十年，1599 年他提到南美洲的原住民只让最年长的妇女为毒箭制造毒剂，这种说法源自传闻，也体现出自己内心的恐惧。他声称制备过程中要将各种毒液加到一口锅里煮沸。那位妇女要留意火势、搅拌混合物，也必定会因为吸入毒液蒸汽而死。对于巴尔加斯·马丘卡来说，这种生产方式中显而易见的野蛮行为进一步强化了他对毒药根深蒂固的厌恶。几个世纪以来，欧洲人普遍将毒药，特别是毒箭和欺骗、背信弃义联系在一起。出于上述种种原因，毒箭永远无法成为像枪支那样普及的武器。

狗的恐吓

115 身处美洲的殖民军士兵害怕遭到伏击，他们在近距离战斗中不仅要面对火器，还面临着弓箭、投石索、棍棒和短柄小斧。因此，哪怕在金属铠甲已经开始在欧洲走下坡路之后，殖民者士兵仍旧身穿那种防护装备。他们还复兴、完善了另一种正处于衰落的欧洲战术，那就是运用狗的战术。狗作为警惕的哨兵和追踪者，能够以任何人都无法企及的方式为殖民者效力。巴尔加斯·马丘卡建议用狗挫败突袭，他写道："狗能够远远地嗅到伏击的气味，找到埋伏所在。"

狗的恐吓威力增强了它的追踪能力。许多美洲原住民群体拥有自己的狗，但在欧洲人到来之前，原住民的狗相对较小，没那么凶悍，而且还比较安静。16 世纪的记载中，墨西哥的原住民用令人恐惧的词语回忆他们与西班牙狗的第一次接触：

> 它们的耳朵折了起来，下颌垂得很厉害。它们的眼睛是黄色的，而且有神，那是火热的眼睛。这些狗有着瘦削的胁腹，都能够把肋骨显出来。它们的腹部瘦削憔悴。它们非常高，易于激动，而且走起路来气喘吁吁，舌头伸出去悬空。它们像豹猫那样有斑点，而且是杂色的。

根据当地的传说，当蒙特苏马听说西班牙人的狗时，他感到非常恐惧。

巴尔加斯·马丘卡认为，若是想击败一个落单的原住民战士，需要做的所有事情不过就是：把狗放出去，接下来，它不用士兵陪伴就能够找到印第安人，等到人赶到的时候，那个印第安人就已经退缩了。狗当然可以直接吓得战士退缩，不过它们也可以撕咬、杀戮。早在 1494 年，哥伦布就曾在伊斯帕尼奥拉岛上放出一群狗去对付原住民敌人。1622 年，在波瓦坦人袭击弗吉尼亚之后，爱德华·沃特豪斯（Edward Waterhouse）主张殖民者可以"用我们的马匹去追击、驱赶他们，用獒把他们撕裂"。17 世纪后期，其他英格兰殖民者也征引弗吉尼亚的战例，以证明完全有理由用狗来对付美洲原住民。

在征服、殖民美洲之初，狗可能的确让某些欧洲军队在军事上享有优势，但这种优势在 17 世纪逐渐减弱，这是因为人们在不考虑血统的状况下繁殖狗，导致它们变得易于逃脱，甚至给对方帮了忙。此外，在靠近某些英格兰殖民地的地方，美洲原住民群体还购买了来自欧洲和殖

116 民地的狗。17 世纪 70 年代，长岛的殖民者抱怨欣纳科克人(Shinnecock)蓄养“巨犬”，而且建造了若干个犬舍。到了 17 世纪末，当阿尔衮琴战士与新英格兰人展开一系列漫长的战争时，交战双方出动的犬只岗哨和犬群已经大体相当。兵卒和战士都带着狗行动，而且在进攻的第一阶段就将狗作为攻击对象。1675 年，玛丽・罗兰森(Mary Rowlandson)在菲利普王战争中于马萨诸塞沦为战俘，但直到被俘之前，她都坚信自己在城镇守军那 6 条壮狗的保护下可以安全地待在后方。她觉得要是有任何战士敢靠近她的家门，这些狗都会随时冲向他、打倒他。可是，在罗兰森被俘的那个夜晚，这些狗未能做出反应，她也始终不知道它们到底出了什么事。1696 年本杰明・丘奇(Benjamin Church)少校远征芬迪湾的战事可能会提供相关线索。丘奇和美洲原住民战士一起行进，有一回，后者突袭一处沿海定居点时丘奇恰好不在，里面住着说法语的殖民者，当丘奇回来之后，他看到殖民者的狗和他们的家畜一道“被短柄小斧剁了、砍了，倒在他们的房屋附近死掉了”。

和其他形式的军事技术一样，在战争中使用动物的方法也随着它们
117 在大西洋世界的传播而发生改变。獒、血猩和其他犬类在美洲的历史阐明殖民接触带来了不可预测的一连串后果。动物不仅成为买卖对象、遭到偷窃或在袭击中被擒获，而且还经常逃走。人类文化影响与动物的相互作用则由于一系列涉及食物、繁殖和维持健康的生物学因素而变得复杂。动物为了应对它们面临的挑战而进化，某些情况下实际上改变了自己的面貌，这就是美洲原住民的狗和欧洲獒交配繁殖后出现的状况。

马匹的用处

整个大西洋世界的战士在战争中都依赖无数动物。他们在各个地方骑着、赶着骆驼、骡、驴和牛。这些动物和其他动物作为哨兵帮助人类守卫社区，它们有的已经驯化，有的尚未驯化。狗即在战争中扮演多个不同角色。马同样也有诸多功能。就像在美洲使用狗一样，马在大西洋两岸的扩散揭示了文化、生物和环境诸方面的适应性变化之间产生的相

互作用。

阿尔维斯·卡达莫斯托(Alvise Cadamosto)[①]听说黑人的国度需要大量的西班牙马，于是，在沿着非洲海岸航行前，他于1456年购置了一些此类马匹。他在塞内加尔河以南遇到了沃洛夫(Wolof)王国的一个行省长官，此人对贸易颇感兴趣。这位非洲首领骑着马来到岸边，身边有150名步兵和15名骑兵充当卫队。卡达莫斯托送给他西班牙马，此外还附送了马具和其他若干物品，以换取后者承诺的100名可以充当奴隶的战俘。按照卡达莫斯托的说法，这位沃洛夫首领同意了上述条件，立刻交给他一个年仅12岁的姑娘。卡达莫斯托把这个姑娘送到自己的

图5.2　一个骑在马上戴着精致头饰的人。这是一尊产自16世纪贝宁的青铜雕像。收于大英博物馆

① 即第一章中的威尼斯人阿维索·卡达莫斯托，阿尔维斯或路易斯是他葡萄牙化的名字。

船上，然后和非洲人一起出发参观该省。

卡达莫斯托坚信马将成为奴隶贸易中的贵重交易品，但在接下来的几个世纪里，它们并没有像他想象的那样发挥重要作用。卡达莫斯托后来发现了几个原因。马体格庞大，船运代价高昂，而且也难以饲养，不容易保持健康。马的确在西非部分地区颇具价值，但当地商人和首领并不会迫切需要昂贵的进口商品，至少就马而言，他们从不依赖欧洲贸易。葡萄牙和其他欧洲国家的商人会继续在西非出售马匹，但有限的进口数量并不能改变当地军事文化，它们只是增加了本地的畜种，西非已然拥有自己的马。

马最初在亚洲被驯化，然后通过几条途径传入西非。不同的西非语言中存在诸多同样指代马却并不相关的词语，这就表明了西非马匹血统的古老和多样。该地区的原始马可能是从埃及和努比亚向西传播的，其
118 他马匹则是后来被人从北方越过撒哈拉沙漠运来。不同地区的马匹血统和骑乘方式存在极大的差异。在近代早期阶段，有的西非人使用马鞍，有的人则擦伤马背，然后直接骑在疤痕部位上。小型马的价值与其说是在于力量，倒不如说是在于速度和敏捷。骑着小马的人通常会携带标枪，迅速冲到和敌人之间尚有一段距离的地方，然后投掷兵器。这些战士也携带小刀，如果遭遇近距离攻击，他们能够做好自卫准备，但也会迅速骑马脱离接触。大型马是从撒哈拉沙漠对面引入的，它们配有马鞍和马镫，让人们能够以不同方式使用这种动物。骑着大马的战士挥动着适于刺击的长矛在马上相互交战，拿着适于劈砍的剑冲击步兵，他们把剑挥得相当低，依靠锋刃进行砍杀。非洲人从未采用将长矛塞进手臂下方、利用马的力量为长矛刺击加力的欧洲技术，而是用自身力量握持长矛并进行刺击。为了保护自己、抵御敌方骑兵，他们开始穿戴铠甲，经常是把充当衬垫的布和锁子甲结合起来。身着那种铠甲的骑手也只有大型马才能承载得起。

119 西非部分地区对大型马有源源不断的需求。商人将它们带过撒哈拉沙漠，并在沙漠以南繁殖。一些西非军队骑在它们的马背上崛起。据说

位于尼日利亚中部的奥约(Oyo)王国，在18世纪20年代能够出动一支多达数千人的庞大骑兵部队(因为他们从不使用步兵)。在奥约与达荷美交战期间，奥约的战马起初被枪炮声惊扰乃至陷入混乱，但奥约军队最终还是攻占了达荷美王国的大部分地区，迫使达荷美军队撤退到林木茂盛的地方。奥约军队无法冲入森林追击对手，于是开始洗劫乡村。就在奥约骑兵糟蹋达荷美王国大片土地的时候，达荷美军队却只能待在林地里。但达荷美并没有彻底失败，因为马也有自己的局限性。达荷美士兵之所以忍受了这些灾难，因为他们知道由于雨季即将到来和缺乏饲料，奥约军队将“被迫在短时间内撤退”。

奥约与达荷美之间的较量既说明了马匹在军事上的用处，也展现了限制马匹用途的若干环境因素。骑兵冲击需要开阔地形，因为马匹很难在森林里快速奔驰，而且由于它们需要牧场或饲料，这就在季节和地理上都受到制约。但在非洲，最重要的制约因素是疾病。尤其在西非，越往南养护马匹就越困难，许多地方流行的锥虫病(一种由采采蝇传播的疾病)导致根本不可能养马。

在欧洲运用马匹时，疾病相对而言算不上太大的制约因素，但其他环境问题也限制着它们。沼泽、宽阔的河流以及陡峭或多石的地貌都挑战着马匹。为了克服上述困难，欧洲的军方领导人优先考虑让国土变得易于通行。在17世纪，国家资助的军事工程委员会将其职权范围扩展到设计、建造要塞之外，开始着手测绘欧洲地貌景观，以此找出潜在的入侵途径，并建议进行基础设施建设以便利动员和防御。从1726年到1737年，乔治·韦德(George Wade)将军根据英国军械局的建议，借助承担了大量体力劳动的士兵，在苏格兰高地督建了40座桥梁和长达259英里的道路。这些道路和桥梁的设计目的是加快部队的行进速度，便利堡垒间的交通，让高地变得更易通行。随着火药武器与新式要塞技术的引进和大陆军队规模的扩张，国家对地图测绘和道路建设的投资几乎不可阻挡地到来，这种状况不仅发生在苏格兰，也出现在欧洲各地。上述发展改变了马匹的军事意义。

就像非洲那样，在欧洲，马背上的人们依然会进行突袭、与步兵并肩作战、在战场边缘进行接触战以及在交战最终阶段冲击敌方军队。不
120 过，一支大军可以在没有骑兵的状况下投入战斗，但要是没有挽马，它就既不能行进也无法生存。1562 年，安茹公爵的军队为了拖曳 20 门重炮及其火药、炮弹，需要用到 1000 多匹马。在三十年战争期间的 1646 年，曾有两个拜恩①兵团的马比人还多。在 17 世纪的法国，一支拥有 6 万士兵的军队可以轻松配备 4 万匹马——2 万匹骑兵战马和 2 万匹用于拖曳的挽马。挽马拖曳的不仅仅是大炮和弹药，它们的车上还装着帐篷、炊具、燃料和食物——而且不仅是人吃的食物。马匹要驮运自己的饲料，它分量重、体积大，马自己的食物可以多达拖曳货物总量的 40%。饲料的季节性供应决定了战斗的日程表。军队需要在冬季退却，直到青草重返大地后再回归战场。即便在盛夏时节，饲料供应也限制了军队。士兵和马匹需要间歇性转移驻地，以便找到新鲜的草料和谷物。欧洲人依赖马匹作战，这有助于解释他们将自己的战斗方式带到美洲时面临的诸多困难。

1539 年，当埃尔南多·德·索托(Hernando de Soto)率领 600 人的军队前往佛罗里达时，他还带去了 220 匹马。在那场漫长战役之初，就军事层面而言，马匹的确派上了用场。西班牙记述者提到，当德·索托下令进攻拥有栅栏围护的马维拉镇(Mabila)时，他的骑手将骑枪伸向前方列成一线骑行，用枪刺穿原住民战士，将他们驱赶到围栏后方。当天晚些时候，骑兵一边焚毁城镇，一边与步兵并肩作战。当德·索托意识到他的部队已经到了身后，就纵马横穿马维拉，呼喊着感恩的祈祷词，还一路拿骑枪刺杀原住民战士。居民们无意中为西班牙骑手准备了驰骋的战场：他们预料到会遭到攻击，就烧毁了围栏附近的所有房屋和植被，以此制造出一片射击区域。可是，居民们并没有对付战马的经验，他们并不知道自己已经为骑兵清理出一块战场，当骑手到来时，村民们

①拜恩(Bayern，英文惯用名为 Bavaria)，一译巴伐利亚，时为神圣罗马帝国内部的强大天主教邦国，大体位于今天的德国拜恩州境内。

根本不知道如何抵御骑兵冲击。德·索托的马匹在攻击马维拉的战斗中表现优异，但总的来说，事实证明整场远征对马而言实在是太过艰辛。许多马匹在战斗中丧生或被美洲原住民悄悄杀死；另一些马匹或是在过河时溺死，或是在原野和树林里行进数年，最终丢了马掌，落得瘸腿的下场。当幸存者们于 1543 年 7 月抵达密西西比河时，总共还剩下 50 匹马，而且其中绝大部分已经根本无法用于拖曳或作战。西班牙人只留下其中 22 匹，其他的悉数宰杀。他们将划艇成对地绑在一起，引导剩余的马侧着身子上船。于是，它们的前蹄和后蹄就分别位于两条划艇上，这样的做法颇为讽刺地证明了这些动物的运输用途大为降低。可是，划艇后来遭到了攻击。西班牙人已经厌倦了保卫他们的马匹，就宰杀掉这 121
最后一批，最终只有四五匹马得以逃脱。

为了避免重蹈德·索托的覆辙，欧洲和殖民地军方领导人在美洲各地修建道路，以方便马匹行进。在 18 世纪的巴西，士兵监督着成群的奴隶砍伐出穿过森林的道路，以便让部队和装备通行。军人也时常会加入劳动，有时还得昼夜不停地工作以保持交通顺畅并延长道路。在北美，1757 年，这也正是七年战争中的一个关键时刻，约翰·福布斯(John Forbes)将军设计了一条始于宾夕法尼亚东部、横跨阿巴拉契亚山脉(Appalachian Mountains)的道路，他下令以 40 英里的间隔沿路修建要塞和木堡，这样，人员和马匹就不用携带过多的补给物资。他还在这些据点里部署守军，以保护行进中的部队和补给车队。他动员了成千上万的士兵和劳工，把一年里的大部分时间用在修建这条道路上。到了 11 月，福布斯终于抵达自己的目的地迪凯纳堡(Fort Duquesne)。这条路让他能够率领一支规模庞大、装备精良且拥有充足给养的军队越过山脉，法国守军面临拥有压倒性优势的敌人，又被他们的原住民盟友抛弃，只得选择退却。

就在军队竭尽全力利用工程技术改造某些美洲自然景观的时候，在美洲的其他地区，人们却根本不需要做出任何改变。西班牙殖民者在 17 世纪把马带到了新墨西哥，发生于 1680 年的普韦布洛(Pueblo)反殖民暴动则导致马匹扩散到殖民地边界之外。普韦布洛商人把一些马出售给邻近的部族，还有些马直接跑掉了。美洲平原非常适合它们。于是，从新墨西哥(以及其他地方)放出来的马匹就在毫无人类管理的状况下繁衍、扩散，到了19世纪初，大平原南部已有大约200万匹野马。此外还有几十万匹归人类所有的马，其中有很多属于原住民部族。有些美洲原住民部族在18世纪获得了马匹和火器，发展出一套崭新的战法——在马背上远距离射击。少数几个部族，如大平原南部的科曼切人(Comanche)和大平原北部的苏人(Sioux)乘势崛起，主宰了广袤的土地。

通过追踪马匹在大西洋世界战区里的部分成功和艰难挣扎，可以让人轻松认识到不同的地理环境的重要性，凸显了地形、疾病、气候和植被在军事层面的重要性。上述环境因素和其他因素限制了近代早期的战斗人员，迫使战士调整他们的作战方式，不仅是改变了武器的选择，也改变了他们的运输手段。在马匹无法通行的地方，最佳的替代品往往是划艇。

划 艇

划艇在大西洋世界的诸多地方堪称强大的战争工具。与马车或远洋舰船相比，划艇是理想的两栖作战工具。在加勒比海及其周边地区，乘
122 坐划艇的战士几乎能够在任何地方登陆。划艇甚至可以让一个地区的人都变得脆弱不堪，滋生出一种持续存在的低强度焦虑，这与中世纪欧洲的维京人使用能够抢滩登陆的船只战斗，从而输出一种广泛存在的恐惧颇为类似。在西班牙人首次探索加勒比海后的两个多世纪里，欧洲人和殖民者依然无法确定加勒比战士从何而来，也不能断定其人数究竟有多少。围绕着加勒比人的谜团促成了他们的凶猛名声，人们普遍使用近乎恶魔般的措辞描绘加勒比人，导致他们被认为是世界上最“令人恐惧”的战士。

在加勒比海、非洲和美洲，战士们有时会把划艇运上岸并将其隐蔽起来，然后才步行攻击敌人。但划艇也能够充当远距离射击平台，人们

可以在划艇上使用弓箭、长矛和手持火器投入战斗。非洲沿海地区的一些划桨战船甚至会装载火炮。划艇也可能拥有较大的载重量，而且，与其他运输方式相比，划艇在行进途中的摩擦和能量消耗也都很小。

和马、狗、小刀、剑和火器一样，划艇能够轻松易手。美洲原住民 123
向殖民者提供划艇，并且教会他们如何建造、使用。第一批英格兰移民抵达普利茅斯殖民地几年后，就有个名叫托马斯·韦斯顿（Thomas Weston）的人不仅能够建造自己的划艇，还为美洲原住民建造了几条。划艇的设计和结构差异巨大，但其中最简单的种类建造起来相当容易。马丘卡宣称划艇在新格拉纳达的许多工作中发挥着重要作用，主张让士兵们动手建造属于自己的独木舟。在丹麦属西印度群岛，逃避奴役的人建造划艇前往大陆或附近岛屿，这可能是借鉴了非洲人的经验，也可能是看到了加勒比海地区使用划艇航行的其他人。这种举动被视为对社会秩序的严重威胁，以至于圣托马斯岛（St. Thomas）枢密院在 18 世纪初下令砍伐岛上每一棵适于建造划艇的树木。

只要有合适的材料、工具和时间，造一条划艇并不难，可将大量划艇用于军事目的就需要复杂的计划和协调了。1709 年夏天，英国从南面进攻加拿大，一个在康涅狄格组建的团负责此次远征的后勤工作。7 月，士兵们集结到纽约的奥尔巴尼（Albany）。人们聚集在哈得孙河两岸，把给养、枪炮、火药和弹药装到划艇上。他们划着划艇逆流而上，行进了大约 10 英里，直到河水变得太浅为止。随后，他们着手卸货，把货物打包装到马车上，马匹拖曳着车辆在路上走了 18 英里后，划艇重新下水，然后继续载货，又划桨行驶了一段。继续向上游推进 18 英里后，这个团抵达了另一个陆上转运点，划艇又在那里被拖出河水。划艇卸了货，人们在陆地用马匹运输货物、包裹和划艇，一直行进到下一个可以通航的河段为止。这种流程重复了好几遍。即便当划艇在水里时，运输也颇为艰难，在一些河段人们要在齐腋窝深的水里拖行划艇。不过，第一批拒绝前行的终究还是马匹。

正如此次远征的一位亲历者所述，“马匹累了，不能继续走下去了”。它们起初在大小陆地转运点运输给养时还够用，但艰苦的工作和极端的炎热天气导致它们变得虚弱，而且情况越发严重，此外吃得也不好。为了维持马匹的生命和健康，人们开始从士兵的补给里挤出谷物喂养马匹。有的补给品沿途掉落、受潮或被盗。诚如这位士兵所述，通过这几趟从划艇到马车、从马车到划艇、再往前从划艇到划艇的运输和转
124 运，就很容易推测出损失有多么大。该团已经从长岛招募了 15 个美洲原住民负责监督管理划艇，但即便得到了他们的帮助，这样的努力也陷入混乱。士兵们逃亡了。“我们的人放弃了他们的划艇，衣衫褴褛地回家，有的人已经是半饥半饱”。

在内陆地区，划艇只能局限于特定路线。对于熟悉河流的岩石、树木、河湾、水流、登陆点和无法通航河段的旅行者来说，划艇的确可以提供帮助。但是，路线的可预测性也导致划艇船队容易遭到伏击。豪德诺索尼人在 17 世纪将其影响力施加到绵延数百英里的广大地区。从哈得孙河谷算起，向北扩展到安大略湖以外，向西扩展到俄亥俄河之外。他们的军力一定程度上源自豪德诺索尼战士在河流和具备战略意义的河岸上突袭、打垮敌人的能力。

就像在美洲一样，划艇在非洲的销量也很大。17 世纪七八十年代，让·巴尔博在西非南海岸及其附近地区找到了 7 个可以让欧洲人买到划艇的城镇。可要是没有对当地的广泛了解和社会关系网络，欧洲人就很难将这些船只用于军事。巴尔博在尼日尔河三角洲看到过仅用一棵树刻成的长 70 尺、宽七八尺的划艇。他提到男人通常会在划艇前端挂上两面盾牌，在侧面悬挂几捆标枪，随时准备击退在沿河航行途中可能会遭遇的袭击。划艇设有长凳、可伸缩的遮阳篷和做饭的炉子。18 个人就可以操纵一条划艇，但在准备战斗时，划艇能够装载七八十个人以及维持他们生存所需的一切给养，一般是薯蓣、香蕉、鸡、肉猪、山羊或绵羊、棕榈酒和棕榈油。巴尔博的描述表明，维持一条划艇战船所需的远远不止小心养护划艇实物。这些船只处于复杂的社交网络中心，其中包括商人、制械士、粮食供应商和战士等在内。

从尼日尔河三角洲到北美大平原、巴西森林、撒哈拉沙漠、加勒比诸岛、哈得孙河谷、安第斯山麓和欧洲的广阔战场，大西洋周边地区的景观多样性确保了任何一种军事技术都无法在所有地方有效发挥作用。这种状况阻碍了或者至少是减缓了、复杂化了欧洲当局将权力强加到海外的进程。地理局限性制约了不同的作战方式，确保了大西洋世界的各个民族继续在生机勃勃又充斥着冲突、合作、创新和暴力的地区相会。

‖ 第六章 ‖

战　士

125 1493年，也就是西班牙船只在加勒比海首度出现后还不到一年，伊斯帕尼奥拉岛上远道而来的士兵和原住民战士之间就开始爆发激烈的冲突。其后30年里，岛上的战斗时断时续，在许多评论者看来，伊斯帕尼奥拉岛上的景象便是美洲大陆的一个样例。在较早记述西班牙征服的历史学家中，巴托洛梅·德·拉斯·卡萨斯(Bartolomé de las Casas)是最具影响力的一位，他断言伊斯帕尼奥拉岛的岛民全遭屠杀，整个岛屿荒无人烟。根据拉斯·卡萨斯的说法，哥伦布及其船员起初得到了热烈欢迎，但其后西班牙士兵抢夺食物补给、奸淫掳掠妇女，甚至到了屠杀地步的虐待狂暴行，使他们和当地人的关系迅速恶化。他们让幸存的岛民沦为奴隶，禁止他们看护儿童，要么任凭这些人饿死，要么让这些人劳作至死。拉斯·卡萨斯的著作写于1542年，他宣称西班牙人在加勒比海地区的其余地方和南北美大陆的殖民冒险中犯下了同样的暴行。“起初创建的模板至今仍未改变，西班牙人做的唯一事情就是将当地人撕成碎片，肆意杀戮，无情地折磨、骚扰、迫害，让他们陷入难以表述的悲惨和困苦。”

拉斯·卡萨斯令欧洲人进一步意识到殖民所带来的人员损失，为了突出西班牙征服的残酷性，他强调了岛民的和平天性，勾勒出鲜明的对
126 比。他将岛民描述得天真单纯、武力虚弱且相对而言不具侵略性，不过，伊斯帕尼奥拉岛上的战争已经盛行多时，早在西班牙人到来前的几个世纪里，时刻准备战斗已然成为岛上生活中普遍存在且极为重要的特征。

这一章在讨论更广泛的大西洋世界之前，将简要审视哥伦布抵达伊斯帕尼奥拉岛后数十年间岛上存在的跨文化冲突。不论非洲、美洲或欧洲，几乎每个社群在战争中都会指定一定数量的个人从事战斗。征召、训练、补充、部署战斗人员则需要其他几乎所有人付出努力。战争将社群捆绑到一起，让一个团伙、村庄、部落乃至民族投入共同事业。不过，共有的冲突体验也能弥合深远的社会分歧，让效忠对象不同、习俗各异的人们聚到一起。大西洋两岸的社群如果要在近代生存、繁荣下去，就需要在战争和维持生存之间保持艰难的平衡。面对这一挑战，它们的对策变化颇多，但这当中的共性往往比差异更引人注目。

跨文化冲突

在战斗中相遇的战斗人员产生了私密的交流，共同面对着死亡。欧洲人、非洲人和美洲原住民经常作为盟友并肩作战，或是在混编的部队单位里一同参战，即便是作为敌手相互对峙，他们也时刻留心是否存在妥协或投降的可能性。战争还把非战斗人员聚拢到一起。备战工作涉及诸多人员，以至于在某些社区中塑造了从摇篮到坟墓的社会关系。

随着战争方式的变迁，整个大西洋世界的人类生活也一起发生了改变。近代早期最重要的趋势之一就是出动作战人员的距离越来越远、时间越来越长。在大多数地方，随着军队规模日益扩张，军队相对地方权力结构也日趋独立，战斗人员和非战斗人员之间的社交距离增加了。长期的远距离部署改变了兵役的意义，也令后勤不堪重负，不论是小村庄还是跨大西洋帝国。

1492 年，克里斯托弗·哥伦布在伊斯帕尼奥拉岛登陆，它随即成
为西班牙在西半球首次殖民活动的重点所在。哥伦布返回西班牙时在岛 127
上留下了一小队士兵，这位舰队司令于 1493 年率领一支更庞大的舰队回到该岛。米歇尔·达·库内奥（Michel da Cuneo）当时跟随哥伦布，根

据他的报告，他们回到伊斯帕尼奥拉岛时遭遇了一片阴郁景象。达·库内奥提道，“我们登陆后发现我们所有的人都死了，他们散乱地倒在地上，而且没了眼睛”。经历此次事件后，他才知道只有在当地人的军事支持下才能推进殖民进程。

伊斯帕尼奥拉岛的岛民拥有一套完善的军队动员体系。这个岛屿分成了由“卡西克”(cacique，即酋长)们领导的若干块酋长领地，他们的权力基础建立在亲属关系上。“卡西克”们在身边豢养了随时准备拿起武器的武装力量，而当他们认为有必要召集更多人时，就可以征集酋长领地里的大多数男子。达·库内奥在到访伊斯帕尼奥拉岛期间观察到当地的年长男性很少，而且妇女似乎承担了许多工作。这反映了当地战争带来的影响。岛民的婚姻习俗、亲属关系和政治结构都需要适应战时的高伤亡率和由此带来的成年男子短缺，即大部分男子或是被西班牙人征召到远方，或是死于暴力、虐待和疾病后，在伊斯帕尼奥拉岛的一些地区，这样的社会组织方式(由女性主导的社区)仍然能够维持其传统生活方式数十年之久。

从1493年起，西班牙的军队指挥官开始向“卡西克”征求建议。由于西班牙指挥官们几乎完全采纳盟友的意见，他们的军事行动就时常受到岛上社群对立的引导。即便在西班牙人坚持宣称自己主宰了伊斯帕尼奥拉岛之后，他们也需要依靠“卡西克”收集贡赋、征用劳工。“卡西克”为西班牙人召集、出动男性劳工的方式与此前指挥麾下男子投入战斗的方式一模一样，劳工每次都会被从村庄拉出去工作六个月之久。

疾病导致人口大量减少，战斗和过度劳役则导致人员损失进一步上升。由于西班牙人需要男子在他们的金矿和农场里劳作，所以死者中的男性就要多于女性。虽然一些原住民村落继续存在了数十年之久，但西班牙殖民者对劳动力的需求最终还是削弱了种植粮食作物的人力。早在1517年，就有一群修士致信马德里，抱怨伊斯帕尼奥拉岛人口锐减。虽然土地肥沃，却没有人去耕种。他们发出警告：如果不迁入定居者作为补充，就不得不放弃伊斯帕尼奥拉岛。于是，西班牙人采取了一项临时性的调整措施：将原住民村落合并起来，让士兵强行迁移村民，组成规模更大、经济上更能独立生存的发展单位。有些岛民展开了武装抵抗，直到16世纪30年代，邻近海岸的西班牙殖民点雷亚尔港(Puerto Real)附近仍然出现过小规模袭击。不过，岛民们此后就再也没有能力出动一支具备战斗效力的部队了。

然而，与拉斯·卡萨斯书中提到的内容不同的是，伊斯帕尼奥拉 128
岛上的原住民并没有完全灭绝，也没有骤然结束针对西班牙政权的抵抗。在岛民的作战能力瓦解后，他们剩下的抵抗行动很可能是孤立的、缺乏组织的。1493年，达·库内奥得到了一个加勒比俘虏，她进行的斗争可以说是一个典型例子。当库内奥想强奸她时，这个女人用指甲抠伤了他，并且发出了吼叫。但是却无人可以听到，她只能独自抵抗。

战争从本质上来说是社群的共同努力。参与战争的社会必须选择某些特定个人投入战斗，为他们治装并提供给养，接下来还要协调他们的行动。环大西洋的各个社群在选择参与战斗的人时方式各异。比如说，有些社群就容许妇女扮演领导角色。达荷美王国出动过女战士，但绝大部分社群的特征还是动用成年男子和男孩。在一些社群里，男孩自小就要准备服兵役，而且对男性而言，战斗被视为每个男子一生必须经历的一个阶段。另一些社群或是把军训和兵役作为精英身份的标志，或是动用由奴隶组成的常备军，从而将战斗专业化。作战部队的年龄分布状况存在巨大差别，但一般而言儿童还是会被排除在战斗角色之外。不同社群为一线战士提供给养、补给的方式也存在很大差异。某些地区会拆迁掉整个村庄，以跟上远征中的战士。另一种与之相反的极端方式也在许多地方出现，那就是把缺乏补给的战士派出去参战，让他们依靠搜寻粮秣、以货易货和掠夺养活自己。

正如拉斯·卡萨斯所指出的那样，西班牙对伊斯帕尼奥拉岛的征服创造了几个先例：剥削当地盟友、背叛前盟友、采用压榨性的强制劳动制度，当地人口的减少和宿命般的依赖进口奴隶劳动力都预示了将在美洲各地发生的景象。疾病几乎到处紧随殖民步伐。在新近建立的殖民地附近，当地人口因战争、驱逐、环境灾难、贫困和剥削而减少，此时又遭到传染病的侵袭。尽管如此，虽然意识到伊斯帕尼奥拉岛上的事件和随后发生在南北美大陆的情况颇为相似，但区分它们也很重要。在美洲的其他地方，原住民还是重新集结起来，找到了在军事和外交层面维护自己的新方法。

不论在什么地方，部署、维持和控制作战部队都需要复杂的社会安排。每个社群对这一挑战的反应都体现出其权力结构、财富状况和分配经济资源的方法。历史学家、人种志学者和人类学家已经观察到生存模式、社会组织结构和部署人员投入战斗的方式之间存在密切联系。考古
129 学家已经指出许多奉行平等主义的社会因为一小群战士主动投入战斗而频繁参与战争。来自这类社会的战士偶尔会编组成一个群体参与大规模战斗，但更典型的状况是进行伏击和偷袭。与此相反的是，酋长管辖的地方会按照等级制度组织军队，以较为复杂精细的方式准备战争，最终派出听从军事精英阶层成员命令的作战部队。

在欧洲人征服、殖民南北美洲的漫长过程中，某些原住民社群设法在不经历战斗或备战的状况下生存了下来。尽管特拉华人的祖先曾与瑞典人、荷兰人交战，但在 17 世纪末 18 世纪初，这个仍处于形成时期的新兴社群将自己定位为和平部族，在 6 个豪德诺索尼部族和几块英格兰殖民地的同盟网络中占据了特殊地位。马撒葡萄园岛（Martha's Vineyard）的万帕诺亚格人（Wampanoag）态度更为坚决，他们在 17 世纪就宣布放弃交战权，后来尽管多次受难，却还是不依靠战斗就建立起一个存续至今的社群。美洲各地的原住民以自己的独到方式应对欧洲人和非洲人出现后带来的挑战。尽管如此，在大多数情况下，美洲原住民社群的凝聚力、实力和持久性都取决于他们维持作战部队的能力。

传统上人们认为军事等级制度和纪律是文明的标志，有些历史学家则主张兵役专业化是近代化的一个有机组成部分。法国历史学家安德

烈·科尔维西耶(André Corvisier)在其20世纪70年代的著作中明确划清了军人和战斗人员之间的界线。根据科尔维西耶的说法，军人是一种职业，按照自己的工作领取薪水，他们居住在兵营或营帐里，军官会持续不断地进行监督、维持纪律。科尔维西耶声称训练有素的职业军人要到近代才出现在世界上。他坚持认为在中世纪参与欧洲战事的骑士和农民与其说是军人，不如说仅仅是“战斗人员”。

和许多学术化的军事史一样，科尔维西耶的学术模式包含着一种欧洲大陆式的偏见。如果要在大西洋尺度上理解近代早期历史，就得考虑到不同社群在挑选、命令人投入战斗并为其提供装备和补给时采用的不同方式。倘若选择更具包容性的视角，那就会突出强调所有兵役都存在独到之处，并在战争和战斗人员的斗争之间划出界线，参与后者的人就和竭力抵抗米歇尔·达·库内奥的妇女一样毫无准备也缺乏社会支持。几乎每个战区都有像她这样的人。

大多数地方的孩子从很小的时候就要接受与战争相关的教育。无论 130
在什么村庄、地区或城市，儿童都得学会运用武力的基本规则。这对于社会的凝聚力至关重要，也令人们有可能投入战争。

征兵与兵役

尽管环绕大西洋的各个社群挑选、培养和训练战士的方式差异极大，但实际上都保持着将战争与其他暴力行为区分开来，并指派某些特定人员投入战斗的军事文化。尽管他们使用的分类方式差别很大，但却有很多共同特征出现在非洲、美洲和欧洲各地。比如说，一般而言被挑选参战的是成年男子而非男孩、女孩或成年女子。

在16世纪的阿斯特卡人当中，至少从象征意义上讲，某些男孩自出生起就要献身战争。他们在4天大的时候就被授予小盾和小剑，这些物品要和他们的脐带一起埋在指向预期对手方向的象征性战场上。20天大的时候，男孩要被带到日后作为士兵接受训练的学校参与一个仪式。随着年龄的增长，10岁的时候，他们开始在脑后蓄一撮头发，直

图 6.1　16 世纪的《门多萨抄本》描绘了阿斯特卡人为 4 天大的男孩举行的仪式，在仪式上要向他们授予男性徽章，这当中就包括了弓箭和一面盾牌。收于牛津大学博德利图书馆

到这些人参与战斗并成功捕获一名战俘后，才能够把这撮头发剃掉。15 岁的时候开始接受正式的军事训练，训练先是在学校进行，然后让他们以学徒身份跟随战士投入战斗。

当某些特定类型的兵役与精英地位联系在一起时，像马或剑这样的特定战争工具就成了体现人在社会等级中地位的标志。即便这些物品和技能的军事用途已经消失，但仍然能够显示出精英地位。比如说，在中世纪晚期和近代早期的欧洲，剑已经成为贵族和绅士阶层男性成员的时尚物件，甚至连无意参与战事的人都会佩带它。但剑依然是武器，仍旧具备重要的象征意义，它让绅士有别于平民，让男子有别于女子，让男人有别于男孩。

16世纪，罗杰·阿斯卡姆（Roger Ascham）在《教员》（*The Schoolmaster*）一书中推荐了一系列适合贵族、绅士子孙开展的模拟军事行动，其中包括：使用所有兵器进行游戏，射箭精准，开枪有把握。正如阿斯卡姆所述，即便在引进火药后，近代早期英格兰的游戏也可以模糊军事训练和游乐之间的界限。最近从泰晤士河捞出来的一支17世纪玩具火绳枪就包含一套完整且有效的发射装置。当然，玩玩具并不能让男 131
孩为军事行动做好充分准备，而且参与战争主题游戏的男孩里也只有一小部分会成长为士兵。可即使一个男孩并没有参军的雄心，他的玩具和游戏也在暗中教会他如何将军事行动和成熟、特权、阳刚之气联系起来。

无论是在大西洋世界的什么地方，性别都塑造了军事文化。那些为新生男孩提供盾牌和弓箭的阿斯特卡人也会为女孩举办类似的仪式，女性新生儿则会得到用于纺织的装备。在南美洲北部海岸的加勒比人当中，当军事首领集结起来筹划、准备进攻时，为此举行的仪式会涉及女

图6.2　在泰晤士河里发现的17世纪玩具火绳枪。皇家军械库

子和青年男子，但他们扮演的角色却形成了鲜明反差。男子喝下一杯用美洲虎、蛇和人的鲜血与器官泡制的啤酒，并且跳起鼓舞士气的备战舞
132 蹈；女子则要注视舞蹈，敦促战士持续舞蹈，以此增强他们的决心。这些仪式是在祈求神灵，它们构成了加勒比人社群生活的一个重要部分。

战斗几乎在任何地方都和男子气概有关，但在欧洲和非洲，面临压力的社会也会武装其他人。贝宁湾的各个王国在危急关头会将儿童和妇女派上战场，与接受过较好训练的男子并肩战斗。1728 年，达荷美的阿加扎王(Agaja)在面临入侵时就将大批妇女征召入伍。他起初的目的是让自己的军队显得更加人多势众，但达荷美的妇女最终承担了重要的战斗角色。一位目击者曾看到 40 名装备枪支的女子协助守卫王宫，一个从战场归来的小队里也有 90 名女子持有武器。截至 1781 年，这个王国的军队里已有 800 名武装女兵。但达荷美终究是个特例。

17 世纪初，当中非的大部分地区陷入战争时，一个名为“因班加拉人”(Imbangala)的群体依靠持续不断的战斗维系着自己的生存。因班加拉人修建临时性的堡垒，把它们当作劫掠、恐吓、驱散、俘获乃至杀戮周边人员的基地。他们补充人力的方式是抓捕、同化尚处青春期的男孩并将其纳入作战部队。从长远来看，这种使用恐吓和武力手段令男孩脱离其村庄和文化的征兵策略终究无法持续下去。到了 17 世纪中叶，一些因班加拉人已经建立起自己的王国，并且从他们统治的人民里招募新兵。

约翰·基根(John Keegan)在对自古以来的全球战争进行的全面考察中将全世界的战士划分成六类：自封为精英的战士、雇佣兵、正规军、奴隶、征召入伍的士兵和民兵。然而，基根也承认他的分类之间存在模糊不清的地方。由于正规军士兵为报酬而战，他们就类似雇佣兵，
133 有时也难以区分应征的士兵和奴隶。很少有国家仅仅依靠一种动员方式。比如说，16 世纪，在位于南佛罗里达的卡卢萨(Calusa)王国里，国王就维持着一群享受津贴的常备战士，但他也可以从村庄里征集人员，用非正规军扩充兵力。一次大点兵就能够征集大批部队。当庞塞·德·

莱昂(Ponce de León)于1513年来到这片海岸时，他遇到了80条运载着战士的划艇，艇上的战士还在射箭。

许多西非国家在危急时刻依靠征兵，也就是召集人员去服役。根据17世纪70年代的一份记载，这些国家会在夜里派遣鼓手号召当地人服役，用这种方式可以在15天内集结起一支军队。国王和城镇长官豢养了私人卫队，其中有些人是奴隶，这些兵力又会得到民兵的补充。此外，商人也能够维持自己的军队，还存在出租部队单位以补充其他地方部队的佣兵队长。18世纪的达荷美建立了由税收供养，拥有制服、军旗和火器的常备军。这些身着制服的部队据说多达3000人，此外还有1万名其他战士提供支援，其中包括从村庄里征集的男孩。村庄放弃了这些年少的男孩，让他们远离家庭在军队里长大，最终成长为士兵。

与非洲和美洲一样，近代早期的欧洲陆军也是包括雇佣兵、民兵、职业士兵、志愿兵和征召入伍的士兵在内的大杂烩。不过，欧洲陆军终究还是存在一种朝向中央集权的趋势，而且正规的职业军人也开始主导欧洲最庞大的几支军队。可是，即便军队专业化了，它们也时常需要利用乃至加强传统的动员方式。欧洲各地的陆军征兵人员都需要在地方权力机构内部工作。一位评论员在为这种做法辩护时以夸张的手法发问，“一个终身生活在地主卵翼下的农民会乐意跟随一名此前从未见到过的军士或鼓手入伍，就像是乐意跟随地主的兄弟或儿子那样，这可信吗”？利用社区领袖充当招兵人员可以让征召士兵变得容易一些，而且至少在理论上能够增强部队的凝聚力。于是，欧洲陆军中也就包括了由来自同一地区、氏族乃至姓氏的士兵主导的单位。

招兵人员在繁荣时期会向他们征募的士兵发放高额赏金，但在困难时期，他们就发现无须预先支付任何费用。1707年，马赛有几名歌剧院乐团成员因为快要饿死而加入法军。时常有人像这些乐手一样成群入伍，也有处于绝望境地的个人会独自选择当兵。1632年，一位名叫托马斯·雷蒙德(Thomas Raymond)的英格兰法律文员前往海牙，徒劳地希望在法院找到一份工作，他的愿望落空后，当兵就成了下一个选择。

正如雷蒙德在描述自己处境时所述：“我在这个勇敢的地方过着非常不
120 勇敢的生活，于是我就从法院去了军营。”他以长枪兵的身份加入了一个雇佣兵连，不到一年后就参与了战事。

训练战士

训练对武装力量的结构有着深远的影响。一些作战方式比如说在马背上战斗或使用剑、标枪，需要大量的训练。这样的训练无法在短期内完成，于是就对维持常备专业部队有利。某些西非军队拥有截然不同的战士等级，这就反映出动态变化趋势。精英战士挥动着剑，而普通士兵和奴隶则使用标枪或弓箭作战。弓箭几乎无所不在，而且它们一般是非正规军的兵器。在西非和其他地方，征召入伍的士兵一般都没有接受良好训练，这是因为他们只是间歇性地、几乎没有预兆地被召集起来。他们随身携带武器，但可能只知道如何在狩猎中使用它们。许多武器既可以用于狩猎，也可以用于战斗，但把狩猎技能轻松转移到战场上就很少见了。

战争和狩猎不一样，因为动物不会把自己武装起来开火还击。与猎手相比，战士既需要保护自己，也需要有效应对敌人的防御措施。为了击穿铠甲，他们的投射兵器往往需要更大的穿透力。于是，在交战中强行开火就需要独特的技艺。此外，为了预判敌方的还击火力，保护自己免遭敌人伤害，战士还需要一种不同类型的专注力。长枪和长矛时常被描述为“大众”武器，这是因为它们生产成本低廉而且几乎人人都可使用。当然，握持长枪并不难，但使用长枪作战就具有挑战性了，这需要在手持长枪的同时保护自己。投矛、射箭或使用火器时也需要类似的防御技能。在几乎所有军事环境中，个人的生存和战斗力的维系都需要将灵巧、敏捷、纪律、协作、快速沟通和团队凝聚力结合起来。

出于上述实际原因，大西洋世界周边地区的军队领导人使用多种形式的舞蹈训练战士，令他们做好战斗准备。1751 年，长老会传教士约翰·布雷纳德(John Brainerd)在阿巴拉契亚山脉北部目睹豪德诺索尼战士绕着一堆火围成一圈，伴着一只响板和一面鼓的节奏跳舞。这些战士“就像一个人一样，或者像是已经被固定在一起一样，极快地转圈跳跃。他们在调整姿态和动作时紧密地协调着自己的动作，时而直立，时而半弯腰，时而看似放松或是让自己依靠膝盖力量休息，可依然以相同次序转圈”。这些人通过高声的喊叫和扭曲的面庞阐明这种练习的挑衅目的。按照布雷纳德的描述，他们正在发出最可怕的声响，似乎是要尽可能地显得凶猛、暴怒。

12 年前，几百英里之外，逃离奴役的男男女女在佐治亚以类似的 135
方式使用舞蹈，以便让自己在生理上为战斗做好准备。在斯托诺(Stono)暴动期间，一小群暴动者向南朝着西属佛罗里达行进，他们沿途招募新兵。根据一份同时代的记载，这些暴动者人数每分钟都在增长。新来的黑人加入了他们，于是，当他们在一片原野停顿下来，开始跳舞、唱歌、击鼓时，其人数就达到 60 多人，还有人说是 100 人。一些观察家认为这是个失误，觉得暴动者过早地开始了庆祝，可正如历史学家约翰·桑顿(John Thornton)所说，这更可能是他们正在借鉴非洲的军事传统，将舞蹈作为一种准备后续军事行动的方式。

这些舞蹈的欧洲式推演结果是操练，它是一种协调身体运动的仪式，在近代早期，操练变得日趋复杂。英国教官汉弗莱·布兰德(Humphrey Bland)在他出版于 1727 年且颇有影响力的《军事纪律论》(*Treatise on Military Discipline*)中主张教育士兵看向同一方向和维持步调一致，“当士兵们向右转的时候，他们就应当用左后跟这么做，向左转的时候，就应该用右后跟……所有运动中的人都必须一起抬起和放下右脚，并且左脚也是如此。”18 世纪的军队操练显然与舞蹈颇为类似，而且这种相似之处让布兰德怀有戒心。他承认人们对于操练普遍存在的抗拒是因为：它看上去太像是舞蹈，也让士兵的神态看起来太过僵硬。他承认新兵可能会在训练中笨拙地陷入挣扎，但是，一点点时间和练习就会让这些人以极为轻松和优雅的方式完成它，以至于一切抗拒都会消失。精通操练后，士兵就会以较为大胆的神情行进，让他们能够更自如

图 6.3 《战舞》，贝尔纳·皮卡尔作于 18 世纪。地点位于现今委内瑞拉境内。承蒙约翰·卡特·布朗图书馆提供

地运用肢体，也赋予他们时间概念，这都能够在战斗中给他们带来好处。

如果一个人能够精通舞蹈和操练，那就可以完全改变他运用自己身体的方式。这些练习还为学习与特定武器相关的特殊技能提供了背景。在大西洋世界各地，人们跳舞时拿着剑、弓箭或者矛和盾，操练时则使用剑、长枪、火器和手榴弹。舞蹈和操练必须按照武器的需求做出改变，一旦用于战场的技术发生变化，操练做法也需要随之变革。17 世纪的欧洲教官极为注重各个细节协调一致的行动，希望能够让士兵习惯于自动响应命令。用一位历史学家的话说，“士兵要被训练到不折不扣地执行口令，既无须对此深思熟虑，也不用试图理解其目的”。

没有人能够成功地培训出一支严密控制到完美程度的机器人军队。18 世纪时对这种训练方式的可行性和合理性已经存在很多质疑。尽管
如此，那些 17 世纪教官的雄心依然颇具启发性，因为它们说明了与军 136
事训练相关的一条重要经验，这条经验在 18 世纪适用于环绕着大西洋的所有社会，即训练灌输了纪律，让人们有条件协调行动。一些时候，这样的协作是以平等主义方式实现的，但更常见的状况是协作需要尊重和服从。

维持秩序

基根在描述战斗时强调了“人”的因素，“人们努力调和自我保护的本能、荣誉感和完成某一目标的成就，而其他人也已经准备好为了这个目标杀戮他们”。基根给出的描述存在诸多线索，它们表明作战部队在
发生暴力危机时拥有各式各样维持秩序的方法。在战斗当中，有些战士 137
可能已经从内心深处认同了一整套的军事价值观，即将勇敢、忠于职守和珍视荣誉等美德放在优先地位。他们或许对自己的军事目标抱有极为强烈的献身精神，以至于愿意冒着生命危险去实现它，这种方法可能是军事价值观的补充，也可能是替代品。但“自我保护的本能”或许凌驾于上述所有考量之上。在 16 世纪的中非，步兵交战常常以其中一方战士转身逃命告终。而原先彼此并肩作战的战士会为了不让别人挡道而扭打起来，这种逃命就可能引发混乱。有时，训练有素、装备精良的战士会留在后方，或是威慑他们前方的战士，或是掩护那些战士撤退。那些逃离战场的人分散地回到自己的村庄里，要是逃跑的人太多，军队就很难重整乃至根本无法重整。逃亡的参战人员也会承担巨大的个人风险。

基根就强调过一点，有些战士在交战当天可能别无选择，只能服从命令参与战斗，因为违令逃跑会更加危险。

为了协调各人的行动，战士们需要找到一种共同执行计划的方法。有时候只用相互赞同对方意见就可以完成这一进程，但更常见的情况是将部队中易受摆布的人置于领导者的指挥之下。根据一位目击者的记录，在19世纪20年代，科曼切酋长们聚集在议事会里听取“长者”的证言，这些长者获准提供他们在漫长人生经历中学到的经验教训。与会者就全体相关事宜以机敏、审慎的态度进行讨论，并仔细权衡每个行动流程的利弊。如果议事会批准了军事行动，他们得首先就集结点达成一致，然后再确定战略和战术。

议事会的指挥是灵活的。尤其是在马匹和火器传入北美后，许多美洲原住民社会采用了突袭、自发行动和临时拼凑投入战斗的战术。这种战术体系要想正常运转，就得让战士们对作战目的拥有统一看法。大多数美洲原住民部族也非常重视军事层面的德行，他们的战士在死亡面前表现得很释然，这令欧洲和殖民地观察者备感惊讶，那些无法勇敢地直面死亡的美洲人则会受到排斥。新英格兰人威廉·道格拉斯(William Douglass)在很多方面对美洲原住民都没什么好话，可他还是在1750年承认原住民战士通常拥有“极度刚毅的头脑”。他声称“他们在经受任何酷刑和死亡折磨时都不会展现出恐惧或忧虑”。纽约人卡德瓦拉德·科尔登(Cadwallader Colden)以类似的词语描述豪德诺索尼战士，并且得出了他们比古罗马人还勇敢的结论。欧洲和殖民地的观察家们把荣誉和
138 社会等级联系在一起，而且对普通士兵的期望也低得多，因此，他们在看到原住民这样的纪律后大吃一惊。美洲原住民社会相对而言较为平等，但他们的作战方式中也有某些等级制度会发挥作用。

按照传统，美洲原住民战士要在投入战斗前寻求神灵的帮助，为了获得这种精神支持，他们参与了多种多样的仪式。有些人选择禁食并发誓禁欲，有些人连续跳舞几天之久。正当战士们准备战斗之际，军事首领或议事会则在宣读预兆，以辨别神灵是否会在他们的事业中提供帮

助。在南北美洲的诸多地区，这类习俗影响着原住民的战争。加勒比人的军事首领自称拥有“神秘的力量”，他们使用占卜术分辨敌人的行动。这些军事首领备受尊敬，他们的骨头会在死后被保存起来，染成红色陈列在公共会堂里。

作战部队的等级结构反映了社会分层的一般模式。一些非洲国王任命其亲属担任指挥职务，而在非洲的另一些地方，军职干脆就是世袭。英军的职位以高价出售。普通英国人非但承担不起购买职位的费用，也无法负担相应的衣着、装备费用，同样也做不到以人们期望中高官应有的方式招待他人。在欧洲，权力巨大的军队职位几乎完全被出身高贵或家境富裕的人垄断。

从军营建筑中就可以看出欧洲军官与士兵之间的社会等级。托马斯·雷蒙德在一名上校麾下服役，上校在行动时带着一个女仆、一个厨子、一个马夫和另外两个仆人，他有一顶炊事帐篷、一顶供仆人居住的帐篷、一顶用于自己宿营的帐篷，此外还有一顶用于膳食、会议、集会、礼拜和娱乐的帐篷。雷蒙德则连一张床都没有，这就形成了鲜明对比。他用树枝搭成一个格子木架，塞满麦秆，再在上面用一顶旧帐篷的部分材料搭建一个睡台，可当军队开始转移时，他就不得不扔下这件临时凑合的家具。此后，雷蒙德到处寻找庇护所，以寻求舒适和遮蔽，可在一个雨夜里，他就直接裹着一块布睡在地上，那块布也变得越来越湿。

为了在这样的状况下仍然让人员就位并保持服从，欧洲陆军就依靠 139
威胁和施加严厉的体罚。当时在欧洲的普通士兵是陷入绝望境地的人，他们要么是被迫服役，要么是别无选择才参军。没有持续不断的武力威胁，就不能依靠他们来服役。为了让士兵保持服从，17 世纪的法国军法规定了鞭打、烙印、割鼻、割耳、切手以及包括枪决、吊死或烧死在内的诸多死刑，死刑有的还算痛快，有的就颇为痛苦。鞭刑是欧洲陆军中最普遍的处罚。在 18 世纪，若是一个开小差的英军士兵被逮住，他可能会因为自己的逃跑受鞭打 1000 下。

军法的严厉程度震慑了新兵和其他不熟悉它的人。七年战争期间，新英格兰人戴维·佩里(David Perry)被派往新斯科舍与英国士兵一道服役，他看到有三名士兵因为犯下了他认为的“小小违纪行为”而被绑起来鞭打。“等到他们挨了300鞭后，就似乎已经彻底把肌肉从肩膀上抽打出去了，他们无声地、一动不动地耷拉在那里，好像早就没了命一般”。当佩里在60年后回顾这一经历时，他将此举诠释为不列颠人特有的残酷仪式，还指出他对此事的反感和其他新英格兰新兵的不快预示着革命战争的动荡。这个判断的确有些道理，但就新英格兰人对不列颠权威的小集团式不满情绪而言，这实际上反映出近代早期大西洋世界的所有大部队中普遍存在的一种情况。大部队是混合体，由独立征召的较小单位组成。如果组成那些单位的人还怀有情感上的忠诚的话，那忠诚于自己所属小单位的可能性就要比忠诚于整支军队高得多。

后勤保障

究其本质，军事文化就是要让战士与众不同。尽管如此，近代早期的大多数战斗人员仍然与其原生家庭和邻居保持着密切的联系，他们在战斗中往往身处由自小认识的人组成的部队。在许多地方，非战斗人员在出征时会和战斗人员一同行进，为后者提供后勤支持，这些非战斗人员中包括了战斗人员的家庭成员和来自他们原先所处村庄、城镇和地区的其他人。为战士提供装备、给养和奖赏需要消耗大量的资源和能量，每当战斗人员开拔时，被他们抛在身后的人就得针对他们的缺席做出补偿和调整。在大西洋周边的许多地区，失去战士后的生存压力在17、18世纪变得日渐增大，这是因为部队需要在更漫长的时间内被调遣到更遥远的地方。而当背井离乡很久的战士返回家乡时会带来新的挑战，大规模战争结束后的挑战就尤为严峻了。

任何希望自己能有军事威胁的团体、国家或帝国都必须有能力转移、供给、负担战斗人员并使其保持战斗力。部署部队的规模、用于转移的技术、部队需要行进的距离、战役预期持续时间、周边地区的气候与资源以及战斗人员与当地人之间的关系，决定了应对这些挑战时的困难各有不同。与时间较长、规模较大且较为复杂的进攻相比，一场规模较小、性质相对简单且在友善地区进行的军事行动对后勤基础设施的需求就要低一些。在南美洲北部海岸，加勒比人的军事首领亲自监督为战士提供给养的流程。战士们的妻子和其他妇女给男人们烹制带上划桨战船的木薯粉，划艇上载有熏肉，战士们在行进途中还依靠捕鱼补充食物。当战士们待在盟友的村庄时，村民会为他们提供食物，这种行为有时是自愿的，但慷慨待客和劫掠之间总是只存在一条细微的界限。后勤补给的能力不足限制了加勒比人远距离、长时间地将战士部署在外的可能。

在许多西非邦国，征召入伍的士兵都要自行携带兵器并为军队提供马匹、骆驼和给养。事实上，他们是在为自己的调遣买单。由于兵员需要自备武装和补给，整体而言，通过征兵组成的军队就做不到装备精良。在民兵为主的地区，民兵被征召服役时也以类似方式带上自己的兵器，而且按照当局的期望还得携带至少足够消耗 8 天的给养。等他们的给养消耗殆尽后，这些人就拥有多种选择：有时逃亡，有时征粮，有时
从所到之处的居民手中购买食物。如果已经预先考虑到漫长的战役将耗 140
尽士兵的给养，中非的军队往往就会携带额外的补给品，动用战士的妻子和其他应征人员运输食物和装备。刚果(Kongo)王国就指望士兵在应征时带上武器和足够消耗 15 天的补给。

在北美，原住民战士通常依靠狩猎和征粮养活自己。事实上，战争与狩猎的密切联系塑造了北美东部的地貌景观。各个村庄、同盟之间留有人口稀少的缓冲区域，区域内部猎物众多，猎人也有可能在此遭到攻击。缓冲区的交战强度因政治环境而异，但地理格局的影响仍然存在：猎场就是战区。即便猎人主要出于追逐猎物的目的进入缓冲区，他们也要自行做好战斗准备。类似的是，如果战士进入缓冲区攻击对手，那么他们会在战役期间就地取食，依靠狩猎和捕鱼维持生存。

然而，美洲原住民战士的活动范围越广，他们将敌对行动局限在

缓冲区内的可能性就越小，而在缓冲区之外，战士们就更有可能通过要求主人给予款待、贸易、勒索贡赋或掠夺等手段利用定居社群的资源。为了应对资源枯竭、强制迁徙、毛皮和其他货物出现长途贸易网和引入马匹等一系列动态变化，许多美洲原住民战士群体的行进距离在近代早期开始变长。像纳瓦霍人（Navajo）和科曼切人这样既饲养牲畜又骑马的部族中，掠袭成了战士文化的一个重要组成部分。而在包括俄亥俄河流域的诸多其他部族里，战士在冲突时期需要依靠农产品养活
141 自己。美国军方在18世纪90年代征服俄亥俄期间就充分利用了这一特征，他们焚毁了当地原住民的玉米。1790年9月某日，乔赛亚·哈默（Josiah Harmer）将军在报告中提到他的士兵在一片广阔地带里烧掉了两万蒲式耳[①]玉米和大量蔬菜。哈默坚信这种破坏农作物的行为可以沉重打击对手。

近代早期阶段，在大西洋周边几乎每个积极参与军事行动的社群里，野战部队的后勤保障工作都发生了变化。在非洲，政治权力的巩固和敌对国家之间的试验促进了创新，冲突的加剧也鼓励着创新。一些西非统治者维持着常备军，用战争中获得的部分虏获物酬劳士兵，这类措施鼓励军队投入战争，也使得战争长期存在。在17世纪末刚果内战期间，交战方为了保障军事行动，将包括非战斗人员在内的居民进行整体迁移。由于当地的房屋都是临时搭建的，居民也不会保有私人财产，这就便于整体迁移包括应征入伍者和他们所处的大家庭在内的村庄，以此为部队提供物资方面的支持。而在18世纪的西非地区，村庄也同样遭到整体迁移。于是，在军事行动期间，村民就可以通过为士兵提供后勤保障换取保护。18世纪70年代，一个名叫法拉卡巴（Farakaba）的西非统治者打破了惯例，他给部队发饷，让士兵需要依靠他获得给养和报酬。于是，他就能够动用一支可靠而强大的军队。后来，其他地方的一些统治者也效仿了法拉卡巴。

①1蒲式耳约等于35升。

1530 年，西班牙征服者努尼奥·德·古斯曼(Nuño de Guzmán)在离开墨西哥城时投入了一场军事行动，他麾下有 150 名西班牙骑兵和数目大体相当的西班牙步兵，按照古斯曼估计的数据，还有七八千名美洲原住民。参与远征的原住民被西班牙人称作“印第安朋友”(indios amigos)，其中既有搬运工、劳工、厨子，也有战士。一位西班牙观察者提到每一名士兵都分到了一名负责烹调食物的印第安妇女，还有 1 万名原住民男子被用来搬运基督徒的行李。

欧洲军队规模的增长使得发起战役带来的挑战变得更加复杂。到了 17 世纪 30 年代，在三十年战争期间，已经出现了拥有 10 万以上战斗人员的军队相互对峙的状况。指挥官们竭力运输部队，为他们提供武器、营地和给养。上万名商人、劳工和仆役跟随军队提供后勤保障，其中包括上千名妇女儿童。

1633 年，雷蒙德所在部队的士兵还能够定期拿到军饷，但他们购买给养的能力却取决于变化莫测的地方市场和每个士兵管理自身财务的能力。雷蒙德的一位战友经常在发饷前两三天用光钱财。此人吃不起食物，就在床头挂上一块骨头，不时嗅嗅它打消饥饿感。雷蒙德还记得他 142
“诚挚地呼唤”发饷日到来，“发饷日，哦！发饷日，哦！亲爱的发饷日，快来呀，快来呀……哦！我看到了发饷日。勇敢起来，我确定第二天它就会到来”。这个可怜的士兵大声嚷嚷自己受了苦，但还是耐心等待，雷蒙德营地里的其他人可就诉诸暴力手段了。有一回，两个人发现了一座装满麦秆的谷仓。雷蒙德看到其中一人站在那里守卫谷仓，另一个竭力在士兵当中挨个儿兜售成捆的麦秆。不过，等到别人赶到谷仓并从后方袭击这栋建筑物后，他俩的计划就破产了，袭击者扯开了谷仓，无意间让麦秆成了免费取用的物品。雷蒙德认为这一事件说明了军队给一个地区带来的破坏，但他也指出最糟糕的掠夺者并非士兵自身，而是那些自封的、非官方的供应商。他不无夸张地断言“依附于军队的人造成了最大的祸害”。

17 世纪上半叶的欧洲军队在行军期间，通常会有成千上万名各类

图 6.4　在军队辎重队中行进的男孩与妇女，维吉利乌斯·索利斯作于 16 世纪。收于荷兰国家博物馆，阿姆斯特丹

人员紧随其后，其中包括搬运工、随军商贩、洗衣妇和手艺人。这些仆役和商人的数量有时比士兵还要多，他们会提供军事行动中不可或缺的服务。这种“军营社群”里的某些成员和军队中的个别军官、士兵有着亲属或契约关系，其他人则是自由从业者，他们自发跟随军队，将大军视为发财的机会。辅助辎重队里的人互相争夺客户和储备物资，他们常常在极度匮乏、极具破坏性的环境里工作。没有人可以准确界定军营和

战场附近的财产，因而仆役、小贩、商人、士兵、军官、他们的家人和当地人都可能铤而走险，且习惯于诉诸暴力。

为了缓解其中的一些问题，欧洲军队在17世纪末和18世纪越发致力于直接为士兵提供补给，也不断加强基地、营地附近商贸市场的监管。这些改革既适用于行军中的军队，也适用于城镇和堡垒里的驻军。大型堡垒成为军事改革的试点场所，位于直布罗陀的英军前哨基地就是其中的一个典型。这些前哨基地的指挥官能够行使巨大的社会、经济权力，他们与当地商人展开谈判，进行大宗采购，授权卖方与军官和士兵交易。直布罗陀要塞成为一个受到严格管制的集镇的中心。虽然维持非洲、美洲沿海地带前哨据点的运输、补给成本要比维持直布罗陀小，但像直布罗陀这样的欧洲要塞还是成为非洲、美洲沿海地区其他要塞的模仿对象。尽管如此，在哈利法克斯、新斯科舍、哈瓦那和路易斯堡等地，欧洲军队的基地还是演变成严密管制下利润丰厚的综合性市场。

情感何依

在北美海岸附近的一座多石岛屿上，在远离他们祖祖辈辈生活的法 143
国家乡的地方，路易斯堡的职业军人们形成了一个独立自主的社区。源自1752年的记录表明大约1000名驻军中仅有5%的人结了婚。如果任何一名士兵娶了附近渔业定居点的女人，他就得被逐出驻军。男人们依靠的是相互扶持，他们一起吃饭、睡觉、喝酒。普通士兵从他们的军官那里接受命令，发放军饷由军官操办，食物也得从军官手中购买，这常常导致士兵负债累累。当地神父曾抱怨说，“食堂大厅就是撒旦的学校，
那里只有渎神、诅咒、恶毒言语和充斥着下流话的言论”。有些人厌恶 144
这种社会氛围，但其他人却越来越喜爱它。

17世纪中叶之前，欧洲军人时常在出征时把妻子带在身边，或是在冲突期间和某些妇女建立临时伴侣关系。跟随欧洲军队的辅助辎重队提供了更多的女性同伴：厨师、洗衣妇、妓女、护理人员和其他女性工

作人员，她们与军人一同行军。17 世纪 50 年代后，后勤不仅趋于集中，专业化程度也不断提高，这就导致军队周围的女性数量锐减。长距离调遣特别是横跨大西洋的调遣，进一步隔离了男性战斗人员。尽管有的士兵在遥远的营地里扎根，但劝说男人前往远离家乡的地方服役总归是个挑战。1775 年，一位军方招兵人员在回答他们提出的第一个问题，也就是营地在哪里的时候，士兵们得知自己必须要先行远航上千英里，而后才能加入该团，并且还要面临远航时的恶劣气候时，他们脑海中的恐惧便愈加增长。

在遥远的兵营或流动营帐里，远离家乡服役的人们有必要调整自己的情感，整个大西洋世界的状况都是如此。火药武器传入非洲的“黄金海岸”后，这一地区军队的规模扩大了，而且也更加依赖征兵。把男人
145 从田地里拉走引发了生存问题，有好几场战役就是因为士兵逃离军队回家种植、照看庄稼而被迫放弃。而在女性从事大部分农业劳动的社会，士兵逃亡的季节性特征就没那么容易预测了。事实上，有些历史学家和考古学家已经认为易洛魁人的大部分农业劳动由妇女完成，于是，农业生产力的提高就促使男人们离开村庄进行狩猎和战斗，以证明自身的价值。不过，这种观点颇具争议，而且即便是豪德诺索尼男人也很难长期部署在远离家乡的地方。18 世纪早期，当英国人试图让豪德诺索尼战士永久驻扎在新斯科舍时，他们发现这确实相当困难。一年过后，豪德诺索尼人就抛弃据点，走了上百英里陆路返回家乡。类似的动态变化也影响到其他美洲原住民战士群体。1758 年，成百上千名原本与法国结盟的原住民战士向西行军，想要返回他们位于大湖地区的家乡，接下来，法国人就在俄亥俄河畔的迪凯纳堡遭遇了失利。

对任何一个参军的人来说，调遣都代表了与过去的一种割裂。所有的战斗人员都把原先的生活抛在身后，这种抛弃偶尔是暂时的，但常常是永久的。军人的体验中会嵌入一种固有的离别感，而在近代早期的大西洋世界，奴隶们会尤为敏锐地体会到这种感受。美洲的奴隶制历史不时被虽然罕见却异常暴力的大规模奴隶暴动打断。许多暴动者曾在非洲

或殖民地有过作战经验，但对所有战斗人员而言，拿起武器终归要冒极大的风险。这些战斗激烈且毫不妥协，那些拿起武器反抗主人的奴隶绝不打算重回旧主手下，而且奴隶无论如何都几乎没有选择余地，因为他们的旧主人急于保持不可撼动的权威，很少会宽大处理那些被认定为叛乱者的人。在其中几场战争里，妇女和男子并肩战斗，对大部分为了摆脱奴役而战的人来说，做出拿起武器的决定就相当于彻底地、不可挽回地放弃了原先的生活。

摆脱奴役与抵御侵略

兵役有时可以提供一条摆脱奴役的出路，这一点不仅适用于造反的人，也适用于拿起武器为他们的主人或主人所在帝国效劳的大批奴隶。从哥伦布时代开始，西班牙人就在他们征服美洲的战争中使用奴隶。起初，在征服阿斯特卡帝国期间，大部分奴隶还只是充当仆役或辅助人员，可随着16世纪的流逝，越来越多的奴隶承担了战斗职责。塞瓦斯蒂安·托拉尔(Sebastián Toral)于16世纪30年代来到美洲，在西班牙人的指挥下参与了征讨玛雅人的战争。托拉尔在服役期间一直是奴隶，但最终得到了自由，他在梅里达(Mérida)建起了自己的住宅并组建了家庭，而梅里达正是西班牙人在尤卡坦海岸地区原本由玛雅人统治的土地上建立的城镇。托拉尔的生活是一连串流离失所，兵役不过是他以奴隶身份越过大西洋后经历的又一次离别而已。等他在梅里达定居下来的时候，已经把原先的家庭远远抛在身后，托拉尔无法归去，就通过战斗找到了一个追求新生活的机会。

几乎所有欧洲帝国都曾在美洲武装、部署奴隶。这种做法颇受争议，因为武器会把它固有的权力赋予人，而奴隶通过兵役获取的重要岗位又往往与他们在法律上的奴隶地位矛盾。为了在意识形态和法律层面保持一致，让战斗人员保持忠诚并激励他们拿出良好的服役表现，大部分曾是奴隶的士兵会在入伍或完成服役时获得自由。然而，奴隶主往往反对这种做法。胡安·巴连特(Juan Valiente)在西班牙征服智利期间被誉为战争英雄，交战结束后，他得到了圣地亚哥附近的一座庄园作为奖赏。可是，原先的主人却希望他重新成为自己手下的奴隶，因而提起了法律诉讼，于是，即便是巴连特也得应付这样的官司。

一方面，兵役导致许多奴隶远离了原先让他们生活在奴役桎梏中的地方；另一方面，也有些被奴役的人拿起武器保卫主人的种植园。17世纪四五十年代，当巴西的葡萄牙种植园主反抗荷兰统治时，在葡萄牙种植园中充当奴隶的男男女女把自己武装起来，在他们的作坊和小屋前
146 方摆开防守阵势，与荷兰人展开战斗。就在几年前，葡萄牙人的暴动领袖已经宣布："任何一个被奴役的人只要在抵御侵略时尽职尽责，就会获得自由，也能因自己所做的一切得到报酬。"由于不存在来自战斗人员本身的证言，现在还不能确定他们守卫种植园的原因。他们可能是把那些地方当成自己的永久住所，希望在战斗结束后还待在那里。可就算他们是这么想的，这些人也有可能相信兵役会改变他们的生活：战斗已经被宣传成一条通向自由的途径。

图 6.5 描绘巴西奴隶抵挡荷兰人攻击的图画，马特乌斯·范·登·布鲁克作于1651年。承蒙约翰·卡特·布朗图书馆惠赠

尽管约瑟夫·约翰逊·格林(Joseph Johnson Green)是个可怜的黑人仆役，还不算是非常典型的奴隶，但直到他在 18 岁那年加入乔治·华盛顿的大陆军之前，还从没体验过像自由这样的东西。格林来自马萨诸塞普利茅斯附近的一个小镇。他的母亲是个爱尔兰寡妇，按照格林的说法，他的父亲是“尊贵的蒂莫西·埃德森先生(Hon. Timothy Edson Esq.)的一个黑人仆人”。格林 5 岁的时候，他的母亲就把他以学徒身份租了出去，直到参军前，他都待在同一个主人手下。处境类似的其他人或许会在回顾的时候将入伍视为自己的解放时刻，但格林却声称他只是怀着遗憾去回忆那一刻。格林在给埃德森干活时曾经几次参与小偷小摸，而他的不当行为在军队里更是愈演愈烈。他变得沉溺于酗酒，结交坏伙伴，和淫荡的女人交往。入伍不久，格林就从一家酒馆偷走了 15 个先令、一打饼干、一个装满糖的枕套和一瓶朗姆酒。后来，他打算偷走两只鞋上的银扣子，结果被当场擒获，受到了鞭打 100 下的惩罚。 147
1781 年 10 月，格林的部队在西点(West Point)陷入缺粮处境，于是，他和两个同伙一起行动，从为军队提供给养的一个私人食品贩子摊位上偷走奶酪、黄油和巧克力。结果格林又被抓住，第二次受到鞭刑，这次又是 100 下。

格林退伍后结了婚，他有了两个孩子，但融入平民生活并不容易。格林继续偷窃，按照他自己的说法，每年都得犯上几个大案。1786 年夏季，他因为入室盗窃被判处绞刑。等待处决之际，他伤感地想起母亲曾警告自己永远不要参军。格林请求一个狱友给他写首诗，这首诗在他被绞死后出版了。全诗开篇如下：

> 让地球上的所有人，
> 保持警惕，看看
> 他们避开了邪恶之路，
> 那就是我踏过的道路。

退伍军人

这首诗反映出在18世纪一种尤为强烈的偏见。军队规模的扩张促使大西洋两岸的人普遍认为从战争中归来的老兵是潜在的威胁。有些评论者认为从道义上讲，退伍士兵的不当行为可以归咎于他们从前的军人生涯。其他人则将复员和社会危机、体制失能联系起来。兵役使得男人和女人习惯于不良行为，战争刚刚结束时工作岗位颇为紧缺，近代早期的大西洋世界里也没有一个社会拥有让成千上万老兵顺利融入平民生活的经济实力。英国在1748年大规模复员军队后仅仅几个月，就有一位作家抱怨：我们被遣散了的陆海军士兵要么在挨饿，要么因为缺乏面包在街上打劫。1748年，英法战争宣告结束，与战争终结相关的危机感促使英国推行了一系列法律、社会改革并实施济贫措施。在美国，当革命战争结束后，大陆军老兵要求拿回欠饷和退伍津贴，但当时的军队整体而言名声不佳，士兵们要求获得经济补助的骚动也遭到抵制。随后产生的争议加剧了新生国家的政治动荡，此后数十年里，它持续不断地分化着美国人。

与欧洲人和殖民者相反，一些美洲原住民团体会举行清洁仪式以标志战士从战争中归来。男人需要与世隔绝地斋戒几天，然后和正在歌咏的女人一起拜访他们的村庄头人。只要这些习惯还得到尊重，它们就能够帮助战士过渡到较为和平的生活当中。这些仪式蕴含着韵律感，让人
148 们往来于战争与和平的环境。但在北美东部，到了18世纪末19世纪初，由于许多团体需要竭力应付不可逆转的失败，它们已经面临一种更具创伤性的复员。美国革命之后，塞内卡人(Seneca)面对着疫病、流离失所、猎物耗竭和导致战士传统遭到贬抑的政治变动，他们需要直面一系列危机，这些危机给男人们带来了尤为令人苦恼的后果。塞内卡人的生存越来越依赖于农业，但许多男人拒绝承担照料农作物的工作，因为这在传统上是属于女性的。一些人堕落到酗酒和随意施行暴力的地步。个人生活陷入荒废，有的村庄也被摧毁，但塞内卡人最终还是恢复了正

常，到了 19 世纪，他们的危机已经演变为文化复兴的契机。

文化复兴成形阶段的领导人“俊湖”(Handsome Lake)曾深度参与美国革命之前和革命期间的战争。1765 年，他与切罗基(Cherokee)和乔克陶(Choctaw)的战士交过手，其后十年里，他在革命战争中与英军和效忠于英王的美洲人并肩作战。一名战士还记得俊湖在 1780 年某个胜利时刻的表现：“当时，他们两人和另外六名战士闯入一户纽约人家，主人已经跑掉了，连早餐都扔在桌上。战士们自己动手，甚至都不坐下来稍等片刻……抢夺、吞噬了他们想要的东西满足自己的胃口，这是他们两天以来第一次品尝到食物。”俊湖是一名表现优异的战士，但在战争结束后，他最终失去了方向，生活也陷入崩溃。回顾自己最糟糕的日子时，俊湖还记得他喝醉了酒，拿着武器，和其他人一同赤裸着穿过村庄，随时准备发起攻击。这件事情发生后几天，俊湖病倒了，陷入了意识时有时无的状态，在此期间，他得到了神示，俊湖日后凭借一系列神示建立了塞内卡人的长屋宗教，而这就是他的第一个神示。

当社会从小给男孩灌输军人价值观并将财富、权力和地位赋予战斗人员和军队领导人时，和平或许就会使得某些人丧失机遇和显赫地位，这种情况下，有些人就可能为了自身利益而投入战争。然而，在宣称任何文化在本质上都好战之前，我们还是应该谨慎一些。外来者在诋毁某些社会时，通常会用这种说法描述它们，暗示它们无法自主变革：这就是欧洲人开始书写和重写达荷美历史时发生的状况。

达荷美的阿加扎

达荷美原本只是一个生活在强大邻邦阴影下的小国，但在阿加扎国王领导它进行军事扩张后，就于 18 世纪 20 年代引起了欧洲的注意。达
荷美对维达(Ouidah)的统治者发起挑战，最终将其推翻，而维达正是西 149
非最重要的奴隶交易市场之一。阿加扎崛起时恰好有个名叫布尔芬奇·兰姆(Bulfinch Lamb)的英格兰人以俘虏身份待在达荷美。按照兰姆的说法，阿加扎拥有两座宫殿，每座都拥有周长约一英里半的环形宫墙。

墙上点缀着人的头骨，它们属于阿加扎在战斗中杀死的敌人，“密到好像能够在墙头堆叠起来”。兰姆最终得到释放，他回到英格兰，把一封阿加扎口授给他的信带给乔治一世。阿加扎在信中吹嘘，“我的祖父没有军队，他扩张自己的王国时只征服了 1 个王国；我的父亲征服了 9 个；我的兄弟打了 79 场仗，也只让几个小王国臣服。不过，本人已经打了 209 场仗，在这些战斗中征服了许多大王和大国，其中某些王国不断地反抗，让我忙于用兵”。

阿加扎的故事吸引了不同群体的英格兰作家。威廉·斯内尔格拉夫在 1734 年将他描述成一个食人者，并且暗示他和其他非洲领袖非常类似。其他英格兰作家则将这位“国王”视为非洲的秩序捍卫者，他的征服有可能终结小规模袭击和奴隶贸易的恶性循环。随着 18 世纪的流逝和英格兰有关奴隶制的争论升温，人们就非洲战争和奴隶贸易之间的关系展开了更大范围的辩论，对阿加扎存在意义的第二种诠释就与这种辩论纠缠在一起。1744 年，威廉·史密斯(William Smith)提到他在达荷美以西遇到了一些非洲人，这些人把自己的极度不幸归因于欧洲人的到访。“他们说是基督徒带来了奴隶交易，在我们到来前，他们生活在和平当中，而且显而易见的是，不论基督教来到哪里，都会带来剑、枪和弹药。的确可以说他们是对的，因为基督徒总是在相互交战。”18 世纪五六十年代，贵格会的废奴主义者安东尼·贝尼泽特(Anthony Benezet)根据此类说法认为欧洲帝国对奴隶的需求引发了非洲的战争并使其持续存在，他觉得要是没有奴隶贸易，这个大洲本该享有和平。最终，阿加扎成了欧洲废奴主义者的英雄。他们认为奴隶贩子引发了暴力循环并加以维持，应当将阿加扎当作“致力于自己的人民摆脱暴力循环”的英雄来铭记。与此形成鲜明对比的是，欧洲那些奴隶制的辩护士则主张非洲文化在本质上就是暴力的，而且认为奴隶贸易事实上将男人、妇女和儿童救出了悲惨处境，让他们不再生活在战火连绵的地方。

不过，这两种解释都不是很严谨。一方面，战争并非由跨大西洋奴隶贸易传入非洲。另一方面，在欧洲商人抵达沿海地区后，战争方式也显然发生了变化。阿加扎几乎没有着手抑制奴隶贸易，但他通过中央集权、组建由税收供养的部队、给他麾下的士兵发放制服以及把妇女武装起来等重要方式带来了革新。在他统治的土地上，一些古老军事传统被搁在一边，这标志着当地习俗的脆弱性。近代早期的大西洋世界到处存 150
在类似的发展状况，很少有军事文化能够原封不动地保持很长时间。战争方式总会改变，几乎不存在父子相传几代不变的状况。战士传统总是有可能终结，事实上，它们的终结是一种普遍现象。

士兵与死亡

在没有战争的状况下，青壮年男子的死亡率通常会低于其他人群，但战争扭转了这种格局。当然，战争的影响取决于冲突强度和持续时间，但根据 17、18 世纪和 19 世纪初瑞典、西班牙和法国状况所做的估算表明，战时有 10%~30%的成年男性以军人身份死亡。目前尚无法得出整个大陆的总体统计数据，但有关特定战役的记录表明欧洲的会战通常会导致参战士兵死伤 7%~25%，其中失败方损失比例相对较高。士兵还死于营养不良和疾病。变质的食物、糟糕的卫生条件、肮脏的水和袭扰人类的害虫导致传染病滋生。中世纪的欧洲即便流行过斑疹伤寒，次数也不会很多，可在 16 世纪，这种疾病就通过拥挤的军营迅速蔓延。腺鼠疫对欧洲军队的困扰一直持续到 17 世纪中叶，到了 17 世纪末，天花的毒性又有所增强，使得成千上万的士兵丧生。士兵面临层层累积的多种威胁。饥饿令他们更容易感染疾病，导致他们战斗力下降。得病的士兵会变得饥饿、虚弱，伤员则容易患病和营养不良。我们无法从统计学角度厘清这些危险带来的致命后果，但在欧洲的整个近代早期阶段，死在营地里的士兵都要多于在战斗中丧生的士兵。

在瑞典和芬兰，从 1620 年到 1719 年，共有 30%的成年男性以军人身份死去。这样的死亡率使人口的年龄分布和性别比例产生偏差，并造成人口统计学上的严重后果。不过，社群一般情况下还是能够弥补成年男性的损失。寡妇会再婚，本该单身的男人在战时也更有可能找到伴侣。在大西洋世界的某些地区，丈夫会娶多个妻子，随着战时伤亡数字的增加，也会促使一夫多妻制婚姻的增多。17世纪末，一位在伊利诺伊地区旅行的法国人提到当地女人多于男人，而且比例高达四比一。17世纪80年代，当罗贝尔·德·拉萨尔(Robert de La Salle)行经这一地区时，他遇到过不少拥有三个乃至更多妻子的人，让他大吃一惊。葡萄牙的记录表明18世纪的安哥拉女人和男人数量比例大约是二比一。在安哥拉，奴隶贸易以及奴隶贸易对男性战俘的需求加剧了战争对人口的
151 影响。于是，就像伊利诺伊地区一样，一夫多妻制就成了合理的回应。多配偶婚姻让社群即便在失去大量男性后也能够存续。

人口众多的群体即便在损失了相当一部分青壮年男子后依然能够幸存下来，但那种人口统计学模式并不能纾缓成年男性死亡给家庭、小团体和村庄带来的创伤性影响。大型社会承受损失的能力与地方社区面临的痛苦和困难形成了鲜明反差。这种模式有助于解释近代早期大西洋世界各个地区进行战争的不同方式。按照规模和复杂程度对社区和政治单位进行分类，人类学家通常会把小团体和一种特定类型的武装冲突联系起来，家庭、村庄、团伙和小型部落更有可能逐个计算死者数量，为报复仅仅一次杀戮而展开战斗。他们时常会持续战斗到对方也蒙受同等损失为止。当然，他们的对手也会从自身角度看待这场冲突，因此，流血斗争往往会长久地存在下去，每一次死亡都被视为需要补偿的伤害。对于战争方式而言，它们通常会包括旨在加剧痛苦、鼓励报复的仪式性举动。有几个美洲原住民社群鼓励家庭成员公开哀悼死者并号召复仇。战俘会受到酷刑折磨。有些战俘得以幸免，被正在哀悼死者的家庭收养，有些沦为奴隶，还有些被杀。剥下的头皮成了胜利纪念品和珍贵的礼物。

欧洲武装殖民者在16世纪抵达美洲，殖民者的到来、流行病的传播、流离失所和人口减少打乱了美洲原住民的战争方式。许多地方的死亡来得极为频繁，死者数量也极多，导致应对死亡的古老方式已经难以为继。到了17世纪末，某些群体已经因为战争代价过于高昂而不得不

搁置争执，其中最有名的要数豪德诺索尼人。可是，不论是在殖民者还是美洲原住民当中，依然存在着旨在加重痛苦的古老习俗，而且事实上还有蔓延之势。曾经用于强调个人死亡影响的仪式转而用于战役，通过这些仪式对大批人口进行社区性报复并广泛灌输恐怖。这种趋势反映了影响到大西洋世界诸多地区的陆战形式的变化。

第七章

恐　怖

152 1455年，葡萄牙航海家恩里克王子委托三艘船探索非洲最西边的海岸。当时，一个年轻的威尼斯商人也参与了这场探险，此人名叫阿尔维斯·卡达莫斯托。卡达莫斯托在记述他的航行时提供了与塞内加尔河以南地区相关的内容，这也是欧洲人对这一地区最早的详尽描述之一。当地的地貌景观和居民在他看来都相当奇怪。他相信自己已进入“另一个世界”。按照卡达莫斯托的说法，居住在这条河南岸附近的人几乎总是赤身露体，身上只有一个像内裤一样的羊皮袋用来遮羞。他们的酋长打仗打个不停。当战士们在交战中相遇时，他们用顶部装有尖角的长矛戳来戳去，投掷带刺的铁镖并用弧形的铁剑格斗。卡达莫斯托强调了这些冲突与欧洲的会战有着多么巨大的差异。那里几乎没有骑兵，更没有远距离射击的炮兵，战士们在近距离作战时没有铠甲，只有用动物皮革制成的盾牌护身。这样的战争与卡达莫斯托此前目睹或听闻的战争毫无相似之处，他惊愕地描述道：

> 他们的战斗非常致命，由于身体并未受到保护，就有许多人被杀。他们非常勇敢、野蛮，因为他们在危难时刻宁愿被杀也不愿抓住机会逃跑。他们看到自己同伴倒下时并不害怕，仿佛已经习惯于这种事情一般，他们也不会因此感到悲伤，他们不惧怕死亡。

这种战争的惊人之处并不在于士兵冒着战死或负伤的危险。欧洲的骑兵冲锋和投射兵器能够在顷刻之间杀死对方，造成砍伤、断肢或斩首。欧洲人也同样会参与近战，但正如卡达莫斯托所述，非洲地区的战士们有一种截然不同的勇气。因为战斗冷酷无情，既没有时间悲伤，也不会对任何表现出恐惧的人有所怜悯。

当欧洲、非洲和美洲原住民观察者遭遇陌生的人员、兵器和战斗方 153
式时，他们时常会在恐惧中做出回应。圣多明各主教亚历山德罗·杰拉尔迪尼(Alessandro Geraldini)在1522年这样描述加勒比战士，他认为这些人表现出近乎超人的敏捷、镇定和专注：

> 他们的左手拿着许多箭，不停地向左向右高高跳跃，以免被我们的大炮和箭杀死。他们裸露着躯体投入战斗，而且还在身上涂上各种颜色。一旦他们射箭完毕，就以不可思议的速度奔向邻近的树林，那里到处都是树林。在最不希望他们出现的时候，这些人就会带着崭新的箭和毒药，以令人难以置信的力量回来攻击他们的敌人。

就像身处非洲的卡达莫斯托一样，杰拉尔迪尼强调了加勒比人的战斗方式与欧洲人有多么大的差异。他无法想象任何一个欧洲人能够拥有像加勒比人在战斗中所拥有的力量、技巧、耐力和坚毅。在卡达莫斯托和杰拉尔迪尼这样的早期旅行者当中，他们在做出评价时会夸大原住民战士的优异体能、英勇和残酷无情。

16世纪50年代，法国鞋匠让·德·莱里(Jean de Léry)陪同本国新教传教士前往巴西。在南美洲待了几个月后，他加入了由4000个“野蛮人”组成的队伍，参与了一场发生在海边的交战。这场交战是巴西原住民军队之间的对抗。根据莱里的说法，当对阵双方遭遇时：

> 一旦他们彼此相距不到两三百尺，就会用弓箭的猛烈齐射相互致意，你会看到无数箭矢在空中飞行，它们密集得像是苍

蝇一般。如果有些人中了箭，也的确有几个人被射中了，他们就会以惊人的勇气将箭从身上拔出来，折断箭并像疯狗一样咬住碎片，就算全身都受了伤，也不能阻止他们重返战斗。这里必须提到的是，这些美洲人在战斗中实在是太过冷酷无情，只要他们的四肢还能动弹，就会不停地战斗，既不撤退也不转身。当他们最终在肉搏战中遭遇时，就会拿着他们的木剑和棍棒相互冲击，双手握持兵器大力击打，他们中任何一个击中敌人头部的人都不仅将敌人击倒在地，还会把他打死，就像我们的屠夫宰牛一样。

154 尽管莱里声称他是在回顾自己的经历，可他也转述了已在欧洲人当中流传数十年之久的传言和恐惧。非洲和美洲原住民战士拥有骇人听闻的名声。随着有关他们的故事不断传播，这些说法就在复述过程中变得越发详尽。

考虑到欧洲人和殖民者的舰船与港口设施，他们就有途径获得大多数非洲人或美洲原住民无法企及和期望的资本密集型技术。但是，欧洲的军事技术只能在有限的地理范围内有效运作。在非洲和美洲，人们广泛认为原住民战士能够在欧洲人无法进入的地貌景观里轻松战斗，他们并没有把原住民战士的战斗效能仅仅归因于对本地较为了解，与此相反，他们还会传播一些故事，暗示非洲人和美洲原住民拥有非同寻常的体力和忍耐力。有时候，有人会说与欧洲人相比，这些人跳起来更灵活，蹲伏下去也更安静，他们可以在没有食物和水的状况下走得更远，或是能够更轻松地经受寒冷与炎热。又或者如莱里描述的那样，可以不在乎难以忍受的痛苦。战士对痛苦的不敏感反过来使得他们也不那么关注他人的苦难。

一些非洲人和美洲人在这些固有观念中找到了优势。令人恐惧的战士作为盟友颇具价值，若是遭遇背叛则会变得颇为危险。有时候，战士们只用鼓吹谣言就可以巩固自己的可怕声望，而在另一些情形下，他们还得表演仪式性的暴力行为。对殖民地官员而言，由于他们在自己极力想要统治却无法控制的地方面对令人恐惧的对手，就得依赖原住民盟友，充分利用他们声名远扬的可怕技能。此外，他们也会临时想出一些新方法来对付与自己为敌的原住民。

战争的一个普遍特征是，冲突持续时间越长，对手就往往会相互模仿，彼此变得越来越相似，我们可以在世界各地观察到这种变化。战争本质上是竞争性的，如果其中一方采用了有效的武器和战术，另一方采用相同作战方式抵消对方优势就是完全合乎情理的做法。当然，愤怒和渴望报复也可能产生类似的效果。社群在感觉受到伤害时会要求复仇，对等报复的逻辑时常导致他们对感知到的任何暴行做出同等回应。然而，近代早期的大西洋世界是奇特的。尽管广泛存在借鉴和扩散武器、战术的状况，即便军事同盟将各式各样的战士联系到一起，但在许多冲突区域，持续存在的禁忌、意识形态的僵化、社群性的恐怖与厌弃以及几乎无从消除的误解抵消了同质化的影响。

食人恐慌

所有战争都可能令人困惑、恐慌和沮丧，但近代早期的大西洋周边
地区，战斗带来的迷惑性影响却是独一无二的。传染病的蔓延在美洲造 155
成数以百万计的人员死亡，跨大西洋奴隶贸易在非洲累计造成的人口流失和死亡规模也与之类似。而在上述创伤之中，某几种军事实践的影响加剧了暴力和痛苦，加深了对文化、种族差异的认知。当欧洲人、非洲人和美洲原住民开始交手时，他们并没有一套诠释对方行动的通用的有效方法，在 15、16 世纪，参与交战的非洲、美洲和欧洲民族各自拥有通过暴力传递信息的独特方式。在每个大洲，不同地区精心制定了不同的仪式和行为守则，它们定义了能够为人接受的行为表述方式，认可或禁止酷刑、性暴力、处决、肢解、展示人体部位、杀戮非战斗人员以及其他和战争相关的举动。早期的暴力冲突造成了混乱，混乱中出现了神话，神话促进了大西洋世界各个民族的界定与分化，助长了流言的传

播，引导了政策和行为方式。如果想要稍稍体会大西洋周边地区战争中的特殊恐惧感，那么，从广泛存在的食人恐慌开始探讨就颇具启发意义。

越过塞内加尔河几周后，卡达莫斯托到了冈比亚河逆流航行。在距离海岸 4 英里的地方，他和战友被乘坐划艇的曼丁卡(Mandinka)战士包围了。卡达莫斯托估计他们面对着 17 条划艇和大约 150 名战士。曼丁卡人看到帆船后吃了一惊，他们停止航行，抬起桨，好像是在注视奇迹一般。曼丁卡人和欧洲人互相凝视了一会儿，“他们没有朝我们移动，我们也没朝他们移动”。可当另外两艘帆船抵达后，曼丁卡战士们就开始射出他们的箭矢，船上的炮手也开了火。火炮短暂地阻止了曼丁卡人的行动。按照卡达莫斯托的说法，战士们震惊地站起来注视着炮弹，可一旦炮击暂停，他们就重新发动攻击。葡萄牙人的弩也一度让曼丁卡人呆住了，但同样未能阻止他们。最终，经过一场激烈的战斗后，这些帆船开到一起，三艘船中最小的一艘船依靠两艘大船的船体来保护。它们实际上在曼丁卡战士面前呈现了高大的城墙，导致他们的弓箭派不上用场，于是，曼丁卡人就撤退了。

交战之初，曼丁卡战士表现出的无所畏惧令卡达莫斯托感到惊讶。这些人准备冒着生命危险投入战斗，这也让他感到困惑。战斗结束后，依靠一名翻译的帮助，他对着几个曼丁卡人大声发问，问他们为什么要进攻？那几个人当时还在一条划艇上，距离他所在的帆船足有几百码远。

> 他们回答说已经得知我们到来，了解我们和塞内加尔的黑
> 156 人做生意，那些人要是谋求我们的友谊，就一定是坏人。因为他们坚信基督徒吃人肉，我们买黑人就是为了吃掉他们。于是，对他们而言，无论如何都不希望和我们建立友谊，只打算把我们全都杀掉。

关于欧洲人吃掉非洲俘虏的流言，卡达莫斯托在15世纪50年代从冈比亚河上传回的消息是现存的最古老记录，这样的故事将会广泛流传、持续存在几个世纪之久。

1734年，弗朗西斯·穆尔(Francis Moore)在乔布·本·所罗门(Job Ben Solomon)陪同下沿着冈比亚河向上游旅行，本·所罗门之前曾在马里兰被奴役过两年。穆尔提到遇到他俩的人都备感惊讶——仅仅是见到本·所罗门，就将这些人“想到给英格兰人做奴隶时产生的恐惧”减少了一大部分，其原因在于：直到那时为止，这些人还普遍想象所有被卖做奴隶的人基本上要么被吃，要么被谋害，因为还没有人曾经回来过。1797年，芒戈·帕克(Mungo Park)在经过冈比亚河时遇到了一群人，这群人要被带到下游卖给欧洲商人。根据帕克的说法，“他们起初带着恐怖的神情看着我，一再询问我的同胞是否吃人。他们非常想知道奴隶在越过咸水之后变成了什么。我告诉他们奴隶是用于耕种土地的，可他们不会相信我”。

这样的故事传播范围远远超越了冈比亚河。17世纪七八十年代，奴隶贩子让·巴尔博发现奥约王国和贝宁王国里的许多人“怀有明确的偏见，认为把他们运到我们的国度是为了杀人吃肉”。1734年，威廉·斯内尔格拉夫为他的奴隶贩子同行写了一本建议书，他在书中主张要让被抓来的新奴隶感到放心。斯内尔格拉夫写道，“当我们买下成年人时，我会让口译员告知他们……买下他们的目的是什么。这样，他们可能会宽心一些(因为这些人一般会对被白人买下有着可怕的忧虑，许多人害怕我们打算吃掉他们)”。18世纪后期，牙买加议会禁止了邀请成群的奴隶买主登上到港贩奴船的做法，按照议会的说辞，其原因在于“这样的人群登船之后就开始极为可耻的争夺，以至于吓坏了可怜、无知的非洲人，让他们认为自己已经被一群食人族占有，很快就要被吞噬掉”。

“食人”推动奴隶贸易的理论背后的确有逻辑支撑。这种说法可以解释为什么成百上千，最后是上百万名被捕获的奴隶没有留下任何遗体就消失了。这样的想法依靠一再重复获得了权威，有些自称了解奴隶贸易运作的人也为了实现自己的目的散布对食人的恐慌。斯内尔格拉夫觉
157 得奴隶贩子应该设法让他们手中的人安心，但另一些欧洲商人则认为有时还是让抓来的奴隶一直感到害怕比较好。更为常见的状况是，非洲人通过传播这类故事发出警告，让人们了解沦为奴隶的危险。为了让孩子保持警惕，父母会告诫他们一旦被抓就会被吃。在回忆自己 13 岁那年第一次见到白人时，奥托巴·库戈阿诺提道，“按照我童年时的想法，我担心他们要吃了我”。

这种食人传说对奴隶贸易的运作具有重要意义。正如卡达莫斯托所见，它造成的恐惧有时可以激发战士拿起武器抗拒捕获。在那些被抓获的奴隶当中，对食人的害怕增加了逃跑的动机。帕克指出：认为白人买下黑人要么是为了吃掉他们，要么是把他们卖给其他人稍后吃掉的想法根深蒂固，这自然让奴隶在想到前往海边时怀有极大的恐惧。结果，看守奴隶的人不得不始终让他们戴着镣铐，非常仔细地监视他们以防逃跑。通常在绑缚的时候是把其中一个人的右腿和另一个人的左腿放进同一对脚镣里，用一根带子支撑住脚镣，就可以让他们行走起来，尽管走得非常慢。在冈比亚河一带和非洲的其他地区，对食人的恐惧导致捕获、运输人的成本和危险都有所上升，加剧了人们的身体苦难，使得奴役的经历变得越发屈辱，且更具侮辱性。按照巴尔博的说法，被擒获的奴隶在认为自己要被吃掉后，有时会自行绝食，让自己成为不那么好吃的食物，某些陷入畏惧的奴隶竟会死于饥饿。

欧洲人不屑一顾地认定食人传说是虚构和荒谬的。在 18 世纪，奴隶显而易见的轻信似乎证实了“可怜而无知的非洲人”的刻板印象。但是，许多以上述方式讨论非洲奴隶恐慌情绪的欧洲作家却对欧洲以外的食人风俗坚信不疑。即便在驳斥非洲人的理论时，他们也在那些故事中找到了支撑自己信念的依据：食人在非洲和美洲广泛存在。巴尔博就认为既然非洲人乐意相信他们会在大西洋另一边被人吃掉，那就证明了他们习惯于在自己的国度里吃人肉。1702 年，荷兰奴隶贩子扬·斯努克

(Jan Snoek)提出了类似的论点，认为那些想象着我们买下、带走他们只是为了吃人的人，一定是在借鉴自身的经历。他写道，“要是他们不是毫无疑问地知道世界上存在食人者，这样一种警惕就不可能进入他们的思绪”。斯努克相当肯定地认为某些非洲人是食人者，为了支持这一主张，他不仅摘引了非洲奴隶的恐慌，而且还列举了他认为“确凿无疑”的事实，也就是世界其他地区特别是巴西，存在着“食人者”。

在近代早期的非洲，的确存在有充分文献记录的食人事例。在 17 158
世纪中叶的中非，因班加拉人会举行以人祭和食用身体部位为核心的戏剧性仪式。一些美洲原住民团体也举行类似的仪式，而且也有记载提到近代早期的欧洲存在挑衅性的食人行为。1572 年圣巴托罗缪日大屠杀期间，里昂据说有一群暴民烘烤、分食了一颗新教徒的心脏。这些事例都无法表明非洲、美洲和欧洲盛行过食人，也不支持认为有人会日常把其他人当作食物吃掉的想法，而正是这种想法最能吓坏被抓去卷入奴隶贸易的非洲人和冒险进入非洲、美洲的欧洲人。

哥伦布抵达加勒比海后不到一个月，就确信岛群里的某个地方生活着吃人的独眼人，这些人还长着狗一样的嘴巴。加勒比人并不符合哥伦布的这种形体描述，但哥伦布和他的船员们最终把加勒比人定为食人族。杰拉尔迪尼相信这类故事，他曾于 1522 年写过一封信，信中描写过加勒比人如同杂耍艺人般的能力，而在同一封信里，他还描述了他们的盛宴：

> 加勒比人……食用那些在战争中俘获的人员的身体。如果被俘的人长得丰满，就先砍掉他们的头，把头扔到一边，或是把他们用杆子挂在大树上，或是把他们放在陶土做的大锅里烹煮；如果他们太瘦，那就得先用各式各样的肥美食物填满肚子，就像我们对待特意留到某个节日食用的家禽一样。关于被俘的儿童，有些事情也非说不可：无情的人立刻把他们都弄成阉人，等到育肥完毕，加勒比人就在他们国家的某个节日把儿

> 童聚到一起，让他们坐在一个圆圈当中，这些悲惨的儿童，这些可怜人是因为要被食用才增肥的。

大西洋世界里那些恐慌的人们想象出来的、把人当作食物吃掉的食人行为，则与兽性存在联系。根据杰拉尔迪尼的说法，受害者被当作家禽一般处理。一个为葡萄牙人效力的英格兰人安德鲁·巴特尔(Andrew Battell)则把因班加拉人描述成“世上最大的食人族和食人者，因为尽管他们拥有那个国度的所有牲畜，还是主要以人肉为食”。像这样的食人者骇人听闻、丧失人性，往往能够在人们的想象中牢牢占据一个颇有影响力的地位。斯努克坚信这样的人的确存在，当他回顾自己在某一段非洲海岸交易象牙的经历时，就简洁地描述过这种食人者的威力。根据斯
159 努克的说法，“这些食人者登上他的船向他出售象牙，当他们能够发动袭击时，用来吃人肉的牙齿就像锥子一样锋利，因此，我建议任何一个不想葬身其腹的人都不要涉足这里”。斯努克和他们保持了距离。

有些被指责成食人者的人意识到这种指控实际上增强了他们的威吓能力，就利用这样的名声使自己变得更加令人生畏。在北美，有个阿贝纳基(Abenaki)战士曾于1725年监禁了新英格兰人伊丽莎白·汉森(Elizabeth Hanson)，他就试图利用自己作为食人者的声望对她施加影响。他告诉汉森会把她的孩子杀了吃掉。他不止一次地要求她找一根能够串肉的棍子，每当她找到棍子，他就指示她把孩子剥光，这样他就可以感受孩子的胳膊、小腿和大腿。不过他总是宣布这孩子还不够肥，于是就没有屠宰。汉森对这种表现感到怀疑。她质疑此人是否“认真”打算吃人，怀疑他的这种举止是为了刺激她，让她痛苦。

就连毫无根据的恐惧也可能产生重要的地缘政治和军事后果。战士可以通过恐吓对手获得一定的优势。比如说，斯努克对食人的恐惧就导致他远离海岸。但值得注意的是，在此人描述他接触象牙贩子的文字中，实际上并未表明象牙贩子知道斯努克认为他们吃人。他们从未拿吃人来威胁他，可当他们张开嘴巴时，斯努克却害怕他们的牙齿。这些人

的门牙的确被修饰过，但这是一种在西非和中非盛行的习俗。在某些社群，锉平牙齿实际上是一种成人仪式，而且充当了集体认同的符号。它与食人毫无关系，或者说至少在斯努克这样的人想象它和食人有关之前毫无关系。

正如食人这一事例所示，大西洋世界的战争产生的某些最为恐怖的念头实际上源自误解。面对暴力袭击和奴役这样的实际威胁，男人、女人和儿童会误读对手的意图，从而加剧自己的恐慌。受惊的人们分享了自己的恐惧，谣言到处传播，建立在幻想基础上的传说就此发展出来。这些传说又有利于界定和巩固刻板印象。17 世纪中叶，贵格会教徒来到美洲，希望发现自己与被他们称作大陆上的“异教徒”的人存在精神联系，可就连他们也相信美洲原住民是“食人者”。在新泽西贵格会教

图 7.1 《一位食人国王的画像》，木版画，安德烈·泰韦作于 1575 年，基于法国人对巴西的报道。承蒙约翰·卡特·布朗图书馆惠赠

徒与宾夕法尼亚的莱纳佩人(Lenape)以及另一些阿尔衮琴人定居下来后，他们意识到那些人并不会吃人肉，但还有许多教徒仍然害怕其他美洲原住民，想当然地认为他们吃人。比如说，仍然有人认为要是旅行者在船只搁浅后胆敢步入佛罗里达人的海岸，后者就会按照习俗吃掉他们。

冒险进入非洲和美洲的欧洲旅行者不仅害怕被吃掉，也害怕自己会变成食人者或是和那些吃人的家伙结成过于紧密的同盟。这种恐惧有助
160 于解释他们为何会如此热烈地谴责这种习俗，又为何如此迷恋它。食人行为开始成为与基督教社会截然相反的代表。作家把这种习俗同“人类最大的罪恶”联系起来。在描述食人时，他们往往会肆意放任自己阴森可怖的想象力。

即便食人成为区分“文明人”和“野蛮人”的标志，针对食人的指责却在一定程度上自相矛盾地促使欧洲人和殖民者与原住民结盟，促使他们站到某些美洲族群一边对抗另一些族群。在加勒比海一带，杰拉尔迪尼将加勒比人和其他配合西班牙帝国事业的岛民区分开，他声称西班牙的盟友“不好战”，生活得公正、光荣，对所有人都怀着了不起的公道。而在其他帝国主义背景下，这种道德上的简单二分法就很难维持。在17世纪，即便有些法国作家传播加勒比人吃人的故事，加勒比海地区的法国军人和殖民者还是与加勒比战士并肩战斗。加拿大的法国人则以
161 类似方式出版了将盟友描述成食人者的详尽故事。在巴西，法国人也和他们认为是食人族的民族结盟。莱里描述了法国人的盟友当中存在的食人现象，但他指责盟友的力度远不如谴责其他巴西原住民那样激烈，他声称后者像是狗和狼一样，不举行仪式就生吃人肉。

没有一个描写美洲食人风俗的欧洲人值得轻易相信。尽管食人说法广为流传且令人生畏，但绝大多数欧洲人、非洲人和美洲原住民都完全不熟悉它。共同存在的忧虑和虚幻的神话都不可避免地影响到有关食人习俗的报告。另一些骇人听闻的战时做法则被多次目击，记录也更为可靠。对战俘施加酷刑、肢解人体、公开展示人体部位和攻击非战斗人员

都能够激发愤怒，促使人们彼此疏远，但在那些事例中，引发争议的往往并非暴力行为本身，而是这类行为的表现方式与背景。

收藏头颅

17 世纪初，居住在新英格兰长岛海湾（Long Island Sound）沿岸的阿尔衮琴人将敌人身上砍下的头颅、手和其他身体部位当作收藏。这些东西作为胜利纪念品可以说是相当有力的礼物，原住民领袖在批准和确认同盟时就会交换用身体部位制成的礼品。在 17 世纪 30 年代初的佩科特（Pequot）战争中，殖民者庄严地接受原住民盟友赠与的头颅，将它们视为忠诚的“保证”和他们贡献的见证。但是，殖民者很少会回赠身体部位，相反，他们会收集头颅并找到公开展示它们的途径。在康涅狄格河畔，塞布鲁克堡（Saybrook）的守备司令把他们的头颅全都放在堡垒上，而且他的收藏品数量稳步增长。正如一名殖民者所述，“头颅几乎每天都能弄到”。作为殖民者盟友的纳拉甘塞特人（Narraganset）和莫希干人（Mohegan）发觉他们正在参与一项规模不断扩大、对象越发来源不明的收集头颅事业，这种活动的意义已经发生了改变。

在大西洋世界各地，各色各样的民族在交战中会把头颅从战败者身上拿走，然后公开展示。成排陈列的人类头骨装饰着阿斯特卡人的城市。西班牙人提到他们曾目睹上万块头骨如此悬挂在一起，考古学家则发现了大量两侧打出大洞的头骨，打洞的目的显然是为了用竿子把它们串起来。在 16 世纪 70 年代的爱尔兰，当汉弗莱·吉尔伯特（Humphrey Gilbert）的士兵白天杀了人之后，他还下令他们到夜里搜集那些人的头颅。吉尔伯特在通往自己营帐的路上把头颅排成行。1727 年，威廉·斯内尔格拉夫在觐见达荷美国王的路上经过了两个大舞台，上面堆积着大量的死人脑袋，看起来、闻起来都令人不悦。斯内尔格拉夫的向导告诉他，三周之前在这里举行过仪式，当时杀掉了 4000 名战俘，这些头
颅原本就属于他们。所有这些展示都是在显示权力。将头颅展示出来就 162
导致死者家属和与自己为敌的国家无法按照他们的意愿处理死者。在各

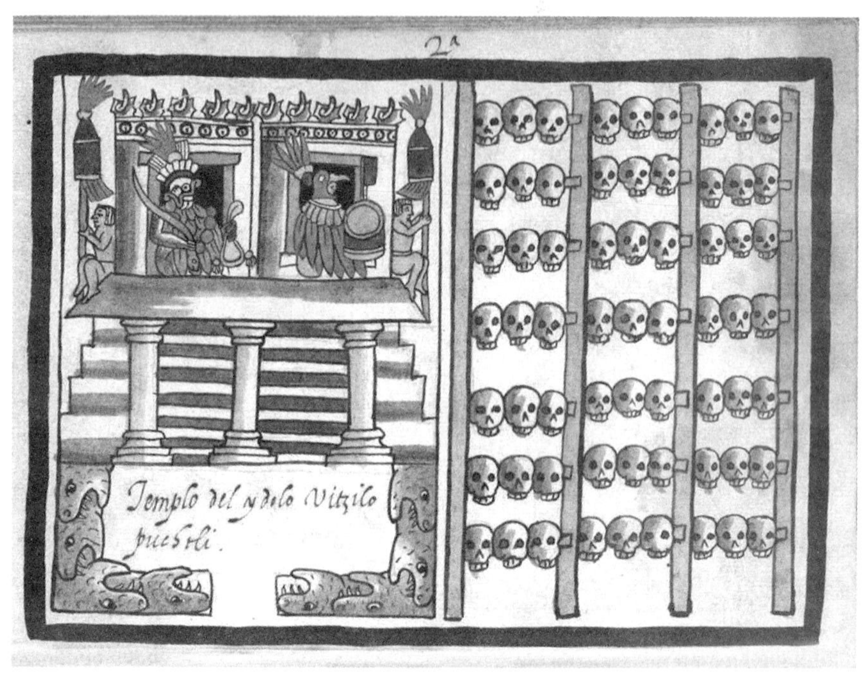

图 7.2　一个阿斯特卡头骨架，胡安·德·托瓦尔作于 16 世纪。承蒙约翰·卡特·布朗图书馆惠赠

种文化当中，展示头颅的某些含义是相通的，有些时候，随着人员在大西洋世界里的流动，这种姿态看起来还算容易解释，不过，这种习俗也会带有不同的含义。

在欧洲，展出的大部分头颅属于罪犯，这种景象之所以令人恐惧，部分原因在于死者被剥夺了基督徒应得的葬礼。当吉尔伯特选择在他的军营里展示头颅时，他自认为在道义上谴责了敌人。他不仅打算恐吓敌人，还要羞辱、蔑视他们。阿斯特卡人对斩首的理解有所不同，在杀死俘虏之前，他们会精心装扮俘虏，而且在处决前后都会举行仪式。对于重要的战俘，阿斯特卡人会在斩下他们的头颅前挖出心脏，将心脏献祭给神灵。这样的仪式无疑令人恐惧，但它的目的并非贬损俘虏人格。在达荷美，斩首也有其特定含义，尽管这在多数欧洲观察者眼中并无意义。当斯内尔格拉夫描述他看到头颅堆积起来烂掉时，他认为这是以相当不尊重的方式对待头颅，就像是对待垃圾一样。但达荷美国王却很珍视那些头颅。一位民族志学家认为它们是这个王国 163
的“珍宝之一”，觉得它们相当于最大的财富。在达荷美，只有国王能拥有头颅。在其他西非社会，生俘、杀死敌人的士兵个人也能够带走头颅。一个拥有这类胜利纪念品的士兵会小心翼翼地把它们放在自己家里显眼的位置，以便让后人知道自己的英勇。与此相反，大部分欧洲人和殖民者并无兴趣长期保存死去对手的遗体或头颅。1696 年，在针对圣

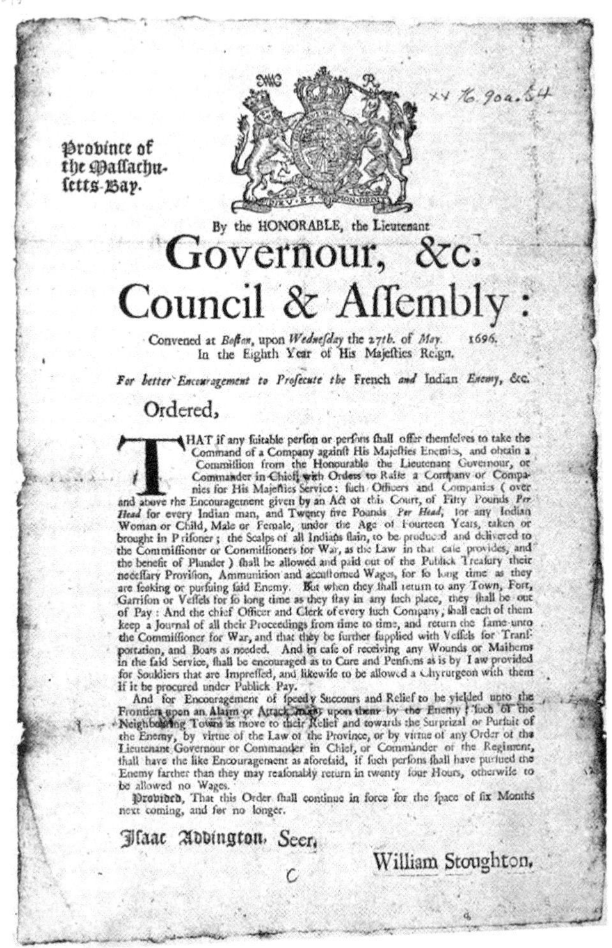

Province of the Massachusetts-Bay.

By the HONORABLE, the Lieutenant

Governour, &c. Council & Assembly:

Convened at *Boston*, upon *Wednesday* the *27th.* of *May.* 1696.
In the Eighth Year of His Majesties Reign.

For better Encouragement to Prosecute the French *and* Indian *Enemy*, &c.

Ordered,

THAT if any suitable person or persons shall offer themselves to take the Command of a Company against His Majesties Enemies, and obtain a Commission from the Honourable the Lieutenant Governour, or Commander in Chief, with Orders to Raise a Company or Companies for His Majesties Service: such Officers and Companies (over and above the Encouragement given by an Act of this Court, of Fifty Pounds *Per Head* for every Indian man, and Twenty five Pounds *Per Head*, for any Indian Woman or Child, Male or Female, under the Age of Fourteen Years, taken or brought in Prisoner; the Scalps of all Indians slain, to be produced and delivered to the Commissioner or Commissioners for War, as the Law in that case provides, and the benefit of Plunder) shall be allowed and paid out of the Publick Treasury their necessary Provision, Ammunition and accustomed Wages, for so long time as they are seeking or pursuing said Enemy. But when they shall return to any Town, Fort, Garrison or Vessels for so long time as they stay in any such place, they shall be out of Pay: And the chief Officer and Clerk of every such Company, shall each of them keep a Journal of all their Proceedings from time to time, and return the same unto the Commissioner for War, and that they be further supplied with Vessels for Transportation, and Boats as needed. And in case of receiving any Wounds or Maihems in the said Service, shall be encouraged as to Cure and Pensions as is by Law provided for Souldiers that are Impressed, and likewise to be allowed a Chyrurgeon with them if it be procured under Publick Pay.

And for Encouragement of speedy Succours and Relief to be yielded unto the Frontiers upon an Alarm or Attack made upon them by the Enemy; such of the Neighbouring Towns as move to their Relief and towards the Surprizal or Pursuit of the Enemy, by virtue of the Law of the Province, or by virtue of any Order of the Lieutenant Governour or Commander in Chief, or Commander of the Regiment, shall have the like Encouragement as aforesaid, if such persons shall have pursued the Enemy farther than they may reasonably return in twenty four Hours, otherwise to be allowed no Wages.

Provided, That this Order shall continue in force for the space of six Months next coming, and for no longer.

Isaac Addington, Secr.

William Stoughton.

图 7.3 马萨诸塞政府发布的头皮赏金公告，1696 年。收于国会图书馆

克罗伊河(St. Croix River)以东乌尔斯塔克维克人(Wulstukwiuk)和米克马克人的战争中，马萨诸塞政府向各个别动连发布了悬赏：杀掉美洲原
164 住民男子后剥下的头皮可换得较多赏金，活捉任何妇女儿童的赏金则相对较少。对新英格兰人来说，头皮除了充当杀人证据外已经不具备任何持久意义。

马萨诸塞政府的赏金是提供给别动连的，这些连队里包括了来自殖民者和美洲原住民的作战人员。欧洲人虽然有不把身体部位当作胜利纪念品的禁忌，但它并不像反对食人的禁忌那样具有强大约束力。在1625年和1637年，守卫圣若热-达米纳堡的葡萄牙指挥官就向非洲战士悬赏购买荷兰西印度公司士兵的首级。18世纪中叶，北美东部的法国军官也出钱从美洲原住民战士手中收购英军头皮。少数情形下，来自对立帝国的殖民者和军人甚至会互剥头皮，不过这种情况的背景通常是已经指控对方犯下叛国或其他罪行。

报复与惩罚

人类学家曾经指出以家庭为基础的小型游牧群体通常会避免暴力冲突，但以村庄为基础的群体就有可能卷入世仇，像酋长领地和国家这样的地区性强权则往往以与个人感情关系较小的方式进行战争，相对而言并不特别关注被杀死的个人。这样的理论可能难以应用到实践当中，其困难程度在近代早期的大西洋世界尤为突出。当时，由于疾病和社会动荡，各种社会类型实际上混杂在一起。酋长治下的社会陷入分散、瓦解，新的酋长领地随之崛起，帝国又发动入侵，最终形成纷繁复杂的同盟与联盟。即便在卷入战争的敌我同盟内部，也往往对暴力的重要性和运用目的怀有不同的认知。尽管如此，倘若关注世仇的特征，将它作为区分不同战争类型的标记物，那还是相当有用的。世仇根据一种独特的逻辑运作，这种逻辑让它有别于国家之间的大规模战争。

在16、17世纪，北美的许多原住民社群对世仇纠缠不休。他们把凶杀当作对集体伤害做出的回应，想要从侵犯己方的群体那里寻求补

偿。欧洲评论者发现原住民缺乏识别、逮捕和(在他们看来)充分惩戒个体罪犯的机制，这令他们备感惊讶。正如法国传教士加布里埃尔·萨加尔德(Gabriel Sagard)所见，在某些原住民群体内部，犯下错误的人只需要送一份礼就可以改过自新。欧洲人和殖民者同样惊讶地发现，一些原住民社群会惩罚冒犯他们的某一群体的成员，却丝毫不考虑受到惩罚的人是否对这一冒犯行为负有个人责任。原住民将对战俘施加酷刑、肢解人体和展示人体部位在内的诸多行为诠释成促进正义的举动，而在那些谴责他们的欧洲观察者眼中，这些行为并不合理。自相矛盾的是，欧洲人对此的普遍反应是施行社群规模的报复举动，也就是不考虑比例便惩罚整个社群。

在佩科特战争中最血腥的交战里，殖民地士兵在莫希干和纳拉甘塞 165
特盟友的支援下焚烧了位于米斯蒂克(Mystic)的佩科特村庄，杀死了那些想要逃跑的人。上百名佩科特男人、女人和儿童遇难，其中许多人被烧死。根据一位殖民地官员的说法，“战斗结束之际我们的印第安人来到这里，为我们的胜利感到非常高兴，而且极为钦佩英格兰人的战斗方式，可也大呼‘马克伊特，马克伊特’，意思是‘没了，没了’，因为它太过激烈，杀人太多了”。他们更喜欢活捉战俘然后一个个地决定他们的命运。焚毁米斯蒂克村可以看出殖民者和美洲原住民对战争的预期存在鲜明反差。这个时期在欧洲和各个殖民地就什么才是真正得体的战争行为存在激烈争议，相关争辩也影响深远。新英格兰的军事、政治领导人意识到这些重要议题攸关成败。摧毁这座村庄后，他们就自己是否过度使用武力展开了辩论。一位与会者引用了《圣经》中的先例，证明肆意屠杀非基督徒是合理的。

面对那些因暴力行径而指责马萨诸塞的批评者，副总督约翰·温思罗普(John Winthrop)在辩论时援引了战术考量、佩科特人拒绝投降和日后会面临佩科特人发动进攻的危险作为根据。为了强调殖民者事业的正义性和佩科特人构成的严重威胁，他还列举了佩科特人对待一名俘虏的方式，此人是个名叫约翰·蒂利(John Tilley)的男人。温思罗普抱怨说蒂利是完全无辜的，但佩科特战士还是折磨并肢解了他。

> 本月中旬左右，一艘小船的船长约翰·蒂利在康涅狄格河里顺流而下，在堡垒上游三英里处换乘一条划艇靠岸捕杀禽类，等他开完枪后，许多印第安人从隐蔽处冒了出来把他抓住，还杀掉了划艇上的另一个人。蒂利是个非常勇敢的人，也很有见识。他们砍断了他的双手，而且在砍掉他双脚之前把手扔掉了。他在被砍断双手之后还活了三天，据那些人供认，他在受到酷刑期间没有哭泣，因而是个勇敢的男人。

在北美的许多原住民族群当中，对俘虏施加酷刑是普遍现象。具体的处刑方式和期望各有不同，但正如温思罗普所说，那些勇敢坚强的俘虏时常会得到捕获者的尊重。酷刑和交换得到的战利品头颅一起促进了一种军事文化的发展，这种文化鼓励以有分寸的方式运用暴力，它关注受刑人个体作为群体成员的身份，并不考虑个人是否犯下特定罪行。就欧洲人和殖民者而言，他们对待酷刑的方式和对待展示头颅一样，都是把它和刑事诉讼联系在一起。

166 在欧洲和美洲，暴力的司法审讯可能会持续数周之久。在刑事案件
中，被派去折磨被告人的家伙往往就是那些将亲手执行死刑的人。刑讯
逼供是在牢房里以私密方式进行的，但随后的执行死刑就是一种公开演
示。在欧洲和殖民地的部分地区，罪犯会在观众面前被活活烧死、绞
死、斩首乃至开膛破肚且在马匹帮助下拉断肢体。

17、18 世纪的欧洲展开了一场反对在公开场合展示攻击性行为的
运动，展示头颅、刑讯逼供和公开处决等行为作为这场运动的一个组成
167 部分，在此期间也渐趋衰落。但是，这一过程的时间顺序颇为复杂，给
大西洋世界未来的发展带来了重要影响。早在肢解、酷刑和杀戮囚犯被
禁止之前，它们就已经在欧洲军事实践中受到冷遇很久了。

17 世纪初，荷兰哲学家雨果·格劳秀斯(Hugo Grotius)反对在军事

图 7.4　一种拷问台，曾用于欧洲，在审讯期间依靠它从犯人口中获得信息和供词。《特蕾西娅刑法典》(维也纳，1769 年)，第 24 页，图 3。收于大英图书馆

行动期间展示尸体，还声称任何阻碍埋葬敌方死者的人都是在冒犯自然，是与虔诚为敌。格劳秀斯在提出自己的主张时不仅引用了古典权威著作，而且也是针对三十年战争中的恐怖暴行做出回应。格劳秀斯还就其他军事实践发表了类似声明，当时有越来越多的评论家主张制定一套战争行为准则，格劳秀斯也是其中之一。1631 年，威廉·古奇(William

Gouge)在劝导麾下的士兵时，清楚地表述出一种在欧洲人当中变得日益强大的共同看法，古奇表示，“让你欣悦的并非鲜血，不要不必要的流血。不要杀戮不能伤害你的人，不要让那些人经受酷刑，导致他们死亡”。欧洲的战斗人员不会一直遵循这样的道德教导，古奇也承认他列出的戒律存在例外，而例外中就有他所说的对等报复。这样的戒律无法始终约束那些在美洲代表欧洲帝国的士兵，反倒时常会激起一种自以为基于道义的愤慨感，让欧洲人和殖民者进一步坚定了以对等方式应对暴力的决心。

1758 年，英军将领查尔斯・劳伦斯(Charles Lawrence)在为出征布雷顿角岛、讨伐米克马克人的战役做准备时告诉麾下士兵，他们的对手只不过是禽兽和懦夫，那些人乐意用剥头皮和剁碎身体的方式对待可怜的患病士兵和毫无防御能力的妇女。鉴于米克马克人以这样的方式行事，他的手下就完全应当“用他们自己的方式款待他们”。按照劳伦斯的说法，讨伐米克马克人的战役不是战争，而是谋杀。

九年前，新斯科舍总督爱德华・康沃利斯(Edward Cornwallis)曾列举出类似的论据，以此证明从士兵手中收购米克马克男子的头皮和为活捉妇女儿童提供赏金的做法合乎道理。就像 1696 年马萨诸塞政府的赏金令一样，康沃利斯发布的命令并没有解释清楚妇女儿童的头皮能否换钱。1724 年，马萨诸塞政府发布的一份公告采用了类似的模糊言辞，结果不仅导致位于现今缅因州境内的妇孺遭到奴役，还致使若干妇孺丧生。而在 1744 年，马萨诸塞总督已经规定在战斗中阵亡的米克马克妇女和儿童的头皮可以换取赏金。康沃利斯辩称他的政策乃是遵循了美洲的习俗。他将米克马克人攻击殖民者的行为称作“谋杀”，而且他和地
168 方议会认为征讨米克马克人的战役也不应当定义为“战争”。按照他们的说法，米克马克人应该被当作人数众多的盗匪无赖或反抗国王陛下政府的叛逆。

当劳伦斯和康沃利斯试图将他们充斥着暴行的战役与常规战争区分开来时，他俩就要与一个悖论做斗争，而且几乎从哥伦布时代开始，这

个悖论就一直困扰着美洲各地的殖民者和欧洲人中的军事领导人。如果原住民战士是禽兽、懦夫、盗匪无赖和杀人犯，而帝国当局的回应是按照他们的“习俗”、以“他们自己的方式”对待他们，那么这是否意味着帝国的代表在蓄意做出被他们谴责为罪行的举动？除非帝国军队的行动拥有特别正当的理由，不然这个问题的答案就显然是肯定的。一个从表面上解决这个难题的办法是像康沃利斯针对米克马克人那样指控他们发动叛乱。

对康沃利斯这样的人来说，要想证明以男子、妇女和儿童为作战目标是正确的，那么，仅仅摘引极端挑衅情形还不够，因为如果帝国军队陷入无休止的暴力循环当中，他们宣称自己代表合法当局、代表正式法律秩序的说法就会土崩瓦解。因此，每当帝国军队针对原住民的所谓暴行进行对等报复时，他们都得坚持宣称自己是在采用特别的临时措施，是在为最终引入更有序、更正式的司法制度奠定基础。康沃利斯认为取下米克马克人头皮的人代表了秩序，声称抗拒他们的原住民乃是“叛逆”，并且暗示像这样的叛逆都会助长持续不断的暴力和混乱。

几乎每一个欧洲帝国派往美洲的代表都因为原住民未能尊重帝国权威、没有遵守欧洲规范而对他们实施惩罚。这种立场最明显、最夸张的表达是一份写于 1512 年的文书——《要求书》(*Requirimento*)，从理论上讲，西班牙远征军首领应当在抵达此前尚未涉足的土地时向当地居民宣读这一文书。《要求书》用西班牙文写成，鼓吹教皇的权威，并且解释说教皇已经将美洲的控制权授予西班牙国王和王后。不论听众是否能够理解，不论他们是否真的同意，听到这些话之后人人都应当服从西班牙当局。文书末尾发出警告，要是听众拒不服从，就会被视为叛乱者并受到严惩。

1545 年，8 名方济各会修士被指派到尤卡坦地区向当地原住民传播基督教，接下来的 17 年里，又有多达 30 名修士加入了他们的队列，但他们面临的任务仍然颇为艰巨。按照预期，这些人本应当为几十万灵魂服务。1562 年，方济各会修士发现尤卡坦地区的许多玛雅社区仍然在

169 举行玛雅人自己的传统仪式。传教士拒绝承认失败，决心采取回应措施，就下令把玛雅人以 20 人为一组抓捕起来。根据一位目击者的描述：

> 当印第安人承认还保留少数“偶像”（一个、两个或三个）时，修士就用绳子绑住印第安人的手腕，把许多人串在一起，然后把他们从地上吊起来，告诉他们必须交代保留的所有“偶像”，还要把位置都说出来。印第安人说他们已经没有“偶像”了……于是修士就下令把大石块绑在他们的脚上，他们就被悬吊了一会儿，如果他们还是不承认保留了一大批“偶像”，就会被吊起来鞭打，还要把燃烧的蜡淋在他们身上。

这些暴力讯问类似宗教裁判程序，但传教士是在没有司法监督的状况下进行讯问的。玛雅人从未被指控为犯罪人员，也并未接受审判，尽管如此，他们还是遭遇了大规模的集体暴力。

实际上，这些方济各会修士正在指挥一场战争。在 3 个月的时间内，4500 名原住民遭到严刑拷打，其中 157 人在审讯期间或审讯结束不久后死去。这样的审讯程序在西班牙人当中引发了争议，因为方济各会人士已经被特许免于卷入正式司法程序。修士的辩护者指出能够介入审讯的法官人数太少，问题的规模已经超出了法庭的处理能力。“如果我们按照法律规定处理一切工作，哪怕是用 20 年也不能解决马尼（Maní）这一个省的问题，在此期间，他们会统统变成偶像崇拜者下地狱。”在无法依靠法庭起诉不顺从的原住民时，方济各会修士实施了刑讯逼供，他们的用刑手段与欧洲刑事诉讼中的酷刑颇为类似，只是在欧洲的应用规模一般而言相对较小。

另一些帝国官员也以类似方式借用了与犯罪行为有关的暴力形式，将它们用于战时的美洲。在 17 世纪 40 年代发生于巴西的荷兰—葡萄牙战争中，荷兰人和葡萄牙人根据标准的欧洲式战争规范对待对方，但双方的殖民地领导人都宣称巴西原住民对其效忠，于是就威胁把对方的原住民战士当作罪犯对待。荷兰人倒是不愿意，可葡萄牙人的确把图皮人（Tupi）战俘当作叛匪绞死，还挑选了一座被攻陷的荷兰堡垒，沿着城墙把他们的尸体挂了起来。

1623年，刚果国王唐·佩德罗（Dom Pedro）致信梵蒂冈，抱怨葡萄牙的罗安达总督若昂·科雷拉·德·索萨（João Correira de Sousa）与因班加拉人结为盟友，动用一支20万人以上依靠食人为生的军队入侵他 170
的王国。葡萄牙人及其盟友肆虐、破坏了许多省份，那里有无数基督徒被杀，此外还有许多人沦为奴隶。出于给人留下深刻印象的目的，唐·佩德罗夸张地声称某个省份里的所有人都被杀掉吃肉了。科雷拉否认唐·佩德罗拥有王位，指控这位国王的支持者发动叛乱，以此证明自己与因班加拉人结盟的合法性。

为了惩罚发动叛乱的原住民，一些帝国领导人从刑事诉讼程序准许的制裁手段中挑选一系列暴力行为，另一些人则选择性地而且往往是创造性地从据说由原住民自己犯下的暴行名录中借用若干。17世纪40年代，荷兰军队在新阿姆斯特丹附近与阿尔衮琴人交战，结果荷兰士兵竟然自行模仿对手投入战斗。荷属殖民地的农民就报告他们目睹过一次流血事件：一些负伤的原住民跑了过去……他们的手被砍掉了，有的人腿被打断了。有些人把肠子抱在怀里，其他人身上有着极为可怕的割伤、劈砍痕迹和创伤，类似的状况在其他地方根本不可能发生。农民们起初以为是莫霍克战士袭击了这些人，但真正的肇事者却是荷兰人。这种故意伤害源自殖民地总督的焦虑，他对无法通过欧洲式刑事诉讼手段处理原住民感到沮丧。在一名殖民者被杀后，他向自己的地方议会发问：“审问这起骇人听闻的谋杀案不对吗？不合适吗……要是印第安人不按照我们的要求交出凶手，难道不应该摧毁他所在的整个村庄吗？”荷兰人最终还是攻击了几个村庄。

就在几年前，格劳秀斯还坚持认为在战时应当放过儿童、妇女、老人、教士、学者和农夫。古奇大体赞同格劳秀斯的看法，宣称“妇女、儿童、病人、老人的确在敌人总数之内……但这些人是不会展开抵抗的敌人，因此，我们就无权虐待这些人”。但在围困、进攻城镇和村庄时，像这样的指导方针是很难遵守的。要是某个帝国的军队从另一个帝国手中夺取了殖民地，他们就会经常掳掠包括妇女、儿童在内的殖民地人口。同样，面对原住民抵抗的殖民者也时常计划迁移或灭绝整个社群。对美洲原住民而言，他们当中有许多人参与过摧毁敌对村庄的行动，欧洲殖民者抵达美洲后，美洲原住民战士也为了限制或减少殖民点的扩张频繁地投入战斗，有些人甚至打算彻底消除殖民地。那些尝试就不可避免将男人和妇女、儿童都视为目标。

1636年，在新英格兰人及其原住民盟友焚毁位于米斯蒂克的村庄
171 之前，曾有一个佩科特人代表团询问一群殖民地士兵他们是否杀害妇女、儿童，士兵以威吓的语气答道：“接下来你们应该会看到那种状况。”佩科特人的问题反映了人们普遍担心有人对装备低劣、无力保护自己的人施加暴行。佩科特战争的另一位参与者发现殖民者不乐意消灭妇孺，而且属于那块地方的印第安人也是如此。尽管如此，佩科特战士还是会杀戮妇女、儿童，不过就杀死的妇孺数量而言，他们远少于殖民者。在袭击康涅狄格的韦瑟斯菲尔德(Wethersfield)时，一队佩科特战士杀死了一名妇女和她的孩子，还抓走了两名年轻女子。他们把妇女的衣服当作划艇的风帆，这显然是为了嘲弄殖民者。新英格兰男孩从小就接受如下教育：兵役能够展现男子气概，好兵就应当保卫家庭里的其他成员。佩科特战士展示了妇女服饰，以此表明他们知道如何令新英格兰人心烦意乱。

类似的事情也影响到美洲的其他地区。在17世纪的智利北部，阿劳坎战士拉着战时抓来的西班牙妇女游行并加以羞辱，他们还蓄意散布正在发动袭击和打算发动袭击的谣言，让西班牙定居者始终处于戒备状态。18世纪的巴西，在那些受到威胁的殖民前哨据点里，定居者会被动员起来保卫自己的社群，抵抗原住民战士的袭击，这些袭击被定居者描述成由纵火、盗窃和谋杀组成的一系列运动。在新法兰西，耶稣会的宣传人员大骂豪德诺索尼部队的残酷行径。与智利、巴西和英美作者倾

向强调原住民针对殖民者的暴行不同，法国耶稣会士主要关注已经皈依基督教的美洲原住民蒙受的痛苦。根据保罗·拉格诺(Paul Ragueneau)的说法，当豪德诺索尼战士在1649年攻破蒂翁农塔特(Tionnontaté)村后：

> 那是一个难以置信的残酷场面。敌人从一位母亲那里夺走了她的婴儿，然后把他们扔进火里，其他孩子或是注视着生病的母亲在他们脚下被殴打致死，或是在火焰中呻吟，无论在哪种状况下，敌人都不准孩子们表现出一点同情心。流泪是一种犯罪行为，这些野蛮人要求他们的囚徒应当像走向胜利一样前往囚禁地点，一个因为自己婴儿死去而哭泣的可怜基督徒母亲被当场杀死，这是因为她依然有爱，无法迅速遏制她的自然情感。

耶稣会士将这些死去的基督徒当作殉教者纪念，而且煽动了豪德诺索尼人的怒火。

殖民者的作奸犯科

在各式各样的殖民环境下，都曾有欧洲观察者表示美洲原住民战士 172
对妇女实施的暴行令人恐惧。原住民对殖民者暴行的回应相对而言没有那么容易记录，但有充分证据表明双方在强奸问题上存在明显分歧。殖民者在战时指责美洲原住民犯下强奸恶行，可是，有几名身处北美的殖民地评论家却流露出惊讶之情，他们承认原住民战士根本没有强奸，这就在无意间说明了问题。根据新英格兰人威廉·哈伯德(William Hubbard)的说法，在17世纪70年代的菲利普王战争期间，原住民战士根本没有做出任何针对妇女的不文明举止，也没有尝试破坏任何人的贞操。玛丽·罗兰森和科顿·马瑟(Cotton Mather)证实了哈伯德的观点，到了18世纪40年代，威廉·道格拉斯已经得出了一个普遍结论：“原

图 7.5 一名正在袭击妇女的欧洲军人。克里斯蒂安·里希特作于 17 世纪中叶。里希特 1613—1667 年在魏玛工作，这幅画反映出三十年战争期间德意志人的经历。收于慕尼黑邦立平面艺术陈列馆

住民战士从不对我们的女性俘虏施加暴力。”

这些作者的惊诧揭露了内情。欧洲人在有关战争的论述中谴责强奸，但有充足证据表明欧洲军人强奸妇女。强奸妇女是交战各方在战时普遍发出的抱怨，也是令指挥官遭遇纪律难题的根源之一。在极少数情况下，指挥官还会以集体强奸作为威胁，用这种方式恐吓对手，比如说

在加拿大作战的詹姆斯·沃尔夫(James Wolfe)。

近代早期的美洲原住民妇女几乎没有写出一份针对强奸的书面抗议，但欧洲人留下的记录却暗示强奸事件颇为常见。以1637年的佩科特战争为例，约翰·温思罗普描述了他遇到一名被俘妇女的状况。她乞求温思罗普放过她。他写道，“她们的第一个要求就是希望英格兰人不要凌辱她们的身体”。在18世纪西班牙人征服上加利福尼亚(Alta California)期间，士兵们一再犯下强奸罪行。按照加利福尼亚传教团团长胡尼佩罗·塞拉(Junipero Serra)的说法：

> 早上，六七名士兵会一起出发……前往远在好多英里之外的牧人棚屋(*rancherias*)。当男人和女人出现在他们视野里时，那些人就会逃跑……士兵就像套住母牛和骡子一样娴熟地用套索抓住印第安女人，她们接下来就成了士兵放纵自己欲望的受害者。有几个竭力保卫女人的印第安男人被开枪打死了。

西班牙士兵在强奸现场遭遇了加利福尼亚原住民的抵抗。而在另一些地方，在强奸发生后，原住民战士会重组部队，进行有组织的惩戒行动，发动报复性突袭。1653年，当法国士兵在多米尼克(Dominica)强奸了加勒比妇女后，作为报复，加勒比战士就在多米尼克附近的玛丽—加朗特岛上摧毁了一个法国定居点。

迷失、恐惧与混乱

从15世纪开始，大西洋世界的许多战争要素使人们彼此疏远，从而帮助界定了随着时间流逝变得越发鲜明的种族类型。对原住民战士秘密行动能力、杂耍般活动能力和作战进程的夸张评估导致他们在欧洲人 173
眼里变得极其可怕。既有针对欧洲人关于食人的流言，也有针对非洲人和美洲原住民的类似流言，它们促使大洋两岸的人们彼此将对方视作无情、危险的家伙，将冲突和个体的湮灭联系起来。至于交换、展示头颅

和其他身体部位，如果这样的姿态超出了双方共同理解的背景，也会产
生类似的影响，如果对立双方并没有就酷刑的目的达成一致，那么酷刑
174 的后果也是如此。集体强奸事件导致对立双方走向极端化，促使强奸者
残酷对待抗拒他们的人，乃至剥夺那些人为人的资格，被强奸者和这些
受害者的捍卫者则有可能把强奸者视为禽兽。

欧洲帝国的领导人将他们自己想象成秩序的代表，讽刺的是，他们与非洲人和美洲人的交往时常加剧了道德上的混乱，到了危急关头，殖民地官员有时还认为可以通过灭绝整个原住民族群解决问题。经历了波瓦坦人的袭击后，弗吉尼亚殖民地的领导人在1622年发誓要消灭他们的原住民对手，“根除他们，让他们从地球上消失”。1679年，马提尼克和多米尼克的法国殖民地官员在与加勒比战士维持了数十年复杂关系后，终于决心彻底毁灭加勒比人。他们制订了一份详尽的计划，计算了进行一场战役所需的船只和武器费用，这场战役将令他们走遍加勒比海周边的诸多地区。弗吉尼亚的英格兰人和多米尼克的法兰西人都声称他们遭到了敌人的武装挑衅，但他们也从经济层面证明种族灭绝计划的可行性。弗吉尼亚总督弗朗西斯·怀亚特(Francis Wyatt)指出，“驱逐野蛮人将开辟这个国度里用于增加畜群自由的放牧场”。法属安的列斯总督让-巴蒂斯特·帕图莱(Jean-Baptiste Patoulet)则强调加勒比人作为奴隶的价值，鼓吹对他们发动进攻。

但是，想象种族灭绝总是比实行种族灭绝更容易。1763年，杰弗里·阿默斯特(Jeffery Amherst)将天花病人用过的毯子作为礼物送给美洲原住民，这是北美历史上最为野心勃勃的种族灭绝计划之一。如果他的计划能够实现，就可以在美洲原住民当中肆意传播疫情，而且可能会造成大规模流行。他打算使用狡诈的手段匿名进行无礼的谋杀，根本不想伪装成正在教育、启迪的样子。可是事实证明他的努力是徒劳的，因为我们现在已经知道天花很少会通过布匹传播。

阿默斯特是在深感沮丧的时刻制订了他的计划的。和其他英国官员一样，他曾经希望北美的权力平衡已被英国在加拿大击败法国人的事实

改变，于是，英国就再不用像从前那样和美洲原住民谈判，英国代表团再不需要向原住民领袖送礼，也不用在聚会上以尊敬的态度和他们坐在一起。可在1763年战争结束后，恢复秩序仍然需要妥协。英国人改变了方针，重新执行起培养同盟、精心维护同盟的政策。

实际上，无论哪位军事领导人梦想进行种族灭绝，他的努力都会落空，这是因为所有殖民者的杀戮都存在局限性。弗吉尼亚在1644年和1676年与原住民进行了两场大规模战争，此后，它与阿尔衮琴人、苏人和易洛魁人结成同盟，利用这一关系维持和平、促进殖民扩张，由此 175
取得了更大的成功。17世纪80年代，由于路易十四拒绝批准殖民者的种族灭绝计划也不予拨款，法国政府就倾向对加勒比人和加勒比海地区的其他原住民采取亲善的外交方针。在南北美洲大陆的多数地方，原住民依然保留了军事力量。许多地方的原住民人口多于殖民者，也能够利用欧洲人之间的对立获得盟友，获取外交影响力和补给。另一方面，尽管欧洲帝国频繁地破坏彼此的美洲殖民地，原住民战士却很少能够打垮已经站稳脚跟的殖民者。普韦布洛人的确在1680年摧毁了大部分新墨西哥殖民地，但那终究是个特例。殖民地虽然能够生存发展，但定居在殖民地边缘的殖民者仍然颇为脆弱。一些学者已经指出在日后成为美利坚合众国的地方，这类情形导致殖民者当中出现了一种独特的战争方式，一种狭隘是非观念且强烈、极具报复性的美国式“战争方式”。而在其他地区，只要殖民者还觉得他们遭到原住民的包围和威胁，就也会被持续存在的危机感困扰。

就其本身而言，原住民社群则遭遇了令人痛苦的迷失。长期以来，学者一直在争论美洲战争是否因为殖民化而变得更加致命。按照一种古老的观点，在欧洲人到来之前，战时的整体死亡率保持在较低水准。由于战死相当罕见，战士会慢慢地折磨俘虏，把俘虏身体的某一部位当作珍贵的战利品。现在也有考古学家和历史学家指出殖民之前的美洲战争所造成的人口死亡率与此后的战争几乎相当。不过，清点战死人数总归是相当困难的，要是想有效地进行分析，就得把与战争相关的死亡和疾病、驱逐、强制劳役和移民造成的影响进行区分。

15、16世纪，欧洲人将新的病原体带到了美洲，让原住民患上了天花、麻疹、流感和其他疾病。流行病席卷了村庄、城镇和国度。人传人的疫情往往比欧洲人来得更快。有些人在尚未接触殖民者或兵卒之前就已病倒。可在加勒比诸岛和墨西哥等地，疾病确实是在与欧洲远征军接触的那一刻到来的。一份写于16世纪20或30年代的材料在用纳瓦特尔语(Nahuatl)描述墨西哥城市特拉特洛尔科(Tlatelolco)时将人体的损毁和景观的破坏联系在一起：

> 断裂的骨头散落在马路上，破碎的头颅，没有屋顶的房
> 屋。墙壁被血染红了。蠕虫从掉落在街上的鼻子里爬出来，脑
> 176 浆把房屋的墙壁弄得相当湿滑。水被血染红。于是，我们走
> 了，我们喝了令人作呕的水。

正如这份描述特拉特洛尔科的材料所示，疾病、战争和衰败十分彻底地融入了征服和殖民进程，以至于无法将它们造成的诸多人口统计学影响从整体影响中分离出来。冲突造成的必需品匮乏和生活压力导致人人都更容易得病，但显而易见的是，流行病在侵袭人群的那一刻并没有平等影响到所有人。对于第一代接触西班牙人的美洲人来说，他们很难把疾病和战争体验区分开。几乎从西班牙人抵达美洲的那一刻起，迷失、高度恐惧和混乱就成了美洲战争中的普遍特征。

第八章

奴隶制与陆战

南美洲的加勒比战士曾在 18 世纪把原住民俘虏出售给荷兰殖民者。177
根据一份写于同一时期的记载，加勒比人为了抓捕俘虏而袭击内陆印第安人，这些俘虏后来会被卖给荷属殖民地的居民。

> 这种状况下，他们在夜间包围这些印第安人分散的房屋，趁着印第安人还在睡觉，根本不担心危险，轻而易举将这些人全部抓住。然而，男人就算被卖做奴隶也很可能会逃跑，于是男人通常会被处死，只有女人和儿童会留下来日后出售。

杀死成年男性战俘既符合加勒比人的军事需要，也满足荷兰人的需求，后者倾向于购买美洲原住民中的年轻人和女人充当奴隶，成年男性奴隶则会从非洲购买。这种性别选择过程以及加勒比人和殖民者的倾向性都反映出一点：在近代早期的大西洋世界各地，重新分配奴隶人口时总会受到战争和军事考量的影响。

在 16 世纪的阿斯特卡人当中，战时俘获的成年男性时常得面临处决，而妇女、儿童则会被留做奴隶。总的来说，在近代早期的交战地区，当俘虏被扣押在距离被俘地点较近的地方时，捕获方出于实用主义考量，时常会倾向于保留妇女和儿童，这是因为成年男子往往更为危险，也难以掌控。如果落入捕获者手中的男子免于一死，他们后来就有可能发现亲属里的妇孺都已被带走并沦为奴隶，只有自己被留在原地。

在18世纪初的密西西比河下游流域，前往坦萨人(Taensa)①村落的行人会遇到数以百计的单身男子，袭击者抓走了大部分妇女儿童，却忽略了他们。

从奴隶贩运到非洲之外的详细记录可以看出明显的性别分化和年龄段分布特征。从这个大洲运走的绝大部分俘虏是14到30岁之间的男
178 性。根据这类记录可以得出，女性俘虏被留在非洲充当奴隶的概率是男性的近3倍，儿童被扣留下来的概率还要更高。这种特征反映出非洲人的偏好和欧洲人的需求。在向欧洲供应战俘的大部分地区，当地奴隶人口中的主体都是女性。刚果的贵族依靠蓄养几十乃至上百个妻子让自己享有盛名，而这些妻子里有许多是被当作奴隶弄到手的。1785年，在几内亚湾公司工作的德意志外科医生保罗·埃德曼·伊泽特(Paul Erdman Isert)描述了一位西非国王以夸耀的方式款待欧洲人，国王身后跟随着一支女性扈从队伍。

> 在让我们等待他半个多小时后，这个强有力的人终于出现了，他本人身后还跟着非常多的乐师和妇女。后者用棕榈叶制成的扇子赶走苍蝇，同时也以这种方式把新鲜的空气送到他身边。还有人举着一把大伞在他头上转动。

除了提供私人服务和仪式性工作外，女性奴隶还要承担繁重的体力劳动，其中的典型工作就是处理渔获物或充当搬运工。罗伯特·诺里斯(Robert Norris)在1773年到访维达时遇到了国王的“掌马大臣”，此人负责监督为王室提供给养的种植园，还要确保在那里种地的妇女不会玩忽职守。在大西洋世界各地的许多社会里，沦为奴隶的女性要多于男性。

在近代早期横跨大西洋贩运奴隶的商人眼中，成年男性奴隶的价值

---

①原文误作Taena，据引用著作Gallay, *Indian Slave Trade*, 116修正。

要高于女性，这就打破了一种曾在古代欧洲盛行一时、当时仍普遍存在于非洲和美洲的行为模式。奴隶贩子认识到一点：如果要将男子束缚在奴役状态中，就需要动用更强的军力。将男子从非洲带走表明他们对自己控制男性俘虏的能力相当自信。奴隶贩子认为男子承担重体力劳动的能力较强，按照他们的判断，这种优势足以抵消贩运男性奴隶遇到的风险。

可是，既然欧洲和美洲都有壮汉，为什么他们还要去非洲购买奴隶呢？要想解释为什么商人喜欢把非洲作为男性奴隶的来源，冰岛是一个很好的例子。

冰岛事件

1627 年夏季，四艘私掠船离开北非前往冰岛发动袭击，抓捕俘虏，这当中有三艘船从阿尔及尔驶出，还有一艘来自位于非洲大西洋沿岸的塞拉(Salé)。其中一艘船攻击岛屿西侧的沿海居民点，另外三艘则一起攻击东海岸、南海岸以及位于冰岛主岛以南的韦斯特曼纳群岛(Westman Islands/Vestmannaeyjar)。到了韦斯特曼纳群岛后，最大的一艘船在距离海岸很远的地方下锚，安全地待在深水区。它的目的只是为 179
了运输人员和补给，即把士兵带到冰岛，再把俘虏带走。在为期 1 个月的时间里，袭击者杀死了大约 40 个冰岛人，俘获了 400 人，他们准备把这些人带到非洲当作奴隶出售。奥拉维尔·埃吉尔松(Ólafur Egilsson)就是在韦斯特曼纳群岛被抓走的。根据他的记述，“袭击者就像是猎犬一样以狂暴的速度冲过岛屿，像狼一样嗥叫，弱小的妇女儿童无法逃脱……只有少数最强壮的人，或是不用搬东西的人，又或是毫不引人注意的人才能逃过捕获”。

其中一艘船的船长出生在尼德兰，他原名扬·扬森(Jan Jansen)，但自从开始跟随北非私掠船出海后就以穆拉特·雷斯(Murat Reis)[①]的

① 穆拉特·雷斯意为穆拉特船长。

名号为人所知。他先是在荷兰私掠船上服役，在对抗西班牙的战争中汲取了自己最初的作战经验。1618 年左右，他在加那利群岛被北非袭击者俘获，随后改宗伊斯兰教。雷斯拥有罕见的宝贵的海战知识，他在塞拉城的私掠者中拥有显要地位。根据某些记载，制订袭击冰岛的计划并督促实施的人正是雷斯。还有些出生在欧洲的人也到私掠船上工作，按照埃吉尔松的说法，船员中包括来自英格兰、德意志、斯堪的纳维亚和西班牙的人。这当中的大部分人是被迫从事船员工作的，有时会被痛打一顿作为“酬劳”。

欧洲船员中有不少人被当成奴隶扣在船上，但也有些人依靠改信伊斯兰教获得了自由。埃吉尔松指责那些改宗的人是叛教者和恶棍。他声称“他们是迄今为止最糟糕的人，对待基督徒相当残暴。正是他们把抓来的那些人捆绑起来，也正是他们杀人、伤人”。其中一艘船的领航员是丹麦人。有人说他拒绝皈依伊斯兰教，可由于他熟悉冰岛海岸——这一点相当有价值——他就设法说服了自己的主人：只要他能够引导他们安全登陆，就给予他自由。这些私掠者特别重视拥有航海经验的欧洲俘虏，但袭击者中也有些欧洲人是在陆地战斗中表现突出，埃吉尔松就是被英格兰人抓住的。

> 我们和其他人一同奋力挣扎，坚持了很久，直到他们用长矛的底部击打我们为止，我们被打败了，不得不屈服。那些袭击我们的家伙大多是英格兰人，我从那时起就一直奇怪他们为什么没把我们统统打死。

那些把埃吉尔松打到屈服的英格兰人里可能就包括短短几天前刚被私掠者从船上抓来的渔民。

埃吉尔松和在 1627 年被抓走的其他冰岛人认为：参与此次袭击的
180 英格兰人和其他欧洲人违背了约束基督徒应当如何对待彼此的一系列惯例。在中世纪的冰岛和欧洲，奴隶制曾是一种普遍现象，可到了 17 世纪，除了用奴役来惩戒罪犯外，岛民就和西欧各地的人们一样，很少把群体里的其他人置于永久桎梏之下了。三十年战争期间，法国人把西班牙和葡萄牙战俘送到地中海的桨帆战舰上划桨，即便在敌对状态结束后也依旧让他们从事苦役，但对欧洲人来说，以这种方式役使战俘终究是不寻常的。学术界的舆论也不断地反对这种做法。荷兰哲学家雨果·格劳秀斯承认战俘自古以来就被当作奴隶，但他宣称基督徒已经普遍认可“在他们之间的战争中产生的战俘不得被贬为奴隶，不得买卖，不得强迫接受劳役，不得承受类似于奴役的伤害”。就在欧洲基督徒越发反对奴役沦为战俘的欧洲基督徒时，司法当局仍然不断判处这些人从事长期强制劳役作为惩罚。所谓的叛军，比如说 17 世纪 40 年代内战中抓获的某些英格兰、威尔士、苏格兰和爱尔兰效忠派战俘，被从速从快地指定为罪人，然后运送到北美和加勒比海地区。在 16—18 世纪，劳役犯普遍存在于欧洲和欧洲的跨大西洋帝国。为了给殖民地提供劳动力，给桨帆战舰提供桨手，死刑会被减免成长期强制劳动。17 世纪 80 年代，法国人面临劳动力短缺，于是就从萨伏依(Savoy)①购买囚犯分配到地中海舰队划桨。法国人在 18 世纪还从波兰和西班牙购买用于桨帆战舰的囚犯。

在欧洲

西欧各国政府通常都坚持认为他们自己治下的臣民只有在被正式判刑、定为从属对象后才可以受到长期强制劳役的惩罚。可正如 1627 年发生在冰岛的事件所示，欧洲人依然很容易面临奴役的伤害。在 17 世纪初，可能有多达 10 万欧洲人在北非和中东充当奴隶。北非的欧洲奴隶年均死亡率大约是 17%，这些沦为奴隶的男子、女子和儿童中仅有不到 5%最终能够被赎回。在 1627 年之后的 8 年时间里，400 名被抓走的冰岛人里有 330 人死去。幸存者中共有 34 人被赎回，其中仅有 27 人设

---

①领土包括今意大利西北部和法国东南部的部分地区。

法回到冰岛。抓捕、奴役、买卖欧洲基督徒的行径在整个大洲激起了愤怒。像埃吉尔松这样的俘虏强调自己的无辜，指出他们从没做过任何应当让自己面临如此悲惨命运的事情。他们大力贬损北非私掠者，对那些时常负责指挥、引导捕奴分队的欧洲人攻讦尤为猛烈。埃吉尔松将他们描述成“撒旦的仆人，所有渎神行为之父”。

埃吉尔松和其他许多人表达出的共同愤慨有利于欧洲基督徒为自己从事北非战俘贸易辩护，在这种贸易中，他们尤为关注那些曾在北非私
181 掠船上工作过的人，根据欧洲基督教的普遍观点，这些桨手、水手和战士理应受到惩罚和支配，但这些人作为奴隶也价值颇高。就像私掠者重视拥有航海技能的基督徒战俘一样，欧洲基督徒也会搜寻来自桨帆船的穆斯林男子，因为通常认为这些人拥有特殊的力量和技能。

西班牙王国政府声称拥有在海上俘获的全体穆斯林战俘的所有权。西班牙桨帆战舰上的穆斯林划桨奴和囚犯一起工作。他们时常会被安排到划桨末端的地方，那里可以说是最难划的位置。在西班牙桨帆战舰上，穆斯林奴隶和一些已经由伊斯兰教改宗基督教的人会承担一些负有责任的职位，他们帮助看管囚犯，在囚犯生病时也要负责照顾他们。另一些沦为奴隶的穆斯林俘虏包括男子、妇女和儿童，则被当作家务仆役，有些男人还被卖到阿尔马登(Almadén)汞矿工作。在地中海的其他地方，比如说马耳他和里窝那(Livorno)，成千上万的穆斯林男性奴隶被出售给西班牙、法兰西、托斯卡纳、那波利、热那亚和英格兰买主。这些市场上当然也能买到妇女和儿童，但相当一部分待售俘虏原先就曾在桨帆战舰上工作，他们注定要重新参与海上的艰苦劳动和兵役。地中海奴隶贸易极为重视男人的价值。

地中海市场赤裸裸地按照地区和信仰划分人员类型。在马耳他和里窝那只能买到穆斯林，却买不到欧洲基督徒。基督徒的这种政策是在效仿穆斯林的禁忌，后者禁止穆斯林之间存在奴役关系。不过，基督徒也不会一直将自由赐予皈依者。在整个信奉基督教的欧洲，围绕皈依对奴隶地位的影响一直存在争论，然而，免于奴役的宗教豁免权还是优先用

于拥有欧洲血统的人。近代早期的欧洲基督徒很少会在其他场合根据共同的利益和信仰行事，也很少表达出如此的团结一致。当欧洲基督徒和殖民者想要弄到奴隶时，就会前往被自己认定为非基督教地区的地方——也就是非洲和美洲寻找奴隶。他们在这方面的坚持促进了跨大西洋奴隶贸易航线的形成。

地中海奴隶贸易促使欧洲人坚信只有某些特定类型的人，才应当沦为奴隶。基督徒评论家长期以来一直谴责无缘无故地袭击和捕获显然无害的受害者。除了指责北非私掠者外，某些基督徒评论家还将上述原则用于批判其他欧洲基督徒对待非欧洲战俘时的做法。1511 年，反对奴 182
役伊斯帕尼奥拉岛原住民的修士安东尼奥·德·蒙特西诺斯(Antonio de Montesinos)在圣多明各举行了一场布道。面对一群西班牙会众，蒙特西诺斯恳求道：

> 告诉我，你们凭借什么权力让这些印第安人陷入如此残酷、恐怖的奴役？你们依靠什么管辖权向这些人不宣而战？他们在自己的土地上生活得和平安宁，结果被你们用闻所未闻的野蛮行径杀死、消耗了这么多人。你们为什么要始终让他们疲惫不堪、饱受蹂躏，既不给他们东西吃也不治疗他们的疾病？于是，他们就因为你们施加的繁重劳动而死，为了每天挖出黄金而死，还不如说是你们杀掉了他们。

蒙特西诺斯表达出一种在整个西班牙帝国里到处蔓延的焦虑感。这种焦虑始于 1495 年，当时有 12 艘船携带 350 名美洲原住民俘虏抵达西班牙，这 350 名俘虏实际上只是幸存者而已，他们所在的群体最初有 550 人，原本计划从伊斯帕尼奥拉岛横跨大洋运出来卖做奴隶。伊莎贝拉女王干预了这件事，她禁止出售俘虏，但其中还是有 50 名年龄在 20~40 岁之间的男子后来被送到桨帆战舰服役，其余人员去向不明。1503 年，伊莎贝拉女王宣布伊斯帕尼奥拉岛的原住民是自由人而非奴隶，但她又自相矛盾地向西印度总督下令，强迫上述印第安人与岛上的基督徒合作，在他们的建筑物里工作，去收集、开采黄金和其他金属，去耕耘农田，为基督徒居民生产食物。西班牙王国政府要到 1542 年才明确禁止奴役美洲原住民，截至此时，西班牙军人和殖民者已经捕获、奴役了至少上万名甚至可能是数十万名美洲原住民。

在美洲

1542 年后给予美洲原住民的保护与已经赐予欧洲基督徒的保护截然不同。对待奴隶制的欧洲意识形态当时尚在形成发展阶段，西班牙施行的政策则突出表明了战争在这当中的重要性。西班牙帝国里的殖民者仍然可以合法购买已被他人捕获、奴役的美洲原住民。西班牙人也在持续运用其他巧妙手段迫使美洲原住民投入工作，比如说还不完全等于奴隶制的强制劳动体系。大多数欧洲人和殖民者认为包括奴隶制在内的强制劳动制度具备合法性，但许多人对没有正当理由便直接参与捕获、奴役他人的行动感到良心不安。

佩科特战争期间，新英格兰士兵在 1637 年执行一种杀死成年男性战俘，奴役妇女、儿童的政策。用爱德华·约翰逊(Edward Johnson)的
183 话说，“他们把印第安女人和一些年轻人带回了家，但发现男人在参与战争期间罪孽深重，就仅仅带走他们的头颅作为胜利纪念品”。新英格兰人在一场交战中抓获了 105 名俘虏，其中有 24 个成年男子。他们当场杀掉了 22 名男子，暂时留下充当向导的另外 2 人的性命，把 81 名妇孺当作奴隶带走。这些俘虏里的确有些人会被分配给新英格兰人的原住民盟友，但其中大部分还是送到殖民者家庭充当奴隶。等到交战结束时，新英格兰人已经奴役了大约 300 名佩科特人，其中大部分还是妇女、儿童。殖民者的纳拉甘塞特盟友反对这一政策，他们发出抗辩，认为那些还没有拿起武器的俘虏就不应当像在交战中被俘的人那样遭到奴役，而是应当给予温和对待(按照他们所说，这是他们的普遍习惯)，给他们分配房屋、财产和田地。虽然纳拉甘塞特人的抗辩失败了，但在

随后几年里，大部分惨遭奴役的妇女、儿童还是逃离了他们从属的殖民者家庭。

1641 年，马萨诸塞地方议会宣布：我们当中不应当存在任何奴隶身份、隶农身份或奴役状态，只有在正义战争中合法捕获的战俘和自愿卖身给我们的陌生人是例外。马萨诸塞的殖民者对与佩科特人的战争属于正义战争充满自信，他们持续不断地追捕逃离奴役的妇女、儿童。在 1675 年的菲利普王战争期间，新英格兰人又一次奴役战俘。在那场冲突期间，各个殖民地议会和法庭发布了诸多旨在确保军人和奴隶主有权捕获美洲原住民的判决和命令。

在非洲

殖民者在就蓄养非洲奴隶的问题发声时就没那么多顾虑了，这种状况不仅发生在新英格兰，也普遍存在于美洲各地。事实上，人们可能普遍忽视了在非洲发生的奴役过程。让・巴尔博在写于 17 世纪 80 年代的著作中谈道，“许多欧洲人认为父母会出售他们自己的孩子，男人会卖掉他们的妻子和亲属”，但这样的事件实际上相当稀少。根据巴尔博的说法，在维达这样的地方，出售的人一般是战俘，就像其他战利品一样是从敌人手中夺来的。不过，他也承认可能有些人是被他们自己的同胞在面临物资极度匮乏或遭遇饥荒时卖掉的，也有些人是因为犯下了可憎的罪行而受到惩罚。

欧洲人很少会讨论导致非洲人沦为俘虏的战争，即便在进行讨论时，也只是笼统地加以评论，几乎不会认为其中任何一场特定冲突是正义的。与此相反，欧洲人和殖民者却会较为频繁地指出非洲人卷入了无穷无尽且漫无目的的自我毁灭式暴力。1684 年，托马斯・特赖恩(Thomas Tryon)声称在非洲，那些最强大、杀人最多的人肆意杀戮、谋害其他人，他们给别人留活路可不是出于怜悯或善心，而是通过把那些人变成“货物”，使其面临奴役来满足自己的贪欲。有些殖民者断言跨大西洋奴隶贸易将非洲人从他们自身的战争中解救出来，以此为奴隶贸

图 8.1　1793 年，英国贩奴船船长塞缪尔·甘布尔绘制了非洲战俘被带往沿海地带出售的画。收于皇家格林尼治博物馆

易辩护。当时有一种广为流传的说法认为非洲的战争残酷、持续不断、以金钱为目的而且表现出自我毁灭倾向，这样的说法巩固了一种越发盛行的种族主义意识形态：非洲人特别是深色皮肤的非洲人，无法理性地
184 自治，因而适于实行奴隶制。废奴主义者最终会指出是奴隶贩子致使非洲战争升级，以此回应上述论断，但至少到 18 世纪中叶为止，较为普遍的观点仍是欧洲人只是买下已经沦为奴隶的人，他们无须在道德层面

为捕获、奴役过程负责。

16 世纪初，刚果王国里有个名叫费尔南德斯（Fernandes）的葡萄牙 185
传教士买下一名刚果妇女充当奴隶。他和这名女奴发生了性关系，女奴产下一个婴儿。1514 年，刚果国王阿丰索（Afonso）致信葡萄牙国王，抱怨费尔南德斯的行径。阿丰索表示在刚果有许多葡萄牙人如此行事，而这个传教士的做法堪称典型。此后几年里，阿丰索给葡萄牙的诸位国王写了一系列书信，他在信中概述了应当如何在刚果实施奴隶制，其中包括了应当奴役谁、由谁购买奴隶和在什么地方出售奴隶。他主张禁止葡萄牙传教士购买任何女性，葡萄牙人作为一个整体也应当停止带走他的国民，这些人是土地之子，是王的贵族之子，是王的附庸、王的亲属。阿丰索认为葡萄牙人只应当购买刚果人以外的战俘作为奴隶。

之后的一段时间里，阿丰索及其后继者采用多种手段隔离刚果的奴隶市场，以保护他们的人民，使其免遭诱拐、虐待和流亡。他们仔细地巡察港口，要求提供流入大西洋奴隶市场人员的身份证明。而在大批刚果奴隶被卖到国外的地方，他们还会采用特别手段设法使其遣返回国。在 16 世纪 70 年代末 80 年代初的一场战争期间，据说因为不得已的缘故，父亲卖掉儿子，兄弟卖掉兄弟，每个人都竭尽所能以任何方式获得食物。生存条件有所改善后，刚果国王阿尔瓦罗（Àlvaro）就派遣一个使团前往圣多美和葡萄牙回购奴隶，带他们回家。尽管刚果的诸位国王推动把外国战俘当作奴隶售卖、出口的产业发展，但他们在 16 世纪也始终如一地竭力保护自己的人民，使其免受跨大西洋奴隶贸易的伤害。在 17 世纪初之前，刚果卖出去的大部分人要么是罪犯，要么是在战争中从王国之外抓来的俘虏。

跨大西洋奴隶贸易

刚果的管理体制在 17 世纪瓦解了。蔗糖产量的上升导致美洲对奴隶的需求不断增加，跨大西洋奴隶贸易的发展使得管控变得越发艰难。接下来，刚果的政治秩序也崩溃了。相互对立的统治者给对手贴上叛逆的标签，威胁让整个社区沦为奴隶。1653 年，一名传教士在乌洛洛（Ulolo）村被杀，国王加西亚二世（Garcia Ⅱ）随后下令逮捕村庄首领及全部居民。在类似这样的事件中，妇女、儿童会和男子一同沦为奴隶。这些都改变了刚果。根据一位观察者的说法，在 17 世纪五六十年代，刚果一半的人口生活在奴役状态下。由于相互敌对的刚果派系将当地战俘卖到国外，战争也为跨大西洋市场供应了奴隶，乌洛洛的村民就被带
186 到罗安达卖给了葡萄牙人。在刚果和非洲其他地区，战争满足了奴隶贸易的需求，奴役和流放也成了越发强大的战争工具。

大西洋奴隶贸易的发展迫使许多人重新审视奴隶制的价值与目的，重新评估奴隶制与战争的关系。1643 年，刚果国王加西亚二世对这种建立在不断运用暴力基础上的劳动制度的可行性与合理性提出质疑。他为奴隶贸易导致的苦难感到遗憾，还特地就与奴隶制相关的战争发出了控诉，正是那些战争促使他的王国陷入分裂和收缩。

> 在其他地方，用作货币的是金、银和其他货物，而这里的交易品和货币都是人，不是用黄金来计量，不是用布匹来计量，而是用人来计量。这是我的耻辱，也是先辈的耻辱，出于单纯，我们让许多罪恶有机会出现在自己的王国，其中最重要的就是那些妄称我们从未统治过安哥拉和马坦巴（Matamba）的人。武器的差异让我们丢失了那里的土地，暴力令我们丧失了权力。

在近代早期，战斗体验及其后果始终为有关奴隶制和奴隶贸易的争论注入动力。反对奴役、买卖俘虏的人指出这类做法损害了社会的凝聚力，导致政局不稳和暴力长期存在。这样的关切最终导致了废除奴隶制的呼声高涨，而早在那种呼声出现前，战时的敌意和与军事冲突相关的其他动态变化就已经使得奴隶挑选过程发生了扭曲。

很少卷入战争的群体，例如北极地区的人群，并不具备强迫他人屈

图 8.2　刚果国王加西亚二世与欧洲传教士交谈。收于拜内克稀见图书与手抄本图书馆，耶鲁大学

服、使其沦为奴隶的能力和渴望。作为对比，处于交战中的非洲和美洲社会多数会蓄奴。在某些地方，有人可能生来就是奴隶，或是被他们的父母或亲属卖做奴隶，犯了错误的人也时常被判处奴役刑罚，但绝大部分蓄奴社会都有大批奴隶是在战争中捕获的。南美洲的某些原住民用宠物来指代战俘，这种类比吐露了真实想法。南美人杀死野生动物的父母，然后承担起家长职责，以此将它们转化为宠物。这种过程虽然暴力，但也是在同化。他们把幼年的动物带进家庭内部，创造出的情感，逾越通常情况下的古板界限。许多美洲原住民把他们的战时对手妖魔化、非人化，但收养、亲近战俘却也在相互交战的社群之间建立了纽带。和非洲一样，南北美洲的原住民时常与沦为奴隶的战 187
俘通婚。

然而，在大西洋世界的几乎所有地方，随着跨大西洋贸易的发展，

战争与奴隶制的关系都发生了变化。大西洋奴隶贸易创造了保留战俘性命将他们卖到远方的动机，这又促进了各地冲突的螺旋式上升，从而为奴隶贸易供应了“货物”。大西洋贸易也改变了战败的后果，男人、女人和儿童可以被日复一日地运到主人手中。

美洲殖民地的奴役体验差异巨大。有的奴隶或是和他们的主人住在一起，或是分成小群体居住。有些居住在城市里的奴隶劳工、匠人和居住在偏远地区的奴隶牧人过着相对独立的生活。而在另一个极端，大型种植园里农业工人的生活方式往往像是最糟糕的兵役生活。甘蔗种植园里的奴隶住在营房里，以小队为单位工作，时常受到监督，而且会经受严厉且有时颇为专横的体罚。生活在上述环境下的奴隶力求组建、维持
188 家庭，可他们时常年纪轻轻就已死去。18 世纪中叶，运抵英属西印度群岛的奴隶有高达十分之一的概率在一年内死去。将近五分之一的奴隶会在抵达目的地后的 3 年之内死去。1626 年到 1807 年，共有 38.7 万奴隶来到巴巴多斯，可英国当局在 1834 年清点当地奴隶人口时发现仅存 8.4 万人，这是废奴进程的一个组成部分。特赖恩在 17 世纪 80 年代评论加勒比海地区环境时表示，“它看起来就像是战神马尔斯的疆场，时常需要新兵去填补被杀士兵的位置”。

反抗与逃离

美洲的奴隶制激起了武装反抗。1521 年，伊斯帕尼奥拉岛上有 20 个非洲人逃离了一座甘蔗种植园。起义的消息随即流传开来，这些造反者很快就从其他种植园吸引了 20 个人。他们袭击了一个牧场，杀死了一些西班牙人，解放了在那里当奴隶的人，其中还包括 12 个美洲原住民。他们拿走了牧场里的食物，随后烧掉了建筑物，然后继续进军。他们一路吸收新兵，等到被一支殖民军拦住时已经集结了 120 人之多。在距离殖民地首府圣多明各几英里远的地方，双方展开了一场小规模战斗，6 名逃奴战死，其他人多数逃入山地，在那里加入了一个由逃奴建成并持续发展的“密营—村庄”网络。这些也可以称作马龙人的逃奴包

括了西班牙人从其他岛屿抓来的美洲原住民、从西班牙和加那利群岛带来的非洲奴隶和另一些直接从非洲运来的奴隶。1521 年的逃奴中还有许多是信仰伊斯兰教的沃洛夫人，他们是刚刚被人从塞内加尔运到伊斯帕尼奥拉岛上来的。

就在两年前，伊斯帕尼奥拉岛上的几群泰诺(Taino)原住民在逃离西班牙人指定给他们的村庄、拿起武器发动反抗时，这个岛屿的社会、政治稳定性都受到了动摇。其后 10 年里，非洲奴隶、原住民奴隶与泰诺战士并肩作战反抗西班牙的统治。他们编成小单位联手战斗，袭击岛上的种植园和矿山，恐吓西班牙人，迫使许多西班牙人逃离乡村。截至 1534 年，已有 4000 名战斗人员在反抗西班牙的统治。也正是在那一年，泰诺抵抗运动中权力最大的领导人对西班牙人妥协了，但许多非洲人仍旧拒绝屈服。他们维持自己的马龙人社区，在山里种植农作物，又坚持了 14 年之久。

近来的考古发现证实了非洲人和美洲原住民在这个动乱时期一起找到了避难所，他们相互提供保护，躲藏在伊斯帕尼奥拉岛的山洞里。在其他几个地方，美洲原住民和非洲人群体之间也结成了类似的同盟关系。16 世纪 80 年代，巴西东部巴伊亚湾周边地区的甘蔗种植园里，会使用遭到奴役的美洲原住民和数量日益增长的非洲奴隶从事劳动。从 1585 年起，成百上千的奴隶开始追随某些宗教领袖，这些人在布道中宣扬：现在，上帝要来把你们从奴役中解救出来，让你们成为白人的主 189
人。布道者许诺他们很快就能够不用工作便获得食物，将会飞上天空，将不再害怕刀剑或锁链，因为铁会变成蜡，将无法伤害他们。逃离奴役的人们，包括巴西原住民、非洲人和非洲父母生下的奴隶，在森林里建立了神庙，在那里举行复杂的典礼，创造出一整套自称“神圣”(Santidade)的信仰和仪式，还可能发展出了自己的语言。这个教会依靠鼓励人们逃离奴役发展壮大。他们曾至少一次和种植园主达成和解，而抗拒他们的奴隶主则会遭到袭击。

“神圣”的信徒点燃房屋、摧毁蔗糖作坊、焚烧农作物。根据一个种植园主的说法，“要是奴隶主禁止他们的奴隶追随这种迷信，奴隶就要反抗他们的主人，他们打死打伤主人，抢劫焚烧他们的庄园……他们针对白人发动暴动和大规模叛乱，杀死每一个人”。最终，殖民地还是集结了足够的军力打垮了这场运动。当“神圣”领袖们在会众面前被杀后，绝大多数信徒重新沦为奴隶。尽管如此，此次运动还是确立了一种集体反抗模式，某些特定的“神圣”信仰也可能存续下去。1613 年，马德里收到了如下报告：巴西的两三个地区有成群的印第安人和非洲奴隶逃离他们的主人，和其他人会合到一起，过着崇拜偶像的生活，把自己的社群叫作“神圣”。加勒比海地区出现了类似的现象，也就是逃离奴役的非洲人加入了加勒比人群体。1675 年，背风群岛的英格兰总督报称圣文森特（St. Vincent）、多米尼克和圣卢西亚（St. Lucia）的种植园遭到 900 名美洲原住民和 600 名非洲战士的联手袭击。

和早先出现在巴西的“神圣”运动一样，17 世纪 70 年代的加勒比战士团体的确吸引了非洲人，但非洲人并没有领导他们。其他马龙人群体则表现出较为明确的非洲属性。在巴拿马地峡，有几个合称“锡马龙人”（Cimarrons）的马龙人团体在 16 世纪 50 年代组建了联盟。西班牙人与他们交战多年，战争持续到 16 世纪 70 年代末 80 年代初才宣告结束，直到那时，几个锡马龙人团体才同意放弃营地前往城镇居住，作为交换条件，西班牙人承认他们获得自由。双方执行上述协定期间还进行了一次人口普查，它揭示了锡马龙人团体的内部成分和组织结构。某些锡马龙人领袖使用像胡安·霍洛福（Juan Jolofo，即约翰·沃洛夫，John Wolof）和安东·曼丁加（Antón Mandinga）这样带有非洲式曲折变化的姓名。其中某个团体的一位首领还给自己用上了一位西非国王的名字，这位国王直到 16 世纪 80 年代依然握有强大权力。领袖的姓名反映了他们
190 拥有明确的非洲出身，看上去那些加入他们的人通常也属于同一非洲社会或与该社会结盟的其他群体。比如说，胡安·霍洛福的所有追随者都自称是沃洛夫人或贝尔韦西人（Berbesí）。

17 世纪时，巴西东北部地区一个曾为奴隶的人在描述自身时，会

以类似方式把自己归属于非洲。从1605年起，来自巴西沿海种植园的逃奴在内陆地区一片绵延将近100英里、距离大西洋45—75英里远的宽阔弧状地带建立营地。葡萄牙人用那里生长的棕榈树将这一地带命名为帕尔马里斯(Palmares)，可有些居民却将它称作“安哥拉容加”(Angola Junga)，也就是小安哥拉。17世纪70年代，帕尔马里斯的首领人称“甘加-孙巴”(Ganga-Zumba)，这只不过是把名为“恩甘加·阿·恩尊比”(Nganga a nzumbi)的头衔改写了一下，它指的是中非地区因班加拉人中的宗教领袖。逃奴居民点里的人在接近甘加-孙巴时使用非洲式的敬礼，也就是一边鼓掌一边匍匐在地。他们把自己的设防城镇称作“莫坎布”(Mocambo)或“基隆布”(Quilombo)。这些称呼都来自中非的军事词语。军事术语“基隆博”(Kilombo)要到17世纪中叶的刚果内战中才被用于指代仅包含男性的军营，而在金本杜语(KiMbundu)中，“穆坎博”(mukambo)指的是藏身之处。

对逃到莫坎布的非洲战士来说，在巴西作战带来了特殊的挑战，他们不得不适应环境，有时还需要借鉴盟友和敌人的战术与技术。尽管如此，他们的作战方式仍然反映出这些人的非洲出身。就像中非因班加拉人的基隆博一样，巴西的基隆布是用于交战的。它们周围环绕着两道木墙，木墙之间有一道插着成排钉子的壕沟。这些居民点中最大的一个拥有半英里长、6英尺宽的街道，据说共有1500栋房屋。有些基隆布充分利用包括山地、多树沼泽在内的地貌特点，以此加强防御。基隆布里的居民砍伐树木，把它们堆积到木墙之外阻碍攻击方行进，他们还会挖掘陷阱。荷兰人在1640年首度团结协作尝试摧毁基隆布，其后数十年里，荷兰和葡萄牙指挥官断断续续地发动了多次大规模军事行动，但帕尔马里斯的人民在1694年之前都击退了他们的进攻。在此期间，殖民者也频繁发动小规模征讨，或是企图重新奴役当地人，或是企图摧毁个别基隆布。仅在1654年到1678年，帕尔马里斯就被分别攻击了至少20次之多。

被捕获、奴役之后运过大西洋的非洲战士多多少少会经过一些军事

120 训练，有一定的作战经验，这正是那些在美洲生于奴隶处境中的男孩和男人无法拥有的。到 1833 年，卢库米(Lucumí)男子在古巴发动军事行动时仍然使用异于同时代欧洲或西属美洲战争方式的兵器和战术。他们携带临时凑合的盾牌，以红伞作为权威、地位和权力的象征。他们的指挥官穿着色彩繁多的服装，其中有个人还身着女装。指挥官骑着马，用卢库米语给战士下令，后者会唱着歌、跟着战鼓的节拍行军。战士的武器包括火器、砍刀和矛。他们有组织、有计划地从一座种植园推进到另一座，行军途中集结新兵，杀死路上遭遇的几乎每一个白人殖民者。这些人大多出生在非洲，其中许多人可能在抵达古巴前就有过战斗经历。1844 年，当卢库米人准备在古巴发动另一场军事行动时，一个名叫曼努埃尔·卢库米(Manuel Lucumí)的非洲奴隶被指定为负责集结奴隶的头号鼓手。此人的任务是演奏主鼓，这是因为他在家乡总是带着战鼓。当非洲奴隶联合起来对抗他们的主人时，这些人往往会前往敲击战鼓的地方集结。鼓不仅是召集人员的工具，也会发出信号，让战斗人员有可能协同作战。大规模军事行动需要的是军纪。

如果战士成功逃离了他们的殖民者主人并且建立了属于自己的马龙人自治社区，那么就得做好保卫自己的准备。马龙人的多数大型居民点始于军营，他们多少需要依靠外出劫掠才能养活自己。即便居民点能够维持数十年之久，它们也往往会时刻保持警惕，并且保留明显的军事特征。18 世纪 30 年代初期，一个名叫塞勒斯(Seyrus)的人从牙买加的奴隶制中挣脱出来，在岛屿东部山地中由三个村庄组成的马龙人居民点生活了一段时间，这三个村庄合称南妮镇(Nanny Town)。从 17 世纪 50 年代起，在那些山地里就开始出现马龙人的居民点，不过它们可能只是断续存在的。为了避免被人再度捕获继而遭受惩罚，牙买加的马龙人会撤出他们原有的营地和村庄，在新的地点重建居民点。当一支英国讨伐队于 1732 年攻入南妮镇并将其摧毁时，士兵活捉了塞勒斯并对他严刑拷打。塞勒斯的证词充斥着自相矛盾之处，但仍然提供了与牙买加马龙人社区内部运作状况相关的最详尽描述之一。根据塞勒斯的说法，生活在南妮镇的人共同拥有一名“头人”，此人对一切发号施令，如果有人犯下任何罪行，就会被立刻开枪打死。不过，塞勒斯也承认头人忽视了大量犯罪行为，这是因为他的地位很不稳定。按照塞勒斯的描述，“要是头人犯下任何大罪，他的士兵(按照他们的叫法)就要枪决他，推举另一个人登上他的位子”。

对牙买加西部马龙人居民点的另一些描述则刻画出一个更为正式化的军事机构。西部马龙人的首领库乔(Cudjoe)就拥有为他效劳的军官。

> 这些上尉的主要工作如下：训练他们的部下效仿几内亚海
> 岸黑人使用长矛和轻兵器；以大胆、积极的态度从种植园夺走 192
> 奴隶、武器、弹药等；捕猎野猪；指导其余人等和妇女种植粮
> 食、管理家庭事务。

来自巴西的报道表明那里的马龙人当中也出现了类似的情况。1645年，一个被荷兰人抓获的俘虏报告某个基隆布的“国王”以“严酷的司法”进行统治。每当有团体未经许可试图离开他的居民点，此人就会派遣出生在巴西的马龙人展开追击，“一旦他们被捕，就会被杀掉，以至于恐惧弥漫在他们当中，特别是弥漫在来自安哥拉的黑人当中”。

马龙人的领袖唯恐公开露面和面临外来攻击，为了保守秘密、防止颠覆，他们极力控制生活在自己治下居民点人员的行动。他们时常依靠暴力扣留、控制村庄里的居民，也时常使用武力把新村民带进来。按照一些殖民地蓄奴者的描述，他们依靠偷窃奴隶增加马龙人数量。就像世界各地的其他军营一样，马龙人的定居点普遍存在严重的性别失衡。总的来说，女性不大可能像男性那样投入战斗，也不大可能冒着遭受暴力的风险逃跑。因为群体中的女性相当稀少，马龙战士就时常将妇女作为诱拐目标。1739年，牙买加总督在抱怨马龙人时指出，“在他们进行的所有掠夺当中，这些人都相当频繁地设法弄到黑人妇女、姑娘和女童”。来自牙买加西部的报告表明男人们会分享马龙战士夺得的妇女，而在东

部，每个妇女则会被指派一个伴侣并接受监督，按照塞勒斯的说法，她们会遭到严格的看管。帕尔马里斯战士也以类似方式诱拐妇女，他们抓到的所有人不论男女都会被当作奴隶。可在其他地方，某些妇女却在逃奴群体中崭露头角。曾有个被尊为“上帝之母”的女人帮助“神圣”运动招揽逃亡者。南妮镇也是用一个名叫南妮的显赫妇女命名的，按照一位目击者的说法，“南妮用一根带子环绕着她的腰部……上面悬挂着九把或十把各式各样的入鞘小刀，我毫不怀疑其中有好多把曾经刺进人的肉体”。南妮在自己的村庄里行使一定的权力，但就像其他所有希望逃离殖民地的奴役、生活在马龙人当中的妇女一样，她面临着肉体上的苦难和危险。

奴隶法典

在被带到美洲的奴隶当中，实际上只有一小部分加入了马龙人的居民点，但奴隶的反抗导致殖民地的奴隶主处于防守状态，于是，就影响到居住在蓄奴殖民地内部或附近的每一个人。1680 年，圣基茨的法国殖民者制定了禁止奴隶聚集的规定，哪怕是结婚也不行，并且授权白人
193 殖民者射击、抓捕任何参与未经审批集会的人。根据在圣基茨通过的法规，每一个涉足公共空间的奴隶都需要他的主人开具许可证。这些临时规定后来被并入《黑人法典》(*Code Noir*)，也就是用于法兰西帝国的奴隶法典。

《黑人法典》允许对任何尝试逃离奴役的人施加逐次加重的严厉惩罚。首次违法的奴隶会被割掉他的外耳，并在一侧肩膀打上鸢尾花烙印。第二次违法时要被割断一根腘绳肌腱，导致奴隶就算还能行走，也会走得相当痛苦、困难。第三次违法的处罚就是死刑。英格兰殖民者以类似方式制定了递增的刑罚体系，而且一般来说英格兰殖民地会把大部分处罚委托给奴隶主实施。巴巴多斯 1661 年的奴隶法典成了另外几个英格兰殖民地的样板。它禁止主人出于恶意杀死奴隶，但也规定如果奴隶在接受合理惩罚的过程中死亡，那么主人也无须负责。牙买加追随巴

图 8.3 《一个肋骨被钩子穿过、活活吊在绞刑架上的黑人》(1796 年), 威廉·布莱克作。布莱克为约翰·加布里埃尔·斯特德曼出版的《征讨苏里南叛乱黑人五年记》制作了这幅版画。斯特德曼描述抓获逃奴之后会用钩子穿过肋骨把他们吊起来。收于维多利亚与艾伯特博物馆, 伦敦

巴多斯的先例, 在奴隶主实施惩罚时给予他们很大的自由度, 不过, 到了 1717 年, 殖民地立法机构还是规定: 肢解应当是殖民地为奴隶设立的特别法庭系统的专有特权。那些法庭有时还会下令割掉鼻子、截去耳朵和脚。这些惩罚之所以值得注意, 不仅在于它们造成了永久性伤害而且堪称残酷, 也是因为割鼻和截肢在欧洲并没有被广泛地用作刑罚手段, 即使曾用于美洲的自由殖民者, 应用场合也十分罕见。这样的歧视性做法在许多蓄奴殖民地都颇为普遍。在英国、丹麦、荷兰、法国和葡

萄牙帝国里，尝试逃离奴役却又被抓住的人曾被处以断手、断脚的刑罚。这样的刑罚令奴隶与众不同，让遭受惩戒的人终其一生都成为公众的取笑对象。制造出这些行动障碍者和毁容者就是为了让别人看见，于是，他们的外表就可以用来警示他人。

牙买加的法院对未经许可长期旷工、窝藏携带武器的逃奴、偷窃牲畜和攻击蓄奴者的人判处死刑。苏里南的荷兰殖民地法庭也会针对类似的违法行为和据称是侮辱个别白人殖民者的行为判处死刑。就像肢解一样，死刑的目的是给人留下深刻印象。在牙买加的一个案例中，当三名奴隶因为杀死主人而被处决时，其中一个名叫迪克(Dick)的男性奴隶就被铁链吊起来慢慢等死。他的同伙之一是个名叫安东尼(Anthony)的男人，此人被系在火刑柱上，牢牢固定住，一直到被烧死为止。第三个人名叫弗兰克(Frank)，他被绞死了。弗兰克死后，他的尸体惨遭斩首，头颅被挂在一根杆子上。苏里南的处决同样引人注目。当一座咖啡种植园的奴隶劳工拿起武器后，他们所谓的领袖就被马拉着肢解成四份。其
194 他参与者里有些人被活活烧死，有些人在严刑拷打期间伤残、死亡，有些人被用钩子穿过肋骨悬吊在绞刑架上。

征　讨

为了逮捕逃奴，使其重新沦为奴隶并施加惩罚，殖民地的蓄奴者及其政府动用了一系列武装力量。16 世纪 20 年代，伊斯帕尼奥拉岛上的
195 商人、矿主和种植园主自发捐献资金、提供贷款，以此招募、补充战斗人员，让他们一连几周搜捕位于山地和乡间的逃亡者和马龙人。他们出动的军队起初由数百名士兵组成，但后来发现在岛上的战略要点部署 10—15 人规模的小队更有效。军队里既有沦为奴隶的非洲人和岛上的原住民，也有殖民者的其他仆役。特别是在需要短期内组建军队的时候，指挥官就得临时拼凑人员，号召志愿者加入，打破惯例寻找盟友，有时甚至要武装那些被视为危险分子的人。1556 年，秘鲁总督指派佩德罗·德·乌苏亚(Pedro de Ursúa)上尉率领一支远征军讨伐巴拿马的

锡马龙人(Cimmerons)[①]，随后，乌苏亚奋力寻找新兵，最终在地峡的监狱里找到了合适的兵源。他用已经沦为囚徒的叛乱分子组建了一支军队，而那些士兵正是两年前拿起武器反抗秘鲁政府的人。

在17世纪，巴西境内的殖民者与那些拥有对原住民作战经验的人缔结契约，雇用他们指挥征讨马龙人的战役。这些人招募了各式各样的人员与他们并肩战斗，其中有葡萄牙人士兵、与殖民者结为同盟的原住民战士和包括非裔自由民、巴西原住民在内的民兵。到了18世纪20年代，巴西总督察觉到马龙人造成了新的威胁，就授权任何愿意与马龙人作战的人自行出征。与之类似的是，安提瓜(Antigua)的英格兰殖民政府也于1680年批准给任何抓获逃奴的人颁发大笔赏金。圣多明各殖民地的蓄奴者依靠人称“巡路队”(maréchausée)的警察部队，逮捕、上交逃奴，让逃奴受到惩罚，这支军队完全由自由黑人组成。牙买加的英国人也将奴隶和自由黑人编入特殊的军队单位，用于对付马龙人的军事行动。巴巴多斯、南卡罗来纳、北卡罗来纳和弗吉尼亚则依靠民兵部队和几乎完全由白人殖民者组成的特别缉奴队实施定期搜查、监视集会和强制推行宵禁，一旦怀疑可能发生暴动，民兵和缉奴队就要动员集结。北美大陆的英国殖民者还时常请求美洲原住民帮助他们逮捕逃奴。

1739年9月9日中午11时，南卡罗来纳副总督威廉·布尔(William Bull)开始召集他麾下的殖民地民兵。此前，他刚刚遭遇了一小群非洲人，这些人以大胆的姿态离开殖民地，沿着道路行进期间杀死遇到的所有人，还焚毁了几栋房屋。截至下午4时，民兵已经集结完毕并骑马出发，遭遇逃奴后立即下马使用枪炮与逃奴作战。他们杀死了40名逃奴，其中一些是在战斗中阵亡的，另一些则在沦为俘虏后被杀。民兵扣留了许多逃奴，准备把他们还给主人，不过，还是有些逃奴在跑掉之后分散到乡间去了。随后几天里，民兵继续追击剩余的逃奴，布尔也请求奇卡索人(Chickasaw)和卡陶巴人(Catawba)的首领提供帮助。

---

①疑为前文中的Cimarrons。

196 美洲许多地方的殖民地政府和种植园主与美洲原住民战士结成同盟，以便阻拦逃奴、镇压暴动。革命时代之前，当荷兰人镇压加勒比一带规模最大的奴隶暴动时，阿拉瓦克（Arawak）和瓦劳（Warao）战士就作为荷兰盟友发挥了不可或缺的作用。1763年2月27日，南美沿海伯比斯（Berbice）地区有奴隶在各个种植园之间行进，他们收缴武器，集结新兵。这些人行动迅速，一天能走遍20个种植园。战斗爆发之初，伯比斯共有350名欧洲殖民者，其中大部分人选择了逃亡，也就与殖民地里的奴隶失去了联系，而当地原先共有四五千名男性、女性和儿童奴隶。截至3月底，伯比斯已经只剩下几十个荷兰殖民者，他们龟缩在小小的堡垒里，食物和水都相当短缺。援军最终从苏里南、圣尤斯特歇斯和荷兰赶来，但新近抵达的士兵很容易受到疾病的影响，在1764年1月登陆的600名士兵中，仅有20人还能在6个月后保持健康。荷兰人也受到地理条件的约束。他们能够使用舰船巡航、控制可以通航的河段，可由于没有奴隶劳工充当搬运工，他们就无法把重装备和补给运输到内陆。

从17世纪80年代起，南美原住民群体就已经多次和荷兰人缔结盟约，同意帮助他们捕捉逃奴。荷兰人在这个危急关头援引上述条约，呼吁原住民提供援助。于是，原住民战士在夜间展开巡逻，以保护荷兰人的前哨据点，使其免遭伏击。他们至少一次攻击过由原先的奴隶建立的农业定居点，摧毁农作物并杀死包括妇孺在内的55人。他们在河流和小溪上巡航，以此阻止逃奴前往本可以种植作物的农田，由此开始了一个缓慢却有条不紊的进程：用饥饿迫使原先的奴隶重新屈服。在冲突的最后几个月里，原住民战士每俘获或杀死一名逃奴，都会得到相应的赏金。出于给战士提供报酬和奖赏的目的，荷兰人会出钱从他们手中收购生擒的奴隶或从死去的奴隶身上割下的右手。许多原住民社群依赖荷兰人的贸易，并不希望看到他们离开。这一地区的原住民也有理由警惕马龙人建立新的定居点。在附近的苏里南边缘地带，马龙人就曾经袭击过原住民村庄并绑架人员，而且他们特别喜欢绑架妇女和儿童。

在南北美洲的大片地区，欧洲殖民者和非洲奴隶的到来改变了美洲原住民对待战俘和奴隶制的信念与实践。冲突和传染病的蔓延削弱了许多原住民社群，作为回应，有些像豪德诺索尼人这样的群体就会加倍努力地捕获战俘，把他们带回来。这种做法有时会导致冲突螺旋上升，但也有利于创造在语言和文化上都具备多样性的社群，在这些社群里，出 197
生在相隔遥远土地上的战俘们努力地融入其中。原住民战士也会把俘虏卖给欧洲殖民者。在 17、18 世纪，有几条绵延几百英里乃至上千英里的长途贸易路线可以把俘虏带往殖民地港口。在大平原南部捕获的人会被带到蒙特利尔，以至于“波尼人”(Pawnee)这个词在那里已经成了奴隶的同义词。新奥尔良和南卡罗来纳的查尔斯顿也成了贩卖原住民战俘的市场。此外，美洲原住民群体也开始捕获、蓄养、购买非洲人和非裔美洲人充当奴隶。在奥里诺科河下游沿岸地带，当阿拉瓦克村民开始向西班牙人出售烟草后，他们就从非洲购买用于田间劳动的奴隶。在 18 世纪末和 19 世纪，北美东南部有许多原住民成了奴隶主，他们使用受到奴役的非洲人和非裔美洲人种植经济作物。

美洲各地的原住民团体曾经帮助殖民者重新捕获逃奴，巴西的葡萄牙人就严重依赖原住民盟友。在帕拉伊巴(Paraíba)，有个名叫杜阿尔特·戈梅斯·德·西尔韦拉(Duarte Gomes de Silveira)的殖民者曾于 1633 年评论过这种关系，他写道：

> 毫无疑问，要是没有印第安人，就不会有一个几内亚黑人还待在巴西，或者更准确地说，就不会有巴西。因为要是没有他们“黑人”，就什么都做不成，而且他们的人口是白人的十倍多。现在，利用他们极为畏惧的印第安人控制他们都可谓代价高昂……要是没有印第安人，那会发生什么呢？他们第二天就会发动暴动，要想挡住这些来自内部的敌人，就会遇到极大的风险。

战争暴力

把非洲人带到美洲工作的贸易、农业生产体系依赖于系统化地运用暴力。战争为跨大西洋奴隶贸易供应“货物”，殖民地内部及其周边地区的武装力量让奴隶无从逃脱。在依靠奴隶劳动的殖民地，某些像杜阿尔特·戈梅斯·德·西尔韦拉这样的评论家担心如果奴隶主丧失控制力，殖民地经济就会陷入崩溃。当奴隶拿起武器反抗他们的主人时，仅仅出于这一原因，整个殖民社区的命运就时常显得摇摆不定。殖民者认为暴动是一种确实存在的威胁，面对这样的威胁，他们深受发自内心的恐惧折磨。帕尔马里斯居民就曾喊出口号“打倒白人，自由万岁”。南卡罗来纳在1739年也出现过类似情况，殖民者报称非洲人呼唤自由，追逐他们遇到的所有白人，杀死男人、女人和儿童。在1798年、1806
198 年和1825年，古巴都有人引述过黑人的说法，断定他们打算杀掉所有白人。当奴隶奋起反抗他们的主人时，这些人多次针对欧洲裔的男人、女人和儿童。某些地方的马龙人群体会出于恐惧杀掉他们遇到的每一个白人殖民者。不过，马龙人终究是可以避开的，而且他们事实上也希望别人避开他们，至少到18世纪末，马龙人造成的都还是局部威胁。

暴力冲突是奴隶制的固有成分，它嵌入了奴隶制的起源和部分实际操作当中。殖民地的军官时常对他们控制奴隶的能力满怀自信，其中有些人竟会以武装奴隶的方式展示信心。早在西班牙最初几次远征美洲期间，就有少数奴隶士兵武装起来服役。在法国人于1555年夺取哈瓦那之后，西班牙指挥官率领至少200名配备兵器的奴隶夺回城市。到了16世纪末，圣多明各和卡塔赫纳的西班牙卫戍部队里已经包括数以百计的奴隶。17世纪40年代，葡萄牙人和荷兰人在巴西发生战争，葡萄牙方面的军队首领把奴隶武装起来，率领他们投入战斗，许诺在战争结束时给予他们自由。就在某些奴隶主抱怨此举时，葡萄牙王后路易莎(Luisa)规定：这些奴隶只有在得到主人许可后才能自由。就将自由赏给奴隶士兵这一点而言，西班牙人表现得较为前后一致，他们还给其他帝国里的人提供自由。在佛罗里达，西班牙人招募原先在南卡罗来纳当过奴隶的男人，让这些人去圣奥古斯丁(St. Augustine)的守军中服役。

尽管殖民地官员害怕黑奴的大规模逃亡、武装暴动和在殖民点边缘地带建立与殖民者为敌的武装社区，但他们还是时常与马龙人缔结同盟以利用他们的军事能力。1533 年，伊斯帕尼奥拉岛的西班牙人与反抗军领袖恩里基约(Enriquillo)达成妥协，反抗军当中包括了岛上的原住民和原先沦为奴隶的非洲人。根据协议条款，恩里基约及其追随者同意扣押日后遇到的任何逃奴，并且将他们还给西班牙人，使其接受惩罚，重新遭受奴役。1582 年，西班牙殖民地官员与锡马龙人(Cimarrons)中一个名叫路易斯·马赞比克(Luis Mazambique)的首领达成协定，雇用马赞比克在一年内三次率军出征巴拿马山地，摧毁当地的避难者社区，重新奴役当地居民。库乔和牙买加的英国人达成了类似的契约，一个名叫圣地亚哥的人也和圣多明各的法国人结成了这类同盟。为了在殖民地维持奴隶制，种植园主和帝国官员与各式各样的军事领袖进行谈判、缔结盟约。因此，某些乍看起来似乎注定要终身沦为奴隶的人却在欧洲人领导的帝国内部获得了一定的权力。

1553 年，一艘来自塞维利亚、往返于巴拿马和秘鲁之间的商船在 199
南美海岸附近失事。船上有几名奴隶，其中一个名叫阿隆索·德·伊列斯卡(Alonso de Illesca)的佛得角奴隶已经在塞维利亚受过洗礼，而且使用了主人的姓氏。船只失事后，阿隆索·德·伊列斯卡和其他非洲人抛弃了原来的主人，他们最终建立起一个自治社区，并且攻击、恐吓当地原住民。1577 年，一名西班牙使者前来会晤。他遇到了与阿隆索·德·伊列斯卡生活在一起的许多人，其中包括美洲原住民、非洲人和混血种人。为了主张西班牙享有管辖权，他给阿隆索·德·伊列斯卡提供了总督职位。在阿隆索·德·伊列斯卡拒绝职位后，使者感到失望，按照他的想象，这个原先还是奴隶的人质问和他同为逃奴的伙伴，“既然已经知道他们喜欢把一切据为己有，你们怎能信任这些基督徒?”西班牙使者认为这种想法并不公允。他是代表西班牙国王行事，而且尽力表现得慷慨大方。随后22年里，这一地区的马龙人继续抗拒西班牙人的入侵。然而到了1599年，这些人中的三名新领袖前往基多(Quito)接受赠礼并向西班牙宣誓效忠，他们是唐·弗朗西斯科·德·阿罗贝(Don Francisco de Arobe)和他的儿子唐·佩德罗(Don Pedro)、唐·多明戈(Don Domingo)。

为了纪念这件事，一位当地法官委托他人为这三人画了一幅画像，并且把画像呈递给腓力三世。在随同画像寄出的一封信里，他将这些人认定为“野蛮人”，宣称直到此时他们仍旧不可征服。法官写道，“他们已经是对抗印第安异教徒和其他异教省份的伟大战士。因为他们杀掉了许多印第安人，而且把俘获的人当作奴隶，用可怕的强硬态度和残酷的刑罚统治奴隶，因此(印第安人)非常害怕他们”。这位法官相信马龙人最近宣誓效忠于西班牙是值得庆贺的事件。他声称马龙人此前从未臣服于西班牙人，不过，可以肯定的是，要么是唐·弗朗西斯科·德·阿罗贝和他的儿子曾经当过西班牙臣民，要么至少是他们的父亲和祖父曾经臣属于西班牙人。他们或者是他们的父辈和祖父辈逃离了西班牙人的奴

图8.4 《三位埃斯梅拉达斯的穆拉托人》(1599年)，桑切斯·高尔克绘制。这幅描绘唐·弗朗西斯科·德·阿罗贝及其两个儿子唐·佩德罗和唐·多明戈的画像在完成后就被呈递给西班牙国王腓力三世。收于美洲博物馆，马德里

役。至少在某些西班牙观察者眼中，这些人依靠战斗赢得了尊重。

我们永远不会知道阿隆索·德·伊列斯卡是否问过你们怎能信任这
些基督徒？但它的确是个好问题。同样的，要是问问那些欢迎唐·弗朗
西斯科·德·阿罗贝及其儿子的基多人，那也可能颇有价值。讽刺的
是，他们的答案可能会主要关注那些让马龙人成为恐怖邻居的特点。马
龙人的军事技能、显而易见的冷酷无情和随时准备捕获、奴役他人的作
风表明他们能够在充斥着暴力的帝国事业中成为有用的伙伴。并没有任
何迹象表明这些人在基多反对奴隶制，他们在斗争中也从未向当时盛行 200
的劳役制度发动实质上的挑战。要到 18 世纪即将结束的年代，奴隶贸
易才会遭到广泛的质疑。要想理解人们为何愈加反对奴隶贸易和整个奴
隶制，要想理解为何会发生其他政治变革，就有必要以年代顺序审视欧
洲帝国主义特征的巨大变迁，而这正是本书最后一部分要做的。

第三部分

跨大西洋战争

第九章

大西洋战争初始阶段（从 15 世纪到 1688 年）

大西洋世界终究是逐步形成的。格陵兰的北欧人定居点和冰岛外海的渔场吸引着欧洲人在中世纪向大洋西岸推进。截至 16 世纪初，北方的水手和渔民已经会定期到访北美东海岸。葡萄牙和西班牙的商人、探险家和殖民者在 15 世纪沿着非洲西海岸南下，他们有时还会兴建堡垒。一支西班牙探险队在 1492 年抵达加勒比海之前，西班牙和葡萄牙殖民者也前往温暖的大西洋中部，占据了邻近非洲的几个重要岛链。在整个欧洲扩张阶段，大西洋战争的许多标志性特征涌现出来。欧洲人既相互交战，又利用当地社群内部的分裂，与原住民缔结军事盟约。战斗人员参与了掠夺性袭击、报复性攻击和捕俘行动。 203

1493 年，教皇亚历山大六世划出了一条纵贯世界各大洋的想象界线。尽管教皇子午线将欧洲之外的世界一分为二，但他的目的却是达成一体化。从长远角度来讲，教皇是希望把整个世界都变得更像欧洲。但事实证明，帝国扩张的实际状况要比亚历山大六世想象中的模样好斗得多、暴力得多，也有失体面得多。到了 16 世纪中叶，为了让殖民地战争和欧洲事务脱钩，欧洲的统治者也正在大洋上划界。外交官当中产生了一种全新的实用主义认知，他们断言加勒比海和南北美洲的陆地和水域已经位于“界外”，也就意味着发生在大西洋美洲一侧的任何暴力或劫掠举动都不会被视为全面战争的起因。

在 16 世纪，发生在大洋和欧洲以外的大西洋沿岸的小规模冲突几乎不会逐步升级成跨大西洋战争，17 世纪的大多数时期也是如此。欧

204 洲人发动大规模跨大西洋军事行动的企图很少能够成功，这是因为欧洲派出的远征军几乎都会不可避免地卷入地区性的局部战争，从而陷入困境。欧洲评论者开始将美洲和非洲同永无止境的战争联系起来，有些人将此归咎于殖民者的贪婪和残酷，另一些人则主张西班牙人和葡萄牙人站不住脚的领土主张导致无法在欧洲以外维持和平的国际关系。此外，许多欧洲人还表示战争之所以会盛行于遥远的大西洋彼岸，是因为原住民是异教徒和“野蛮人”，他们根本无力维持和平。

正当欧洲的哲学家、政治领袖和外交官推出各种理论揭示大西洋周边地区的战争方式时，每块殖民地内部的总督、军人、商人、传教士和拓殖者则在应对当地政治的复杂需求。他们竭尽全力维持与盟友的同盟，击退附近敌人的侵袭。

传统的“发现时代”英雄叙事会强调葡萄牙人、意大利人和西班牙人，会特别关注教皇、君王、国王和王后以及克里斯托弗·哥伦布这样的探险家的雄心、性格缺陷、成就和失败。这样可能导致人们忽略了冰岛、拉布拉多以及北大西洋渔场等地生活与冲突的连续性，而北方海域及其周边地区的事件正是其他地方发展的先兆。

冰　岛

8世纪末，冰岛拥有了第一批定居者，此后数百年里，冰岛和欧洲的船只沿着诸多航线往返于冰岛和法罗群岛、设得兰群岛、奥克尼群岛、斯堪的纳维亚、不列颠及爱尔兰。随着航海技术的发展，远洋航船变得越来越大，冰岛的贸易路线开始局限于少数几条航道。由于挪威的船只比冰岛的小划艇效率高，挪威就开始主导冰岛的贸易。而冰岛缺乏木材，因而无法参与造船竞赛。挪威的大船对港口基础设施有需求，它们要受地理条件的约束，最终，挪威王国的主要港口卑尔根(Bergen)成了连通冰岛和世界其他地区的枢纽。

一位在公元1200年左右到访卑尔根的丹麦人描述了他的船入城时的状况：

> 他们用锐利的龙骨迎着起泡的浪头破浪航行，在礁石和海
> 角间快速行进，直到抵达城市，在一大群人面前把船艏停在码
> 头上为止。敏锐的人们立刻带着绳子跑过来，把船只拖到安全 205
> 场所，并且用高超的技巧把它们固定起来。这座城市是该国最
> 富有、最著名的城市……它装满了物资，人们发现鳕鱼干多到
> 无法清点的地步。你可以看到来自四面八方的船只和人员川流
> 不息。从冰岛和格陵兰来的人、英格兰人、德意志人、丹麦
> 人、瑞典人、哥特兰人以及其他人，得花费很长时间才能将他
> 们列举完。这里有充足的蜂蜜、小麦、漂亮衣服，也有白银和
> 其他货物。你想到的东西都很充裕。

挪威于 1264 年正式吞并冰岛，到了 13 世纪末，挪威人的渔获量已经多到令冰岛人陷入饥馑的地步。

冰岛对挪威贸易的依赖不仅导致岛民容易惨遭剥削伤害，也让他们遭受了忽视。在 14 世纪下半叶，挪威扩张了它的北海捕捞业，于是对冰岛的兴趣减少了。1412 年夏季，一群冰岛人看到一艘奇怪的渔船出现在南海岸之外。他们划船出去一探究竟，发现船员是英格兰人。几个星期之后，5 个抱怨船上食物不足的英格兰渔民上岸了。正当那些人还待在岸上时，同伴居然抛下他们把船开回了英格兰，于是这 5 个英格兰渔民寄宿到散布在冰岛南部的各个人家，就这样度过了一个冬季。1413 年，更多的英格兰人过来了，这一回他们还带着挪威国王颁发的书面许可。他们接走了在冰岛越冬的 5 个人，并且进行捕鱼作业。在英格兰人前往冰岛外海作业的第一个完整季度里，共有多达 30 艘渔船相继到达。

短短几周之后，麻烦就开始出现了。有些英格兰渔民把船开到冰岛以北，还在未经许可的状况下带走牲畜。他们不会说冰岛语，也不知道如何就购买牲畜进行协商，于是就把钱留下来，这显然是为了补偿岛民的牲畜损失。南边的其他英格兰渔民就没有这么规矩了，他们夺走牲畜

时根本无意付钱。英格兰渔船在 1414 年和 1415 年重返冰岛，而且英格兰渔民在 1415 年至少两次偷窃冰岛人的鱼。

1425 年，在忍受英格兰渔民的恶劣行径长达 12 年之后，冰岛总督汉内斯·保尔松（Hannes Palsson）终于打算逮捕一群在韦斯特曼纳群岛近海作业的渔民。英格兰人依靠弓箭自卫，不仅击败了总督的登陆部队，他们还活捉了保尔松，把他抓回英格兰。保尔松在监狱里向英格兰国王呈递了一份陈情书，其中列举了英格兰渔民在此前 5 年里犯下的几十桩罪行。渔民袭击农场、杀戮农民、劫掠教堂。有个来自赫尔的船员
206 至少犯下了上述列举出的半数以上罪行。在保尔松开列的苦难清单当中，绑架占据了突出地位。一位冰岛富翁被英格兰渔民劫持后勒索赎金，还有冰岛儿童被英格兰人偷走，或是以低价买下后当作奴隶带走。

保尔松的陈情书并没有终结上述掠夺行径。1429 年，诺福克（Norfolk）有 8 名冰岛儿童被当作奴隶出售，其中有 5 名男童和 3 名女童。目前尚不清楚这些孩子是被买来的还是拐来的，但这事最终变成了一场外交事件。1430 年，那个把这些孩子带到诺福克的男人奉命把他们归还给原来的家庭，这显然是因为英格兰要对挪威摆出一副安抚姿态。

尽管存在上述骚乱，可还是有许多冰岛人把鱼卖给英格兰人，这是因为当时冰岛和挪威的贸易量很小，英格兰人却能提供冰岛紧缺的谷物和其他货物。挪威此时已经与丹麦联合，它的诸位国王就英格兰人出现在冰岛的合法性问题颁布了一系列自相矛盾的法令，但冰岛人普遍忽视了他们的声明。当丹麦国王诘问一群冰岛人为何要与英格兰人交易时，这些人表示他们已经陷入饥饿，于是就只能与那些“和平”到来的英格兰人做买卖。这群冰岛人自吹自擂地表示他们与那些无法无天的英格兰人战斗，“我们已经惩罚了那些乘坐双桅渔船和其他渔船前来，在港口从事劫掠、制造骚乱的家伙”。混战持续不断，但在随后几十年里，英格兰人逐步扩大他们的影响，以至于英格兰国王爱德华四世曾在 15 世纪 60 年代称呼那个岛屿为“英王的冰岛”。此后又出现了一场危机。

1467年，一群来自诺福克的渔民在今天的雷克雅未克附近登陆，杀死了丹麦的冰岛总督比约登·索尔莱夫松(Bjorn Thorleifsson)。他们把总督的尸体扔到海里，先是洗劫了他的农场，然后将它焚毁，而且还绑架了他的儿子勒索赎金。索尔莱夫松的遗孀设法逃脱，她前往丹麦控诉此事。丹麦人以拿捕英格兰船只作为报复，发动了持续5年的战争。

历史学家通常将冰岛的15世纪称作“英格兰世纪”，这一标签实际上让这个充斥着暴力的时代有别于其他时代，暗示后来将会出现某种激烈的变化，变化的发生时间或许可以向前推到15世纪60年代，不过一定不晚于1497年。就在这一年，威尼斯人约翰·卡伯特(John Cabot)在哥伦布的影响下拿着英格兰国王亨利七世颁发的一张委任状出海，发现了纽芬兰和它的浅水渔场。然而，英格兰人在冰岛活跃的时代和欧洲人前往北美探险的时代之间并不存在急拐弯式的转型过渡，冰岛的开发状况对美洲沿海的事件发展有着直接影响。

卡伯特的船员里有几名此前曾在冰岛附近海域工作过的布里斯托尔渔民，他们声称纽芬兰沿海海域“盖”满了鱼，不仅可以用网捞，还能用篮子抓，还预言英格兰人会在纽芬兰附近抓到很多很多的鱼，以至于 207
这个王国将不再需要冰岛。如果那些渔民的预测得到证实，就会在15世纪与16世纪之间产生一道明确的分界线，出现因欧洲人重新发现“新大陆”和开始大规模进行跨大西洋贸易导致的断裂。可是，他们的预言没有成真。贸易统计数据表明，与继续在冰岛海域作业的英格兰渔民所得渔获量相比，英格兰在纽芬兰沿海的渔获量只是个零头。事实上，冰岛外海的英格兰渔业直至17世纪仍处于扩张状态。渔业的确发生了变化，但也只是逐步变动的，这些渐变在很大程度上可以反映近代早期大西洋世界国际关系、殖民扩张和战争方式的不断演化。

到了16世纪，英格兰渔船在作业期间开始变得越发自主，距离海岸也越来越远，它们只在冰岛一次性靠岸几天，即便在靠岸期间，大多数状况下也只不过是收集淡水和食物。英格兰人买的鱼越来越少，捕的鱼却越来越多，他们直接在船上腌制渔获物。此外，他们还面临日益激烈的国际竞争。最早到来的竞争者是汉萨同盟的商人和渔民，他们从15世纪起开始出现，最终在冰岛贸易中占据了很大的份额。随后过来的是来自比斯开湾、葡萄牙和荷兰的渔民，这些渔民拥有武装，一旦相遇就做好战斗准备，可是，终究没有一个国家有能力将它的竞争者逐出大洋。1578年，英格兰的帝国倡导者理查德·哈克卢特（Richard Hakluyt）要求安东尼·帕克赫斯特（Anthony Parkhurst）列出在北大西洋作业且与英格兰为敌的渔船数目。帕克赫斯特提出了异议，他表示不可能说出准确数目，因为每一艘船在作业时距离其他船都至少有200里格[①]。这当然是夸张，但帕克赫斯特还是正确地指出了渔船很少能看见其他渔船。尽管如此，他还是给出了一组估计数字，指出除了英格兰渔船外，对应海域里大约有100艘西班牙渔船、20~30艘巴斯克捕鲸船、50艘葡萄牙船和150艘来自布列塔尼与法国的船。

因纽特人

正当欧洲人在北大西洋你争我夺之际，另一个富有扩张性的民族沿着相反方向出现，主宰了数百英里的北美海岸线。从公元1200年左右算起，现代因纽特人的祖先在不到300年内将他们的地盘从北极深处的埃尔斯米尔岛（Elsmere Island）扩张到圣劳伦斯湾。他们以多达50人的大家庭团体形式行进。在越发寒冷的环境下，他们依靠狗拉雪橇、弓箭、人称蒙皮船的敞篷划艇和精巧的鱼叉，他们猎杀海洋哺乳动物时的装备要比前辈们好得多。技术也使他们获得了军事优势，DNA研究表明这些人并没有和此前定居在拉布拉多的人通婚，也没有以任何其他方式产生后代，他们是直接取代了前者。并没有任何源自那一时期的书面文献留存下来。新来者和原有的居民之间可能爆发过激烈的冲突，但后
208 者并没有弓箭，于是，就可能会有许多人选择以退却避免冲突，他们撤退到发展前景较差的地方，长远来看，那些人是无法在那种地方维持生

①里格：古时陆地及海洋测量单位，约等于3.18海里。

存的。

当欧洲人开始于 16 世纪抵达北美沿海时，许多因纽特团体意识到这是个好机会，就开始展开贸易。1576 年，英格兰探险家马丁·弗罗比舍(Martin Frobisher)在巴芬岛(Baffin Island)仅仅依靠手势沟通，就用铃铛和其他金属物件从一个因纽特团体手中换取了毛皮，关于此事的记载生动描述了这类易货贸易。第一次会面是友好的，弗罗比舍的船员中还有 5 个人离开他的船继续与因纽特人生活了一段时间。可是，他们一直没有回来。或许这五个人觉得因纽特人提供的食物、庇护所和陪伴比船上的条件要好，但弗罗比舍怀疑他们被因纽特人劫持。他用一只铃铛作为诱饵，吸引一个因纽特人靠近船只，然后抓住他，把他带回英格兰。一年后，弗罗比舍带着比原来规模更大的船员队伍返回巴芬岛。他和船员们当时是在寻找黄金，不过弗罗比舍也希望把那五个走失的人接回来。在弗罗比舍的指挥下，船员与巴芬岛上的因纽特人交战了。他们杀死了几个男人，抓住一个因纽特男人、一个少妇和一个孩子充当人质。弗罗比舍的船员们努力地与俘虏沟通，想要用人质换回那五名失踪者，可还是没能成功。船终究是开走了，船员们把这三个因纽特人带回了英格兰。

就像冰岛的“英格兰世纪”一样，弗罗比舍的北极探险也通常被视为短暂的插曲，终结得既不光彩又很突然。事实证明，他带回国内的“黄金”是无用的黄铁矿，他在拉布拉多建立一个富裕、庞大且持久的殖民地的梦想也落了空。弗罗比舍的经历可以说明 16 世纪英格兰帝国主义者有多么的傲慢无能。可就拉布拉多而言，他的故事却有着其他意义。弗罗比舍离开后，因纽特人依然无可争议地主宰着那片海岸，但英格兰人持续不断地出现在这一地区，来自西欧大部分国家、彼此处于对立状态的季节性渔船队和捕鲸船队也年复一年地光临此地。

正如弗罗比舍的经历所示，北美沿海不仅有贸易机遇，也会有冲突时刻。欧洲的水手、渔民和捕鲸者在陆地易受攻击，他们的季节性营地会在冬季遭到掠夺。渔民感到沮丧、愤怒，希望阻止这种行为，就会着

图 9.1 绘于 16 世纪 80 或 90 年代的水彩画，它描绘了参与马丁·弗罗比舍探险的英格兰人在拉布拉多与因纽特战士进行的一场小规模冲突。收于大英博物馆

手惩罚当地人，由此开启了报复循环。1609 年，40 个法国人在拉布拉多沿海被杀。1623 年，萨米埃尔·尚普兰表达出广泛存在的敌意，他把因纽特人描述成“面部非常丑陋、眼窝深陷、邪恶且最为奸诈的小矮人。把海豹皮穿在身上，用皮革制成船，他们坐着这种船到处鬼鬼祟祟地航行、开战。他们曾经杀掉过许多圣马洛人(St. Malo)，而那些人之前可是时常给予他们双倍酬报的”。

因纽特人抗拒着殖民进程，他们对拉布拉多内陆的控制一直持续到 209
18世纪。这些人的确在领地边缘遭遇了挑战，但他们也为了促进贸易与欧洲人达成过妥协。在圣劳伦斯湾里一个人称小梅卡蒂纳(Petit Mécatina)的岛上，考古学家发现过一个拥有混合建筑风格的村庄，在巴斯克式的建筑物一旁，就有一栋明白无误的因纽特房屋。他们在村庄里发现了一个铁匠铺，房屋和废物堆里的物品包括鹿角矛头、皂石灯和橄榄油罐，这里混杂着因纽特人和欧洲人的东西，看起来应该有一个由欧洲人和因纽特人组成的社区在岛上持续存在了好几年，人们季节性地 210
生活在一起，但在匆忙之中放弃了它。1728年，一队从南方过来的法国人和原住民战士在他们称作“爱斯基摩港”(Esquimaux Harbour)的地方登陆，杀死了两个因纽特家庭的全部成员，几乎可以肯定爱斯基摩港就是小梅卡蒂纳岛上的这个居民点。

英格兰人在15世纪与冰岛人建立的互动模式与后来的欧洲人与北极原住民从15世纪末开始的关系有着惊人的相似之处。和1412年那五个饥饿的英格兰人留在冰岛越冬一样，少数水手和渔民会抛弃他们的船只与船员待在美洲，有些人甚至在美洲度过余生。由于渔民、捕鲸者和原住民都竭力从对方身上获利，欧洲人与美洲原住民的接触通常较为短暂。有些人在做生意时或是使用手势、展示物品，或是找到能够进行翻译的中间人。敌对的渔民、捕鲸者、因纽特人和其他原住民群体互相偷窃、互相惩罚，陷入劫掠和报复，而且是时常发生。

考古证据和同时代评论清楚地表明美洲最北端的海岸在16、17世纪频繁成为战斗现场。可是，那类战斗大多记录不详。我们对葡萄牙人沿着非洲海岸的冒险和西班牙人的探险、征服之旅有着详尽的记录，这是因为葡萄牙和西班牙的宫廷大力推动帝国扩张。他们赞颂自己的事业，在征服、殖民和贸易上投入大量资源。但葡萄牙人和西班牙人从未完全控制过他们所谓的帝国。当葡萄牙和西班牙的前哨据点于15、16世纪出现在大西洋温带、亚热带和热带海域附近时，它们的建立过程与欧洲人在遥远北方的冒险一样混乱，而且激发了至少同样多的暴力。

堡垒

为了建立、捍卫他们的海外帝国，葡萄牙人和西班牙人采用了此前在欧洲对付边境地区穆斯林治下领地的策略，可当这些策略用于大海彼岸的土地时，他们扩张活动的目的与影响却变得几乎面目全非。1415年，葡萄牙人在濒临直布罗陀海峡的休达(Ceuta)建立了在非洲的第一座堡垒，他们此时奉行的仍是在葡萄牙边境行之多年的那套战略。休达的要塞化遵循了一套在欧洲确立已久的逻辑，要塞在那里通常用于守卫领土、巩固征服成果。而葡萄牙人则是先发制人地夺取穆斯林治下的土地并修筑堡垒，与此同时，扩张自己的势力范围，试图遏制卡斯蒂利亚的影响力。15世纪70年代，葡萄牙人在更南边的地方又修建了一座堡垒，它坐落在大西洋沿海的撒哈拉沙漠。第二座堡垒的修建目的与第一座不同，而且就后勤而言建造难度要大得多。堡垒四周都是沙子和干燥
211 的地面，当地没有任何石料和木材，葡萄牙人得用船运来必要的建筑材料。他们还需要输入粮食，而且将在日后无限期地反复输入。他们也知道自己永远不能统治荒漠。从葡萄牙人的角度来看，他们的堡垒只是一个孤立的庇护所。它为船只创造了一个安全的港口，为海员、士兵和商人在一片荒芜、危险的海岸提供了一个避难所，此外还可以充当守卫森严的仓库。

随着葡萄牙人沿着非洲海岸向南航行，他们就进入了一个充满活力但不同于前的政治、商业和军事环境。伊斯兰教在撒哈拉沙漠以南的持续传播改变了政治结构和社会关系，催生了新的军事等级制度，促进了黄金和奴隶的长途贸易。与马里帝国相关的军队首领主宰着非洲的最西部，巡视着从塞内加尔河口到尼日尔河的广袤土地。葡萄牙人在15世纪50年代的几次小冲突中吃了大亏，其后就致力于和马里统治者保持良好关系，他们后来也会力图和桑海帝国的领导人达成类似的妥协。葡萄牙人起初希望交易黄金，但很快就认识到可以通过奴隶贸易牟取暴利。

葡萄牙人在他们的沿海堡垒和全副武装的船只上与非洲商人进行交

易。他们用布匹、金属和其他物品换取黄金、象牙和奴隶。葡萄牙船只在15世纪60年代继续探索非洲海岸线，但葡萄牙人要到15世纪70年代才意识到可以从海路绕过马里帝国。当葡萄牙人抵达非洲的“黄金海岸”后，相关消息就迅速传开，来自几个欧洲国家的几十艘船紧随其后。就像冰岛外海的渔民和商人一样，这些人相互交战，而且还互相争夺贸易。为了巩固葡萄牙的地位，强化它对该地区贸易的所有权，一支运载600人和建筑材料(包括加工过的石料、铁器、砖块、石灰、钉子和木材)的舰队，在1481年前来兴建葡萄牙在非洲的第三座堡垒——圣若热-达米纳。

这座堡垒后来以米纳(Mina)的名称为人所知，它位于一个深水港附近，两边是两座相连的阿坎人(Akan)村庄，那两座村庄效忠于两个不同王国：科门达(Komerda)王国和费图(Fetu)王国。葡萄牙人在建造堡垒之前通过分发礼物的手段安抚当地领袖，随后几年里，他们与两个村庄的贸易伙伴建立了有利可图的商业关系。1514年，村民们联合起来在距离葡萄牙堡垒更近的地方建造了新的房屋，停止对科门达和费图效忠。科门达和费图的领导人顾及与葡萄牙人的贸易，于是未经战斗就失去了村庄的管辖权，但从军事层面来说，葡萄牙人在他们面前仍然显得颇为脆弱。

欧洲评论家将建设圣若热-达米纳描述为非洲的重大变革事件。杜
阿尔特·帕谢科·佩雷拉(Duarte Pacheco Pereira)在写于1506年的著作 212
中断言：“在整个几内亚，这是创世以来建造的第一栋坚固建筑。”佩雷拉关于15世纪80年代之前非洲建筑背景的说法是错误的，但他的陈述传达出对这座堡垒在欧洲、帝国背景下意识形态重要性的认知。哥伦布曾在15世纪80年代到访米纳，此次经历促使他确信了创立城市化居民点的重要性，认定它是殖民基础之一。米纳堡与葡萄牙人早先在撒哈拉沙漠修建的阿尔金堡(Arguin)似乎是一起开创了一种崭新的帝国主义形式，它优先考虑加固贸易站点、保卫补给线和持续不断地维护长途贸易所必需的基础设施。

图 9.2　约翰·特奥多尔·德·布里作于 1609 年的线雕铜版画，描绘了位于圣若热-达米纳的葡萄牙堡垒。收于海德贝格大学图书馆

葡萄牙人并没有在非洲占领多少地方。1555 年，英格兰作家理查德·伊登(Richard Eden)就嘲讽过葡萄牙人能够阻止英格兰或其他欧洲国家商人进入相隔遥远的堡垒之间的沿海地区的想法。伊登写道：“葡萄牙人依靠在裸体人当中建立几座不如说是碉堡的堡垒，就以为自己有
213 资格成为半个世界的主宰。”尽管如此，葡萄牙还是将它的一连串前哨据点沿着非洲海岸延伸下去，而且从非洲推进到印度洋沿岸的诸多地方，战略基地令他们在 16 世纪战争期间具备竞争保障。不管伊登说了什么，英格兰人都几乎无法与葡萄牙人匹敌。

西班牙人采用了葡萄牙帝国模式的西班牙版本。与葡萄牙人一样，

他们也颂扬要塞化的海港，这既是因为它们能够提供后勤保障，也把它们视为文明的标志。当法国私掠船于16世纪20年代开始袭击加勒比海的西班牙船舶时，修建海防要塞的实际效益就体现得相当明显，不过，它们的象征意义已经在更早的时候显现出来。西班牙人在美洲修建的要塞化城镇要比葡萄牙人在非洲修的多得多，因为西班牙人把它当作一种宣示拥有周边地区管辖权的手段。这当中最有名的例子或许是埃尔南·科尔特斯于1519年在墨西哥海岸“建立”的韦拉克鲁斯。起初，创建韦拉克鲁斯不过是个虚幻想法。科尔特斯下令毁掉他的船只，这样就可以把船员当作士兵使用，也能防止他的部下从海上逃亡。他并不是迫切需要港口设施，也没有在当地修建什么东西。尽管如此，他相信建立一个拥有司法机构和地方议会的城镇能够改变当地面貌，即便那个城镇在1519年只存在于愿望当中，而且标志着西班牙拥有管理中美洲部分地区的权力与能力。

几个世纪以来，科尔特斯远征墨西哥一直被视为世界历史转折点，那些赞扬欧洲人成就的人尤其会这么看。埃尔南·科尔特斯与克里斯托弗·哥伦布和弗朗西斯科·皮萨罗(Francisco Pizarro)并驾齐驱，在近代早期的军事领导人中占据了骄人地位，人们通常认为他们的事业和行动至关重要，具有全球影响力。西班牙王国政府给予了征服者极大的自主权，让他们能够管理司法、进行军事行动、夺取土地、征用劳动力。这样的安排是沿袭了在伊比利亚基督教王国和位于它们南方的穆斯林治下领地之间的战争中出现的法律先例，但当这种授予权力的做法被用于大洋彼岸时，就产生了极端的影响。王国政府并没有能力去严密监督征服者，西班牙人也普遍知道没有远洋船只的美洲原住民永远也不能横渡大洋报复西班牙。于是，征服者就获得了较多的特许权，能够独立自主地工作，甚至不顾后果地工作。作为一个群体，征服者们将王室的特许视作奖赏和个人财产。他们投机取巧，利用原住民社会和征服者群体内
部的分歧，时常相互背叛，竭力寻求以头衔和财富形式存在的短期个人 214
利益。西班牙军队一般规模不大，他们最激烈的交战也往往源于小小的

私仇，但这些作战行动的累积后果颇为巨大。

大洋彼岸的纷争

在西班牙人到来之前，纷争已经困扰了中美洲的好几代人。阿斯特卡帝国在一个多世纪的时间里依靠军力获得了权力、人口和财富，在不断扩张的领土上向各个社群索取贡品。向帝国纳贡的社群通常还能够维持自治，但他们也必须为维护正在急剧扩张的帝国付出代价。阿斯特卡人的首都特诺奇蒂特兰已从 14 世纪末的一个小村庄发展成科尔特斯到达时拥有大约 20 万人口的大城市。许多当地人反感阿斯特卡人的索取和勒索，当西班牙人到来时，这些人就欢迎西班牙人，将他们视作潜在的盟友。在阿斯特卡人与西班牙人逐渐陷入战争后，就有好几个原住民社群加入了西班牙一方参战。

1560 年，韦霍钦戈（Huejotzingo）的领袖们描述了当地人从科尔特斯及其部下抵达大陆起给予的援助。“没有人恐吓我们，”他们说，“没有人强迫我们。”他们乐于看到西班牙人的到来。

> 我们真真切切地供养他们，为他们效劳，有些人抵达的时候已经病了，我们就把他们抱在怀里，背在背上，而且还用其他诸多方式为他们效力……当一个西班牙人生病时，我们会立刻去帮助他，没有人能够和我们相比……而当他们开始征服、交战时，我们也完全做好了支援他们的准备，因为我们拿出了所有的工具，我们的武器和给养，以及所有的装备，我们不是指定某个人过去，而是统治者亲自过去，并且带去了我们的所有贵族和所有附庸帮助西班牙的人。我们不仅帮助他们作战，还给了他们需要的一切，供应他们吃穿，把那些在战争中负伤或得了重病的人抱在怀里，背在背上，我们完成了一切备战任务。为了让他们能够乘船与墨西哥作战，我们辛勤工作，给西班牙人提供木头和沥青，让他们用这些东西造出船只。

韦霍钦戈在向西班牙国王腓力二世发出的一篇呈文中做了上述声明，而这篇呈文又是请求王国给予财政救济的请愿书的一部分。议员们在起草声明时怀有政治目的，因而夸大了他们的忠诚与贡献，也把自己讲述的故事简单化了。他们宣称是上帝鼓励他们选择西班牙一方。事实上，韦霍钦戈的领袖们已经意识到与科尔特斯联手对抗阿斯特卡帝国的

图9.3 出自16世纪《特拉斯卡拉史》的绘图，描绘了科尔特斯遇见他未来的盟友希科滕卡特尔。收于本森拉丁美洲陈列馆，特雷莎·洛萨诺·朗拉丁美洲研究学会本森拉丁美洲研究及陈列馆，得克萨斯大学奥斯汀分校

价值所在，他们原本就希望与阿斯特卡人交战，既然战争发生了，那就要站到胜利者的一方。他们不仅在战争中幸存下来，还分享了胜利果实。

215 在原先属于阿斯特卡帝国和印加帝国的土地上，西班牙人的军事胜利并没有立刻导致权力完全从美洲原住民手中转移到欧洲人手里。恰恰相反，大型中央集权原住民帝国的战败导致许多地方势力变得强大起来。在韦霍钦戈这样的地方，要到流行病接连发作，来自加勒比、欧洲和非洲的移民与奴隶不断涌入后，地方自治权才逐渐被削弱。某些地方的原住民最终丧失了作战能力，但西班牙帝国仍然面临着军事层面的抵抗。

216 战斗是零星发生的，而且局限于地区范围之内。任何时候都不存在一次大洲规模的军事对抗，也没有一场征服战争会让南北美洲的所有原住民对抗西班牙帝国的强大力量。随着旧政体的瓦解，美洲绝大部分地区出现了碎片化趋势，交战规模也变得相对较小。这种变化也许在欧洲人很少到访的殖民影响边缘地带体现得最为明显。亚马孙盆地的复杂社群放弃了原有的农业居民点，陷入了崩溃和分散。当时被西班牙人称作“佛罗里达”的广袤土地包括了现今美国南方的大部分地区，那里的大型神庙建筑群逐渐衰败，连接相隔数百英里人群的贸易路线停止运行，军事力量原先掌握在有时能指挥上千人的酋长手中，此时也转移到更小、更灵活的团体。北美东南部某些地区的村庄散开了，人们在分散的地点建立起没有防御工事的小村与农场。而在其他地方，在冲突较为剧烈的地区，村民们聚居在栅栏后方。欧洲人来到北美后，新型流行病的传入、人口的减少和其他环境变化加速了旧有军事秩序的崩溃。原先受到神庙建筑群影响的村庄在摆脱它们后组建了新的同盟，最终产生出包括乔克陶人和切罗基人在内的新族群。但是，即便在这些新族群产生后，敌对社区之间仍然存在断断续续的局部战争。

在欧洲人首度进入南北美洲探险后，尽管混乱接踵而至，但拥有权势的欧洲领导人却相信哥伦布及其后继者能够给这两个洲带来和平。1493 年，教皇亚历山大六世对哥伦布的第一次跨大西洋航行做出回应，宣布上帝乐于看到此举。教皇表示,“在上帝的帮助下,天主信仰和基督宗教将会得到崇高的地位,并在各处获得加强和传播,灵魂的健康将得到关怀,野蛮的国家会被推翻、会接受信仰”。为了推动这一进程,他在大西洋中部画出一条界线,授权西班牙管辖这条线以西和以南的所有已找到和将要找到、已发现和将要发现的岛屿和大陆。

这是一种非同寻常的宣示权力举动。教皇不仅认为基督徒应当管理所有“野蛮国家”,而且认为教会可以管控欧洲国王的海外冒险事业。这些设想在几个月之内就遭到了挑战。葡萄牙人对这道法令的模糊之处提出异议,为自己正在扩张中的帝国寻求法律保护。1494 年,葡萄牙、西班牙和教廷经过匆忙谈判达成《托德西利亚斯条约》(Treaty of Tordesillas),将非基督教世界一分为二,至少在理论上把美洲大部分地
区交给西班牙,而把非洲和印度洋周边地区交给葡萄牙。条约立刻产生 217
了实际效果。条约的制定者用难以定位的经线划分了世界,条约则将西班牙和葡萄牙的海外冲突引向了围绕着经线的两片海洋和岛屿。与此同时,西班牙人和葡萄牙人在分别托付给他们的半球里继续宣称要给全世界的异教徒带去秩序、文明和基督教的博爱。西班牙人宣称他们统治美洲是通过一条源自耶稣的任命链,耶稣指定他的使徒保罗继承他,教皇们继承了彼得的权力,而他们又授权西班牙人统治美洲。

正当欧洲处于动荡时期之际,殖民地总督、传教士和征服者开始推广这种罗马天主教会权威下的秩序观。新教改革运动只是当时欧洲人内部暴力冲突的几个来源之一。国家的形成、国际的纷争和军事技术的创新都激发了战争。除去宗教分歧外,比利牛斯山脉(Pyrenees)以北的欧洲国家还有许多理由去挑战西班牙和葡萄牙的帝国所有权。战略和经济利益促使法国的弗朗索瓦一世在 16 世纪 20 年代授权私掠者袭击大西洋和加勒比海地区的西班牙船舶。1555 年,科利尼堡(Fort Coligny)在巴西落成,法国新教徒在建设期间发挥了重要作用,但他们感兴趣的并不仅仅是推广新教,当葡萄牙人前来摧毁科利尼堡时,他们捍卫的也不只是天主教。

尽管如此，宗教改革还是改变了人们的观念，摧毁了欧洲和谐的一切伪装。1562年，另一群法国新教徒前往北美挑战西班牙人，他们先是在北美东南沿海建立了一个前哨据点，最终建立起一座要塞兼定居点，将它命名为拉加罗林（La Caroline）。和早先身处巴西的同胞一样，这群殖民者有着复杂的动机，但法国宗教战争的爆发完全改变了他们的事业。由于法国陷入动荡，殖民地的新教领袖们就难以获得补给，他们试图从英格兰的新教女王伊丽莎白一世那里获得资助。英格兰内部的密谋阻碍了法国新教徒的努力，但这出序曲反映出人们认知中的拉加罗林的用途已经发生变化。它不仅是法国对抗西班牙的行动基地，也不单纯是法国在北美的全新帝国势力的起点，至少在某些推动者的短暂想象中，拉加罗林已经成为反抗天主教、捍卫新教利益的跨大西洋国际行动的一个组成部分。

面对拉加罗林，西班牙人做出了坚决的反应。这一举动背后的教派动机或许存在，或许并不存在，但西班牙指挥官们的行为却为新教评论
218 者提供了证据，使他们认为法兰西帝国与西班牙帝国的冲突已经演变为宗教战争。西班牙指挥官佩德罗·梅嫩德斯·德·阿维拉斯（Pedro Menendez de Avilas）负责监督部队摧毁拉加罗林，在他的指使下，数百名殖民者被杀。西班牙人攻克要塞后出现了一个令人吃惊的高潮，梅嫩德斯又下令处决了150个在尝试逃跑时被擒获的法国人。后来，一位随同西班牙军队出征的教士提到他曾在梅嫩德斯下令处决后进行干预，提醒他有些法国殖民者可能是天主教徒。在教士的斡旋下，有10或12名俘虏被定为天主教徒幸免于难，其他人则大多被杀。有些历史学家在提及这起杀害新教徒的事件时认为它相当于美洲版本的“圣巴托罗缪日屠杀”。从16世纪起，天主教徒和新教徒之间的敌对情绪引发了许多地方性的冲突，可就像西班牙最初的殖民设想那样，天主教徒和新教徒之间的所谓全球对抗并没有导致任何一场紧密配合且目标一致的战争。

荷　兰

在1688年之前的所有欧洲战争中，荷兰独立战争给大西洋世界带

来了最为广泛的直接影响。荷兰人对天主教哈布斯堡帝国的反抗始于 1568 年，它将联省共和国变成了一个世界性强权国家。葡萄牙在 1580 年到 1640 年间并入了西班牙，荷兰人在此期间与葡萄牙和西班牙的联军作战。以葡萄牙人为目标的荷兰私掠者曾在 1596 年尝试攻占米纳。荷兰武装力量后来在 1606 年和 1625 年重返米纳，最终于 1637 年将其攻克。1605 年，另一支荷兰远征军的领导人以西班牙人为目标，企图在圣多明各煽动起义。早在 16 世纪 90 年代，荷兰人就已加入纽芬兰沿海的国际渔船队，并在那里展开战斗。到了 1606 年，荷兰商人已经驶入圣劳伦斯湾，参与了北美毛皮贸易。自 15 世纪起，对立的欧洲人群体就已经在北美展开竞争，此外也会偶尔相互交战，但荷兰人到达北美时却正值关键时刻。17 世纪初，几个殖民者团体在北美建立了永久性的武装前哨，这当中就有法国人于 1604 年在阿卡迪亚建立的罗亚尔港(Port Royal)、1608 年建立的魁北克，英格兰人在 1607 年建立的詹姆斯敦、1620 年建立的普利茅斯。荷兰人则于 1614 年在哈得孙河畔建立了自己的新尼德兰(New Netherland)殖民地。

在新尼德兰建立 20 年后，哈尔门・迈因德尔茨・范・登・博哈尔特(Harmen Meyndertsz van den Bogaert)离开了现今位于奥尔巴尼(Albany)的荷兰堡垒，与两位同伴一起穿越莫霍克人和奥内达人(Oneida)控制的土地。他在日志中描绘了一个人口稠密的定居区域。他路过了村庄和被他称作“城堡”的大型定居点，相邻两座“城堡”之间仅有步行几个小时的距离。有一座“城堡”位于山顶，四周设置栅栏防护， 219
内有长屋 66 栋。博哈尔特说道，“其中一位议员来找我，想知道我们在他的国度里做什么，我们给他带来了什么礼物?”当博哈尔特回答他没有什么礼物后，那个人的回应是“因为我们没有带来礼物，就毫无价值”。这位“议员”提醒博哈尔特，法国人在加拿大会提供礼物，他还向博哈尔特展示了那年早些时候从一个法国代表团那里收到的部分物品。博哈尔特和他的同伴改变了方针，几天以后就把礼物送到了他们认定的城堡“酋长”手中。博哈尔特等人的礼物里并不包括手枪或火枪，但荷兰人很快就会把火器送到这一地区的居民手中，到了 17 世纪 60 年代，荷兰旅行者已经在为莫霍克人提供特制的兵器，这些兵器虽然是在荷兰制造的，却也考虑到美洲原住民的需求。用荷兰火枪武装起来的莫霍克人和其他豪德诺索尼族群将他们的影响力扩张到北美东部的广大地区。他们为猎场和毛皮而战，征收毛皮作为贡赋，收养战俘以维持本族人口，但这样的努力最终却弄巧成拙。博哈尔特到访上述地区后不久，当地的原住民就遭到了天花的侵袭。

在联省共和国与哈布斯堡帝国的 12 年休战期间，荷兰人开始殖民哈得孙河谷。1621 年休战期满后，荷兰西印度公司获得了特许，对西班牙和葡萄牙的海外据点发动了攻击。1624 年，公司派出一支远征军横跨大西洋，出其不意地攻占了葡萄牙殖民地首府圣萨尔瓦多。葡萄牙人在 1625 年夺回了萨尔瓦多，但荷兰人在 1630 年重返此地，即便面临葡萄牙人的抵抗，他们还是在巴西北部建立了一块殖民地，将它命名为“新荷兰”（New Holland）。17 世纪二三十年代，西印度公司攻击了波多黎各和围绕加勒比海的其他西班牙殖民地，而且宣称自己拥有托尔图加、多巴哥以及其他岛屿和沿海居民点，促使加勒比海开启了长达一个世纪的帝国冲突。西班牙人、荷兰人、英格兰人、法兰西人、丹麦人和其他欧洲殖民者不时地相互发动攻击，把对方逐出前哨据点、城镇和种植园。

加勒比海地区的冲突削弱了西班牙对半个世界的主权要求。早在 1559 年，西班牙外交官就已承认几乎不可能管理整个半球，他们在卡托康布雷西（Cateau-Cambrésis）向法国人保证加勒比海一带的小规模冲突完全是在意料之中，他们不会以那里的战斗为借口在欧洲发动战争。到了 17 世纪中叶，西班牙人又把这种解决办法写进了与荷兰人、英格
220 兰人签订的条约。西班牙人并没有放弃对加勒比海地区和几乎整个美洲的领土要求，但由于有太多的欧洲列强争夺上述地区的主权，因此，西班牙承认即便在欧洲各国处于和平状态时，美洲殖民地内部及其周边地区仍有可能持续处于战争状态。

这种让步既影响到殖民者和欧洲人，也对原住民起了作用。17世纪30年代，一位愤怒的西班牙总督认为荷兰人之所以能够与美洲原住民建立牢固的联系，是因为他们不在乎礼仪、基督教或文明，“生活放纵让他们成为所有岛屿的主人，他们的全部商品都源自那些岛屿……印第安人拥抱他们的公司，因为他们模仿了野蛮生活，允许印第安人享有充分的自由，不受贡赋、劳役的约束，也没有《福音书》的甜蜜枷锁”。与此前的殖民团体相比，荷兰人不大可能派遣传教士到原住民当中传教，也不大可能建立统治他们的政府。荷兰人时常对原住民表达出表面上的尊重。这种立场反映出颇为务实的军事和经济考量。在南北美洲、加勒比海地区和非洲，荷兰人每到一地都会进入竞争激烈的殖民环境，与其他殖民群体相比，他们的人数并不算多。为了生存，为了让他们的殖民地产生盈利，荷兰的总督、商人和军队领导人参与了复杂的外交往来。荷兰人所处的环境迫使他们遵守与原住民达成的协议并根据当地人的实际情况调整政策。不过，荷兰人所遵循的总体方针里并没有一条是保持宽容或仁慈。特别是在巴西，荷兰的殖民发起人和传教士就梦想着改变原住民的生活，让他们接受基督教，把他们纳入殖民地社会。荷兰人也很会使用报复性、示威性、剥削性的大规模暴力行动。17世纪40年代初，新尼德兰总督威廉·基夫特(Willem Kieft)就亲自监督实施了完全摧毁几个芒西人村落并展开屠杀的行动。如果将视角放得更宽泛一些，那么荷兰人在17世纪中叶已经成为大西洋世界里的头号奴隶贩子，在英格兰人于17世纪末超越他们之前，荷兰人一直牢牢占据着这一地位。

当荷兰驻军于1625年撤出时，他们带走了13个巴西原住民男子，这些人都是波蒂瓜尔人(Potiguar)。荷兰人把这13人带到阿姆斯特丹，让他们在那里学习荷兰语，磨炼翻译技能，为西印度公司的董事们提供与巴西地理、政治相关的建议。1630年，公司在准备第二次入侵巴西时正式宣布波蒂瓜尔人享有荷兰治下“自由属民”的地位。公司董事希 221
望他们在阿姆斯特丹培训的人能够将这个信息翻译过去，帮助荷兰人将波蒂瓜尔人拉到自己一边。当年晚些时候，至少有三名翻译返回巴西为西印度公司效力，尽管这三人做出了努力，事实却证明波蒂瓜尔人的谨慎程度远远超出预期。公司在攻入巴西时以令人印象深刻的方式炫耀武力。65 艘荷兰战舰驶入伯南布哥港，成百上千的士兵随之登陆，荷兰分舰队与一艘艘葡萄牙帆船奋战，荷兰炮火轰垮了葡萄牙要塞的城墙，葡萄牙人投降了。可是，波蒂瓜尔人并没有起来支持荷兰人。很可能有许多人还铭记着 1625 年荷兰人从萨尔瓦多仓皇撤退的情景，他们或许还认为荷兰人是不可靠的盟友。

虽然西印度公司有能力将葡萄牙人赶出位于伯南布哥的要塞，但新荷兰的总督们仍然急于获得原住民的支持，以便扩张领土、开发新的贸易路线、继续对西班牙和葡萄牙帝国发动军事行动。因此，他们在 1631 年热烈欢迎马里卡·拉蒂拉(Marica Latira)以使者身份到来，此人来自新荷兰以北的北里奥格兰德省(Rio Grande do Norte)，出身于一个名叫塔普亚人(Tapuya)的原住民族群。几个月之后，又一位从北方省份赶来的信使告诉荷兰人，“他们希望和我们成为一个民族”。在上述信息的鼓励下，西印度公司于 1633 年成功入侵北里奥格兰德，驱逐了当地的葡萄牙驻军。荷兰人对塔普亚人未能前来协助他们作战感到失望，不过，其后不久，此前向西印度公司派出第二位使者的原住民领袖尼亚杜伊(Nhaduí)率领 1500 人赶到。他们接受了公司的礼物，最终在北方省份的荷兰要塞附近定居下来。接下来的几年里，荷兰人继续听取原住民的战略建议。以 1641 年为例，荷兰人前往巴西境内更偏北的马拉尼昂攻击葡萄牙人。西印度公司的部队在此次军事行动中得到了 80 名原住民战士的支援。截至 17 世纪 40 年代，新荷兰的荷兰人已经习惯与巴西原住民盟友并肩作战。他们从“巴西人”(Brasilianen)①那里得到的支持力度最大——“巴西人”是与葡萄牙人一起生活多年的原住民，公司的荷兰军队曾在一场战役中拥有多达 1000 名“巴西人”随军，此外

①“巴西人”(Brasilianen)是荷兰人对图皮南巴人的称呼。

图9.4　阿尔贝特·埃克库特于1643年绘制的巴西原住民战士理想化肖像。由约翰·李拍摄自丹麦国家博物馆馆藏绘图

还有来自其他原住民社群的战士提供帮助。有许多巴西原住民首领意识到荷兰人能够帮助他们赶走葡萄牙人。至于荷兰方面，西印度公司的官员不仅坚信他们需要当地盟友，而且认为巴西原住民战士拥有特别的作战技能，在某些军事行动中的表现甚至还要优于荷兰人。

西印度公司

从 16 世纪末开始，特别是在 1621 年恢复战争状态后，荷兰人与哈布斯堡王朝的斗争就具备了全球性，荷兰人越过大西洋扩张到加勒比海
222 和巴西，向南攻入非洲，而且继续深入印度洋。冲突规模促使荷兰人需要进行思考，他们不仅需要了解零星散布的各个殖民地在经济、军事层面的优缺点，还需要熟悉殖民地周边地区原住民的性格、技能和弱点。荷兰记述者尼古拉斯·范·瓦塞纳(Nicholaes van Wassenaer)在 17 世纪 20 年代根据离奇、可怕的二手报道编写了著作，对美洲、非洲和东印度群岛的食人习俗进行了详尽的比较。这种比较的主要目的是通过对比
223 诋毁原住民，颂扬欧洲文化，以此证明殖民扩张的正当性。可当荷兰人概括世界各地原住民的军事实践时，他们的目的并不总是想要贬低他人。与此相反，西印度公司里的某些军方领导人坚定地认为巴西原住民拥有独特技能，也将能够在非洲为荷兰人提供帮助。

1641 年，荷兰西印度公司发动了一场旨在将葡萄牙人逐出安哥拉的战役。安哥拉是葡萄牙人当时在非洲最大的一块殖民地，而且有报告提到刚果新国王加西亚二世将会给荷兰人提供支援，这也促使荷兰人发起进攻。远征军从巴西乘船出发，除了荷兰海员和士兵外，船上还有 240 个“巴西人”，其中既有被招募为战士的男人，也有为男人提供后勤支持的女人。此次远征攻克了位于罗安达的葡萄牙要塞——西印度公司随后据守此地整整七年——但远征事业的成果却远少于预期。西印度公司的董事们曾经计划与加西亚二世建立同盟，利用同盟关系确保荷兰人在这一地区的霸权并控制奴隶贸易。他们不仅打算为美洲的荷属殖民地获取非洲奴隶，还打算切断西班牙和葡萄牙帝国的奴隶劳动力供应，希望这两个帝国的经济崩溃。然而，荷兰人从未实现这种霸权。

荷兰舰队的一名成员提道，“罗安达的居民集结了大约 25000 名黑人或黑色摩尔人和大约 1000 名白人抵抗我军”。荷兰人攻入罗安达后，抵抗军撤出该城，转而增援这一地区的其他葡萄牙人据点。与此同时，

由于荷兰人当中了解安哥拉的翻译或使者很少，他们就难以维持罗安达的奴隶贸易，那里的贸易量衰落到仅仅相当于葡萄牙统治时期的一小部分。“巴西人”也帮不上什么忙，其中有的人早在登陆之前就死于风餐露宿或海战，另一些人则在安哥拉之战和后续的圣多美之战中阵亡，而更多的人则死于疾病。当荷兰人于 1642 年将幸存者带回巴西时，只有不到 100 人。为了在安哥拉生存、牟利，荷兰人就需要在当地寻找盟友，一个或许行得通的解决方案是与安哥拉的葡萄牙社区成员缔结协定，恢复过去的贸易渠道。荷兰人尝试过这种策略，但他们的非洲盟友反对此事。加西亚二世决心赶走葡萄牙人，荷兰人的另一个强大盟友——恩东戈的恩津加女王(Queen Njinga of Ndongo)也是如此。经过为期数年的复杂外交，西印度公司于 1647 年同意听从恩津加的指导意见，联手发动远征，从罗安达出发征讨内陆的葡萄牙人，这实际上削弱了罗安达的守军。荷兰人相当不幸，当时恰好有一支来自里约热内卢的葡萄牙舰队抵达罗安达。罗安达的荷兰指挥官意识到自己的处境相当危险，也可能是高估了葡萄牙人的实力，于是就投降了。

西印度公司于 1648 年撤出罗安达是荷兰帝国主义性质发生根本转
变的开端。1654 年，西印度公司被逐出巴西。1664 年，新尼德兰落入 224
英格兰之手，荷兰人在 1673 年短暂地夺回了新尼德兰，但在 1674 年的《布雷达条约》中又把它还给了英格兰人。此后，荷兰商人依旧在大西洋里“发家致富”。荷兰人依旧在非洲海岸拥有米纳和其他多个据点，也保有苏里南和加勒比海里的少数岛屿，但他们建立跨大西洋大帝国的梦想已经破灭。荷兰的帝国事业在巴西和安哥拉的最终崩溃却符合一种模式，一种在 17 世纪几乎所有横跨大西洋的帝国冒险中都能发现的模式。这个时代的宏大规划终究要失败。当奥利弗·克伦威尔在 1654 年决心进攻西班牙在美洲的帝国时，他的规划与荷兰人早期的战略非常类似，尽管他付出了巨大的努力，却收效甚微，英格兰人仅仅夺取了牙买加的主权。克伦威尔感到失望，他认为牙买加是个微不足道的战利品，就短期而言，英格兰人只是勉强控制该岛，他们还得在随后几十年里与岛上的马龙人作战。

1678 年，也就是荷兰正式将新尼德兰割让给英格兰四年后，奥农达加人(Onondaga)中的一群酋长会见了纽约新政府派来的专员，并且概述了他们之前与荷兰人的关系史。根据那些专员的记录，这些酋长宣称奥农达加人和荷兰人已经建立起一种“古老的兄弟关系”，这种关系自从第一次有人在这里航行起就存在，也就是说，自从荷兰人第一次驶入哈得孙河起就一直存在。酋长们过度简化了荷兰—奥农达加关系史，但他们这么做实际上有一个外交目的：邀请英格兰人取代荷兰人的位置，促使英格兰人按照他们所建议的荷兰方式行事。酋长们坚持认为他们与英格兰人的兄弟关系可以算作此前与荷兰人的兄弟关系的延续。记录者提到，酋长们告诉纽约代表团，“他们感到欣喜，现在重订古老盟约，令同盟关系更加牢固”。

此前三年里，奥农达加人和其他豪德诺索尼族群已经向英格兰人展示了保持良好关系的价值。在 1675 年和 1676 年，正当其他美洲原住民拿起武器反抗弗吉尼亚和新英格兰的英格兰殖民者时，大多数豪德诺索尼人却保持了中立。豪德诺索尼人中的一个部族莫霍克人还派出战士加入了新英格兰的战争，实际上站到了英格兰人一边。截至 1678 年，豪德诺索尼人已经成为英格兰帝国在北美原住民当中军事实力最为强劲的盟友。从哈得孙河到切萨皮克湾，其他原住民群体需要面临崭新的政治现实。特拉华河谷位于哈得孙河的南面和西面，那里的莱纳佩人曾经在此前数十年里展现了可观的军事实力，他们捍卫了自己的领土，把瑞典
225 和荷兰殖民者局限在一组小型前哨据点里。然而，到了 17 世纪 70 年代，莱纳佩人的姿态就发生了变化，他们开始产生一种把自己的族群呈现为“女人”的自我认知，也就是献身于和平的人。这可能是在主张自己拥有外交能力，享有外交层面的特殊利益，但也显然是放下武器的表现，莱纳佩人让豪德诺索尼人替他们负责战事。与此同时，新尼德兰的投降导致荷兰人失去了对莱纳佩人家园的领土主权，促进了英格兰殖民者的到来。17 世纪 70 年代末，大批英格兰人开始出现，其中最主要的

一群人是贵格会教徒。

贵格会教徒公开宣称是和平主义者，他们在商业贸易中非常谨慎，热切地渴望避免给人留下任何欺诈或蒙骗的印象。他们携带英格兰国王查理二世颁发的特许状来到美洲，在进入特拉华河谷时仔细地相互监视，要是看到他们当中有人似乎未能以和平、透明的方式与莱纳佩人谈判，接下来就会提出批评。宾夕法尼亚的贵格会领主威廉·佩恩(William Penn)在抵达之前给“印第安人的国王们”写了一封信，向他们保证“他非常了解其他欧洲人，他们对待你们太不友好、太不公正”。佩恩向他们保证他不是那种人，他写道：“我对你们怀有极大的爱和尊敬，我希望用善良、公正、和平的生活赢得你们的爱和友谊。”莱纳佩人也倾向于避免冲突，他们把土地卖给佩恩，未经战斗就接纳了成千上万的宾夕法尼亚殖民者。在近代早期，其他所有取得成功的殖民项目几乎都得依赖原住民群体的军事援助。大部分殖民地加入过武装同盟，然而，宾夕法尼亚并没有正式的军事机构，反而利用高度仪式化的、小心翼翼维持的美洲原住民外交网获得了保护。代表豪德诺索尼人、莱纳佩人和其他群体的酋长、顾问、翻译和中间人让宾夕法尼亚能够在并无边境战事的状况下生存、发展了70多年。其他英格兰殖民者的领导人对这些安排感到烦恼，但贵格会教徒却对此表示庆祝，而且把他们的殖民地描述成奇迹。

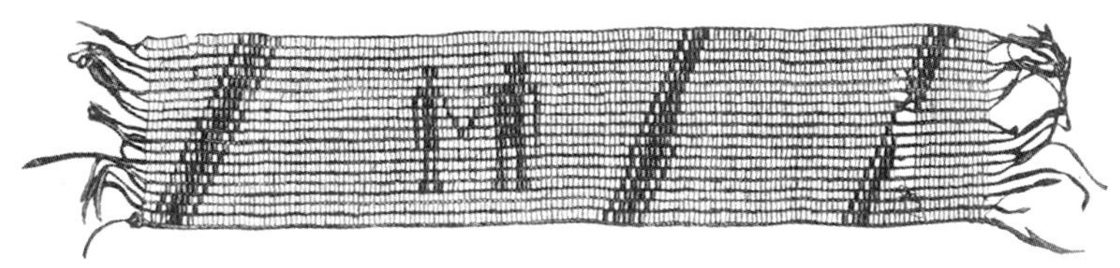

图9.5　贝壳带。17世纪80年代初，莱纳佩人和威廉·佩恩通过谈判达成了一份或多份条约，传统上人们会把贝壳带和条约联系起来。弗兰克·古尔德史密斯·斯佩克和威廉·C. 奥查德著《佩恩贝壳带》(纽约，1925年)。收于大英图书馆

和此前的许多倡导殖民的欧洲人一样，佩恩和其他推动建立宾夕法
尼亚的人把它过分简单化了。尽管这些人的某些前辈认为他们的殖民地
正处于基督教与异教或新教和天主教的大斗争当中，佩恩及其支持者却
把自己表现为和平的拥护者，认为和平正在推翻战争的统治。他们在宾
夕法尼亚试图证明不同民族、不同语言的人可以在一起和谐地生活、工
作。宾夕法尼亚的一些早期殖民者甚至认为他们已经让自己摆脱了上帝
226 在建造巴别塔后给人类施加的惩罚。佩恩用《启示录》中描述的正义之
城命名他的殖民地首府费城，认为它注定要在人类历史终结时可以幸免
于难，但殖民地并不像它的发起人想象的那么独特。宾夕法尼亚依然是
英格兰帝国的一部分，它的未来与包括豪德诺索尼诸族在内的其他殖民
地和盟友的战争前景息息相关。从 17 世纪 80 年代开始，随着殖民者快
速涌入，其中既有贵格会教徒，也有并不属于贵格会的人，当地的紧张
形势逐渐加剧，人们大规模流离失所。宾夕法尼亚在 18 世纪 50 年代成
为交战区域。到了那时，整个大西洋世界的战争模式已经改变了。

从 15 世纪到 17 世纪 80 年代，欧洲政治领袖的宏大帝国野心在大西洋上一再受挫。丹麦人与英格兰人竞相对冰岛及其渔场提出主权要求，但都未能实现。而在更大的尺度上，教皇和葡萄牙、西班牙的国王也从未干脆利落地瓜分非洲、美洲以及大西洋和加勒比诸岛。法兰西人、英格兰人、荷兰人和其他欧洲人打乱了西班牙人和葡萄牙人的活动，不过他们自己的宏伟规划也落了空。与此同时，兵卒、殖民者、奴隶劳工和原住民组建起自己的同盟，投入局部地区的战斗当中，他们既要对区域权力动态做出回应，也试图将它塑造出来。即使帝国领导人制订了大洋范围的战役计划，每个作战区域内的战斗也得按照自身的逻辑和时间表进行。可正如宾夕法尼亚人会在 1754 年了解的那样，战争在 18 世纪越来越快、越来越全面地跨过大西洋蔓延，有的是从欧洲蔓延到殖民地，有的则恰好相反，某些时候，战争几乎会同时影响整个海盆的所有民族。

第十章

横跨大洋的战争（1688—1776）

从 1688 年到 1776 年，战争全面重塑了这一时期的欧洲政治。陆军 227
和海军的规模在扩张，政府为了应付它们的开支改革了金融机构和税收结构。为了引导财政支出，书记员的数量激增，新的官僚网络也发展起来。各国警惕地相互监视，即便在和平时期也维持着庞大的军队，君王、大臣和他们的军事顾问制定了新的军职委任和纪律惩戒程序，这在一定程度上是为了保持对军队的政治控制。上述发展早有先例可循，新型“财政—军事国家”的要素最早出现在 16 世纪的西班牙和 17 世纪上半叶的荷兰与瑞典。但在 1688 年之后，新的军事—政治秩序在欧洲蔓延，不论是在大国还是小国，它都促进了各国政府的中央集权化。随着王室适应了新的政治秩序、捍卫自己的统治权并在不断发展的欧洲国家体系中维护自己的地位，王朝间的争论就会导致武装斗争。其结果是一系列看似无止境的战争，各个国家不断改变结盟对象，面临的对手也是变化多端、范围广大。几十年里，英格兰、西班牙、波兰和奥地利的王位争夺者相继招揽盟友，将他们的国内争端演变为大范围冲突。

与这类“继承战争”相关的远不只是某位国王或女王的身份问题。在外交和战争的纷乱中，英国和欧洲的许多领导人开始相信他们是在追求同一个目标：维持权力平衡。他们认为战争，或者至少是武装冲突的威胁，是保护欧洲所有国家主权的欧洲新体系的一个必要组成部分。根据一些 18 世纪评论家的说法，这一切都是为了共同的利益。

许多历史学家在回顾这一阶段时指出，当时的欧洲领导人之所以乐意如此频繁地投入战争，是因为这个大洲的战斗方式已经变得不那么具

备毁灭性。根据这种观点，欧洲军队的专业化、后勤的改进、军队纪律
228 的强制施行则意味着战争对平民的破坏性已经降低。这种看法主要源于下列事实：武装冲突并没有发生在欧洲最强大的两个国家——英格兰和法兰西的地理中心。而在其他地方，在军队发生交战的地区，比如说西班牙王位继承战争中的西班牙和奥地利继承战争中的佛兰德，士兵仍旧大肆破坏乡村并以劫掠为生。战争依然具备毁灭性。当时分量最重的评论文章里就有许多篇并未强调战争的可持续性，而是大谈它的人力和财力成本。到了 18 世纪 40 年代，一些批判者就对导致暴力永远存在的政治制度是否具备合理性提出质疑。

为了充分理解这种质疑，就有必要承认战争带来的创伤，同时采用一种跨越大西洋的视角。不管存在多少声称 1688 年开始的一系列战争是为了保护欧洲权力平衡而发动的说法，这些战争却并不局限于欧洲。与此相反，它们表明欧洲已经完全融入了大西洋世界。在 17 世纪的最后几十年里，由于通信速度加快，源自欧洲和殖民地的资源投入也大大增加，跨大西洋的战争得以持续进行。欧洲列强开始更频繁、更激烈地争夺海外帝国，欧洲帝国偶尔会在它们横跨大西洋的几块领土上同时展开交战。随着战争时间越发漫长、范围越发广大、代价越发高昂，美洲事务开始以崭新的方式改变欧洲政治。事实上，殖民地的冲突在 1739 年和 1754 年成为将帝国纷争转变为全面战争的导火索，还使得欧洲本身也卷入了武装斗争。要想理解当时发生的事情，就需要着力关注包括美洲原住民、非洲人、殖民者和奴隶在内的所有参与者，正是他们影响了战争的爆发和蔓延。冲突升级有时会反映出欧洲政府的野心，但也时常源于它们无法控制、约束殖民地及其周边地区的暴力。1688 年之后的大规模帝国战争改变了整个大西洋世界的政治动态。

从欧洲人进入大西洋的那一刻起，殖民和贸易就引发了广泛存在的零星冲突。事实上，大西洋某些地区，特别是西非和中非的部分地区，经济在其发展进程中依靠的正是几乎连续不断的武装冲突。战争的常态化和大西洋贸易各个前哨站之间的遥远距离导致大多数冲突根本不会发

展到跨大西洋的地步。地方性冲突的发生频率在 18 世纪始终是有增无
减。比如说，巴西米纳斯吉拉斯地区发现黄金后就引发长达一个多世纪 229
的断续战斗，其中牵涉葡萄牙当局、武装殖民者和勘探者、美洲原住民战士和非洲逃奴。这样的战争是大西洋经济的一个内在组成部分，但在直接受到战争影响的地区以外很少受到关注。对直接相关的人员而言，这样的战斗可能令人颇为痛苦，但这种小规模冲突通常很少会蔓延到邻近地区以外，继而升级为洲际规模的战争。

变小的大西洋

大西洋历史从一开始就不仅是局部冲突，欧洲人领导的旨在征服殖民地、改变贸易方向的军事远征也不时加入其中。在 16、17 世纪，征服者们发动了旨在产生永久性巨大后果的战役，至于那些具备商业头脑的欧洲冒险者在美洲发动攻击夺占土地的举动，也可以说是产生了类似的后果。到了 17 世纪下半叶，这种战役越来越多地由各国政府主导。在 1652 年开始的一系列英荷战争、1654 年英格兰攻击西班牙治下的伊斯帕尼奥拉和牙买加的战役中，随着欧洲做出的战略决策短时间内就大规模扰动了美洲人民的生活，大西洋似乎变小了。英荷战争在相当分散的各个殖民地引发了产生重大后果的会战，反映出英格兰、尼德兰和法国领导人的宏大帝国抱负。

尽管如此，虽然一些持续数个世纪之久的模式仍旧存在，帝国战争却在 1688 年之后发生了根本性的变化。冲突的规模、程度和持续时间都在增长，反复发生的一连串帝国战争让人们意识到：战争与和平是大洋两岸的共同经历，它把相隔遥远的人们联系到一起，弥合了经济、宗教和文化的鸿沟。大西洋正在成为一个单一的政治舞台，帝国战争的节奏变迁为不同的时代划分了界限。随着 18 世纪的流逝，非洲、美洲和欧洲有越来越多且各式各样的人意识到这一发展。有时候，帝国战争令相隔上千英里大洋的人们产生了共同的效忠感。同样重要的是，许多人开始坚信他们正在为遥远的陌生人事业冒着极大的风险、做出巨大的牺

牲。最终，一种摆脱帝国战争循环的渴望推动了几乎每一个大西洋沿岸的改革者与革命者。

1688 年，路易十四派遣军队进入莱茵兰进行一场他所期望的短期战役。荷兰统治者奥兰治的威廉意识到这种兵力部署至少可以暂时让法国人无暇他顾，他抓住这一时机，接受英格兰议员的邀请，渡海前往英
230 格兰，威廉在那里和妻子玛丽一道把玛丽的父亲詹姆士二世赶下王位。詹姆士逃到法国，得到了路易十四的保护。不久，英法两国就发生了战争，这很大程度上是因为詹姆士打算依靠武力在英格兰重新掌权。这场战争导致欧洲各国政府付出了巨额开支，也改变了许多人的生活。在 1689—1697 年的战争年代，军费开支占英国政府支出的 74%，法国则出动了一支超过 40 万人的军队。交战 9 年之后，到战争结束时，威廉仍旧统治着英格兰，欧洲的边界也没有发生重大变化。

在欧洲，这场冲突被称作奥格斯堡同盟战争，指的是欧洲列强针对法国形成的复杂同盟。许多交战方人士从宗教角度解释这场斗争，这是因为路易和詹姆士都是天主教徒，而且两人都越发认为自己是天主教信仰的捍卫者。至于威廉，作为荷兰共和国的元首，他长期以来一直将自己视为与天主教法国的压迫做斗争的新教的保护者。然而，极为重要的是：这场战争并没有按照教派路线分割欧洲，威廉和玛丽也拥有天主教盟友，这当中就包括西班牙的哈布斯堡王朝。

大西洋彼岸的战争特征更为复杂，因为法兰西帝国和英格兰帝国之间的正式宣战在某些地方，比如说加勒比海地区和新英格兰最东侧的殖民点附近，只不过是激化了正在进行的冲突。英格兰人和法兰西人长期以来一直在背风群岛争夺各个岛屿的控制权。即便在英法两国处于官方和平状态的 17 世纪 80 年代，英格兰军队也几次在圣卢西亚、圣文森特和多米尼克等岛屿抓捕、放逐法国殖民者。由于圣基茨岛上同时存在英法殖民地，而且圣基茨岛英属区域是一群时常发生反抗的爱尔兰人的家园，它就成了争夺最为激烈的岛屿。1666 年第二次英荷战争期间，爱尔兰奴仆袭击了他们的主人，劫掠了自家的种植园，为法国人攻入该岛

英属区域驱逐 800 名殖民者创造了机会。类似的事件也发生在 1689 年，爱尔兰奴仆一听说英格兰发生动荡，就发起了暴动。过了几个月，当英法两国正式宣战后，法国人就攻占了圣基茨。英格兰人在 1690 年和 1691 年两次发动反击，放逐了圣基茨岛和其他岛屿上的法国殖民者。英格兰人没收了他们的土地和数百名非洲奴隶，并且将大约 1800 名法国殖民者运到伊斯帕尼奥拉岛。

在加勒比海地区的其他几处战场，1688 年正式开始的战争延续并加剧了旧有的敌对模式。针对船舶和沿海社区的袭击长期以来一直是加
勒比经济的一个组成部分，但在 17 世纪 90 年代的战争期间，贸易的成 231
本和危险性都显著上升。来自对立帝国的私掠者劫夺了几十艘船和大量货物。他们还洗劫了沿海定居点，种植园主家中的物品和种植园里的奴隶劳工都成了战利品。1693 年，英格兰人从法兰西人在马提尼克岛上的种植园里带走了上千名奴隶劳工，在海军舰船的支援下，法国私掠者也同样在 1694 年的一次行动中从牙买加的英国奴隶主手里夺走 3000 名奴隶。

在非洲的“黄金海岸”一带，正式始于 1688 年的战争也加剧了已经存在的暴力斗争。相互对立的欧洲奴隶贩子长期以来一直在争夺奴隶贸易途径。早在正式交战前，英格兰人和法兰西人就时常光顾维达的市场，可在 1688 年之后，由于新近获得许可证的法国私掠船开始在大西洋海岸附近活动，法国人发动大规模袭击的威胁迫在眉睫，英格兰人就决心将法兰西商人拒之门外并修建新的防御工事。法国人不再前往维达，两年之后，阿拉达(Allada)国王指挥的一支雇佣军摧毁了附近的荷兰人据点，也就是设在奥弗拉(Offra)的前哨站，从而巩固了英格兰人在这片海岸的奴隶贸易主导权。阿拉达国王不大可能打算在当时的帝国激战中选边站队，但从短期角度来说，他的确帮助英格兰帝国获取了最宝贵的战时成果之一。

和在整个大西洋世界的早期冲突中时常发生的状况一样，奥格斯堡同盟战争期间，尽管战斗人员之间的长远战略目标存在显著差异，但他

们时常因为共同利益相互协助，甚至在无意间相互帮助。比如说，在新英格兰东部边缘地带，早在欧洲正式宣布进入敌对状态之前，东部阿贝纳基人已经在1688年拿起武器攻击英格兰殖民点。虽然新英格兰人怀疑法国人对此有所作为，但阿贝纳基人实际上是依靠自己的资源、为了自己的目的而自发参战。后来，在英法两国宣战后，阿贝纳基人的确得到了包括一队50人规模的加拿大士兵在内的若干法国援助，也得以扩大作战范围。阿贝纳基人在最为成功的时刻已经将英格兰人逐出了现今缅因州的大部分地区，控制了距离波士顿仅有70英里的土地。东部阿贝纳基人是法国的盟友，但他们并不是以法兰西帝国代理人的身份参战，与此相反，他们很明确地描述了自己有限的领土目标，并且坚持独立自主。

欧洲以外的冲突地区

如果详细研究某些特定冲突地区，特别是欧洲以外的冲突地区，就会发现奥格斯堡同盟战争看起来似乎是把一系列孤立的、联系松散的冲突累加起来而已，这当中涉及各种相互竞争的对手，每个群体都在追求
232 自己的目标。尽管如此，这场战争的一个重要特征却是大西洋两岸的领导人都希望将事情简单化，并对成败结果做出鲜明乃至近乎二元化的评价。以法属加拿大为例，蒙特利尔总督路易-埃克托尔·德·卡利埃(Louis-Hector de Callière)在得知1688年英格兰革命的消息后，他认为纽约的荷兰和英格兰殖民者将和新英格兰人找到共同的事业，他们会以新教徒的身份一致行动，共同对加拿大的天主教徒发动攻击。德·卡利埃预计新教战士将要招募美洲原住民盟友，“向我们进攻，并焚毁、洗劫我们的定居点”。他得出了如下结论：避免这种灾难的唯一手段就是先发制人。总督提出了一份雄心勃勃的征服纽约的计划，这份计划得到了路易十四及其大臣的积极回应。1689年6月，他们下令夺取纽约，并指示新法兰西总督判处纽约的部分新教徒从事强制劳动，将剩余的新教徒流放到宾夕法尼亚或新英格兰。不切实际的类似计划也影响到英格

兰帝国的大臣、殖民地官员和军官。就在法国人下令征服纽约前后，英格兰枢密院也批准攻占加勒比海上的所有法属岛屿。

这些计划可能过于野心勃勃，但它们至少还存在地域限制。在奥格斯堡同盟战争的最初几年里，英国殖民地内部的某些领导人甚至还在考虑更宏大的计划。战争刚开始几个月，巴巴多斯副总督埃德温·斯特德(Edwin Stede)就报称自己已经看到了一则预兆：威廉三世治下的英格兰人和荷兰人将会征服法兰西。为了实现这一目标，他认为英格兰、荷兰和殖民地武装力量应当同时在包括加勒比海和北美在内的尽可能多的战线上与法兰西人交战。正如斯泰德所愿，纽约和马萨诸塞临时政府在1690年发动了一次耗资巨大的远征，其目的便是征服法属加拿大。新英格兰清教徒牧师科顿·马瑟(Cotton Mather)是此次进攻的热忱支持者，他宣称“这不仅关系到北美的未来，而且认为一场成功的战役可以迎来基督在地上的千年统治。士兵需要得到上帝的帮助，但假如我们的上帝从美洲的旧主撒旦手中夺下它，把地球的这些末端交给我主耶稣，那么，我们目前的冲突很快就会被吹散，比黄金时代更好的时代将会到来”。

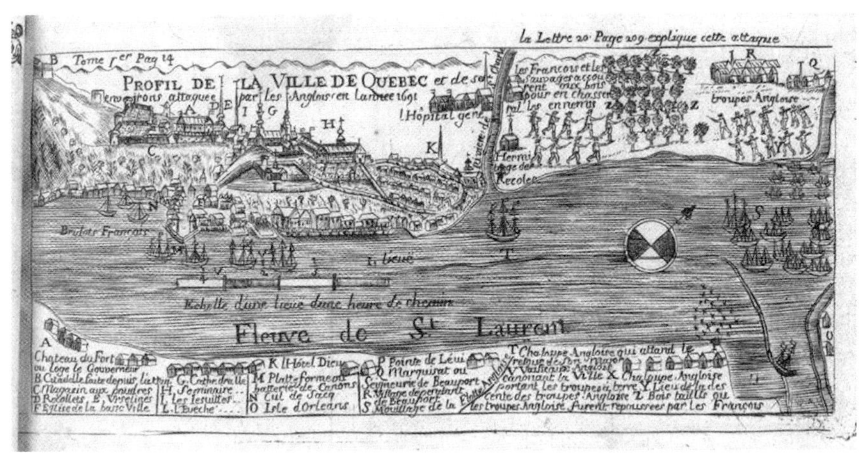

图 10.1　拉翁唐男爵绘制的1690年攻击魁北克受阻图。可以在图片最右端看到新英格兰舰队和他们乘坐划艇的美洲原住民盟友。承蒙约翰·卡特·布朗图书馆惠赠

疾病和分歧导致远征加拿大的行动停顿了下来，特别是纽约的豪德诺索尼盟友之间的分歧。马瑟的观点在此次失败后发生了变化，他在这场战争结束时的评论揭示了战争在北美受损最严重的地区造成的整体影响。马瑟在发表于 1697 年的一篇布道中强调了战争导致的广泛破坏。
233 他仍然在思考“神的旨义”，但感受到的是惩戒，此时已经主张上帝是因为马萨诸塞犯下的集体罪孽而惩罚了它。他的观点在很大程度上得归因于新英格兰的清教过往，但在一个颇能揭示内情，反映殖民地宗教、社会、政治氛围变迁的段落里，马瑟发出了如下恳求：“现在，不要猜想，现在，惩罚你们良心的只是不从国教者那更严格、更苛刻的教义。”他明确表示自己相信圣公会，长老会和其他新教徒应当共同努力，以此实现正义、确保上帝的青睐、消除天主教在北美的影响。在最近的战争中，上述所有群体都受到了损害。马瑟列出了新英格兰人在这场战争里失去的东西，他认为这种负担几乎是所有人共同承担的。

马瑟从物资层面描述了这种损失，他对出动军队的开支感到痛心，认为“这令我们付出了如此巨大的代价，要是新英格兰人能够以一个人头一百镑的价格收买对手”①，“我们本可以省下一笔钱”。在衡量冲突造成的经济损失时，他指出，“对于那些未曾被战争触及的人而言，战争的昂贵代价已成为一种灾难”。那些在交战区域拥有财产的人受到的损失更大。人们放弃了缅因地区长达 100 英里的海岸线一带的农场，在小村庄以外的成群城镇已经被夷为平地。战争所带来的破坏毁掉了富人的财产，导致他们突然发现所有的财富“都是雪做的”，一个夏天就“融化得一无所有”。至于穷人，他们陷入了更深的贫困。但损失的不仅仅是财产，“我们的几百个邻人都被掳走了。被杀的不仅是灰白头发的男子，还有妇女和婴儿”。

按照马瑟的说法，“十年战争导致成千上万人为死去的朋友哀悼，我们到处看到送葬者在街上徘徊。现在，我敢向你们提议如下：如果你

①原文如此。

们能够找到三个在这十年里没有遭遇哀伤和忧愁的人，并且说出他们的名字，我们就会让你们死去的朋友回魂”。他强调了儿童、老人和妇女的死亡，但也承认面临“战争怒火”的主要是青年男子。“这个国度里到处是正在埋葬儿子的父亲。我们当中许多人的儿子，甚至是那些令我们感到宽慰的儿子，被粗暴地从我们身边夺走，被砍掉了青春之花”。至于寡妇和孤儿以及那些要养活许多张嘴的人，他们的窘迫、匮乏和忧虑可以说是无法想象和表达的。马瑟声称他们的苦难甚至超出了受难者本人。

马瑟看到战时经历将殖民者联系到一起，让他们更有理由对欧洲的 234
发展态势保持警惕。某种程度上可以说正是由于他让人们关注这些动态发展，奥格斯堡同盟战争才加速了帝国整合进程。此外，威廉和玛丽为重组殖民地政府和规范贸易所做的努力也推动了这一进程。这个整合进程超越了英格兰帝国的疆界。马瑟并没有关注战争给那些被他认定为是敌人的人造成了什么影响，但他喋喋不休地为新英格兰人念叨的一连串苦难也必定会在美洲原住民群体和纽芬兰、阿卡迪亚、加拿大的法国殖民社会内部产生影响。在美洲各地，冲突已经向人们表明他们有理由出于自身利益而密切关注欧洲。五年后，当欧洲帝国于 1702 年开始另一轮战争时，那条启示还会得到加强。

与此前的奥格斯堡同盟战争一样，西班牙王位继承战争(1701—1714)也始于欧洲，这一次是源于哈布斯堡王室和波旁王室争夺西班牙王位。英格兰支持哈布斯堡，法国支持波旁，双方在争夺西班牙时投入的精力和资源要远多于法国为被废黜的英格兰国王詹姆士二世所做的投入。这场斗争不仅关系到西班牙的未来，也对西班牙在美洲的帝国影响重大。在欧洲特别是在英国，西班牙王位继承战争以大会战闻名，战争中数次出现上万人的军队在开阔地上对垒并连日交战的状况。马尔伯勒 235
公爵(Duke of Marlborough)麾下的英军在布莱尼姆(Blenheim)、拉米伊(Ramillies)、奥德纳尔德(Oudenaard)和马尔普拉凯(Malplaquet)取得了赫赫有名的战绩，可是，尽管存在上述胜利，这场战争还是以精心策划

图 10.2 《第二次霍赫施泰特会战（布莱尼姆会战）》，扬·范·许赫滕贝赫作于1704 年。由意大利文化遗产与活动部萨伏依美术馆授权。收于都灵皇家博物馆

的妥协告终。

自从上一次战争结束以来，战争所带来的疲惫感和挫折感不断增强，这促使人们重新对欧洲和殖民地事务进行了广泛的评估。许多评论家、统治者和外交官并没有把妥协看作令人失望之举，反而对它表示庆祝。由于旧有的敌意还在持续，妥协永远不会是一件容易事，但为了维持权力平衡，国王、大臣和外交官都愿意改变同盟对象，与从前的对手合作，忽略教派分歧并做出让步。这种观点不仅改变了欧洲政治，也对大西洋西岸的外交和战争产生了同样重大的影响。终结了西班牙王位继承战争的严谨谈判导致人们对殖民地意义和价值进行了创造性的重新评估。1713 年缔结的和约明确区分了领土主权、人员管辖权、资源使用权和贸易权。这些协定规定波旁王朝将拥有西班牙王位，但也让西班牙海外帝国的部分地区有限度地开放了国际贸易。

对那些发动西班牙王位继承战争和在 1713 年通过谈判终结战争的人来说，他们的动机源自对欧洲局势的关切，但美洲的战斗中还涉及其他利益。在英格兰的殖民地，这场战争重新唤起了对信仰天主教的法兰西人的旧恨。此外，由于西属殖民地几乎一致承认波旁王朝拥有西班牙王位，英格兰殖民者就很容易认定信仰天主教的西班牙人和法兰西人一样，都是他们的敌人。因此，这场战争虽然在欧洲并没有明确地按照宗教划分，却在美洲深受宗教因素影响。

暴力升级

宣战释放了积压的紧张态势，在美洲的一些地区，它导致暴力迅速升级。以西属佛罗里达及其周边地区为例，很多美洲原住民群体长期以来一直在进行小规模战斗，这些人相互抓捕人员，争夺领土和贸易，偶尔也会与英格兰人、西班牙人结盟。1702 年 5 月，就在殖民者得知欧洲已经公开进入战争状态之际，穆斯科格(Muskogean)战士洗劫并摧毁了蒂穆夸人(Timucua)当中的西班牙传教团。当一群阿帕拉奇(Apalachee)战士和若干西班牙人离开佛罗里达北上实施报复时，他们又遭遇了伏击，损失了 500 多人。几个月之后，在数百名与英国结盟的美洲原住民战士支援下，来自南卡罗来纳的英军包围了位于圣奥古斯丁的西班牙堡垒。这场围城战以失败告终，但在随后几个月乃至几年时间里，英格兰人及其美洲原住民盟友攻入了西属佛罗里达的大部分地区，236
杀死或驱逐了成千上万居住在佛罗里达的圣方济各会传教团及其周边的人。有些流离失所的人向英格兰人投降，迁移到南卡罗来纳的英格兰定居点外围；另一些人在法国的新殖民地路易斯安那的边缘地带寻求庇护，但更多的人惨遭奴役。到战争于 1713 年终结时，英国人及其美洲原住民盟友已经将西班牙人在佛罗里达的势力压缩到区区两个设有防御工事的小小据点里。

圣基茨岛上的英格兰人在收到英法宣战的消息后反应更加迅速、果断。他们将法兰西人赶出岛屿，将 1200 名沦为难民的法国殖民者遣送到马提尼克。这场战争为整个美洲的殖民者提供了重拾旧有敌意、用武力解决领土争端的机会。葡萄牙参战后，南美洲的波旁王朝西班牙军队和耶稣会训练出来的瓜拉尼民兵并肩作战，展开了旨在解决由来已久的拉普拉塔河北岸争端的军事行动。他们越过拉普拉塔河围攻科洛尼亚·德尔萨克拉门托（Colónia do Sacramento），4 个月后，葡萄牙人撤出了这座城镇。

237 在北美洲北部地区，一支由法国士兵和阿贝纳基战士组成的分队在一次配合好得异乎寻常的作战行动中，袭击了位于马萨诸塞西部的要塞化城镇迪尔菲尔德（Deerfield），大约 300 名居民中有 50 人被杀，112 人被掳走。1708 年冬季，法军在更偏东的纽芬兰夺取了英国人的渔业定居点圣约翰斯（St. John's），并于次年春季撤出该地前将它摧毁。这两场行动都反映了地方上经年累月的紧张态势。在新英格兰北部及其周边地区发生过一连串有来有往的掠袭和反击，捕获人员问题也牵涉其中，突袭迪尔菲尔德就是上述情况逐步升级的后果。而毁灭圣约翰斯则是将纽芬兰岛法英渔民间的一系列暴力对抗推向了最高潮。尽管这些战斗在某些层面可以说是地方性的，但它们在帝国内部，尤其是英帝国内部，会被诠释为大洲范围内帝国对抗的一个组成部分。

从 1689 年开始，新英格兰人已经越来越习惯将他们所谓的敌人视作一个集团。阿卡迪亚的法国殖民地并未参与袭击迪尔菲尔德，但对于新英格兰人来说，他们坚信所有法国人和法国人的美洲原住民盟友都结为同盟来对付他们，阿卡迪亚就成了一个适当的报复对象。1704 年的一次报复性袭击据说导致整个殖民地只剩下 5 栋尚未倒塌的房屋，这是西班牙王位继承战争期间新英格兰三次攻击阿卡迪亚中的第一次。1707 年，新英格兰人夺取阿卡迪亚殖民地的努力以失败告终，后来，他们在英国海军的支援下于 1710 年成功将其征服。随后，他们将目标定为加拿大，一场成功的游说行动使得英国对此的投入达到了前所未有的水平。1711 年夏季，上千名英国士兵抵达波士顿，准备参与此次远征。运载了 7500 名官兵的 70 艘帆船从波士顿出发驶向加拿大，可是在一个有雾的夜晚，几艘运输船在圣劳伦斯湾触了礁，700 多名官兵和 150 名水手、35 名妇女以及若干名儿童溺水身亡，另有 500 人从水中救出。这场远征失败了。

批准 1711 年远征加拿大的英国大臣们曾经短暂地认同新英格兰人的渴望：通过赶走法国人简化北美地图。不过，该计划失败后，法国、西班牙和英国谈判代表在结束战争的乌得勒支谈判中达成了一系列妥协。英国承认西班牙拥有一位波旁家族的国王，但也获得了与加勒比海地区的西班牙殖民者进行有限交易的权利。至于纽芬兰，法国放弃了他们对这个岛屿的主权要求，以换取在该岛北海岸的捕鱼权，并且约定给定居在当地的法国殖民者一年时间选择是留下来成为英国臣民还是移居 238
外地。等到英国人同意给予阿卡迪亚殖民者一年时间选择去留后，法国人也以类似方式承认了英国对阿卡迪亚享有主权。而在北美大陆的其他地方，谈判者同意美洲原住民可以在法英两国主张的领土之间自由往来，还承诺组建一个委员会，为被他们认定是流浪部落的所有社群指派帝国主人。但这个委员会从未组建，因而也留下了许多尚待解决的问题。

《乌得勒支条约》的含糊规定可能有助于当地人达成和解。在法国人和英国人的共同鼓励下，纽芬兰的法国殖民者放弃了他们的定居点，集体前往路易斯堡，那是法国设在布雷顿角岛上的新渔港，拥有防御工事保护。与此相反，阿卡迪亚人拒绝接受条款里给予他们的任何一种选择。他们在故土继续待了几年，却没有向英国王室宣誓效忠。18 世纪二三十年代，他们以此后不用被迫拿起武器对抗法国人为先决条件向英国宣誓效忠。法国和英国殖民者都找到了从这些临时安排中获利的方法。阿卡迪亚人、新英格兰人和路易斯堡的法国人之间发展出活跃的殖民地贸易。

在大西洋的好几片海岸，1713—1739 年都堪称稳定繁荣的岁月，它带来了一段和平时期，与此前的战争年代形成了鲜明对比。当然，这些年里也的确发生过重要的武装冲突。欧洲就出现了包括四国同盟战争和波兰王位继承战争在内的若干战争，但这些冲突都没有像此前的帝国战争那样扩散或升级。与此相反，战争的有限特性和围绕战争的王朝、领土谈判的错综复杂反而巩固了这样的说法：军事力量是确保欧洲权力平衡的根基。1713—1739 年，欧洲以外也发生了几场重要战争。南卡罗来纳及其周边地区的雅马西战争就导致那一地区遭到蹂躏。福克斯战争也以类似方式颠覆了密西西比河上游流域许多居民的生活。尽管如此，在大西洋世界的许多地区，这几十年依然是相对和平的年代。像纽芬兰沿海渔民、豪德诺索尼人和圣多明各的法国种植园主这样的不同群体都在蓬勃发展。

不过，正如地区和地位的差异导致帝国战争对人产生不同影响一样，和平带来的利益也不会均等分配。1713—1739 年之间或许是没有发生过一场大规模帝国战争，但几乎无休止的暴力仍然继续困扰着大西洋周边地区许多人的生活，直接受到奴隶贸易影响的人尤其如此。贩奴
239 船“西皮奥号”（*Scipio*）在 1729—1730 年的航行就在很大程度上说明了暴力的持续存在，也阐述了它是如何促使整个大西洋世界的政治越来越不稳定。

“西皮奥号”事件

“西皮奥号”于 1729 年冬季离开布里斯托尔，驶向位于比夫拉湾（Bight of Biafra）的埃莱姆卡拉巴里（Elem Kalabary），这里原先是个渔村，此时已经经过了彻底的重建和重组，并且完全更换了新的居民。埃莱姆卡拉巴里在英语中被称作新卡拉巴（New Calabar），它位于尼日尔河受到潮汐影响的沼泽三角洲之外的一座小岛或小丘上。它的头人们管辖着运载 20 或 30 人的划桨战船，这些战船既可用于军事，也可用于贸易。划桨战船及其船员既保卫城镇，也运输、分发货物和奴隶。埃莱姆卡拉巴里从 15 世纪起就已参与大西洋奴隶贸易。

“西皮奥号”的船长名叫爱德华·罗奇（Edward Roach），是个经验丰富的贩奴老手。这是罗奇自 1727 年以来的第三次贩奴航行。他在埃

莱姆卡拉巴里的主要联系人是一艘划桨战船的指挥官，罗奇称他为汤姆·安科拉(Tom Ancora)，此人可能就是埃莱姆卡拉巴里国王的儿子阿马科罗(Amakoro)。罗奇前往埃莱姆卡拉巴里是为了购买数百名奴隶，但他在着手购买这么多奴隶之前，先买下了一个漂亮的黑人姑娘供自己享用。等到快要把大部分奴隶弄到手时，罗奇就邀请阿马科罗上船，谈判行将结束之际，阿马科罗给自己灌了一杯白兰地，然后用手臂搂住了罗奇买来供自己享用的年轻女子，让这位船长大吃一惊。罗奇做出了愤怒的反应，他用手杖猛击阿马科罗的喉咙，打掉了他的几颗牙齿。这让罗奇在埃莱姆卡拉巴里的交易处于危险境地，于是，他在次日上岸道歉。罗奇拜访了阿马科罗，似乎达成了新的妥协，可他回船不久就生病了，船员们怀疑船长被人下了毒。

罗奇指导下属把275名奴隶装上“西皮奥号”，并且指挥船只驶离埃莱姆卡拉巴里，但他的热病已经越来越严重。他的手脚肿胀到了可怕的程度，在自己的船舱里度过了最后几天，当时，他在窗口到处摸索，拼命想让自己呼吸到一点新鲜空气。而被禁锢在甲板下方的人连窗口都没有，还得忍受着更炎热、更拥挤的环境，此外，他们还能够看到彼此的死亡，从而造成新的心理创伤。在“西皮奥号”抵达加勒比海之前，就已有超过60名奴隶死去。奴隶们知道罗奇已经丧失了行动能力，就在离开海岸后几天尝试发动起义。此次起义的领导人是个被水手们称作亚当的男人。亚当和他的支持者将船上的厨子推进一缸正在煮的沸腾的米饭里，又刺穿了水手长，把他扔下了船。随后，一名船员朝亚当开了一枪，子弹射穿了他的脑袋。这种展现武力的举动令其余的奴隶服从了权威，他们并没有继续与拥有武器的船员斗争，而是退到船舱内部。尽管如此，水手们从那一刻起就已经被吓坏了。

“西皮奥号”在大副詹姆斯·西邦兹(James Seabonds)的指挥下抵达 240
牙买加，幸存的奴隶被带到金斯顿(Kingston)的市场出售。当水手们冒险进入甲板下方时，他们发现那里有大群老鼠出没，尽管他们将此解释为“不祥之兆”，却还是装上新的货物继续航行，这一次的目的地是古巴。可他们还没开到那个岛屿，就被一艘古巴大船拦住了。尽管西邦兹一再恳求，“西皮奥号”的船员们还是意识到他们在火炮和人员数量上都处于下风，因而拒绝进行抵抗。60 名武装人员洗劫了“西皮奥号”，拿走了它的导航装置，然后让它向北航行。一个缺乏经验的水手指挥这条船盲目前行，导致它在巴哈马群岛附近撞上了礁石，海难过后，骨瘦如柴的船员们就被遗弃在一个无人荒岛上。三个星期后，海盗前来打捞沉船残骸中尚有价值的一切物品，顺便救走了船员。

困扰“西皮奥号”的斗争是地方性的，规模也不算大，这符合已在 16、17 世纪确立的斗争模式，然而，在船上受苦受难的人们很少能想象到未来会有人不断利用他们的痛苦遭遇：或是以此证明大规模的跨洋或全球冲突具备正当性，或是用它引发大规模冲突。这次远航导致船上几乎所有人都处于孤立无援和无人关注的境地，使得他们与熟悉的社区和更广阔的世界隔绝。尽管如此，这些人的磨难却成为一出跨大西洋政治剧的一部分，使得各个大洲之间的联系更加紧密，导致大洋两岸的战争出现越来越同步的起伏。

从欧洲法庭的视角来看，“西皮奥号”是在战时离开布里斯托尔，但又在和平时期抵达加勒比海。英国和西班牙于 1727 年开战，在两年多的时间里实施了大多徒劳无功的军事行动，这两个帝国最终于 1729 年 11 月缔结了和平协定。在帝国战争期间，和西属加勒比海地区的许多船长一样，胡安·凡迪尼奥（Juan Fandiño）获得了一份在冲突期间充当私掠者为西班牙效力的特许状。后来，当凡迪尼奥被人问及攻击“西皮奥号”一事时，他坚持宣称自己对 1729 年的和平协定一无所知，根据私掠特许状的条款和战时私掠者的正常行为标准，他和部下有权掠夺“西皮奥号”。在提出这一论点时，凡迪尼奥还援引了当地的风俗习惯，指出实际上不可能严格监管围绕着加勒比海贸易的暴力行为。他并没有否认欧洲外交官达成的协议具备权威性，但也要求根据殖民地的具体状况进行调整和灵活处理。然而，这样的论调越来越遭到英国公众的否定，他们坚持认为这危及了基本原则。

从1713年起，与加勒比海贸易管辖权相关的条约附件导致西班牙
人和英国人多次发生争执。根据在乌得勒支缔结的协定条款，英国声称 241
它拥有在西属殖民地出售奴隶的特殊权利。西班牙则对这一权利做了狭义阐述，并且坚持认为自己有权检查英国船只，以确保不超过国际协议规定的配额。与此相反，一些英国商人则将1713年的相关条约解释为承认他们的贸易自由，认为这是生而自由的英格兰人与生俱来的权利。

18世纪20年代末30年代初，英国和西班牙船只在加勒比海地区发生了一系列激烈争端，英国报刊对此大肆报道，助长了整个联合王国及其帝国内部大众的不满情绪，最终引发了开战的叫嚣。在这场煽动中，“西皮奥号”的名字出现在精心编订的所谓暴行清单上，清单上摘引的每一条罪状都被视为报复的理由。英属殖民地的商人和英国各地的船主一起向议会请愿，要求采取措施对付西班牙。首相罗伯特·沃波尔(Robert Walpole)不愿展开正式军事行动，试图与西班牙人达成妥协，但最终还是屈服于公众压力，选择对西班牙宣战。1739年秋季，一支英国舰队炮击了巴拿马地区濒临加勒比海的西班牙殖民城镇波托贝洛(Portobello)。根据刊载在马萨诸塞报纸上的报道，舰队不停地开火，每分钟将七八发炮弹倾泻到波托贝洛，并将这种射速维持了一个多小时。炮击导致城镇守军陷入惊慌，他们花了很大的代价才赎回波托贝洛。舰队的水手在废墟上肆意妄为，每个人都依靠掠夺发了财。这场胜利促使英军在几个月后围攻防御状况较好的西班牙港口卡塔赫纳，但新英格兰人却会把那场军事行动当作灾难长久铭记。

1739年开始的英西战争是第一场从英属北美殖民地抽调大量士兵离开家乡前往海外服役的帝国冲突。有些贫困的男人是在当地的济贫督察强迫下服役的，还有些人是被主人派出去当兵的奴隶，但大部分参军的新英格兰人是农民和商人。他们被征兵的条件和承诺可以进行劫掠所吸引，同时，针对西班牙人的愤怒所激起的帝国主义爱国浪潮也驱使着他们。从1740年到1742年，有6000多名英国正规军参与了针对加勒比海地区西属殖民地的战役，此外还有3000名殖民者加入军事行动，

来自牙买加的几百名奴隶也充当辅助人员提供支援。在这些人当中，共有超过 1800 名殖民者和 5000 多名英国正规军身亡，其中大部分人死于疾病。他们的死亡在英帝国的部分地区造成了人口空缺，马萨诸塞的波士顿空缺尤为严重，那里的寡妇和孤儿长年累月地充实着穷人的队伍。

242 虽然波士顿在经济上遭受了将近 10 年的困扰，但波托贝洛的经济也从未恢复。尽管战争有选择性地带走了波士顿的成年男性，它却更加无差别地屠戮了波托贝洛的居民，留下的是鳏夫、寡妇、失去子女的父母和失去父母的孤儿。然而，身体层面的痛苦只是个人的经历，它既无法量化，也无法进行数据对比。托拜厄斯·斯莫利特(Tobias Smollett)曾在卡塔赫纳外海的英国舰队里担任外科助理医师，多年以后，他对医院船上的景象做了如下描述：

> 伤病员被悬垂在甲板之间……他们在那里根本没有坐下去的空间，他们沉浸在污秽里，无数的蛆虫从伤口化脓的地方孵化出来，他们除了用自己的那一份白兰地给伤口清洗外毫无保护措施。除了呻吟、哀叹和用绝望的语言乞求死亡将他们从痛苦中解脱出来之外，什么都听不到。

18 世纪的大西洋充斥着大规模且有组织的杀伤性暴力，以至于人们必须发出疑问，是否真的存在一个时期可以被严肃认真地描述为和平年代？斯莫利特看到的男人们承受了巨大的痛苦，但 10 年前因“西皮奥号”的航行而经历伤害和死亡的人也是如此，受难者中还有在自己的饭锅里被烫伤的厨师、在大西洋上被刺穿后溺死的水手长、死在船舱里的 60 个人和包括那个“年轻漂亮的黑人姑娘”在内的奴隶幸存者，幸存下来的奴隶名字和命运都不得而知，但很有可能都以奴隶身份被卖到牙买加。就像凡迪尼奥为自己对“西皮奥号”发动私掠攻击进行辩护时所述，区分战争与和平的只是一种外交形式，这种形式是在欧洲宫廷里谈出来的，并不在大西洋世界其他地区居民的直接认知范围之内。欧洲战争与和平阶段的正式次序是人为制造的，它无法涵盖或描述处于竞争中的各个帝国的全部经历。然而，这种战争与和平交替的节奏反映出一个日益重要的现实：虽然欧洲的战争长期以来一直影响着殖民地的发展，但在18世纪，殖民地的冲突也越来越剧烈地搅乱着欧洲，并且反过来影响到分布范围广泛、相隔遥远的各个殖民区域。

互相影响

英国于1739年对西班牙宣战是一连串事件中的第一个，此后几年，大部分欧洲列强也卷入了交战。从1740—1748年，欧洲的一系列地区性冲突结合到一起，形成了一场被后人称作奥地利继承战争的大对决。北美的状况与此相反，英西战争和英法战争之间依然存在明确区分。每 243

图10.3　1910年时的波托贝洛废墟。摘自艾尔弗雷德·B. 霍尔和克拉伦斯·莱昂·切斯特著《巴拿马与运河》(纽约：纽森公司，1914年)，第30页。收于国会图书馆

一场战争都是在正式宣战后骤然开始。1739 年，英国对西班牙宣战过后不久，佐治亚总督詹姆斯·奥格尔索普(James Oglethorpe)就集结部队发动了针对西属佛罗里达的大规模进攻。他组建了来自南卡罗来纳和佐治亚的军队，从地方社区征募民兵。他动用了七艘军舰，还号召美洲原住民盟友提供支援。后来，他对圣奥古斯丁的围攻以失败告终，但这次军事行动还是导致上次战争结束之后在这一地区建立的几个定居点，包括一个苏格兰高地人的孤立定居点和一个设有防御工事的定居点，后者是一群逃离英属殖民地种植园的奴隶劳工在圣奥古斯丁附近找到的避难所——面临着破坏、人口流失乃至毁灭。法国于 1744 年对英国宣战，继而在北美东北部引发了同样迅速的行动。法军从路易斯堡出动，在米克马克战士的支援下掠夺、摧毁了位于新斯科舍大西洋沿岸的渔业定居点坎索(Canso)。

冲突中一些最引人瞩目的事件发生在新斯科舍和布雷顿角岛。1745 年，一支新英格兰远征军攻克了路易斯堡，皇家海军也为此提供了若干
244 支援。一年后，法军出动了运载大约 11000 人的 60 多艘舰船，意图夺回路易斯堡，征服新斯科舍并大肆骚扰新英格兰沿海。舰队在大西洋遭遇了恶劣的天气，军官、士兵和船员也面临疾病的侵袭，虽然其中大部分人还是成功在新斯科舍登陆，但他们身体虚弱，无法参与战斗。饥饿、自杀和溺水的确导致一些人死去，但大部分死者的死因还是包括斑疹伤寒、坏血病在内的一系列疾病。在北美，一种普遍存在的徒劳感萦绕着奥地利继承战争中的大部分行动。随着 1748 年签署的和约正式将帝国边界恢复到 1713 年在乌得勒支商定的状况，人们的挫折感就越发加剧了。紧张的态势持续存在，在这个大洲的好几个地区，殖民者和美洲原住民都预期武装冲突将会重现，因而做了战争准备。

总的来说，北美居民并不会欢庆欧洲人维持的权力平衡，他们也不属于作为欧洲新国家体系中的一部分演化出来的军事文化。按照预期，在为“欧洲军事”想象出来的新秩序下，来自不同国家的士兵和军官会根据当时的政治需要时而并肩作战，时而相互对抗。在奥地利继承战争

期间，美洲原住民是最先质疑自己是否愿意根据上述条件成为作战参与方之一的人。在俄亥俄河流域和大湖地区，法国人的美洲原住民盟友起初联合起来袭击整个地区的英国商人，到了后来，却有大量昔日的盟友转而反对法国人。总的来说，原住民这么做并不是因为他们支持英帝国，而是因为感觉老盟友给予的待遇不佳。正如一位不满的原住民战士所述，“法国人总是拿他们(怀恩多特人)的年轻人去对付自己的敌人，就像役使自己人一样，也就是像对待奴隶一样役使他们的人”。针对这些人的观点，有些法国军官就担心北美原住民已经达成一个“不去自相残杀，让白人相互杀戮”的公约。这种想法并不准确，但这样的评价也有一定的道理。虽然 1747 年的美洲原住民之间并没有什么普遍存在的约定，但拒绝参与帝国战争的想法最终会赢得支持者，它会在塑造七年战争战时行为和战后遗产方面发挥重要作用。若是以更宽泛的视角从长远来看，对帝国领导人战时阴谋诡计的失望将推动大西洋两岸的革命情绪。

对任何人来说，北美战争于 1754 年爆发都不足为奇，但谁也不会预料到冲突会蔓延得那么远。就像 1739 年的英西战争一样，冲突始于殖民地，最终升级为一场欧洲大战兼帝国大战。法军和英军在俄 245
亥俄河上游流域发生的规模相对较小的冲突引发了一系列规模不断扩大的对抗，最终导致从葡萄牙到俄罗斯的几乎所有欧洲大国卷入交锋，而且还导致美洲各地和遥远的印度、菲律宾等地发生战斗。在大西洋的某些海岸，比如说古巴，突如其来的帝国冲突扰乱了原本相对稳定的社会、政治状况。而在另一些地方，比如说塞内加尔，战争激化了当地族群之间长期存在的交战，而且改变了交战方向，给它们增添了不同于前意义。

已经因饥荒遭受破坏的塞内加尔在 18 世纪 50 年代又被内战撕裂。1757 年，在埃米尔阿马尔·乌尔德·阿里·尚多拉(Amar Wuld Ali Shandhora)死后，尚多拉的继承人莫克塔尔·乌尔德·阿马尔(Mokthar Wuld Amar)开始为夺取当地贸易路线的控制权而战。他的部队纵横于塞内加尔河流域，封锁了通向位于河口的法国堡垒圣路易-德塞内加尔(Saint-Louis de Senegal)的通道。阿马尔之所以要封锁法国人，是因为他们正在和他的非洲对手做生意。尚不清楚阿马尔当时是否想要为英帝国打开一个缺口。1758 年，一支英军远征军利用了当地的有利状况，夺取了法国堡垒，他们还声称阿马尔已经计划让英国垄断当地贸易。阿马尔原本可能并没有这么打算，但这些小规模冲突最终导致英帝国在西非大陆获得了一个前哨据点，并在随后 21 年里一直掌握此地。

与塞内加尔河流域地方冲突不断升级，吸引帝国军队投入并逐渐成为范围更广阔的跨大西洋战争组成部分截然相反，七年战争是突如其来地降临古巴，终结了一个相对和平的漫长阶段。西班牙帝国设法在长达八年的时间里置身于七年战争之外①，在此期间，古巴的防务遭到了忽视。英国和西班牙要到 1762 年 1 月才正式进入交战状态，又过了几个月之后，英国才出动部队进攻古巴。这支舰队从英格兰出发，船上的士兵和水手对这个西班牙治下的岛屿知之甚少。抵达加勒比之后，一些稍微了解这一地区的其他部队加入远征军，其中包括西印度白人、一支来自本土的英国殖民军和从英属西印度群岛动员的上百名奴隶和自由黑人。攻方部队的数量大大超过了守军，而且他们完全由从交战区域以外赶来的人员组成，古巴岛的地理环境和特殊社会动态对他们来说是全然陌生的。对古巴而言，这是一场纯粹的帝国主义战争，完全与当地自发因素无关。

虽然七年战争中的零散交战可能拥有不同的起源，也会对当地产生特有的影响，但从整体来看，在整个大西洋世界促进了有关权力和资源
246 分配的大范围辩论。战争结束之际，英国人至少已经在理论上承担起在塞内加尔治理一个复杂的混合社区的责任，这个社区的居民分别讲着沃洛夫语、法语和英语等语言，还信奉着包括新教、天主教和伊斯兰教在内的一系列来自当地和跨大西洋而来的传统信仰。塞内加尔河流域的英

① 本书作者定义的七年战争始于北美冲突爆发的 1754 年，终于 1763 年，因而一共持续了九年而非通常所说的七年。

国总督在各类帝国发起人的支持下制订了改造这一地区的计划，但由于能够吸引过来的讲英语的新教徒殖民者数量不足，无法实施重大变革，他的所有计划都失败了。就当地而言，攻克圣路易-德塞内加尔所带来的最重要影响在于：为了满足英国对奴隶的需求，上游地区的战争和掠袭增多了。尽管如此，在整个英帝国内部，英国夺取这座堡垒以及随后有关塞内冈比亚(Senegambia)这块新殖民地未来的争论，引起与英国在非洲殖民能力相关的重大议题。这些讨论持续了几十年之久，最终促使英国出现了结束跨大西洋奴隶贸易的运动。

作为以谈判手段解决战争的一部分，英国将古巴归还给西班牙，令西班牙人不得不努力解决帝国冲突给该岛未来带来的影响。西班牙官员们认为他们需要在基础设施和防务方面增加投入，并且应当输入一大批奴隶劳工。七年战争使得西班牙对古巴展开投资，这促使该岛在大部分西属美洲殖民地获得自由后仍与西班牙帝国联系在一起。战争的另一个影响是让古巴重新恢复奴隶制。即便在大西洋世界绝大多数地区已经正式废止奴隶制之后很久，这块殖民地仍旧保留着奴隶。

在古巴和塞内冈比亚，七年战争不仅激起了与劳役制度、强制迁徙、跨大西洋帝国的结构与目的，以及殖民地和被征服地区人口的权利相关的广泛争论，也在加拿大、佛罗里达、路易斯安那和大西洋周边的其他零散地区引发了同样的争论。其中有些争论涉及如何解决自 1713 年《乌得勒支条约》起就搁置起来的若干议题。比如说，阿卡迪亚人在七年战争中被卷入纷争，法国人和英国人都不尊重他们公开宣称的拒服兵役的意向。在英军抓捕了几名与法军并肩作战的阿卡迪亚人后，新斯科舍总督就要求阿卡迪亚人无条件地宣誓效忠于英国王室，并且拒绝承诺他们有权免于参加战斗。当阿卡迪亚人拒绝按照上述条件宣誓后，总督就下令强行迁走全体阿卡迪亚居民。

在北美内陆地区，18 世纪 40 年代的零星抗议活动预示着美洲原住民将进行更广泛、更有创造性的思想交流，原住民在交流中关注的是他们与相互竞争的帝国之间的关系以及他们参与任何一场帝国战争的正当 247

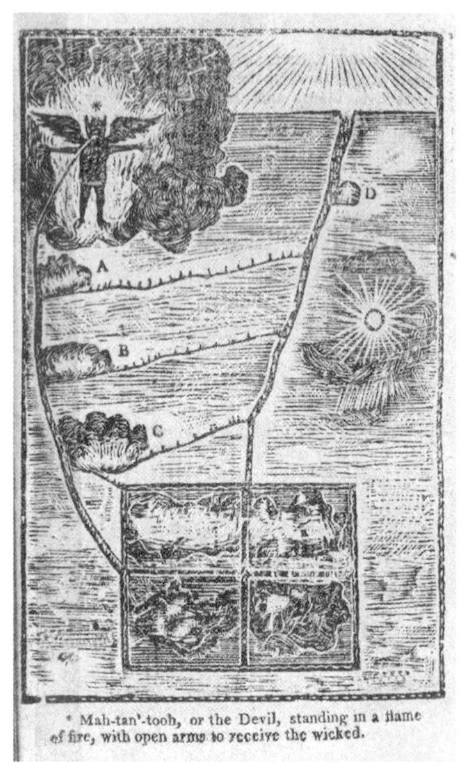

图 10.4　一幅描绘尼奥林预言的绘画。预言认为美洲原住民如果选择了错误的道路，比如说以欧洲人的方式作战，就注定要下地狱。收于耶鲁大学拜内克稀见图书与手抄本图书馆

性。18 世纪 60 年代，芒西人中有位名叫帕潘汉克(Papunhank)的宗教领袖宣布放弃一切战争。他向宾夕法尼亚的政治领导人和其他人伸出手，呼吁他们“视全人类为一体，从而成为一个大家庭”。为了努力促进包容性的和平，帕潘汉克向殖民者和原住民传教。与此形成鲜明对比的是，特拉华先知尼奥林(Neolin)却呼吁他的追随者远离欧洲人和殖民者，拒绝接受技术输入。尼奥林特地强调避免使用火器，主张美洲原住民应当只用木、石制作的武器狩猎、战斗。有人认为尼奥林在 1763 年推动了一场战争的爆发，当时，一个分布地带颇为广阔的美洲原住民战士同盟在大湖地区和俄亥俄河流域同时发动了针对英国人的攻击。那些

战士仍然使用火器，他们还没有准备好完全放弃自己和先辈们在此前150年里发展出来的军事技术和文化。尽管如此，战士选择的攻击目标却反映出他们对英帝国军事基础设施的不满。他们并没有洗劫零散的农场或其他平民定居点，而是集中力量攻打堡垒。

尼奥林想象出一个殖民者远离美洲，让原住民管理自身事务的未来。几十年来，人类学家和历史学家认为他实际上是出于绝望。然而，如果把这一设想放在刚刚结束的战争背景下，就会发现撤除殖民地、不可逆转地扭转殖民化进程的想法还是比较合乎情理的。在战争当中，一支由英军和新英格兰人组成的混合部队刚刚驱逐了阿卡迪亚人，并且摧毁了这个前法国殖民地里的几乎所有建筑物。此外，即便在尼奥林发言的时候，西属佛罗里达也正在经历一场同样全面的撤离进程。清理完西属佛罗里达后，英国官员、殖民发起人和殖民者为这块被清空的土地设计了一系列计划，若是回顾起来，就会发现他们的许多建议和尼奥林的计划一样充满幻想。18 世纪 60 年代，当美洲原住民先知和英帝国官员为这块大陆起草计划时，他们是在努力解决同样的问题，也是在对共同的体验做出回应。可是，这些群体往往是被分开研究而已。

帕潘汉克的和平主义也是对这场战争的回应，战争给宾夕法尼亚的贵格会教徒带来了精神创伤，迫使他们重新审视自己献身和平的意义。许多贵格会教徒很高兴地听到帕潘汉克发出的消息，因为这似乎是在推动他们已经提出的想法，安东尼·贝尼泽特(Anthony Benezet)就是其中之一。在他写于 1759 年的第一本反奴隶制小册子中，贝尼泽特开篇就
提醒读者应该想起他们在七年战争中经历的苦难，贝尼泽特希望，“当 248
我们的心为我们的兄弟和亲戚触动时，当我们为自己的血肉而感慨时，让我们把这样的情感延伸到其他人身上，特别是延伸到那些在非洲的家庭上”。

贝尼泽特指出，非洲国家发动战争的目的往往只是获取俘虏，而欧洲奴隶贩子则鼓励这种做法。因此，他坚持认为非洲最大的两个问题：战争与奴隶制是相互关联的。在英国和殖民地的领导人、法国的哲学家

和大西洋两岸的黑人白人废奴主义者当中，贝尼泽特反对战争的泛道德立场和对奴隶贸易的具体分析引发了关注。曾经沦为奴隶的废奴主义者奥拉达·艾奎亚诺是英国皇家海军的一位老兵，他绝不是和平主义者，但也认真阅读了贝尼泽特的著作，并在自传中摘录了他的文字，以充实自己关于奴隶贸易对非洲影响的论述。

贵格会教徒特别是宾夕法尼亚的贵格会教徒，在 18 世纪中叶有关战争目的、行为和后果的讨论中扮演了重要角色。在法国，启蒙运动的哲学家们颂扬贵格会的和平主义与宗教宽容，他们对贵格会社会的理想化憧憬最终催生出法国的第一代废奴主义者。对一些法国作家而言，宾夕法尼亚在七年战争前的成功证明了有可能存在另一种可替代现有模式的社会关系模式，尤为特别的是，它还证明了有可能不依靠战争便可赢得繁荣。

不过，哲学家们并没有以抽象的一般概念谴责战争。他们主要是针对在 18 世纪形成的战争模式。他们对王朝战争提出了批评，认为它们显然太过琐碎、太过频繁也太具破坏性。近来的战争表明君主的野心有可能直接损害他的臣民的利益。孟德斯鸠认为：“君主政体的精神是战争与扩张，共和政体的精神是和平与节制。”

249 与法国启蒙运动中的其他大多数作家一样，伏尔泰支持为保卫自己的家园、家人、安全、权利或国家而战的军人使用武力。他认为军人应当为自己的集体事业而战。他和与他想法类似的同时代人物都以批判性态度指责宗教战争，并且采用了一种普遍性的视角，他们考虑到战争对参战各方的影响也就是包括任何教派分歧双方的战斗人员和非战斗人员，伏尔泰在《老实人》一书中生动地描述了战争时期的困难，并指出七年战争不过是把海盗袭击、王朝家族之间的无意义暴力竞争和围绕毫
250 无价值的土地的殖民战斗集合到一起。伏尔泰笔下的学者玛丁在讨论这场战争中谈到过英国人是否跟法国人一样疯狂。玛丁说：“你要知道，

英法两国正为了靠近加拿大的几百亩[①]雪地打仗，为此次战争所花的钱，已经大大超过了全加拿大的价值。该送疯人院的人究竟哪一国更多，恕我资质愚钝，无法奉告。”伏尔泰充分意识到18世纪战争不断攀升的成本，那样的成本似乎已经超过了可能产生的任何收益。

虽然七年战争始于北美，但帝国列强在欧洲大陆耗费了大部分人力和财力。在这场漫长、广泛的冲突中付出的代价令几个欧洲国家的财政安全遭到挑战，造成了持续很久的影响。在法国，一种共同的牺牲感同时激发出民族主义的狂热、挫折感和对路易十五的失望。随着战争的拖延和损失的增长，法国人普遍对在北美的帝国事业感到厌倦，以至于在1763年将加拿大割让给英国后，这块殖民地几乎从法国人的集体记忆中被抹去了。与此同时，英国对北美殖民地的国家所有权意识却日益增强，这就导致潜在的矛盾推动力：因为英国人想要更进一步地介入殖民地政府，而且要求殖民者承担更多的成本。一代代的历史学家将围绕七年战争的事件及争论与随后出现的革命时代的动荡状况联系起来。随着欧洲帝国在范围广阔的诸多交战区域同时进行军事行动，作战方式变得越发复杂，人们开始对它提出反对意见，革命时代的许多政治实际上就源于这样的共同战争经历。

1776年，托马斯·潘恩(Thomas Paine)在《常识》(*Common Sense*)一书中提出反对君主政体，他的一个重要主张就是王朝只会为自己的利益服务，它们会导致臣民陷入不必要的战争中。潘恩与孟德斯鸠相呼应，写出了如下论调：“早年的世界……没有国王，于是就没有战争；是国王的骄傲让人类陷入混乱。”在回顾了若干个世纪的《圣经》历史和英格兰历史后，潘恩总结如下：“简而言之，君主制和世袭制不仅使得某个王国，而且令全世界陷入血泊和灰烬。”当潘恩写作《常识》一书时，他才刚刚移民到宾夕法尼亚，就和秉持和平主义的贵格会邻居在诉诸军事行动的正当性上展开了长篇论战。《常识》出版前六个月，潘恩就已

①作者伏尔泰是法国人，因此此处为法国计量单位。

251 经在雇佣军战争和防御性战争之间划出了界限。他在责备英国人时写道："下院不是因为保卫英国人的自然权利而劝告英国军队作战，也不是为了击退敌人的入侵或侮辱，而是出于最卑鄙的借口——黄金。"美利坚的爱国者受到这种不公正攻击，就完全有理由为保卫自己的家园、财产以及宗教自由和政治自由而战。潘恩对战争道德性的分析方式算不上是全新的，但他的划分在革命时代赢得了更多的共鸣。好的军人只为捍卫自己的权利而战，这种想法将有助于瓦解 18 世纪的大西洋世界。

第十一章
革　命

金的故事

波士顿·金(Boston King)生长在18世纪六七十年代的南卡罗来 252
纳，他的父亲以奴隶身份越过大洋来到此地，信奉基督教，学会了阅读，并且成为一座种植园里的车夫。他的母亲在同一座种植园受奴役，为主人制作服装，兼以医师的身份从事各种治疗，其中还包括一些从附近的美洲原住民那里学来的疗法。美国独立战争打乱了金的世界，导致他脱离了儿时的家庭，也暴露出几个世纪以来把非洲、美洲和欧洲人捆绑在一起的社会、经济、政治和军事关系中日益扩大的裂痕。

根据金的记述，战争之初，他被人雇去和某个木匠一起工作。南卡罗来纳的战时军费开支和查尔斯顿贸易的中断导致钉子成本上升，金的一名同事在这种状况的诱惑下偷走了一堆钉子。但金却被人冤枉盗窃，他被彻头彻尾地打了一顿，以致在长达三周的时间内都无法回去工作。几个月之后，一匹马跑丢了，金十分害怕这次的后果可能又要由他来承担，就逃离了自己的主人，前去寻求英军的保护。实际上，金已经决定接受乔治·克林顿(George Clinton)将军在1779年开出的条件。克林顿预料到英军要在美国南方展开军事行动，希望给任何被爱国者奴役的人提供完全的安全保障，以此削弱爱国者的实力。金提到英国士兵“欣然”接纳了他。他写道：“从那一刻起，我开始感受到自由的幸福，我从前对此一无所知。”但他的经历中也夹杂着悲伤，因为他已经永远离开了从前的所有朋友，现在不得不生活在“陌生人”当中。

金在英国士兵中找到了伙伴，最终成为两名军官的仆人，在染上天花之后，他得知有人命令把所有得了那种病的黑人都抬到距离军营一英里远的地方，以免其他士兵被感染后丧失行军能力。他们在隔离期间并
253 没有得到善待。“我们有时得躺上整整一天，没有吃的也没有喝的”。另一回，当金被打发出去钓鱼时，部队却接到了行军命令，也就抛下了他。金在一个名叫刘易斯(Lewes)的效忠派陪同下踏上了重返英军之路。此人起初答应会把金带到他希望去的地方，还曾经说过：“你会在今晚 7 点之前看到你的团。”可是，白天还没结束，刘易斯就宣布他希望金留下来为自己工作。刘易斯以近乎礼貌的态度开始了谈话，他问道：“你想让我做你的主人吗？”可当金提出抗议后，刘易斯就变得粗暴了。他警告说：“如果你不好好表现，我会给你戴上镣铐，每天早上鞭打 12 下。”金发现刘易斯是个偷马贼。他独自逃回团里，通报了有关刘易斯的情况，满意地看着英军士兵烧掉了刘易斯的房子作为惩罚。

这件事让金在军官中赢得了一定的信任。随后，他们给了金一个危险的任务：在英军营地之间传递秘密消息。由于金需要穿过爱国者控制的地区，如果被抓获将会面临惩罚，再度沦为奴隶，军官们就向他许诺这项工作会有巨大的回报。金走了 20 多英里路去传递消息，而且差点被爱国者抓住，可他只得到了微不足道的奖励。按照金的回忆，“斯莫尔(Small)上校只给了我 3 先令和许多美好的承诺”。此后不久，金离开了自己的团，转到一艘私掠船上工作。金参与了一次胜利的海战，可当他的船抵达英军占领的纽约后，他就下了船，把兵役抛在脑后。

金在纽约遇到了一个名叫维奥莱特(Violet)的女人并和她结了婚，她是来自北卡罗来纳的逃奴，但由于金只能在一艘引导船只进出纽约港的领航艇上找到工作，因此就不能经常和她待在一起。在一次航行中，领航艇偏航到距离海岸太远的地方，在海上漂流了好几天，导致船员们几乎饿死。后来，一艘捕鲸船救起了船员，却把他们带到了爱国者控制的新泽西。金在那里再度置身于“陌生人”当中，相互对立的双方将他和家人隔开，而且他也担心自己会重新沦为奴隶。他在哈得孙河两岸踱

步了好几天，观察着潮汐和岸边巡逻士兵的行动。最终，他找到了一条小艇，趁着无人监视、水流又合适的时机划到了斯塔滕岛（Staten Island），再从那里前往曼哈顿。他写道："当我抵达纽约的时候，我的朋友们欣喜地看到我再度恢复了自由。"但纽约并不安全。

1783 年，英国承认美国独立。按照金的说法，战争的恐怖和破坏已经结束。他写道："这个消息令除了我们之外的各方都弥漫着共同的 254
喜悦。"原先的奴隶担心他们会沦落回从前的境地，而且当他们看到旧主人从弗吉尼亚、北卡罗来纳和其他地方赶来，在纽约的大街上抓住他们的奴隶，甚至把奴隶从床上拖走，这些人的恐惧就越发增长。不过英国人又一次给金提供了逃跑的机会。他们把金、维奥莱特和另外 3000 名前奴隶从纽约带到了新斯科舍。

这些移民后来被称作黑人效忠派，他们成了一项雄心勃勃的崭新帝国事业的组成部分。直到革命战争之前，英国人都无法在新斯科舍完全行使管辖权。几十年来，殖民地的领导人和米克马克人、乌尔斯塔克维克人和其他原住民断断续续地进行战斗和谈判。1783 年后，3 万名新定居者来到此地。用约翰·G. 里德（John G. Reid）的话说，"效忠派移民突然带来的大量人力，将该地区的原住民权力根基一扫而空"。作为那场移民行动的一分子，金在回忆录中并没有评论原住民，反而将新斯科舍描述为一片荒野，认为自己在那里感受到的是孤独和穷困。"我以为我不配生活在上帝的子民当中，甚至不配住在自己的房子里，只适合和野兽一样居住在森林里。"他们抵达新斯科舍后，维奥莱特经历了一次宗教觉醒。波士顿·金的精神痛苦最终促使他也皈依了，在维奥莱特的鼓励下，他成为一名循道公会（Methodist）的传教士，以满足自己的精神需求。他们开始梦想越过大西洋回到祖先的土地上，但在 18 世纪 80 年代，这些人丝毫没有见到非洲的希望。在总结自己前 30 年的生活时，波士顿·金写道："我曾饱受白人的残酷折磨和不公对待，这使得我会把所有白人当作我们的敌人。"

在革命时代的大西洋世界其他地区，这样的情绪引发了暴力，可到了1792年，波士顿·金和维奥莱特在塞拉利昂公司的白人董事里找到了盟友，这些董事将他俩和另外1000多人招募过去参与另一项帝国事业，这一回的目的地是非洲。从波士顿·金的角度来看，塞拉利昂项目与先前的殖民事业截然不同，因为他们的意图是在自己的权力范围内尽可能地制止可恶的奴隶贸易。殖民非洲让波士顿·金的精力再度集中起来，让他能够容许自己与英国的帝国推动者建立同盟。就像那一代的其他许多基督徒废奴主义者一样，金认为可以用崭新的和平方式在非洲进行广泛的殖民。

不过，其他许多卷入革命斗争的人从不同的前提出发，对跨文化合作表示反对。1776年，美国大陆会议在《独立宣言》中谴责乔治三世及
255 其政府雇佣军强迫殖民地海员违背自身意愿入伍，鼓励奴隶暴动并与美洲原住民结盟作战。大陆会议把英国的全部战争行动都归咎于国王：

> 他经常掠夺我们的海上船舶，骚扰我们的沿海地区，焚毁我们的市镇，并且残害我们的生命。他此刻正在调遣着大量的外籍雇佣军，要求把我们斩尽杀绝，使我们庐舍为墟，并肆行专制的荼毒。他已经造成了残民以逞的和背信弃义的气氛，被称为人类历史上最野蛮的时刻都是罕有其匹的。他完全不配做一个文明国家的元首。他一向强迫我们在海上被俘虏的同胞从军以反抗其本国，充当屠杀其兄弟朋友的刽子手，或者他们自己被其兄弟朋友亲手杀死。

托马斯·杰斐逊是上述文字的原作者，按照他的指示，美国从建国之初就谴责雇佣兵战争和“文明人”与“野蛮人”间的军事纽带。这个新国家的代表们谴责那些破坏社会秩序和诚实正直的伎俩：比如说强制征召当地人与他们的兄弟朋友作战，还指责鼓励像波士顿·金这样的奴隶逃离其主人的做法。爱国者的担忧反映了他们在1776年的微妙立场。他们正在尝试保护一个刚刚建立起来的国家，他们的战争不仅是一场防

御作战行动，也是社会和政治变革的工具。

传统的原住民领袖们

接下来的几十年里，随着反叛者、军人和政治领袖将战争作为改革工具，与兵役相关的问题不仅在美国变得越发紧迫，在整个大西洋世界都是如此。一些战斗人员从拿起武器的那一刻起就拥有激进的意图，但在许多情形下，兵役的意识形态含义要随着时间的推移才变得明确起来。1777 年 12 月 18 日，一个名叫何塞・图帕克・阿马鲁(José Tupac Amaru)的人，自称是苏里马纳(Surimana)、潘帕马卡(Pampamarca)、通加苏卡(Tungasuca)村的“卡西克”，出现在利马(Lima)的王室官员会议上。他声称自己是代表秘鲁廷塔(Tinta)省的所有卡西克发言，也就是传统的原住民领袖。图帕克・阿马鲁就那些印第安人遭受的虐待提出了抗议，这是因为他们在 200 里格之外的波托西(Potosí)遭遇了难以估量的苦难。他解释说：“那些村庄居民是被迫带着他们的妻儿前往如此遥远的矿区，痛苦地告别了他们的亲属和家园。有些人死在了路上，还有些人在银矿里工作时受了重伤或丧生，再也无法返回自 256
己的村庄。”图帕克・阿马鲁要求秘鲁的法院保护原住民的利益，他建议采用更好的方式经营银矿，而且提出了让矿工“自带黑人”来做工的特别计划。图帕克・阿马鲁在 1777 年还是尊重国王权威的，他在官方渠道内代表秘鲁原住民做出了努力，并且向诸多帝国官员发出了几份请愿书。

在安第斯山区的其他地方，另一些原住民领袖也进行着类似的活动。1778 年，托马斯・卡塔里(Tomás Katari)开始了一系列漫长的抗议活动，这是一位说艾马拉语(Aymara)却不会讲西班牙语的抗议者，他从波托西前往布宜诺斯艾利斯，沿路抱怨原住民遭到的虐待。当卡塔里回到位于马查镇(Macha)的家时，遭到了鞭笞与监禁，该镇地处现今的玻利维亚境内。卡塔里的支持者聚集起来，设法使他获得自由。等到他再度被捕后，支持者们就抓了一名人质，要求让卡塔里恢复自由。狱卒拒绝交换后，他们就杀掉了人质，然后劫持了另一名人质，成功地让卡塔里获释。曾经从合法请愿开始的抗议已经沦为暴力举动。

18 世纪 80 年代初的安第斯山区战争比美国独立战争更具毁灭性。从 1780 年 8 月到 1782 年 1 月，安第斯山区的敌对行动，大约有 10 万人死亡。图帕克·阿马鲁并没有参与托马斯·卡塔里的抗议活动，但在 1780 年 11 月，他精心策划了一场行动，以此表明自己的革命意图。他带着一小队支持者绑架了一名税吏，迫使他写信将数十名西班牙官员召集到图帕克·阿马鲁居住的通加苏卡。与此同时，他和其他几名卡西克将上千名原住民带进城镇。等到所有人集合完毕后，镇上的传令官用克丘亚语(Quechua)宣布原住民将不再被迫前往矿山或纺织作坊劳动，并且废除了几种税收和法规。然后，税吏在一支盛大的游行队伍引领下前往绞刑架，陪同在税吏身边的是一名原先当过他奴隶的人，正是那个人将他绞死了。

即便在采取这一行动后，图帕克·阿马鲁仍然坚持认为他忠于西班牙王国政府。他认为殖民地官员在 1763 年之后强制推行的帝国税收制度和重新实施强迫劳动的政策是未经授权的，这种做法违背了西班牙几个世纪以来的治理原则。根据这一信念，他谋求组建一个多样化的支持者联盟，其中包括欧洲裔的殖民者、混血种人、被奴役的非洲人、非洲裔人以及诸多原住民群体的成员。但他也以令人忧心的方式乞灵于印加的权威，声称自己是印加统治者的直系后代。事实上，印加的最后几个皇帝之一就叫图帕克·阿马鲁这个名字。在作为军事、政治领袖期间，
257 他发布了复杂且可能自相矛盾的声明，但许多追随者却以简单的方式理解他的方案，他们认为自己正在参与某种近乎奇迹的事业，印加帝国重现了。

战争激化了种族和社群之间的敌意。总的来说，来自西班牙的移民和西班牙殖民者都在逃离图帕克·阿马鲁及其支持者，而且在途中散布吃人和大屠杀的故事。在某些地方，革命者的行动似乎证实了他们的担忧。双方展开的最初几场大规模交战中曾有一场发生于 1780 年 11 月，

当时图帕克·阿马鲁的支持者面对效忠派殖民者和秘鲁原住民组成的混合部队，等到战斗结束时，578 名殖民方战斗人员全部死去。几个星期之后，起义军据说在卡尔卡(Calca)杀掉了每一个穿着衬衫的人。一些起义者强奸了西班牙妇女。在库斯科(Cuzco)附近的切卡库佩(Checacupe)，一支突袭队杀害了包括妇女、儿童和当地神父在内的西班牙人。更遥远的南方地区在图帕克·阿马鲁的直接影响范围之外，那里的革命者杀死了成百上千的人，据说没有一个拥有欧洲背景的人能够幸免于难。一个名叫图帕克·卡塔里(Tupac Catari)的原住民领袖向的的喀喀湖(Lake Titicaca)一带的支持者发出命令，指示他们杀死所有西班牙官员及其妻儿。他的命令里还规定："凡是确系西班牙人或看似西班牙人，至少是穿着打扮模仿西班牙人的人，都要处死。"图帕克·卡塔里不仅力求消灭西班牙帝国主义的代理人，还要干掉他们的后代和同伙，清除这一地区几乎所有西班牙影响的痕迹。

图帕克·阿马鲁将自己定位为解放者，承诺保证包括非洲裔奴隶在内的全体秘鲁人民的利益。但在暴力当中很难将解放和胁迫进行区分。他的确向被奴役的人提供了自由，不过即便在这么做的时候，他也发出了威胁：如果他们拒不听从他的命令，就会遭到报复。

> 鉴于每个人都遭受过欧洲人的粗暴对待，他们都应该毫无例外地来支持我的立场，即完全背弃西班牙人。如果他们是隶属主人的奴隶，那就还有一个额外的好处，即从所受的束缚和奴役中解放出来。如果他们不接受这一宣言，他们将受到我所能施加的最严厉惩罚。

这则声明中带有一定的虚张声势成分。虽然图帕克·阿马鲁的势力相当强大，但他们从未进入秘鲁境内大多数非洲后裔居住的地区。面对主人和政府的胁迫，被奴役的秘鲁黑人更有可能为帝国当局而战而非为
起义军而战。事实上，尽管图帕克·阿马鲁希望从秘鲁社会的所有层面 258

招募人员，但对抗他的部队却更能代表秘鲁的各个阶层。在为保卫殖民政府而战的士兵和民兵当中，有混血种人、黑人、拥有西班牙血统的人和西班牙人。

帝国军队对革命者施加了严厉的惩罚。他们有时会拒绝接受俘虏，在某些交战后还会实施大规模处决，一次杀死几百乃至上千人。他们以戏剧般的夸张方式处理司法工作，在 1781 年 4 月擒获图帕克・阿马鲁之后的做法尤其如此。图帕克・阿马鲁和包括妻子米卡埃拉・巴斯蒂达斯(Micaela Bastidas)在内的其他几个人一同受审。妻子在整场战役中一直担任他的顾问和副手。图帕克・阿马鲁夫妇都被判处死刑。他被迫看着刽子手用绳子笨拙地勒住米卡埃拉。接下来，刽子手割掉了他的舌头，把他的手脚绑在四匹马上，可是，在场的人之前都没有肢解过犯人，他们没办法让马匹把图帕克・阿马鲁的四肢卸下来，于是，他们就用斩首代替了肢解。他们甚至还让图帕克・阿马鲁年仅 10 岁的儿子观看行刑。

图帕克・阿马鲁及其家人受到的关注远远超过了被殖民军俘虏的其他大部分人。在被俘一周后，何塞・德尔・巴列(Jóse del Valle)率部攻入圣罗莎镇(Santa Rosa)。德尔・巴列把镇上的所有男人都召集到中央广场，然后下令处决其中的五分之一。他的士兵杀戮的既有正处于作战年龄的壮丁，也有老人；既有革命者，也有殖民政权的支持者。德尔・巴列听说圣罗莎是个“反叛的城镇”，因而打算恐吓这里的居民，让他们屈服并明确传达信息。殖民当局诋毁秘鲁的原住民文化，以此回应革命者发动的反抗西班牙人的军事行动。处决图帕克・阿马鲁后，殖民政府试图禁止传统服饰、克丘亚语、传统乐器和世袭职位。

秘鲁在 18 世纪并非是欧洲人领导下的帝国之争的主战场，然而，它的经济和政治却深受伴随跨大西洋贸易而来的地方性暴力和帝国大战的影响。与美洲的其他大多数殖民地一样，秘鲁从非洲进口了奴隶劳工，图帕克・阿马鲁则对奴隶制发起了挑战。他和他的支持者还抗议强迫原住民劳动的做法，这种抗议打击了银矿开采和白银贸易，而白银贸易正是秘鲁和欧洲之间最重要的经济纽带。革命者的不满情绪源自西班牙王国政府实施的帝国治理新举措，而这些举措正是为了应对西班牙在七年战争中的糟糕表现才制定的。秘鲁只是远远地体验了那场战争，但
七年战争的冲击波已经破坏了殖民社会的稳定。而在人们对帝国之间的 259
战争体验更为真切的其他大西洋地区，革命者就更加明确地对 18 世纪战争模式提出了抗议。

战争还是和平

在法国大革命的第一年，国民议会放弃了进行征服的战争。在导致出台该决议的辩论中，一位议员不知不觉地呼应了俄亥俄河流域美洲原住民战士的情绪，他们在将近 40 年前抱怨了法国的帝国政策，“直到今天……帝国都是作为私人财产的一部分而归属于某人，整个民族就像是羊群一样被当作嫁妆赠予”。另一位议员谴责路易十四，把他说成是虚荣、迷信且专制的国王，除了战争一无所知，而且野蛮地发动战争。国民议会的大部分成员断言人民的代表要比过去的任何一位君主更明智。“人民”只会支持为自卫而战，如果全世界都是共和政体，和平就会取得胜利。正如一位议员所述：“愿所有国家都如我们所期望的那样自由，愿战争不再有。”

尽管表达了这样的期望，但美国和法国革命都有一个值得注意的特征，那就是它们最终否定了和平主义。两场革命运动的领袖都感受到了挑战，意识到自己的脆弱，认为自己的生存需要依靠动员能力和以军事行动捍卫自身正当性的能力。革命的社群主义精神令那些质疑兵役的人遭到怀疑。更为普遍的状况是，革命者时常诋毁那些挑战他们原则的人。在美国独立战争的最后几年，一些战区战斗人员和非战斗人员的界限已经消失了，在法国大革命期间更是如此。随着效忠国王的人和反革命者集结起来保卫旧秩序和自身财产、生命，暴力事件就不断升级。

以武力改变世界的雄心壮志并不总会激发大规模暴力，但有许多途径可以让革命运动演变为大范围流血事件。这样的运动往往会包括拒绝

维持秩序的传统习惯或司法机制。革命者往往认为他们在革命时并不存在限制暴力行动的明确先例或传统。在革命势力与反动势力的对抗中，双方都可能感觉自己拥有道德上的优越感，并对对手表现出轻蔑。愤怒、恐惧和复仇的欲望相互滋养。此外，革命者也时常将暴力作为实现社会变革的工具。

殖民地圣多明各

和环绕着大西洋世界的其他许多殖民地一样，圣多明各在七年战争结束后面临一系列危机。一方面，白人种植园主拒绝为殖民地防务支出更多费用；另一方面，贫困的白人殖民者也憎恶在民兵部队中服役，其
260 中许多人属于难民，来自法国在战争中丢失的殖民地。与此相反，殖民地日益壮大的自由黑人群体却提供了大量自愿服役的民兵，因为他们当中有许多人把服兵役视为可以提升社会阶层的途径。美国独立战争期间，数百名来自圣多明各的民兵与法国士兵一同帮助爱国者一方作战。当波士顿·金奔跑着追赶英军时，紧跟在他身后的军队里就包括来自圣多明各的自由黑人民兵。从金的角度来看，那些人是为了南卡罗来纳的爱国者奴隶主而战，可在许多身处圣多明各的人眼中，他们只不过是些优秀的法国男儿。按照一家报纸的说法，这些人在兵役期间展示出公民在所有情形下应有的热情与善意。在 1789 年的巴黎，像亨利·格雷瓜尔神父(Abbé Henri Gregoire)这样的革命领袖就引述了自由黑人民兵的成就作为例证，包括独立战争期间在美国建立的功勋和镇压圣多明各奴隶叛乱时的作用——以此作为支持他们拥有作为法国公民的完整权利的论据。

法国大革命开始后仅仅过了几周，法国国民议会就着手辩论圣多明各自由黑人的地位问题。一些自由黑人在为自己申辩时援引了革命原则，认为他们拥有基于自然和社会契约的不可剥夺的权利，也断言人人生而自由平等。当这块殖民地的奴隶于 1791 年 8 月武装暴动时，也有些人以类似的方式援引了法国大革命的自由价值观。但当时还存在鼓吹

自由的其他方式，法国和殖民地政治的复杂性表明自由主义言论的价值颇为有限。许多最善于表达所谓法国大革命价值观的人物，实际上却支持奴隶制或其他强迫劳动制度继续存在。

1791 年起义之初，数百名白人种植园主和劳工拖家带口逃离受到影响的农村，这实际上令他们的奴隶得到了解放，让新近获得自由的人控制了大片土地。这就为起义军提供了组织、武装自身的机会。法国殖民当局的反应是竭力恐吓奴隶，这助长了报复和暴力升级。1791 年的一份报纸上写道："这个地方到处都是没有下葬的尸体。黑人把木桩插在白人尸体上，而且把桩子穿过躯体插到地里，白人部队现在也不留战俘，而是杀掉一切黑人，把黑人的死尸扔在战场上。"出自这一时期的报道暗示一场激烈、单纯的种族战争已经开始，但这场冲突绝没有那么简单。一些原先的奴隶从邻近的西属圣多明各殖民地得到来自西班牙人的援助，法国的白人殖民者从一开始就知道他们在数量上处于劣势，因 261
而寻求包括非裔自由人和奴隶在内的其他人的支持。

1793 年，随着路易十六遭到处决、法国与西班牙和英国爆发战争，圣多明各原本就已相当复杂的政治形势变得更加复杂。西属圣多明各的殖民地官员派出部队进入法属圣多明各，许诺将自由和土地赐予任何加入他们军队的奴隶。面对这种威胁，法属殖民地的共和派领袖也以自己的承诺作为回应。他们"以共和国的名义"向所有参军的奴隶提供自由，并且宣布所有为共和国拿起武器的人都会成为获得与原先的主人平等的地位。此前的确有过承诺让参军奴隶获得自由的状况，但这一回的情形有所不同。许多与此相关的奴隶已经通过主动拿起武器的方式获得了自由，这让他们拥有了议价权，奴隶既可以利用这种权利保持独立自主，也可以让处于相互竞争中的各个帝国的指挥官们陷入对立。

1793 年 6 月，一个名叫马卡亚（Macaya）的人指挥一群士兵攻击这块殖民地的北部首府法兰西角（Cap François）。他率领部队洗劫了这座城市之后，就退到附近的山里，随后与原先的法兰西共和国盟友分道扬镳。马卡亚解释说，他始终是个君主派，而且他同时向三位国王效忠：

刚果国王、西班牙国王和法兰西国王。马卡亚原先是个奴隶，现在是个军人，他希望那些国王能够保护他的利益，同时也坚信国王们能够做的不仅于此。他把这些人比作《圣经》中被一颗星引导过去朝拜耶稣基督的东方三王。有些共和派革命者痛苦地抱怨圣多明各的奴隶和前奴隶当中盛行着拥护君主制的信念。他们宣称，“是国王想要奴隶，是几内亚的国王们把他们卖给了白人的国王们”。非洲人、欧洲人和各个加勒比人群体即便在结盟时也相互争吵、相互“偷师”，他们彼此利用、彼此背叛。他们的争论和行动都反映出革命的复杂动态。在冲突当中，几乎没有人能够始终如一地追随一盏指路明灯。马卡亚在战争中几次改变结盟对象，仅仅在向西班牙国王和法兰西国王宣誓效忠三年后，他又重返法兰西角，计划杀死所有白人。

与几乎从动乱之初就开始秘密提供援助的西班牙人不同，在 1793 年 9 月抵达圣多明各的英军指挥官们对促成全面解放奴隶持谨慎态度。英国的决策者担心这可能会树立一个糟糕的先例，导致暴动蔓延，破坏英国殖民地尤其是牙买加的安全和经济生存能力。不过，英军指挥官同
262 时也意识到奴隶和自我解放前的奴隶构成了圣多明各潜在军事力量的主体，于是，他们开始在奴隶当中招募士兵，但还是采用了一种谨慎的做法。他们先是要求蓄奴者指派一些男子服兵役，最终在能够控制的地区实施征兵，比如说偶尔征召每座种植园十五分之一的奴隶劳工。

在英国还没有脱离冲突的时候，即 1798 年之前，它的政策能够赢得圣多明各蓄奴者的支持。与此相反，奴隶却在继续权衡着相互存在竞争的诸多诉求。一些前奴隶抓住时机，质疑了让武装人员获得自由、让非战斗人员继续受到奴役的逻辑。有人在法国国民公会的会场上引用圣多明各黑人的诘问：“我们的妇女无法让自己为法兰西武装起来……这难道是她们的错吗？难道应当惩罚她们吗？说到底，她们与我们拥有同样的感受。更重要的是，她们将鼓舞我们的孩子，为养活我们的战士而劳作。至于我们的孩子，他们是我们的财富，我们的血脉。”1793 年夏末，圣多明各的法国共和派领导人宣布终结这块殖民地的奴隶制，1794

年，法兰西共和国在其帝国全境内取缔了奴隶制。但是，圣多明各还有许多人此后仍然持有怀疑态度，他们质疑这种承诺的一致性和持久性。

杜桑·卢维杜尔(Toussaint Louverture)在 18 世纪 90 年代末成为圣多明各的首要领导人。他谴责无偿劳动，但为了维持经济产出，还是支持强迫农业劳工待在种植园里生产经济作物，并让他们获得一部分利润。1802 年，法国人抓捕了卢维杜尔，接替他的是让-雅克·德萨利纳(Jean-Jacques Dessalines)。德萨利纳以武力抗拒拿破仑重新推行奴隶制的举动，可他仍然继续推行自己的那一套强制劳动方案。当马卡亚反抗德萨利纳时，后者就派人袭击他的营地，他们带回了妇女、儿童和战俘。德萨利纳表示，“我下令绞死几个，其他的开枪打死”。他希望那一地区的人们在十年之内铭记教训。

正如德萨利纳所预计的那样，海地革命的暴力会被一代代人铭记下来，但铭记的方式不完全符合他的期望。德萨利纳以复仇心切、易于冲动的暴君形象留在人们的记忆里，让他掌握权力的革命则长期和无情的、几乎无差别的种族暴力联系到一起。按照一位目击者在多年之后留下的记录，德萨利纳曾在 1802 年告诉他的士兵：“当法国人的数目减少时，我们就会袭扰他们，痛打他们，我们烧掉缴获的战利品，然后前往山区。他们就被迫离开，那时，我会让你们独立。”他就是以这种方式让士兵振作起来。

在冲突的最后几个月里，法军指挥官拼命想要避免想象中的命运，因而策划了种族灭绝。他们下令处决上千名囚徒，溺死妇女以及儿童。维克托-埃马纽埃尔·勒克莱尔(Victor-Emmanuel Leclerc)主张实施“灭 263
绝战”，他在写给拿破仑的信中宣称：“我们必须消灭所有山地黑人，不论男女，只饶过 12 岁以下的儿童。我们必须消灭一半的平原黑人，一定不能在殖民地留下一个戴着肩章的有色人种。”在大西洋两岸，当军队用于征服土地或前往可能存在不稳定人群的地区维持秩序时，如果军人对兵役的理解方式是在意识形态驱动下产生，那就时常会引发大规模屠杀事件。在拿破仑战争期间的欧洲，法国人在比利时、德意志、瑞士、荷兰、意大利、西班牙和俄国摧毁了城镇，杀死了成千上万的男人、女人和儿童。拿破仑宣称，“在一个被征服的国度，仁慈并非人性”。他希望新征服地区的居民能够起来反抗法国人，这样就可以让他的士兵实施惩戒，以此威吓他人。他写道：“只要没有树立惩戒的样板，你们就不会成为主人。”当拿破仑的军官指挥大规模杀戮时，他们总是声称自己遭到了挑衅，他们把目标人群说成是盗匪、狂热分子、流氓无赖或野兽，但他们自己的暴力举动也可能是不分青红皂白的。

1804 年，法军撤出圣多明各，海地宣布独立，但屠杀仍在继续。1816 年春季，巴巴多斯有个名叫南希·格里格(Nancy Grigg)的女奴主张她所在岛屿的人民应当仿照海地先例，通过起义获得自由。她解释说：“获得它的唯一途径就是为它而战，否则就得不到它，他们要做的就是放火，那正是圣多明各的做法。”

革命时代的影响

格里格的评论表明，在海地革命之后，与奴隶制相关的辩论也成为与实施有组织暴力相关的辩论。此前的确一直存在过这种状况，但圣多明各奴隶制的崩溃改变了人们的视角，英帝国内部更是如此。某些像格里格这样反对奴隶制的人主张发起战争，更多的奴隶制维护者则把自己定位为和平的拥护者，这在一定程度上是为了回应前者。

在圣多明各发生的事件可以看出，从 18 世纪 90 年代直至 19 世纪，英帝国都坚定、有力地维护着加勒比海地区的奴隶制。英军指挥官有时
264 会在战区赐予奴隶自由，比如说美国独立战争期间在北美或是海地革命期间在圣多明各，但这么做是出于战略考量。他们在战时发布的公告中细致地规定了哪些人可以获得自由，其行动目的是削弱英国的对手，招揽宝贵的人力，与此同时还要确保效忠英国的奴隶主继续支持英国，原封不动地保存奴隶劳动制度，特别是在奴隶制能够产生最多利润的加勒比海地区。从 1787 年到 1807 年，英国就跨大西洋奴隶贸易问题进行了长时间争论，尽管英国人有时会把这一时期当作反对奴隶制的时期来纪

念，但争论双方最知名的人士都坚持认为奴隶劳动仍然应当成为英帝国经济的重要特征。即便在那些后来被称赞为废奴主义者的人当中，绝大多数人的目的也不是终结奴隶制，而是让奴隶制更好地发挥作用。如果他们的计划得以成功，奴隶制就会继续存在，最终发展成所有奴隶都是生而为奴的状况。

在圣多明各奴隶起义爆发的最初几个月里，废奴主义者托马斯·克拉克森(Thomas Clarkson)在巴黎咨询了来自法属殖民地的自由黑人，得出了如下结论：如果奴隶主只使用出生在本地的人充当奴隶，就不会发生任何起义。克拉克森指出，那些被人从非洲抓来并带到大洋彼岸的人都是怀着不满和气愤的心态的。劳工的不悦和愤懑之情导致主人粗暴地对待他们，“我们无法让那些不承认有义务为我们服务的人一直处于隶属的状态，于是就只能打垮他们的精神，把他们当作另一个物种来对待”。他认为正是由于上述原因，在加勒比海地区充当奴隶的非洲人时常会遭受虐待，也就因此频繁发动叛乱。为了支持自己的论点，他还引述了历史学家爱德华·朗(Edward Long)的说法，朗声称“群岛上能够追溯到的所有奴隶叛乱都始于从外部输入的非洲人，而克里奥尔人或岛上的土生奴隶则从未发动过叛乱”。像克拉克森这样的废奴主义者打算通过中止跨大西洋奴隶贸易使奴隶制与非洲的战乱以及创伤脱钩。他们还认为如果能够阻断蓄奴者和非洲供应商的联系，就会促使蓄奴者善待奴隶劳工。由于需要依赖奴隶劳动力的自然增殖获得未来的劳工，主人就会保护奴隶的健康，鼓励他们享有健全的家庭生活，避免使用严酷的惩戒措施，这反过来又会减少奴隶逃亡或反抗的动机。1807 年的废奴主义者还对事态发展持乐观态度，但格里格在九年后的不满情绪却反映出一种普遍的、日趋增长的认知：英国政府禁止跨大西洋奴隶贸易的举措并不足以确保和平。

在革命时期反对奴隶贸易的废奴主义者影响下，英帝国采取了一系
列政策，其目的在于既减少殖民地发生叛乱的风险，又同时使美洲的奴 265
隶制与非洲的暴力事件脱钩。而在非洲，英国的政策目的并不是取缔战

图 11.1　1803 年的塞拉利昂弗里敦。出自托马斯·马斯特曼·温特博特姆《关于塞拉利昂附近的非洲土著人概述》(1803 年)。收于大英图书馆

争、掳掠或奴隶制，而是尽可能地让欧洲人不要直接参与上述行径。在英国禁止跨大西洋奴隶贸易后，塞拉利昂首府弗里敦就成为英国船只拦截贩奴船的重要港口，这块殖民地也成为从贩奴船上救出的男子、妇女和儿童的登陆点。但殖民政府从未在打击非洲奴隶制方面承担领导责任，即便是在管辖范围内，英国的塞拉利昂保护地也要到 1928 年才取缔了奴隶制。

266 美国与英帝国同时禁止了跨大西洋奴隶贸易，于是其他国家最终也纷纷效仿。海军巡逻队沿着西非最西端的海岸强制执行禁令，但在更东、更南的海岸，葡萄牙贩奴船和其他船只仍然继续从贝宁湾、比夫拉湾、刚果和安哥拉运走奴隶。事实上，中非的奴隶输出贸易在 19 世纪初还有扩张之势，从 1801 年到 1850 年，共有 190 多万人被强行运输到大洋彼岸。与此同时，由于确立已久的跨大西洋贸易网络遭到破坏，区域政治也遭遇了动荡。一些像奥约王国这样的奴隶贸易王国陷入解体，继而开启了漫长的战争时期。尽管许多古老的奴隶市场已经关闭，但在

这些战争中产生的俘虏仍然被卖给欧洲商人。来自奥约周边地区、讲约鲁巴语(Yoruba Language)的战士被卖到古巴和巴西，即便到了那里，也还有些战士会组织反抗主人的暴动。在西非这个动乱的年代，阿散蒂(Asantei)王国竭尽全力将它的战俘运走，以免越发频繁地处决战俘。从长远来看，整个西非地区战俘过多的状况导致人们着手寻找运用奴隶劳工的新方式，比如说将奴隶用于开采金矿或生产供应欧美市场的棕榈油。

与英国一样，美国也竭力与非洲奴隶贸易中的暴力保持距离。美、英两国政策在这方面目标类似，也就是让本国与非洲的奴役行为保持距离，并且让继续在美、英管辖范围内以奴隶身份劳动的人保持和平状况。从18世纪70年代起，美国有好几个州渴望成为自由州，但很少有政治领导人愿意冒险突然进行变革。美国的确在一些从未在法律层面确立奴隶制的地区禁止了奴隶制，但在18世纪余下的年份和之后的一段时间里，蓄奴州里最常见的解放模式还是选择性地、渐进式地解放奴隶。这种政策是要在维持奴隶制的同时减少受奴役的人数。各州的政府将解放进程拖延到几代人的时间，这表面上是为了促进经济平稳过渡，让奴隶及其子女有时间为在新劳动体系里工作做准备，总的目的则是避免社会混乱，维护国内和平。北方的大部分州都采用了这种政策，直到19世纪初为止，类似的渐进废奴计划也在南方的奴隶主中拥有很多支持者。可对许多南方白人来说，海地革命提供了一个可供借鉴的实例，让他们意识到和原先的奴隶比邻而居有多么危险。托马斯·杰斐逊从一开始就反对圣多明各起义，在1804年还以总统身份拒绝承认海地独立。他将海地人称作“恐怖共和国里的食人族”，还发出警告，认为海地人会把暴力传播到美国。此后，他和其他拥有类似想法的南方白人就只支 267
持一种渐进废奴方式：让原先的奴隶去非洲殖民。

杰斐逊担心海地革命会破坏美国的稳定，而这并不是唯一令他感到害怕的外部冲突。在杰斐逊担任总统的几年里，拿破仑自称为法国皇帝，将自己定位为民族英雄，与此同时继续从事他异常成功的战争事业。在拿破仑的领导下，法国征服了欧洲各地。截至 1815 年，战争已经导致 400 万人死亡。杰斐逊的前任约翰·亚当斯在 18 世纪 90 年代的亲英政策最终导致美国与法国进行“准战争”，使美国内部出现分歧，如果美国与任何欧洲大国在军事层面展开对抗，由此产生的冲突就会破坏这个新国家的独立自主、威胁它的领土完整并破坏其共和原则。意识到上述危险后，杰斐逊和他的继任者詹姆斯·麦迪逊（James Madison）就竭力保持中立。他们尝试使用贸易禁运手段，以期找到不诉诸战争就解决国际纠纷的方法。就长期后果而言，拿破仑战争导致美洲军事与欧洲军事脱钩，这与 18 世纪的帝国战争形成了鲜明对比。

268 1807 年，拿破仑的军队入侵葡萄牙，此后，葡萄牙的布拉甘萨王室和数以千计的追随者逃到巴西，并于 1808 年定都里约热内卢。1808 年，拿破仑在西班牙的盟友逮捕了国王费迪南七世。接下来，美洲的西班牙殖民者宣布他们继续效忠身陷囹圄的君主，在随后的几年里，殖民者得不到任何来自西班牙的指示，但继续以费迪南七世的名义管理殖民地。在此期间，有几块殖民地进行了自由化改革，推动了地方自治，但因为殖民地武装力量相互交战，这样的进程时常被暴力扰乱。当费迪南德于 1814 年重新掌握西班牙大权后，他派出一支 1 万人的军队跨过大西洋，开始了一场重建西班牙治下秩序的战争，这也是一场持续多年的失败的战争。随后发生的战争分裂了南北美洲的西班牙语人口，促使一种崭新的军事文化崛起。费迪南德的军队和他们的对手都征召了富裕的殖民者、贫穷的殖民者、原住民、自由有色人种以及生于非洲和美洲的奴隶。所有的指挥官都使用了一种古老的征兵方式：将自由赠予任何一个加入他们军队的奴隶。可是，即便在军官自称信奉平等主义原则的时候，他们的部队里也有内在的等级制度，克里奥尔人（Creoles）也就是土生白人占据了最高职位。战争结束后，在新独立的共和国当中，贫穷的白人、原住民、有色人种自由民和有色人种奴隶在军事基地内外和军队里找到了工作。克里奥尔精英聚集在军队旗下，将它视为秩序和地方自豪感的来源，与此同时，军队的指挥官们——也就是所谓的考迪罗

(Caudillos)，则行使着任命权，而且一般都能够主导政治。

和许多美国革命者一样，在原先的西属殖民地里，革命者寻求的不仅是单纯地在法律层面脱离他们在旧帝国里的主人，而且也带有一定的情感成分。早在1812年，一名身处委内瑞拉的英格兰旅行者就遇到了一种对欧洲人的极度憎恶，“欧洲人是凶暴、残酷和背信弃义的人”。1813年，领导委内瑞拉革命军的西蒙·玻利瓦尔(Simón Bolívar)下令处决任何拒绝支持他革命事业的西班牙人，几个月之内就导致上百人死亡。尽管做出了这样的努力，革命者仍然始终无法远离欧洲人。许多地方都存在效忠派势力，即便在大陆殖民地发生叛乱的状况下，西班牙在古巴、圣多明各和波多黎各的大型岛屿殖民地仍然是西班牙帝国的一部分。英国除了保有最终联合起来组成加拿大的一连串北美殖民地之外，还保留了在加勒比海的殖民地，英国仍然是支配整个大西洋的海上强国。

革命时代从一开始就展示了海上力量的局限性。当时，英国对波士
顿港的封锁未能迫使爱国者屈服。马萨诸塞的经济在过去的一个世纪里 269
已经变得成熟和多样化，这让地方议会的支持者能够在大西洋贸易陷入中断的状况下支撑下去。后来，英国海军的指挥官计划利用英军在特拉法尔加(Trafalgar)海战中的胜利，趁机夺占西班牙帝国在美洲沿海的前哨据点，却也从中学到了类似的教训。1806年，一支英国远征军从好望角(Cape of Good Hope)出发攻占了布宜诺斯艾利斯，却发现自己面临激烈的、有组织的大众抵抗运动。短短两个月之内，一支8000人之多的地方志愿军就包围并驱逐了英军，志愿军队伍里包括白人和黑人、西班牙人和克里奥尔人。1807年，第二支英国远征军攻击与布宜诺斯艾利斯隔河相望的蒙得维的亚(Montevideo)，结果英军又被迅速击败。这些事件带来了深远的影响，因为甚至早在这两座城市的人民发动反抗西班牙人的独立斗争前，上述事件就激发出他们带有叛逆性的公民自豪感。但从长远来看，这一地区的人民并不是单纯地团结起来抵抗英国、西班牙或其他欧洲国家的入侵，布宜诺斯艾利斯和蒙得维的亚是长期竞

争对手——在拉普拉塔河两岸蓬勃发展的革命运动中兴起的并不是一个共和国，而是两个。革命者之间的分歧为英国人制造了机会，让他们能够在此后若干年里在整个西属美洲的政治中发挥重要作用，特别是乌拉圭。

美国独立战争、18 世纪 80 年代初的安第斯山区战争、法国大革命、海地革命和南北美洲大陆原西属殖民地的独立战争都是截然不同的历史事件，但它们有着共同的起源。在 13 个反叛的英属殖民地和秘鲁，七年战争所带来的与战争相关的帝国政策变化催生了最终升级为革命的抗议运动。法国参与美国独立战争导致财政危机，继而引发 1789 年的法国大革命。随后的法国革命战争和拿破仑战争使得整个美洲的政治越发动荡，为圣多明各和西班牙帝国部分地区的革命创造了机会。

大西洋战争时代的终结

英帝国、西班牙帝国和葡萄牙帝国的部分解体标志着近代早期横跨大洋的大西洋战争时代终于结束。英国、西班牙和法国在 19 世纪的确会偶尔武力干预美洲事务，同样的，一些美洲人特别是加拿大人也会参与欧洲战争。但跨大西洋的战争模式已经发生了变化，革命时代过去后，战争很少会同时在大西洋两岸发生，也几乎不会从大洋的一边蔓延到另一边，当时逐渐涌现出一种由正式和非正式国际协定组成的新型国际关系结构，它阻止英国和其他欧洲列强向生活在其现有帝国边界以外的原住民提供军事援助。

270 虽然一些美洲原住民在独立战争中加入爱国者一方作战，但在战争结束后，美国的大多数军方高层都认为美洲原住民作为一个整体曾经以暴力抗拒新国家的成立。既然美洲原住民和英国人并肩作战而且输掉了战争，那么他们就已经战败，他们的土地就已被征服。战争期间，大陆军的部队曾经攻入纽约北部的豪德诺索尼村庄，烧毁了庄稼，摧毁了村落，导致上千人流离失所。战争结束后的几十年里，美军指挥官们也将这种作战方式当作自己在俄亥俄河流域、大湖以南地区和南方进行类似军事行动时的保留手段。但在 18 世纪 80 年代和 90 年代的一系列重要交战中，美洲原住民同盟还是成功地抵御了美军，联邦政府在一定程度上因此变得更倾向于谈判，在原住民领袖中寻找盟友，并且承认美洲原住民拥有自治权、主权和土地。

在美国—原住民关系的形成阶段，英帝国的代表，包括军队指挥官、士兵、商人、加拿大殖民地官员和伦敦的外交官与大臣发挥了重要作用。直到 1794 年，英军都在英国此前正式让渡给美国的西部地区保留了一些堡垒。这些堡垒成了原住民群体接受包括武器在内的各类补给物资的贸易点。在与美国发生冲突期间，美洲原住民战士和难民就进入那些堡垒寻求庇护。即便到了英国军队撤出该地区之后，在美国宣称拥有主权的土地上，来自加拿大的商人仍然继续为战士们提供物资，这令美国的领导人和评论家们大为震惊。英国与阿巴拉契亚山脉以西原住民存在持续联系自然是事实，它也成了一种让原住民们团结起来的战斗口号，它在 1812 年美国对英国开战时起了推波助澜的作用。英国人在那场战争期间与特库姆塞(Tecumseh)结盟，他是肖尼人(Shawnee)中的一位颇有远见的军事领袖，主张原住民在位于现今美国中西部和南部的广阔地带独立建国。直到 1814 年，英国人在与美国人进行和平谈判时仍然要求从今天的明尼苏达、威斯康星、艾奥瓦、密苏里、伊利诺伊和俄亥俄分割土地，建立一个自治的美洲原住民国家。但英国人几个月之后就放弃了他们的原住民盟友，在《根特条约》(Treaty of Ghent)中宣布拒绝卷入美国境内的任何美洲原住民事务，这实质上就是让原住民听凭联邦政府发落。《根特条约》仅仅涉及美国声称拥有主权的地区，但在 1823 年提出的门罗主义(Monroe Doctrine)当中，联邦政府宣布反对任 271
何欧洲大国在西半球建立新殖民地，试图以此单方面扩大其国家主权。美国在 1823 年的军事力量和外交影响力都不足以让它将自己的意志强加于欧洲大国，尽管如此，门罗主义还是大致预测到了未来。即便在相隔遥远的地区，对限制跨大西洋军事行动的共同兴趣却越来越大。美洲各地的反帝国、反欧洲信念与种族仇恨、刻板信条同时存在，它们把遥

图 11.2　一幅 1812 年的美国漫画，描绘了英国与美洲原住民的同盟。收于国会图书馆

远的大陆和不光彩的军事行为联系起来。

在散布于广阔的大西洋世界里的各个地区，随着革命者及其对手越来越多地将战斗与意识形态联系起来，革命斗争就改变了军事文化。政治领导人们推崇的是爱国的、忠诚的军人，而不是雇佣兵、机会主义者和外来干涉者，他们认为后者没有参与战斗的正当利害关系。对立思维有时是将原住民和欧洲人对立起来，或是让革命的美洲白人和欧洲人对立起来，或是把海地黑人和白人对立起来，使得许多人难以承认不同社群的成员能够在合作的同时维持独立性并坚持原则。美洲各地的新兴国家捍卫新边界的做法进一步推动了责难殖民列强与马龙人、奴隶或原住民结盟的总体趋势。在 19 世纪，当马龙人、奴隶和美洲原住民对抗得到国际承认的殖民政府或新兴国家政府时，就发觉自己越来越难以从境外招揽盟友。

海上军力平衡的变化更加剧了它们的孤立境况。新的美洲国家政府和旧的欧洲帝国列强加强了它们对海洋的统治。革命时代的新军事道德规范妨碍了私掠行为。1815 年之后，跨大西洋贸易的发展导致货物价格普遍下降，因而减少了海盗和私掠活动的利润。随着商业掠夺行为减少，受到袭击的风险也有所降低，商船把自己武装起来的可能性就下降了。与此同时，秉持民族主义和帝国主义的政府继续向海军投资，军舰变得越来越复杂精密、越来越专业化，海军的支配地位越发巩固。英国皇家海军成为大西洋上高于一切的海上力量。

美洲的政治领导人和欧洲的殖民列强曾经在长达几个世纪的时间里鼓励人们将非洲奴隶运过大洋，不过他们随后改变了自己的活动方向。在英国的带领下，从 1807 年到 1850 年，大洋两岸的各国政府和帝国当局开始拦截贩奴船，禁止将奴隶运过大西洋。他们的这种做法破坏了美洲和非洲之间长期以来存在的牢固联系。

弗朗西斯科 · 费雷拉 · 戈梅斯(Francisco Ferreira Gomes)于 18 世纪末生于巴西。根据某些说法，戈梅斯在出生时还是奴隶，但他的父亲花钱为他赎了身。戈梅斯之父曾在一个前往中非沿海葡萄牙治下的本格拉(Benguela)城周边地区执行军事行动的步兵营里担任中尉。像他父亲这样的军官，有时会在非洲、欧洲和巴西之间以商人身份运输奴隶、农产品和制成品增加收入，他的父亲可能是在去里约热内卢做生意时认识了 272
他的母亲。戈梅斯在巴西度过了童年，但在 15 岁时搬到了本格拉，此后不久就加入了其父亲所在的军营。到了 19 世纪 20 年代，戈梅斯已经成为富翁，他至少投资了两艘商船，并且从事奴隶贸易，就经济层面而言，他参与了在巴西出售将近 7000 名安哥拉奴隶的活动。戈梅斯在政治上也颇为活跃，1824 年，他被人指控密谋绑架葡萄牙的本格拉总督，意欲夺取港口并升起巴西帝国的旗帜。据说戈梅斯及其同谋得到本格拉的军人以及在安哥拉沿海活动的商人和帆船船员的支持，有些人声称这些商人曾经寻求过里约热内卢的军事援助。

巴西仅仅在两年前才宣布独立，而针对戈梅斯的指控正是独立引发的回响。可即便是起诉他的人也被其他的先例弄得惊骇不已。他们发出警告，认为戈梅斯是个危险人物，原因则在于他是黑人，那些支持他的士兵也是黑人。他们声称密谋者的目的是建立一个类似海地政权的政
273 府。据说他们计划杀死大量的葡萄牙人，一位目击者断言“戈梅斯打算用效忠派欧洲人的鲜血洗脚”。这些指控暴露了在大西洋革命背景下已然根深蒂固的恐惧和种族仇恨。不论这些故事是否准确，一个显而易见的事实是：戈梅斯及其支持者对白人进行了区分。按照起诉者的说法，戈梅斯声称自己效忠巴西皇帝，并希望得到巴西白人的支持。他们说戈梅斯的目标是把葡萄牙在大西洋沿岸的非洲前哨据点从欧洲人统治下解放出来，与此同时保持巴西和安哥拉之间重要的经济、政治联系。

巴西独立打乱了旧有的政治秩序，但在充满社群仇恨的革命氛围中，就很难一边维系支撑奴隶贸易的同盟、合作伙伴关系，一边建立新的权力脉络。戈梅斯被控犯有叛国罪，但派系政治最终使得针对他的诉讼落了空。此人被逮捕后乘坐一条属于自己的船前往安哥拉首府罗安达，那里的神职人员和其他人怀疑本格拉殖民当局已被共济会渗透乃至陷入动乱。在审查了针对戈梅斯的证据后，他们表示找不到丝毫证据证明指控属实。戈梅斯获释后收回了自己的财产，回到本格拉成为一名法官，在监督商业纠纷的法庭任职，而且还能够继续参与奴隶贸易，他在 1834 年退休后回到了里约热内卢。

大西洋的旧世界并没有在顷刻之间崩塌。巴西直到 1888 年才废除奴隶制，安哥拉要到 1975 年才从葡萄牙手中争取到独立，可即便是在 19 世纪 20 年代，革命和废奴带来的震颤就已经传播到那些国家。随着曾经塑造戈梅斯和其他无数人生活的跨大西洋军事网络陷入分崩离析，期盼、希望和恐惧传遍了巴西、安哥拉和大西洋的每一处海岸。

结　语

在近代早期，大西洋周边地区发生的变化比世界其他任何地区都要 274
彻底。上百万非洲人和欧洲人越过大洋。流行病在美洲蔓延，许多原住民社群遭到毁灭性打击。美洲的旧城市崩溃了，新城市兴建起来。殖民地清除了大片森林，而在其他地方，清理后的土地变成了树林。美洲出现了此前还不为人知的牲畜类型，农作物则从大洋的一边扩散到另一边。跨大西洋贸易改变了每一片海岸的经济，将越来越多的财富和资本吸引到欧洲以及某些欧洲殖民地与前哨据点。

战争推动了上述发展。自从维京时代起，欧洲人之间的竞争和冲突就刺激了欧洲航海技术的发展。原本是商船、捕鲸船和渔船兼作战船，可随着上述船只和专门用于海战的军舰越来越大，就需要在港口设施上投入更多，并且以越发复杂的机制招募、供养、武装、控制水手。欧洲人和殖民者能够拥有海上霸权，与其说是因为他们团结一致，倒不如说是因为他们不断地相互斗争，不断投资海军提高攻防能力。他们虽然并不团结，但还是在整个近代早期阶段控制了大西洋上的几乎所有船只，也就能够引导贸易和移民的流向。

从 15 世纪到 18 世纪，欧洲人在非洲或美洲的陆地上并没有取得类似的军事霸权。近代早期的欧洲军队依赖火药和马匹，可它们在大西洋战争的许多场合不大容易派上用场。资本投入令欧洲人在海上取得巨大优势，可在殖民地内部及其周边地区的陆战当中，它就没有那么至关重要了，手持的火器可以轻松易手，而且土产的箭、矛和陷阱等代用品往往是对付殖民者的有效武器。

18 世纪的革命并没有颠覆欧洲人和殖民者在海上的主导地位。尽
275 管许多革命者发表了反帝国主义言论，但长远来看，这些革命最终巩固了欧洲人和殖民者在美洲陆地上的权力，而且最终也强化了他们在非洲的权力。近代早期的欧洲人及其后裔依靠相互争斗获得了大西洋的海上霸权。与此形成鲜明对比的是，他们在 19 世纪通过一系列正式的或非正式的后革命时代共同协定在非洲和美洲赢得了陆上的控制权。

革命发生后，欧洲和美洲的军事文化促进了权力的集中。在欧洲和美洲的部分地区，服兵役成为忠诚的标志。它产生了极端化的后果，促使战时政治领袖、军官和士兵诋毁他们的敌人，将他们贬低为意识形态上的异常者和文化上的劣等人。在欧洲，随着法兰西帝国的战败和更为稳定的大陆国家体系的确立，革命时代的暴力有所平息。可到了后来，在现代欧洲的多民族帝国和民族国家试图迁移或消灭境内少数族群的背景下，法国大革命和拿破仑战争期间曾导致欧洲发生大屠杀的许多动因又再度浮现。

在 19 世纪的大多数时间里，西非和中非一直遭受着地区性暴力的伤害，出于诸多原因，枪支成为首选兵器。非洲人对这类兵器的依赖导致他们越来越依靠欧洲商人，当枪支技术发生变化时，非洲人就会显得脆弱不堪。在 19 世纪的最后几十年里，欧洲军队抵达西非和中非，他们征服土地、建立新的殖民地。士兵们起初是从欧洲带来了后膛枪，到了 19 世纪 90 年代，有些人已经带来了机枪。非洲人却只能使用劣质火器进行抵抗。

19 世纪，欧洲人的后裔在美洲的大部分陆地上取得了几乎不可动摇的军事霸权。这与一些技术、人口和政治的变化密不可分，包括欧洲人移民美洲数量的增长，修筑大量的公路、运河和铁路，与国家政府密切合作的兵器工业的扩张。

在美国北部，19 世纪的主流意识形态倡导爱国主义和自由劳动力市场。新共和国的公民崇尚契约精神和个人责任，反对在经济活动中采取人身强制措施。在上述价值观的鼓舞下，数百万欧洲人移民美国。随

着移民使用土地进行耕作和采矿，丰富的廉价劳动力令美国经济的资源基础得以扩充。甚至早在 18 世纪，就平均水平而言，北美的英国殖民者已经比他们在西班牙殖民地的同行更富裕了。到了 19 世纪，美国与 276
西半球其他国家的经济总量差距已经越拉越大。从 1846 年墨西哥和美国开战便可以看出，这样的分化对军事造成了影响。墨西哥拥有一支规模较大的军队，而且装备、训练都不错，看起来似乎备战措施更加充分，但美国可以凭借更多的财富与人力，以前所未有的规模迅速动员，取得了一场出乎意料的压倒性胜利。美国对如何治理从墨西哥夺来的土地准备不足，关于在这一地区是否实行奴隶制的争论导致了内战。尽管北方害怕英国因支持邦联而介入内战，战时也有人主张美国入侵加拿大，但这场冲突并没有演变为国际性冲突。南方邦联战败后，美国将它的军队投入平定西部的战役当中。美军拥有无可抗拒的优势兵力，也几乎不用担心外国干预，他们不仅镇压美洲原住民的抵抗，而且还力求消灭某些原住民文化。

革命时代的事件导致一种军事文化在整个美洲得到广泛采用，这种文化有利于帝国和民族国家的正规军，但不利于正规军和奴隶、逃奴或美洲原住民之间建立跨界联盟。革命后的国际解决方案促进了政治稳定，与此同时加强了殖民者及其后代的权力。遭受奴役的人们继续抵抗、逃避奴隶制，美洲原住民继续与殖民化做斗争，但当他们诉诸武力时，斗争通常会局限在国境之内。在西半球的大部分地区，废除奴隶制是在各个国际公认的管辖区域内通过立法、官方公告或修宪等形式实现的。同样的，由于美洲原住民的军事盟友较少，他们在战场上保护自己的能力也较弱，最终，原住民还是要由各个美洲帝国、殖民地和民族国家的法庭与立法机构讨论、裁决他们的地位和命运。

18 世纪的革命者对大西洋战争中盛行的行为标准提出了挑战。包括美洲原住民、黑人白人废奴主义者以及一些法国革命者在内的一系列团体都反对同盟网络，认为这种网络似乎要强迫社会卷入违背其利益的战争。许多人也反对为利益而战的做法。海盗、劫掠者、雇佣兵和非洲奴隶贩子一道面临着谴责。革命时代的新战争伦理破坏了跨大西洋奴隶贸易的合法性。

按照18世纪的某些评论家的说法，当时盛行的战争模式是显而易见的不理性、残酷和不公正的。芒西人的先知帕蓬汉克(Papunhank)主
277 张人们放弃战争，应当视全人类为一体，从而成为一个大家庭。但是，革命时代的战争令人们陷入分裂，往往导致仇恨愈加坚定，并且强化了可以追溯到15世纪的偏见。随着跨大西洋奴隶贸易的废除，欧洲帝国和美洲民族国家切断了奴隶贩子与其非洲伙伴长期保持的关系。当奴隶制在美洲逐渐被取缔后，奴隶制在非洲却继续存在。英国废奴主义者托马斯·福韦尔·巴克斯顿(Thomas Fowell Buxton)在写于1839年的书中认为：欧洲人和非洲人之间“合法贸易”的增长将把“文明、和平和基督教引入那些不开化的、好战的异教部落，那些正在如此可怕地相互掠夺的部落”。巴克斯顿了解到欧洲人在过去几个世纪里扮演了助长奴隶贸易的角色，在辩论是否应当在英帝国内部废除奴隶制时，他在英国议会任职，他认为欧洲人特别是英国人，已经在改善其政策和行为方面取得了重要进展。在接下来的一个世纪里，改革者一再坚持认为维持奴隶制的社会堪称原始、无知、无政府和残暴。

在18世纪80年代早期的安第斯山脉战争中，在18世纪90年代及19世纪初的圣多明各，革命武装力量给许多社区带来了灾难。这在那个时代并不罕见。革命斗争在欧美各地引发了社区暴力。志愿军往往纪律涣散，他们在意识形态的使命感中陷入迷惑，害怕一旦未能采取行动就会招致报复，因而劫掠、羞辱自己的对手，有时会攻击整个社区、实施屠杀，迫使男子、女子和儿童逃跑。但在欧洲帝国之内，在新成立的美洲共和国公民当中，如果所谓的为非作歹者是在美洲原住民或黑人的领导下聚集在一起的，这类暴行就会引发特别的反响。

安第斯山脉和圣多明各的革命斗士希望重组他们的社会。他们的目标具备革命性，但白人评论家铭记着从15世纪起开始在大西洋周边地区流传的故事，认为革命斗士的军事行动毫无创新性。他们声称图帕

克·阿马鲁的追随者和海地革命的战士是在参与长期以来困扰大西洋世
界的那种恐怖暴力。在 1809—1814 年，类似的论调也被用于指责特库
姆塞及其追随者。尽管特库姆塞打算领导一场革命，但在美国国内，他
被视为一个领导着反动敌对势力的原始人。对新共和国的许多公民来
说，打破大西洋战争旧模式的革命冲动也要求美洲原住民和其他所谓的 278
“野蛮人”放弃他们的军事自主权，要么为国家政府效力，要么放下
武器。

在 18 世纪末得到广泛接纳的新军事文化并没有抹去对早期暴力的记忆，但面对殖民者、公民和支持复原中的欧洲帝国与 19 世纪美洲民族国家的人，历史遭到了简化，以满足他们的需求，表达他们的恐慌，支持他们的改革议程。改革者和帝国主义者认为欧洲人在近代早期已经有所进步，而其他人却毫无改善，他们还认为可疑的种族群体一直在煽动着最恶劣的暴力形式。这种对过去的歪曲看法掩盖了近代早期大西洋战争模式的相关基本事实。

暴力征兵、同盟与利益的变迁、战争中的意外令近代早期大西洋世界的战士、水手和兵卒混杂在一起。一个欧洲水手在其职业生涯中可能会在不同的旗帜下连续参与战斗，并且和从非洲、美洲诱拐来的人员并肩作战。非洲人和美洲原住民在欧洲海军和私人船只上效力，有些人也在欧洲和殖民地军队里作战。有些逃离奴役的男子比如说巴拿马地峡的胡安·霍洛福和牙买加的库乔，能够与殖民当局达成协议，通过加入缉奴队获得自由。美洲原住民的自治团体也以类似方式与殖民地蓄奴者结为同盟，用战斗捍卫、保障蓄奴者的利益。当欧洲人在美洲建立殖民地或在非洲经商时，就需要来自非洲或美洲原住民的军事领袖的帮助，他们的成功仰赖于跨文化合作。殖民者需要同盟才能生存，许多最为有利可图的欧洲前哨据点，包括非洲西海岸的贸易站和加勒比海地区的甘蔗种植园，也都依赖源源不断的战俘。

欧洲基督徒让自己享有豁免于奴役的权利。正当资本和资源在欧洲积聚起来之际，一些美洲和非洲的原住民社群却遭遇了毁灭。近代早期

的暴力为 19 世纪确立起来的种族等级制度奠定了基础。但从 15 世纪到革命年代，战争并没有把大西洋世界的各族人民按照清晰、一致的界线径直分开，实际状况恰好相反，战争以恐怖的方式使人们汇聚到一起。

注　释

绪　论

1. Donald H. Holly Jr. , *History in the Making*: *The Archaeology of the Eastern Subarctic*(Lanham, MD: Rowman & Littlefield, 2013) ,43; Sharla Chittick, "Pride and Prejudices, Practices and Perceptions: A Comparative Case Stidy in North Atlantic Environmental History" (PhD diss., University of Stirling, 2011), 51-56.

2. Bernard Bailyn, *Atlantic History*: *Concept and Contours* (Cambridge, MA: Harvard University Press, 2005).

3. See Karen Ordahl Kupperman, *The Atlantic in World History*(New York: Oxford University Press, 2012) and John K. Thornton, *A Cultural History of the Atlantic World* (Cambridge: Cambridge University Press, 2011) ; Thomas Benjamin, *The Atlantic World*: *Europeans*, *Africans*, *and Their Shared History*, 1400 - 1900 (Cambridge: Cambridge University Press, 2009) ; Douglas Egerton, Alison Games, Jane Landers, Kris Lane, and Donald Wright, *The Atlantic World*: *A History*, 1400 - 1888 (Malden, MA: Wiley - Blackwell, 2007) ; Nicholas Canny and Philip Morgan, eds. , *The Oxford Handbook of the Atlantic World*, 1450 - 1850 (Oxford: Oxford University Press, 2011) ; Joseph C. Miller, ed., *The Princeton Companion to Atlantic History* (Princeton, NJ: Princeton University Press, 2015) ; David Armitage and Michael J. Braddick, eds. , *The British Atlantic World*, 1500-1800(New York: Palgrave Macmillan, 2009).

4. H. Thomas Rossby and Peter Miller, Ocean Eddies in the 1539 Carta Marina by Olaus Magnus, Oceanography 16 (2003): 77-88.

5. Ari Thorgillson, *Book of the Icelanders*, quoted in Kirsten A. Seaver, Pygmies of the Far North, *Journal of World History* 19 (2008): 63-87, 70; William W. Fitzhugh, "Puffins, Ringed Pins and Runestones: The Viking Passage to America," in *Vikings*: *The North Atlantic Saga*, ed. William W. Fitzhugh and Elisabeth I. Ward (Washington, DC: Smithsonian Institution Press, 2000), 11-25, 19-20; Andrew J. Dugmore, Christian Keller, and Thomas H. McGovern, "Norse Greenland Settlement: Reflections on Climate Change, Trade, and the Contrasting Fates of Human Settlements in the North Atlantic Islands," *Arctic Anthropology* 44 (2007): 12-36, 17.

6. Dugmore et al. , "Norse Greenland Settlement," 19; Hans Christian Gulløv, "The Nature of Contact between Native Greenlanders and Norse," *Journal of the North Atlantic* 1 (2008): 16 - 24; Patricia D. Sutherland, "The Norse and Native North Americans," in *Vikings*, ed. Fitzhugh and Ward, 238-47.

7. Hans Christian Gulløv, "Natives and Norse in Greenland," in *Vikings*, ed. Fitzhugh and Ward, 318-26, 322.

8. Kirsten Thisted, "On Narrative Expectations: Greenlandic Oral Traditions about

the Cultural Encounter between Inuit and Norsemen," *Scandinavian Studies* 73 (2001): 253–96, 288–89; Finn Gad, *The History of Greenland: Earliest Times to* 1700, Vol. 1 (Montreal: McGill–Queen's University Press, 2014), 158–60.

9. Thisted, "On Narrative Expectations."

10. M. A. P. Renouf, Michael A. Teal, and Trevor Bell, "In the Woods: The Cow Head Complex Occupation of the Gould Site, Port aux Choix," in *The Cultural Landscapes of Port aux Choix: Precontact Hunter Gatherers of Northwestern Newfoundland*, ed. M. A. P. Renouf (Boston: Springer, 2011), 251–69.

11. Birgitta Linderoth Wallace, "The Viking Settlement at L'Anse aux Meadows," in *Vikings*, ed. Fitzhugh and Ward, 208–16.

12. Keneva Kunz, trans., "Eirik the Red's Saga," *The Sagas of Icelanders: A Selection*, ed. Robert Kellogg (New York: Penguin, 2000), 653–74, 669–70.

13. Keneva Kunz, trans., "The Saga of the Greenlanders," in *Sagas of Icelanders*, ed. Kellogg, 636–52, 642–43.

14. Kunz, "Saga of the Greenlanders," 646–48.

15. Kunz, "Eirik the Red's Saga," 672.

16. Kunz, trans., "Eirik the Red's Saga," 667.

17. Janel M. Fontaine, "Early Medieval Slave–trading in the Archaeological Record: Comparative Methodologies," *Early Medieval Europe* 25 (2017): 466–88; Ruth Mazo Karras, *Slavery and Society in Medieval Scandinavia* (New Haven, CT: Yale University Press, 1988), 47–49.

18. See Neil S. Price, "'Laid Waste, Plundered and Burned': Vikings in Frankia," in *Vikings*, ed. Fitzhugh and Ward, 116–26.

19. Kunz, trans., "Saga of the Greenlanders," 636–38.

20. Kunz, trans., "Eirik the Red's Saga," 671.

21. Kunz, trans., "Eirik the Red's Saga," 671.

22. Kunz, trans., "Saga of the Greenlanders," 648.

第一章

1. Richard T. Callaghan, "Archaeological Views of Caribbean Seafaring," in *The Oxford Handbook of Caribbean Archaeology*, ed. William F. Keegan, Corinne L. Hofman, and Reniel Rodríguez Ramos (Oxford: Oxford University Press, 2013), 283–95.

2. Brian M. Fagan, *Ancient North America: The Archaeology of a Continent* (London: Thames and Hudson, 1995), 182–84, 198, 202–12.

3. Jack Forbes, *Africans and Native Americans: The Language of Race and the Evolution of Red–Black Peoples*, 2d ed. (Urbana: University of Illinois Press, 1993), 7–8.

4. Thornton, *Cultural History of the Atlantic World*, 19.

5. Reuben Gold Thwaites, ed., *The Jesuit Relations and Allied Documents*, vol. 5 (Cleveland: Burrows Brothers, 1908), 105–09, 117–19.

6. Evan Haefeli, "On First Contact and Apotheosis: Manitou and Men in North America," *Ethnohistory* 54 (2007): 407–43; Andrew Lipman, *The Saltwater Frontier: Indians and the Contest for the American Coast* (New Haven, CT: Yale University Press, 2015), 51–53.

7. John L. Nickalls, ed., *The Journal of George Fox* (Cambridge: Cambridge University Press, 1952), 624.

8. G. H. Loskiel, *History of the Mission of the United Brethren Among the Indians in North America trans.* G. I. La Trobe (London, 1794), Part I, pp. 123–24.

9. Silas T. Rand, *Legends of the Micmacs* (New York, 1894), 225.

10. 可参见 Ottaba Cugoano, *Thoughts and Sentiments on the Evil of Slavery* (London, 1787), 9–10; Mahommah Gardo Baquaqua and Samuel Moore, *Biography of Mahommah G. Baquaqua* (Detroit, 1854), 41。

11. 来自贝琳达的请愿书,发自波士顿,时间为 1782 年 2 月,收录在 Vincent Carretta, ed., *Unchained Voices: An Anthology of Black Authors in the English-Speaking World of the 18th Century* (Lexington: University of Kentucky Press, 1996), 142–43。

12. *A Narrative of the Life of James Albert Ukawsaw Gronniosaw* (2d. ed., n. d.), 9.

13. Kwasi Konadu, *The Akan Diaspora in the Americas* (New York: Oxford University Press, 2010), 58.

14. N. A. M. Rodger, *The Safeguard of the Sea: A Naval History of Britain, Volume One*, 660–1649 (London: Harper Collins, 1997), 32–35.

15. See Alex Roland, "Secrecy, Technology and War: Greek Fire and the Defense of Byzantium, 678–1204," *Technology and Culture* 33 (1992): 655–79.

16. Felipe Fernández-Armesto, "Naval Warfare after the Viking Age, 1100–1500," in *Medieval Warfare: A History*, ed. Maurice Keen (Oxford: Oxford University Press, 1999), 23–252, 236.

17. Rodger, *Safeguard of the Sea*, 98–99. On the relationships between Sluys and Bruges see James Murray, *Bruges, Cradle of Capitalism*, 1280–1390 (Cambridge: Cambridge University Press, 2005), 28–38.

18. John E. Dotson, "Ship Types and Fleet Composition at Genoa and Venice in the Early Thirteenth Century," in *Logistics of Warfare in the Age of the Crusades*, ed. John H. Pryor (Aldershot: Ashgate, 2006), 63–75; Fernández-Armesto, "Naval Warfare after the Viking Age," 236.

19. See Samuel Eliot Morison, *Admiral of the Ocean Sea: A Life of Christopher Columbus* (Boston: Little, Brown, 1942), 112–31.

20. John F. Guilmartin Jr., "The Earliest Shipboard Gunpowder Ordnance: An Analysis of its Technical Parameters and Tactical Capabilities," *Journal of Military History* 71 (2007): 649–69.

21. Louis Sicking, "Naval Warfare in Europe, 1330–1680," in *European Warfare, 1350–1750*, ed. Frank Tallett and D. B. J. Trim (Cambridge: Cambridge Univeristy Press, 2010), 236–63, 244–47.

22. Rodger, *Safeguard of the Sea*, 170.

23. Rodger, *Safeguard of the Sea*, 251.

24. Fernández-Armesto, *The Spanish Armada: The Experience of War in 1588* (Oxford: Oxford University Press, 1988), 128–29.

25. Fernández-Armesto, "Naval Warfare after the Viking Age," 247–51.

26. Ian Friel, *Maritime History of Britain and Ireland* (London: British Museum Press, 2003), 57. 59, 64–65.

27. Richard W. Unger, "Warships and Cargo Ships in Medieval Europe," *Technology and Culture* 22 (1981): 233–52.

28. Brad Loewen and Vincent Delmas, "The Basques in the Gulf of St. Lawrence and Adjacent Shores," *Canadian Journal of Archaeology* 36 (2012): 213–66, 213–21.

29. Willis Stevens, Daniel LaRoche, Douglas Bryce, and R. James Ringer, "Evidence of Shipboard Activities," in *The Underwater Archaeology of Red Bay: Basque Shipbuilding and Whaling in the 16th Century*, 5 vols., ed. Robert Grenier, Marc-André Bernier, and Willis Stevens (Ottawa: Parks Canada, 2007), 4:123–68, 156–62.

30. Loewen and Delmas, "The Basques in the Gulf of St. Lawrence and Adjacent Shores," 224.

31. Loewen and Delmas, "Basques in the Gulf of St. Lawrence," 219. 也见 Carla Rahn Phillips, *Six Galleons for the King of Spain: Imperial Defense in the Early*

Seventeenth Century (Baltimore: Johns Hopkins University Press, 1986), 20–24.

32. Brad Loewen, "Conclusion: The Archaeology of a Ship," in *Underwater Archaeology of Red Bay*, ed. Grenier, Bernier, and Stevens, 315–16.

33. Richard Barker, Brad Loewen, and Christopher Dobbs, "Hull Design of the Mary Rose," in Mary Rose, *Your Noblest Shippe: Anatomy of a Tudor Warship*, ed. Peter Marsden (Portsmouth: Mary Rose Trust, 2009), 35–65, 43–47.

34. Margaret Ellen Newell, "The Birth of New England in the Atlantic Economy: From the Beginning to 1770," in *Engines of Enterprise: An Economic History of New England*, ed. Peter Temin (Cambridge, MA: Harvard University Press, 2000), 11–68, 45.

35. 关于木材供应的整体状况，可见 Paul Warde, "Fear of Wood Shortage and the Reality of Woodland in Europe, c. 1450–1850," *History Workshop Journal* 62 (2006): 29–57, 40–41。

36. John E. Dotson, "Ship Types and Fleet Composition at Genoa and Venice," 75; Rodger, *Safeguard of the Sea*, 25.

37. Michel Mollat du Jourdin, *Europe and the Sea*, trans. Teresa Lavender Fagan (Oxford: Blackwell, 1993), 74.

38. 见 Lauren Benton, *A Search for Sovereignty: Law and Geography in European Empires*, 1400–1900 (Cambridge: Cambridge University Press, 2010), 43–45.

39. A. W. Lawrence, *Trade Castles and Forts of West Africa* (London: Jonathan Cape, 1963). See also George F. Brooks, *Eurafricans in Western Africa* (Athens: Ohio University Press, 2003).

40. Paul Gilroy, *The Black Atlantic: Modernity and Double Consciousness* (Cambridge, MA: Harvard University Press, 1993), 4.

41. Ulrich Schmidt, *The Conquest of the River Plate* trans. Luis L. Domingez (London: Hakluyt Society, 1896), 9.

42. Benton, *Search for Sovereignty*, chapter 2.

43. Philip P. Boucher, *France and the American Tropics to* 1700: *Tropics of Discontent*? (Baltimore: Johns Hopkins University Press, 2008), 41–42.

44. David Wheat, "Mediterranean Slavery, New World Transformations: Galley Slaves in the Spanish Caribbean, 1578–1635," *Slavery and Abolition* 31 (2010): 327–44.

45. Phillips, *Six Galleons*, 9–18.

46. C. R. Boxer, *The Portuguese Seaborne Empire*, 1415–1825 (Exeter: Carcanet, 1991), 205–27; Lawrence, *Trade Castles and Forts*, 30–36; Jan Glete, *War and the State in Early Modern Europe: Spain, the Dutch Republic and Sweden as Fiscal-Military States* (London: Routledge, 2002), 86; Armando da Silva Saturnino Monteiro, "The Decline and Fall of Portuguese Seapower, 1583–1663," *Journal of Military History* 65 (2001): 9–20.

47. Sicking, "Naval Warfare in Europe, 1330–1680," 239–40.

48. Phillips, *Six Galleons*, 20.

49. Kenneth R. Andrews, *Elizabethan Privateering: English Privateering during the Spanish War*, 1585–1603 (Cambridge: Cambridge University Press, 1964); Kenneth R. Andrews, *The Spanish Caribbean: Trade and Plunder*, 1530–1630 (New Haven, CT: Yale University Press, 1978), 148–51.

50. 关于荷兰海军的组织状况，见 Marjolein't Hart, *The Dutch Wars of Independence: Warfare and Commerce in the Netherlands*, 1570–1680 (New York: Routledge, 2014), 126–47。

51. Jaap R. Bruijn, *The Dutch Navy of the Seventeenth and Eighteenth Centuries* (Columbia: University of South Carolina Press, 1993), 17–28.

52. Monteiro, "The Decline and Fall of Portuguese Seapower;" Glete, *War and the*

State, 110-15, 162-71.

53. Richard W. Unger, "Warships and Cargo Ships in Medieval Europe," Phillips, *Six Galleons*, 23-24.

54. Jonathan I. Israel, *Dutch Primacy in World Trade*, 1585-1740 (Oxford: Oxford University Press, 1989).

55. Glete, *War and the State*.

56. David Goodman, *Spanish Naval Power*, 1589-1665: *Reconstruction and Defeat* (Cambridge: Cambridge University Press, 1996); Monteiro, "The Decline and Fall of Portuguese Seapower."

57. Bruijn, *Dutch Navy*, 69.

58. N. A. M. Rodger, *The Command of the Ocean: A Naval History of Britain*, 1649-1815 (London: Penguin, 2004), 217.

59. James Pritchard, *In Search of Empire: The French in the Americas*, 1670-1730 (Cambridge: Cambridge University Press, 2004), 267-300; Boucher, *France and the American Tropics*, 194-201.

60. N. A. M. Rodger, "From the 'Military Revolution' to the 'Fiscal-Naval State'," *Journal for Maritime Research* 13 (2011): 119-28. See also Daniel A. Baugh, "Great Britain's 'Blue Water' Policy, 1689-1815," *International History Review* 10 (1988): 33-58.

61. J. S. Bromley, *Corsairs and Navies*, 1660-1760 (London: Hambledon Press, 1987); Carl E. Swanson, *Predators and Prizes: American Privateering and Imperial Warfare*, 1739-1748 (Columbia: University of South Carolina Press, 1991).

62. Rodger, *Command of the Ocean*, 218.

63. James Pritchard, "From Shipwright to Naval Constructor: The Professionalization of 18th-Century French Naval Shipbuilders," *Technology and Culture* 28 (1987): 1-25.

64. Rodger, *Command of the Ocean*, 413.

65. William M. Fowler Jr., *Rebels Under Sail: The American Navy during the Revolution* (New York: Scribner's, 1976); Jonathan R. Dull, *The French Navy and American Independence* (Princeton, NJ: Princeton University Press, 1975).

66. 关于总体状况,见 Troy Bickham, *The Weight of Vengeance: The United States, the British Empire, and the War of* 1812 (New York: Oxford University Press, 2012)。

67. G. R. Crone, ed., *The Voyages of Cadamosto* (London: Hakluyt Society, 1937), 51.

68. 克里斯托弗·哥伦布致路易斯·德·桑塔赫尔,写于 1493 年 2 月 15 日,收录在 *Wild Majesty: Encounters with Caribs from Columbus to the Present Day, an Anthology*, ed. Peter Hulme and Neil L. Whitehead (Oxford: Clarendon Press, 1992), 13。

69. 迭戈·阿尔瓦雷斯·昌卡,引自 Wild Majesty, ed. *Hulme and Whitehead*, 32, 33。

70. Forbes, *Africans and Native Americans*, 11.

71. C. Harvey Gardiner, "The First Shipping Constructed in New Spain," *The Americas* 10 (1954): 409-19.

72. Woodrow Borah, *Early Colonial Trade and Navigation between Mexico and Peru* (Berkeley: University of California Press, 1954), 2, 5-6.

73. Joseph A. Goldenberg, *Shipbuilding in Colonial America* (Charlottesville: University Press of Virginia, 1976), 63.

74. Boxer, *Portuguese Seaborne Empire*, 210-11.

75. Toni L. Carrell and Donald H. Keith, "Replicating a Ship of Discovery: Santa Clara, a Sixteenth-Century Caravel," *International Journal of Nautical Archaeology* 21 (1992): 281-94.

76. Eric Robert Taylor, *If We Must Die: Shipboard Insurrections in the Era of the Atlantic Slave Trade* (Baton Rouge: Louisiana State University Press, 2006), 119-138.

77. Matthew R. Bahar, *Storm of the Sea: Indians and Empires in the Atlantic's Age of Sail* (New York: Oxford University Press, 2019), 89-97.

第二章

1. Pablo E. Pérez-Mallaína, *Spain's Men of the Sea: Daily Life on the Indies Fleets in the Sixteenth Century*, trans. Carla Rahn Phillips (Baltimore: Johns Hopkins University Press, 1998), 66.

2. 迭戈・加西亚・德・帕拉西奥,引自 Pérez-Mallaína, *Spain's Men of the Sea*, 65。

3. Pérez-Mallaína, *Spain's Men of the Sea*, 26.

4. Bruijn, *Dutch Navy*, 200-01.

5. James Pritchard, *Louis XV's Navy, 1748-1762: A Study of Organization and Administration* (Montreal: McGill-Queen's University Press, 1987), 82.

6. Bruijn, *Dutch Navy*, 202.

7. 1593 年 8 月 21 日的证言,引自 Pérez-Mallaína, *Spain's Men of the Sea*, 28。

8. Pérez-Mallaína, *Spain's Men of the Sea*, 27-28.

9. Pritchard, *Louis XV's Navy*, 75.

10. Edward Barlow, *Barlow's Journal* (London: Hurst and Blackett, 1934), vol. 1, p. 33.

11. Barnaby Slush, *The Navy Royal, or a Sea-cook Turned Projector* (London, 1709), 3.

12. Pérez-Mallaína, *Spain's Men of the Sea*, 50.

13. N. A. M. Rodger, *The Wooden World: An Anatomy of the Georgian Navy* (London: Collins, 1986), 348-51; Pritchard, *Louis XV's Navy*, 85.

14. Pérez-Mallaína, *Spain's Men of the Sea*, 76-77.

15. Rodger, *Wooden World*, 39.

16. Slush, *Navy Royal*, 9.

17. David Erskine, ed., *Augustus Hervey's Journal* (London: Chatham Publishing, 2002), 176.

18. Rodger, *Wooden World*, 214.

19. Bruijn, *Dutch Navy*, 204.

20. Pritchard, *Louis XV's Navy*, 87.

21. Rodger, *Wooden World*, 237-44. 关于革命时代,见 Niklas Frykman, "Connections between Mutinies in European Navies," *International Review of Social History* 58 (2013): 87-107.

22. Pritchard, *Louis XV's Navy*, 87.

23. Bruijn, *Dutch Navy*, 206.

24. Fernández-Armesto, *Spanish Armada*, 52-54.

25. 吕克・弗朗索瓦・诺,引自 James Pritchard, *Anatomy of a Naval Disaster: The 1746 French Naval Expedition to North America* (Montreal: McGill-Queen's University Press, 1995), 99。

26. Rodger, *Wooden World*, 61.

27. Pérez-Mallaína, *Spain's Men of the Sea*, 165.

28. Rodger, *Wooden World*, 75-78.

29. Phillips, *Six Galleons*, 93-103; Bruijn, *Dutch Navy*, 50, 116-19; Glete, *War and the State*, 133, 166; Pritchard, *Louis XV's Navy, 1748-1762*, 179-83; Daniel A. Baugh, *British Naval Administration in the Age of Walpole* (Princeton, NJ: Princeton University Press, 1965), 386-451.

30. Baugh, *British Naval Administration*, 387.

31. Bruijn, *Dutch Navy*, 117, 119.

32. Pritchard, *Louis XV's Navy*, 179; Pritchard, *Anatomy of a Naval Disaster*.

33. Rodger, *Wooden World*, 71.

34. Baugh, *British Naval Administration*, 375.

35. Phillips, *Six Galleons*, 173.

36. Pérez-Mallaína, *Spain's Men of the Sea*, 30-33; Bruijn, *Dutch Navy*, 40-53, 111-28; Rodger, *Wooden World*, 129, 252-302. 与其他国家相比,法国在让海军军官这份职业显得比民间工作更具吸引力这方面就没那么成功了。见 Pritchard, *Louis XV's Navy*, 55-70。

37. Rodger, *Wooden World*, 87-98; Bruijn, *Dutch Navy*, 57, 138.

38. Bruijn, *Dutch Navy*, 198.

39. E. H. W. Meyerstein, ed., *Adventures by Sea of Edward Coxere* (Oxford: Clarendon Press, 1945), 4-5.

40. Meyerstein, ed., *Adventures by Sea of Edward Coxere*, 5-19.

41. Guy Chet, *The Ocean is a Wilderness: Atlantic Piracy and the Limits of State Authority*, 1688-1856 (Amherst: University of Massachusetts Press, 2014).

42. John Churchman, *Account of the Gospel Labours and Christian Experiences of a Faithful Minister of Christ, John Churchman* (Philadelphia, 1779), 204-06.

43. Phillips, *Six Galleons*, 20.

44. "Arguments in Favour of Establishing Wednesday as an Additional Fish Day, February 1563," in*Tudor Economic Documents*, 3 vols., ed R. H. Tawney and Eileen Power (London, 1924), 104-10.

45. Pritchard, *Louis XV's Navy*, 75, 209.

46. Rodger, *Wooden World*, 124-26.

47. Nicholas Rogers, *The Press Gang: Naval Impressment and its Opponents in Georgian Britain* (New York: Continuum, 2007), 96.

48. Bruijn, *Dutch Navy*, 49-50, 135; Rodger, *Wooden World*, 129.

49. Bruijn, *Dutch Navy*, 129.

50. Pérez-Mallaína, *Spain's Men of the Sea*, 200.

51. Bruijn, *Dutch Navy*, 130.

52. Kevin Costello, "Habeas Corpus and Naval and Military Impressment, 1756-1816," *Journal of Legal History* 29 (2008): 215-51, 216; Rodger, *Wooden World*, 150.

53. Rodger, *Wooden World*, 168.

54. Rogers, *Press Gang*, 83.

55. Barlow, *Barlow's Journal*, Vol. 1, p. 146.

56. 爱德华·博斯科恩,引自 Rodger, *Wooden World*, 104。

57. John Lax and William Pencak, "The Knowles Riot and the Crisis of the 1740's in Massachusetts," *Perspectives in American History* 10 (1976): 163-216; see also Denver Brunsman, "The Knowles Atlantic Impressment Riots of the 1740s," *Early American Studies* 5 (2007): 324-66.

58. *London Evening Post*, July 31, 1759.

59. Rodger, *The Wooden World*, 175-76.

60. Barlow, *Barlow's Journal*, Vol. 1, p. 146.

61. Benton, *Search for Sovereignty*, 51-52, n. 26.

62. Pérez-Mallaína, *Spain's Men of the Sea*, 41.

63. David Wheat, *Atlantic Africa and the Spanish Caribbean*, 1570-1640 (Chapel Hill: University of North Carolina Press, 2016), 231.

64. Randy J. Sparks, *Where the Negroes are Masters: An African Port in the Era of the Slave Trade* (Cambridge, MA: Harvard University Press, 2014), 190.

65. Rogers, *Press Gang*, 92.

66. Bruijn, *Dutch Navy*, 55.

67. Bruijn, *Dutch Navy*, 133, 201.

68. Pérez-Mallaína, *Spain's Men of the Sea*, 56.

69. Charles M. Hough, ed., *Reports of Cases in the Vice Admiralty of the Province of New York* (New Haven, CT: Yale University Press, 1925), 29-31; *Pennsylvania Journal*, May 16 and May 30, 1745; *Boston Evening Post*, May 20, 1745; *American Weekly Mercury*, May 23, 1745.

70. Daniel Horsmanden, *A Journal of the Proceedings in the Detection of the Conspiracy formed by some White People, in Conjunction with Negro and other Slaves for Burning the City of New York* (New York, 1744), 78. 见 Jill Lepore, *New York Burning: Liberty, Slavery, and Conspiracy in Eighteenth-Century Manhattan* (New York: Vintage, 2005); Peter Linebaugh and Marcus Rediker, *The Many-Headed Hydra: Sailors, Slaves, Commoner, and the Hidden History of the Revolutionary Atlantic* (Boston: Beacon Press, 2000), 174-210。

71. Olaudah Equiano, *The Interesting Narrative of the Life of Olaudah Equiano* (London, 1789), 171-79.

72. Gisli Palsson, *The Man Who Stole Himself: The Slave Odyssey of Hans Jonathan* (Chicago: University of Chicago Press, 2016), 81.

73. Palsson, *Man who Stole Himself*, 75-114.

74. Pritchard, *Louis XV's Navy*, 86; Bruijn, *Dutch Navy*, 203-04; Rodger, *Wooden World*, 201-02.

75. Barlow, *Barlow's Journal*, Vol. 1, 115.

76. Nicholas Rogers, *Mayhem: Postwar Crime and Violence in Britain*, 1748-1753 (New Haven, CT: Yale University Press, 2013), 36-37.

77. Pérez-Mallaína, *Spain's Men of the Sea*, 16.

78. Benjamin L. Carp, *Rebels Rising: Cities and the American Revolution* (New York: Oxford University Press, 2007), 27.

79. Pérez-Mallaína, *Spain's Men of the Sea*, 25.

80. Pérez-Mallaína, *Spain's Men of the Sea*, 8; Rogers, *Mayhem*, 38-39.

81. Chet, *Ocean is a Wilderness*, 66-91.

82. Pérez-Mallaína, *Spain's Men of the Sea*, 169.

83. Rogers, *Mayhem*, 41-42.

84. Pérez-Mallaína, *Spain's Men of the Sea*, 217.

85. Edward Ward, *The Wooden World Dissected* (London, 1707), 100; see Pérez-Mallaína, *Spain's Men of the Sea*, 169; Rodger, *Wooden World*, 207-09.

86. Barlow, *Barlow's Journal*, Vol. 1, p. 31.

87. Edward Barlow, Journal, JOD/4/210 and JOD/4/213, National Maritime Museum. 与上述日志条目相关的更多信息可见 Maev Kennedy, "Sailor's Rape Confession Uncovered in Seventeenth-Century Journal," *The Guardian*, September 18, 2018。

88. Clare A. Lyons, *Sex among the Rabble: An Intimate History of Gender and Power in the Age of Revolution, Philadelphia*, 1730-1830 (Chapel Hill: University of North Carolina Press, 2006), 55.

89. Rodger, *Wooden World*, 80.

90. Ward, *Wooden World Dissected*, 96.

91. B. R. Burg, *Boys at Sea: Sodomy, Indecency, and Courts Martial in Nelson's Navy* (New York: Palgrave, 2007), 42-43.

92. 可参见 Pérez-Mallaína, *Spain's Men of the Sea*, 171-72。

93. Pérez-Mallaína, *Spain's Men of the Sea*, 217.

94. 汉斯·施塔登的完整故事可见 Eve M. Duffy and Alida C. Metcalf, *The*

Return of Hans Staden: A Go-Between in the Atlantic World (Baltimore: Johns Hopkins University Press, 2013), 12-76.

95. Hans Staden, *The Captivity of Hans Stade of Hesse*, Albert Tootal, trans. (London: Hakluyt Society, 1874), 73.

96. Staden, *Captivity of Hans Stade*, 13.

97. 见 H. E. Martel, "Hans Staden's Captive Soul: Identity, Imperialism, and Rumors of Cannibalism in Sixteenth - Century Brazil," *Journal of World History* 17 (2006): 51-69; Duffy and Metcalf, *Return of Hans Staden*, 77-102。

98. Arne Bialuschewski, "Slaves of the Buccaneers: Mayas in Captivity in the Second Half of the Seventeenth Century," *Ethnohistory* 64 (2017): 41-63.

99. Bialuschewski, "Slaves of the Buccaneers," 45.

100. Pérez-Mallaína, *Spain's Men of the Sea*, 74. A registry in the US in the 1790s generated even more dramatic results. See Simon Newman, "Reading the Bodies of Early American Seafarers," *William and Mary Quarterly* 55 (1998): 59-82, 67.

101. Pritchard, *Anatomy of a Naval Disaster.*

102. Pritchard, *Louis XV's Navy*, 83-84.

103. Stephen F. Gradish, *The Manning of the British Navy during the Seven Years' War* (London: Royal Historical Society, 1980), 212.

104. Pérez-Mallaína, *Spain's Men of the Sea*, 242. 关于后来英美背景下的水手对待宗教的虔诚状况,可见 Christopher P. Magra, "Faith at Sea: Exploring Maritime Religiosity in the Eighteenth Century," *International Journal of Maritime History* 19 (2007): 87-106。

105. 帝国式解读在宗教工作中的主导作用可见 Jorge Cañizares-Esguerra, *Puritan Conquistadors: Iberianizing the Atlantic*, 1550-1700 (Stanford, CA: Stanford University Press, 2006)。

106. 见 Steve Mentz, "God's Storms: Shipwreck and the Meanings of Ocean in Early Modern England and America," in *Shipwreck in Art and Literature: Images and Interpretations from Antiquity to the Present Day*, ed. Carl Thompson (New York: Routledge, 2013), 77-91。

第三章

1. J. Franklin Jameson, *Narratives of New Netherland*, 1609-1664 (New York: Scribner's, 1909), 19.

2. Jameson, *Narratives of New Netherland*, 26.

3. J. Thornton, *Africa and Africans in the Making of the Atlantic World*, 1400-1800, 2d ed. (Cambridge: Cambridge University Press, 1998), 37-38.

4. 安德鲁·李普曼(Andrew Lipman)在 *The Saltwater Frontier: Indians and the Contest for the American Coast* (New Haven, CT: Yale University Press, 2015)中审视了从新泽西到科德角的北美沿海地带在 17 世纪几个年代里的冲突状况,他并没有列举出一个美洲原住民战士在面对武装抵抗时成功使用划艇进攻帆船并将其夺走的战例。关于一个可能存在的例外事件,可见 Alexander Oliver Exquemelin, *The History of the Bucaniers of America* (London, 1699), 54。

5. Pérez-Mallaína, *Spain's Men of the Sea*, 183.

6. Fernάndez-Armesto, *Spanish Armada*, 144-45.

7. Sicking, "Naval Warfare in Europe, 1330-1680," 254.

8. Pérez-Mallaína, *Spain's Men of the Sea*, 184-85.

9. 见 Daniel K. Benjamin and Anca Tifrea, "Learning by Dying: Combat Performance in the Age of Sail," *Journal of Economic History* 67 (2007): 968-1000。

10. Colin J. M. Martin, "Incendiary Weapons from the Spanish Armada Wreck La Trinidad Valencera, 1588," *International Journal of Nautical Archaeology* 23 (1994):

207–17.

11. Cotton Mather, *Decennium Luctuosum*: *An History of Remarkable Occurances in the Long War* (Boston, 1699), 94.

12. Jan Glete, *Warfare at Sea*, *1500–1650*: *Maritime Conflicts and the Transformation of Europe* (London: Routledge, 2000), 195, n. 26.

13. Thomas Lurting, *The Fighting Sailor turn'd Peaceable Christian* (London, 1710), 7–10.

14. B. McL. Ranft, ed., *The Vernon Papers* (London: Navy Records Society, 1958), 295–96.

15. Fernández-Armesto, *Spanish Armada*, 193.

16. Rodger, *Wooden World*, 56.

17. Equiano, *Interesting Narrative*, 148–50.

18. William Spavens, *The Narrative of William Spavens, Chatham Pensioner, Written by Himself* (Louth, 1796).

19. Rodger, *Wooden World*, 59–60.

20. Equiano, *Interesting Narrative*, 148–49.

21. 马尔滕·哈珀特松·特龙普关于军事会议的记载出自他告诉唐·弗朗西斯科·曼努埃尔的版本,后来由查尔斯·拉尔夫·博克瑟译成英文,收录在 Boxer, *The Journal of Maarten Harpertszoon Tromp*, *1639* (Cambridge: Cambridge University Press, 1930), 209。

22. John F. Guilmartin Jr., "The Military Revolution in Warfare at Sea during the Early Modern Era: Technological Origins, Operational Outcomes, and Strategic Consequences," *Journal for Maritime Research* 13 (2011): 129–37, 134; Rodger, *Command of the Ocean*, 217.

23. Michael A. Palmer, "'The Soul's Right Hand': Command and Control in the Age of Fighting Sail, 1652–1827," *Journal of Military History* 61 (1997): 679–705, 680.

24. 见 Robert Stradling, "Catastrophe and Recovery: The Defeat of Spain, 1639–43," *History* 64 (1979): 205–19; Stradling, *The Armada of Flanders*: *Spanish Maritime Policy and European War*, *1568–1668* (Cambridge: Cambridge University Press, 1992), 106–10。

25. 霍拉肖·纳尔逊致斯潘塞伯爵,1799 年 11 月 6 日,收录在 Nicholas Harris Nicolas, ed., *The Dispatches and Letters of Vice Admiral Lord Viscount Nelson*, Vol. 4 (London, 1844), 90。

26. Alison Sandman, "Spanish Nautical Cartography in the Renaissance," in*The History of Cartography*, *Volume Three*: *Cartography in the European Renaissance*, ed. David Woodward (Chicago: University of Chicago Press, 2007), 1095–142.

27. 见 Dava Sobel, *Longitude*: *The True Story of a Lone Genius who Solved the Greatest Scientific Problem of his Time* (London: Fourth Estate, 1996)。

28. Olivier Chaline, "Strategy Seen from the Quarterdeck in the Eighteenth-Century French Navy," in *Strategy and the Sea*: *Essays in Honour of John B. Hattendorf*, ed. N. A. M. Rodger, J. Ross Dancy, Benjamin Darnell, and Evan Wilson (Suffolk: Boydell and Brewer, 2016), 19–27, 23.

29. Wim Klooster, *The Dutch Moment*: *War*, *Trade and Settlement in the Seventeenth Century Atlantic World* (Ithaca, NY: Cornell University Press, 2016), 43.

30. Rodger, *Command of the Ocean*, 76–77.

31. Jakob Seerup, "Danish and Swedish Flag disputes with the British in the Channel," in*Strategy and the Sea*, ed. Rodger et al., 28–36, 34.

32. Erskine, ed., *Augustus Hervey's Journal*, 46–47.

33. Alonso de Palencia, Cuarta dédada de Alonso de Palencia (excerpts), trans. by P. E. H. Hair, in Hair, *The Founding of the Castelo de Sãa Jorge da Mina*: *An Analysis*

of the Sources (Madison: University of Wisconsin African Studies Program, 1994), 118-25, 123-24.

34. Harry Kelsey, *Sir Francis Drake: The Queen's Pirate* (New Haven, CT: Yale University Press, 1998), 95.

35. Olive Anderson, "The Establishment of British Supremacy at Sea and the Exchange of Naval Prisoners of War, 1689 - 1783," *English Historical Review* 75 (1960): 77-89.

36. Pritchard, *Louis XV's Navy*, 81.

37. Anderson, "Establishment of British Supremacy at Sea," 77.

38. Renaud Morieux, "Diplomacy from Below and Belonging: Fishermen and Cross-Channel Relations in the Eighteenth Century," *Past and Present* (2009): 83-125.

39. Anderson, "Establishment of British Supremacy at Sea," 81.

40. Rodger, *Wooden World*, 160.

41. William Dampier, *A New Voyage Round the World* (London, 1702), 1:26, 44-45.

42. Benton, *Search for Sovereignty*, 112-20.

43. *The Trials of Five Persons for Piracy, Felony, and Robbery* (Boston, 1726), 8.

44. Marcus Rediker, *Villains of All Nations: Atlantic Pirates in the Golden Age* (London: Verso, 2012), 13-16.

45. *Trials of Five Persons*, 28.

46. *Trials of Five Persons*, 9, 22.

47. *Trials of Five Persons*, 9.

48. *Trials of Five Persons*, 11.

49. *Trials of Five Persons*, 24.

50. *Trials of Five Persons*, 14.

51. *Trials of Five Persons*, 9.

52. Peter Earle, *The Pirate Wars* (London: Metheun, 2003), 206; Rediker, *Villains of All Nations*, 163.

53. Chet, *Ocean is a Wilderness.*

54. 可参见 *The Tryals of Sixteen Persons for Piracy* (Boston, 1726); Marcus Rediker, *Villains of All Nations: Atlantic Pirates in the Golden Age* (London: Verso, 2004), 2-4。

55. *A Collection of Voyages and Travels, Some Now Printed from Original Manuscripts, others Now Published in English, in Six Volumes* (London, 1732), 5:546.

56. David Richardson, "Shipboard Revolts, African Authority, and the Atlantic Slave Trade," *William and Mary Quarterly* 58 (2001): 69-92, 74.

57. Cugoano, *Thoughts and Sentiments*, 10.

58. Richardson, "Shipboard Revolts," 74.

59. Taylor, *If We Must Die*, 75-76.

60. William Snelgrave, *A New Account of Some Parts of Guinea and the Slave Trade* (London, 1734), 186-91.

61. Richardson, "Shipboard Revolts," 72.

第四章

1. David B. Quinn, *England and the Azores*, 1581-1582: *Three Letters* (Lisbon: Junta de Investigaçoes Cientificas de Ultramar, 1979), 207-08.

2. Alan James, "A French Armada? The Azores Campaigns, 1580 - 1583," *Historical Journal* 55 (2012): 1-20.

3. James, "A French Armada?," 5.

4. *Calendar of State Papers, Foreign, May-December* 1582 (London, 1909), 345-

46.

5. *Calendar of State Papers, Foreign, May-December* 1582 (London, 1909), 346-47.

6. James, "A French Armada?," 17, n.69.

7. Fernández-Armesto, *Spanish Armada*, 135-39.

8. *Collection of Voyages and Travels*, 5:457.

9. *Collection of Voyages and Travels*, 5: 458.

10. *Collection of Voyages and Travels*, 5: 458.

11. *Collection of Voyages and Travels*, 5: 460.

12. Donald G. Shomette and Robert D. Haslach, *Raid on America: The Dutch Naval Campaign of* 1672-1684 (Columbia: University of South Carolina Press, 1988), 80-82.

13. Wallace T. MacCaffrey, *Elizabeth I: War and Politics*, 1588-1603 (Princeton, NJ: Princeton University Press, 1992), 117-18; Klooster, *Dutch Moment*, 26.

14. Klooster, *Dutch Moment*, 49.

15. Klooster, *Dutch Moment: War*, 49.

16. George Edmundson, "The Dutch Power in Brazil (Continued)," *English Historical Review* 14 (1899): 676-99, 686-87.

17. A. J. B. Johnston, *Endgame* 1758: *The Promise, the Glory, and the Despair of Louisbourg's Last Decade* (Lincoln: University of Nebraska Press, 2007), 184-272.

18. [Exquemelin], *History of the Bucaniers*, 59.

19. [Exquemelin], *History of the Bucaniers*, 60.

20. [Exquemelin], *History of the Bucaniers*, 60.

21. [Exquemelin], *History of the Bucaniers*, 57.

22. [Exquemelin], *History of the Bucaniers*, 57.

23. [Exquemelin], *History of the Bucaniers*, 60.

24. [Exquemelin], *History of the Bucaniers*, 67.

25. Johannes Postma, "Surinam and its Atlantic Connections, 1667 - 1795," in*Riches from Atlantic Commerce: Dutch Transatlantic Trade and Shipping*, 1585-1817, ed. Johannes Postman and Victor Enthoven (Leiden: Brill, 2003), 287-322, 299.

26. Victor Enthoven, "'That Abominable Nest of Pirates': St. Eustatius and the North Americans, 1680-1780,"*Early American Studies* 10 (2012): 239-301, 270.

27. 可参见 A. J. O'Shaughnessey, *An Empire Divided: The American Revolution and the British Caribbean* (Philadelphia: University of Pennsylvania Press, 2000), 49-50。

28. Enthoven, "Abominable Nest," 276-82.

29. Mark Meuwese, *Brothers in Arms, Partners in Trade: Dutch-Indigenous Alliances in the Atlantic World*, 1595-1674 (Leiden: Brill, 2012), 290-95.

30. Meuwese, *Brothers in Arms*, 296-301.

31. 关于法国在此次冲突中的立场,见 Boucher, *France and the American Tropics*, 194-201。

32. Shomette and Haslach, *Raid on America*, 157.

33. Shomette and Haslach, *Raid on America*, 161.

34. Shomette and Haslach, *Raid on America*, 157-74.

35. Fred Anderson, *Crucible of War: The Seven Years' War and the Fate of Empire in British North America*, 1754-1766 (New York: Knopf, 2000), 237, 257, 395.

36. Jonathan R. Dull, *The French Navy and the Seven Years' War* (Lincoln: University of Nebraska Press, 2005), 143.

37. Roger Sidney Marsters, "Approaches to Empire: Hydrographic Knowledge and British State Activity in Northeastern North America, 1711 - 1783," (PhD diss., Dalhousie University, 2012), 107-220.

38. 总体状况可见 Phillip Alfred Buckner and John G. Reid, eds., *Revisiting* 1759:

The Conquest of Canada in Historical Perspective (Toronto: University of Toronto Press, 2012)。

39. Marshall Smelser, *The Campaign for the Sugar Islands*, 1759 (Chapel Hill: University of North Carolina Press, 1955); Dull, *The French Navy and the Seven Years' War*, 138-39.

40. Richard Gardiner, *An Account of the Expedition to the West Indies* 2d ed. (London, 1760), 4, n.

41. Anderson, *Crucible of War*, 501.

42. 关于这一事件的军事背景，见 J. Frederick Fausz, "An 'Abundance of Blood Shed on Both Sides': England's First Indian War, 1609-1614," *Virginia Magazine of History and Biography* 98 (1990): 3-56。

43. William Strachey quoted in Samuel Purchas, *Haklutus Posthumous, or Purchas His Pilgrimes*, Vol. 19 (Glasgow, 1906), 45.

44. Strachey quoted in Purchas, *Haklutus Posthumous*, 19:53.

45. Strachey quoted in Purchas, *Haklutus Posthumous*, 19:54.

46. 关于此次军事行动的记载，见 George Edmundson, "The Dutch Power in Brazil (1624-1654), Part I: The Struggle for Bahia (1624-1627)," *English Historical Review* 11 (1896): 231-59, 244-45。

47. Stuart B. Schwartz, "The Voyage of the Vassals: Royal Power, Noble Obligations, and Merchant Capital before the Portuguese Restoration of Independence, 1624-1640," *American Historical Review* 96 (1991): 735-62; Klooster, *Dutch Moment: War*, 40-41.

48. Schwartz, "Voyage of the Vassals."

49. Chris M. Hand, *The Siege of Beauséjour*, 1755 (Fredericton, NB: Goose Lane, 2004), 46-47.

50. Opinion of Council[of Nova Scotia]respecting the French inhabitants, July 28, 1755, CO 217/16, 24, The National Archives, Kew.

51. 查尔斯·劳伦斯致罗伯特·蒙克顿，1755 年 7 月 31 日，收录在 *The Northcliffe Collection, Presented to the Government of Canada by Sir Leicester Harmsworth* (Ottawa, 1926), 80-83, 83. See also Charles Lawrence to Robert Monkton, August 8, 1755, in *Northcliffe Collection*, 83-85, 84。

52. 给罗伯特·蒙克顿下达的训令，1755 年 8 月 11 日，收录在 *Northcliffe Collection*, 85-87, 85。

53. 关于此次行动的详尽、出色记载可见 Paul Delaney, "The Acadians Deported from Chignecto to 'Les Carolines' in 1755: Their Origins, Identities and Subsequent Movements," in*Du Grand Dérangement à la déportation: Nouvelles perspectives historiques*, ed. Ronnie-Gilles LeBlanc (Moncton, N. B.: Chaire d'études acadiennes, 2005), 247-389。

54. John McGrath, "Polemic and History in French Brazil, 1555-1560," *Sixteenth Century Journal* 27 (1996): 385-97, 394-95.

55. Duffy and Metcalf, *Return of Hans Staden*, 139-40; Donald W. Forsyth, "The Beginnings of Brazilian Anthropology: Jesuits and Tupinamba Cannibalism," *Journal of Anthropological Research* 39 (1983): 147-78, 159; John Hemming, *Red Gold: The Conquest of the Brazilian Indians* (London: MacMillan, 1978), 125; Philip B. Boucher, "Revisioning the 'French Atlantic,' or, How to Think about the French Presence in the Atlantic, 1550-1625," in *The Atlantic World and Virginia*, 1550-1624, ed. Peter C. Mancall (Chapel Hill: University of North Carolina Press, 2007), 274-306, 284.

56. "Summary by the Marques de Montesclaros of the History of the Portuguese Conquest of Maranhão and Parà 1613-16," in*English and Irish Settlement on the River Amazon*, 1550-1646, ed. Joyce Lorimer (London: Hakluyt Society, 1989), 167-69, 168.

57. "Summary by the Marques de Montesclaros," 167–69.

58. Phillips, *Six Galleons*, 184–86.

59. Cornelius Ch. Goslinga, *The Dutch in the Caribbean and on the Wild Coast*, 1580–1680 (Gainesville: University of Florida Press, 1971), 132–34.

60. Karen Kupperman, *Providence Island*, 1630–1641: *The Other Puritan Colony* (Cambridge: Cambridge University Press, 1993), 336–38.

61. Shomette and Haslach, *Raid on America*, 91.

62. John G. Reid, "Imperial Intrusions, 1686–1720," in The Atlantic Region to Confederation: A History, ed. Phillip A. Buckner and John G. Reid (Toronto: University of Toronto Press, 1994), 78–103, 83–84.

63. Peter E. Pope, *Fish Into Wine: The Newfoundland Plantation in the Seventeenth Century* (Chapel Hill: University of North Carolina Press, 2004), 409.

64. A. J. B. Johnston, *Control and Order in French Colonial Louisbourg*, 1713–1758 (East Lansing: Michigan State University Press, 2001), 88–89.

65. Johnston, *Endgame*, 274–76.

66. Philip Lawson, *The Imperial Challenge: Quebec and Britain in the Age of the American Revolution* (Montreal: McGill–Queens University Press, 1989). See also Christopher L. Brown, "Empire without Slaves: British Concepts of Emancipation before the American Revolution," *William and Mary Quarterly* 56 (1999): 273–306.

67. Kupperman, *Providence Island*, 338.

68. Thomas Spencer, *A True and Faithful Relation of the Proceedings of the Forces of their Majesties K. William and Q. Mary* (London, 1691), 11; Boucher, *France and the American Tropics*, 218.

69. Clifford Lewis, "Some Recently Discovered Extracts from the List Minutes of the Virginia Council and General Court, 1642–1645," *William and Mary Quarterly* 20 (1940): 62–78, 69; C. S. Everett, "'They Shall be Slaves for their Lives': Indian Slavery in Colonial Virginia," in *Indian Slavery in Colonial America*, ed. Alan Gallay (Lincoln: University of Nebraska Press, 2009), 67–108, 69–70.

70. Linford D. Fisher, "'Dangerous Designes': The 1676 Barbados Act to Prohibit New England Indian Slave Importation," *William and Mary Quarterly* 71 (2014): 99–124, 108.

71. Fisher, "Dangerous Designes," 109.

72. Fisher, "Dangerous Designes," 115.

73. Fisher, "Dangerous Designes," 113.

74. Alan Gallay, *The Indian Slave Trade: The Rise of the English Empire in the American South* (New Haven, CT: Yale University Press, 2004), 299.

75. 赫罗尼莫·瓦莱斯致西班牙国王，1711 年 12 月 9 日，收录在 *Missions to the Calusa*, ed. John H. Hann (Gainesville: University of Florida Press, 1991), 335–39。

76. Olivier Pétré–Grenouilleau, "Maritime Powers, Colonial Powers: The Role of Migration (c. 1492–1792)," in*Migration, Trade and Slavery in an Expanding World: Essays in Honour of Peter Emmer*, ed. Wim Klooster (Leiden: Brill, 2009), 45–71, 48.

77. Simon J. Hogerzeil and David Richardson, "Slave Purchasing Strategies and Shipboard Mortality: Day to Day Evidence from the Dutch African Trade, 1751–1797," *Journal of Economic History* 67 (2007): 160–90.

78. 除去彼得–格勒努约摘引的迁移总数，这一段中的数据来自 www.slavevoyages.org 的跨大西洋奴隶贸易数据库。数据库中的迁移总数与彼得–格勒努约引用的数据非常接近，但并不完全一致。

79. Snelgrave, *New Account*, 186–87.

第五章

1. Meuwese, *Brothers in Arms*, 144.

2. Samuel de Champlain, *Voyages of Samuel de Champlain*, trans. Edmund F. Slafter (Boston: Prince Society, 1878), Vol. 2, Ch. 9.

3. Gomes Eannes de Azurara, *The Chronicle of the Discovery and Conquest of Guinea*, trans. Charles Raymond Beazley and Edgar Prestage (London: Hakluyt Society, 1894), Vol. 2, p. 255.

4. 见 Clifford J. Rogers, ed., *The Military Revolution Debate: Readings on the Military Transformation of Early Modern Europe* (Boulder, CO: Westview, 1995)。

5. 见 J. E. Inikori, "The Import of Firearms into West Africa, 1750 - 1807: A Quantitative Analysis," *Journal of African History* 18 (1977): 339 - 68; W. A. Richards, "The Import of Firearms into West Africa in the Eighteenth Century," *Journal of African History* 21: (1980) 43-59。

6. 可参见 David L. Silverman, *Thundersticks: Firearms and the Violent Transformation of Native America* (Cambridge, MA: Harvard University Press, 2016)。

7. 费尔南多·德尔·普尔加,引自 Weston F. Cook, "The Cannon Conquest of Nasrid Spain and the End of the Reconquista," *Journal of Military History* 57 (1993): 43-70, 63。

8. Wayne E. Lee, *Waging War: Conflict, Culture, and Innovation in World History* (New York: Oxford University Press, 2016), ch. 7.

9. *The New Method of Fortification as Practiced by Monsieur Vauban, Engineer General of France* (London, 1702), 86.

10. John A. Lynn, "The Trace Italienne and the Growth of Armies: The French Case," *Journal of Miltary History* 55 (1991): 297-330.

11. Lee, *Waging War*, 235-36; Bert S. Hall, *Weapons and Warfare in Renaissance Europe* (Baltimore: Johns Hopkins University Press, 1997).

12. Hall, *Weapons and Warfare*, 178.

13. 见 Murray Pittock, *Culloden* (Oxford: Oxford University Press, 2016).

14. Geoffrey Parker, "The Limits to Revolutions in Military Affairs: Maurice of Nassau, the Battle of Nieuwpoort (1600), and the Legacy," *Journal of Military History* 71 (2007): 331-72.

15. Geoffrey Parker, *The Military Revolution: Military Innovation and the Rise of the West*, 1500-1800 (Cambridge: Cambridge University Press, 1988), 1.

16. Lynn, "Trace Italienne," 299.

17. Richard J. Reid, *Warfare in African History* (Cambridge: Cambridge University Press, 2012), 60 - 61; John K. Thornton, *Warfare in Atlantic Africa*, 1500 - 1800 (London: UCL Press, 1999), 27.

18. Reid, *Warfare in African History*, 62; Thornton, *Warfare in Atlantic Africa*, 31.

19. Thornton, *Africa and Africans*, 120.

20. Paul E. Lovejoy, *Transformations in Slavery: A History of Slavery in Africa* (Cambridge: Cambridge University Press, 2012), 106.

21. Thornton, *Warfare in Atlantic Africa*, 86-87.

22. Reid, *Warfare in African History*, 98.

23. Graham Connah, "Contained Communities in Tropical Africa," in*City Walls: The Urban Enceinte in Global Perspective*, ed. James D. Lacey (Cambridge: Cambridge University Press, 2000), 19-45, 32-36.

24. Martin A. Klein, "The Slave Trade and Decentralised Societies," *Journal of African History* 42 (2001): 49-65, 53-54.

25. Connah, "Contained Communities," 32-36.

26. Walter Hawthorne, "The Production of Slaves where there was no State: The Guinea-Bissau Region, 1450-1815," *Slavery and Abolition* 20 (1999): 97-124.

27. John Mawe, *Travels in the Interior of Brazil* (London, 1812), 192. 背景可见 Hal Langfur, "Moved by Terror: Frontier Violence as Cultural Exchange in Late-Colonial Brazil," *Ethnohistory* 52 (2005): 255-89.

28. Robert Charles Padden, "Cultural Change and Military Resistance in Araucanian Chile, 1550-1730," *Southwestern Journal of Anthropology* 13 (1957): 103-21, 109.

29. Silverman, *Thundersticks*, 30-31.

30. Padden, "Cultural Change and Military Resistance," 108-12.

31. Silverman, *Thundersticks*, 28.

32. Wayne E. Lee, "Fortify, Fight, or Flee: Tuscarora and Cherokee Defensive Warfare and Military Culture Adaptation," *Journal of Military History* 68 (2004): 713-70, 715-17.

33. David E. Jones, *Native American Armor, Shields, and Fortifications* (Austin: University of Texas Press, 2004), 58-62.

34. 罗伯特・罗杰斯，引自 Armstrong Starkey, *European and Native American Warfare*, 1675-1815 (Norman: University of Oklahoma Press, 1998), 19。

35. Alf Hornborg and Jonathan D. Hill, eds., *Ethnicity in Ancient Amazonia: Reconstructing Past Identities from Archaeology, Linguistics, and Ethnohistory* (Boulder: University Press of Colorado, 2011).

36. Craig S. Keener, "An Ethnohistorical Analysis of Iroquois Assault Tactics Used Against Fortified Settlements of the Northeast in the Seventeenth Century," *Ethnohistory* 46 (1999): 777-807, 786.

37. Lee, "Fortify, Fight, or Flee," 740-43.

38. Bruce G. Trigger, "Early Native North American Responses to European Contact: Romantic versus Rationalistic Interpretations," *Journal of American History* 77 (1991): 1195-215, 1207.

39. Hawthorne, "Production of Slaves," 108-10.

40. L. M. Pole, "Decline or Survival? Iron Production in West Africa from the Seventeenth to the Twentieth Centuries," *Journal of African History* 23 (1982): 503-13.

41. Enrique Rodríguez-Alegría, "Narratives of Conquest, Colonialism, and Cutting-Edge Technology," *American Anthropologist* 110 (2008): 33-43, 40.

42. Philip Nichols, *Sir Francis Drake Revived* (London, 1626), 13.

43. Nichols, *Sir Francis Drake*, 19.

44. Neil Whitehead, "The Snake Warriors—Sons of the Tiger's Teeth: A Descriptive Analysis of Carib Warfare ca. 1500-1820," in *The Anthropology of War*, ed. Jonathan Haas (Cambridge: Cambridge Univeristy Press, 1990), 146-70, 150.

45. 安东尼奥・加尔瓦诺，引自 Robert Kerr, *A General History and Collection of Voyages and Travels Arranged in Systematic Order* Vol. 2 (Edinburgh, 1811), 54. 也见 Antonio Galvano, *The Discoveries of the World, from their First Original unto the Year of our Lord* 1555 (London: Hakluyt Society, 1862), 86。

46. Nichols, *Sir Francis Drake*, 19.

47. Reuben Gold Thwaites, ed., *Jesuit Relations and Allied Documents* (Cleveland: Burrows Brothers, 1896-1900), 61:83.

48. Francis Moore, *Travels into the Inland Parts of Africa* (London, 1738), 68.

49. Leonard A. Cole, "The Poison Weapons Taboo: Biology, Culture, Policy," *Politics and the Life Sciences* 17 (1998): 119-32, 120-21.

50. 见 Thomas Morton, *New English Canaan* (London, 1637), 45; John Underhill, *Newes from America* (London, 1638), 34。

51. Bernardo de Vargas Machuca, *The Indian Militia and Description of the Indies*, ed. Kris Lane, trans. Timothy F. Johnson (Durham, NC: Duke University Press,

2008), 77.

52. Bernardino de Sahagún, *General History of the Things of New Spain*, trans. Arthur J. O. Anderson and Charles E. Dibble, Vol. 12 (Santa Fe, NM: School of American Research, 1965), 20.

53. Vargas Machuca, *Indian Militia*, 77.

54. John Grier Varner and Jeannette Johnson Varner, *Dogs of the Conquest* (Norman: University of Oklahoma Press, 1983), 5-7.

55. Edward Waterhouse, *A Declaration of the State of the Colony and Affaires in Virginia* (London, 1622), 24.

56. Mark A. Mastromarino, "Teaching Old Dogs New Tricks: The English Mastiff and the Anglo-American Experience," *The Historian* 49 (1986): 10-25, 21, n. 29.

57. James Homer Williams, "Great Doggs and Mischievous Cattle: Domesticated Animals and Indian-European Relations in New Netherland and New York," *New York History* 76 (1995): 245-64, 261.

58. Guy Chet, *Conquering the American Wilderness: The Triumph of European Warfare in the Colonial Northeast* (Amherst: University of Massachusetts Press, 2003); Mastromarino, "Teaching Old Dogs New Tricks."

59. Mary Rowlandson, *The Soveraignty and Goodness of God* (Boston, 1682), 3.

60. Thomas Church, *Entertaining Passages Relating to Philip's War* (Boston, 1716), 93.

61. Crone, ed., *Voyages of Cadamosto*, 35-36; Robin Law, *The Horse in West African Society* (Oxford: Oxford University Press, 1980), 51.

62. Law, *The Horse in West African Society*, 5-7.

63. Law, *Horse in West African Society*, 93-96.

64. Law, *Horse in West African Society*, 126-33.

65. James L. A. Webb, "The Horse and Slave Trade Between the Western Sahara and Senegambia," *Journal of African History* 34 (1993): 221-46.

66. Snelgrave, *New Account*, 56, 121-22.

67. Law, *Horse in West African Society*, 76-82.

68. Carolyn Jane Anderson, "State Imperatives: Military Mapping in Scotland, 1689-1770," *Scottish Geographical Journal* 125 (2009): 4-24, 14; Geoffrey Plank, *Rebellion and Savagery: The Jacobite Rising of* 1745 *and the British Empire* (Philadelphia: University of Pennsylvania Press, 2006), 19.

69. Parker, *Military Revolution*, 69-70.

70. James B. Wood, *The King's Army: Warfare, Soldiers, and Society During the Wars of Religion in France*, 1562-1576 (Cambridge: Cambridge University Press, 1996), 160.

71. Parker, *Military Revolution*, 77-78.

72. John A. Lynn, *Giant of the Grand Siècle: The French Army*, 1610-1715 (Cambridge: Cambridge University Press, 1997), 127-30.

73. Charles Hudson, *Knights of Spain, Warriors of the Sun: Hernando de Soto and the South's Ancient Chiefdoms* (Athens: University of Georgia Press, 1997), 67.

74. Hudson, *Knights of Spain*, 237-44.

75. Hudson, *Knights of Spain*, 387-94.

76. Hal Langfur, *The Forbidden Lands: Colonial Identity, Frontier Violence, and the Persistence of Brazil's Eastern Indians*, 1750-1830 (Stanford, CA: Stanford University Press, 2006), 141.

77. Chet, *Conquering the American Wilderness*, 121-23.

78. Pekka Hämäläinen, *The Comanche Empire* (New Haven, CT: Yale University Press, 2008), 23.

79. Dan Flores, "Bison Ecology and Bison Diplomacy: The Southern Plains from

1800 to 1850,"*Journal of American History* 78 (1991): 465-85, 481.

80. Hämäläinen, *Comanche Empire*, 26.

81. Richard White, "The Winning of the West: The Expansion of the Western Sioux in the Eighteenth and Nineteenth Centuries,"*Journal of American History* 65 (1978): 319-43.

82. 关于加勒比人的登陆记录,见 Philip B. Boucher, *Cannibal Encounters: Europeans and Island Caribs*, 1492-1763 (Baltimore: Johns Hopkins University Press, 1992), 17; Karl H. Schwerin, "Carib Warfare and Slaving," *Atropologica* 99-100 (2003): 45-72, 48-52。

83. Boucher, *Cannibal Encounters*, 35.

84. Frank Lestringant, *Cannibals: The Discovery and Representation of the Cannibal from Columbus to Jules Verne*, trans. Rosemary Morris (Berkeley: University of California Press, 1997), 15-31.

85. Robert Smith, "The Canoe in West African History,"*Journal of African History* 11 (1970): 515-33, 526-27. Sparks 562.

86. Lipman, *Saltwater Frontier*, 75.

87. Vargas Machuca, *Indian Militia*, 99.

88. N. A. T. Hall, "Maritime Maroons: 'Grand Marronage' from the Danish West Indies,"*William and Mary Quarterly* 42(1985):476-98, 482.

89. Bruce T. McCully, "Catastrophe in the Wilderness: New Light on the Canada Expedition of 1709,"*William and Mary Quarterly* 11 (1954): 441-56, 448.

90. McCully, "Catastrophe in the Wilderness," 449.

91. McCully, "Catastrophe in the Wilderness," 451.

92. McCully, "Catastrophe in the Wilderness," 449.

93. McCully, "Catastrophe in the Wilderness," 451.

94. McCully, "Catastrophe in the Wilderness," 454.

95. Daniel K. Richter, "War and Culture: The Iroquois Experience,"*William and Mary Quarterly* 40 (1983): 528-59, 539-40; Keith F. Otterbein, "Why the Iroquois Won: An Analysis of Iroquois Military Tactics," *Ethnohistory* 11 (1964): 56-63, 59-60.

96. *Collection of Voyages*, 5:266.

97. *Collection of Voyages*, 5:382.

第六章

1. Bartolomé de Las Casas, *A Short Account of the Destruction of the Indies*, trans. Nigel Griffin (London: Penguin, 1992), 14.

2. Las Casas, *Short Account*, 11.

3. Michele Da Cuneo, News of the Islands of the Hesperian Ocean Discovered by don Christopher Columbus of Genoa (1495), trans. Theodore J. Cachey Jr., in*Italian Reports on America*, 1493-1522, ed. Geoffrey Symocox and Luciano Formisano (Turnhout, Belgium: Brepols, 2002), 50-63, 52.

4. William F. Keegan, "'No Man [or Woman] is an Island': Elements of Taino Social Organization," in*The Indigenous People of the Caribbean*, ed. Samuel M. Wilson (Gainesville: University Press of Florida, 1997), 107-17, 116-17; Henry Petijean Roget, "The Taino Vision: A Study in the Exchange of Misunderstanding," in *The Indigenous People of the Caribbean*, ed. Wilson, 169-75, 166-67.

5. Da Cuneo, *News of the Islands*, 58.

6. Kathleen Deagan, "Reconsidering Taino Social Dynamics after Spanish Conquest: Gender and Class in Culture Contact Studies,"*American Antiquity* 69 (2004): 597-626; William F. Keegan and Morgan D. Maclachlan, "The Evolution of Avuncular

Chiefdoms: A Reconstruction of Taino Kinship and Politics," *American Anthropologist* 91 (1989): 613-30.

7. Irving Rouse, *The Tainos: Rise and Decline of the People who Greeted Columbus* (New Haven, CT: Yale University Press, 1992), 150-58.

8. 关于社区的存续,见 Deagan, "Reconsidering Taino Social Dynamics。"

9. 1517 年 1 月 20 日, 收录在 *Colección de documentos inéditos relativos al descubrimiento, conquista y colonización de las posesiones españoles en América y Occeanía*, ed. J. F. Pacheco, F. de Cárdenas y L. Torres de Mendoza (Madrid, 1864), 269。

10. John K. Thornton, *Cultural History*, 191.

11. Da Cuneo, *News of the Islands*, 52.

12. 关于战争的定义见 R. Brian Ferguson, "Explaining War," in *The Anthropology of War*, ed. Jonathan Haas (Cambridge: Cambridge University Press, 1990), 26-55, 26。

13. Steven A. Leblanc, "Warfare and the Development of Social Complexity: Some Demographic and Environmental Factors," in *The Archaeology of Warfare: Prehistories of Raiding and Conquest*, ed. Elizabeth N. Arkush and Mark W. Allen (Gainesville: University Press of Florida, 2006), 437-68, 442-43.

14. Jean R. Soderlund, *Lenape Country: Delaware Valley Society before William Penn* (Philadelphia: University of Pennsylvania Press, 2015); Gunlög Fur, *A Nation of Women: Gender and Colonial Encounters among the Delaware Indians* (Philadelphia: University of Pennsylvania Press, 2009).

15. David Silverman, *Faith and Boundaries: Colonists, Christianity and Community among the Wampanoag Indians of Martha's Vineyard*, 1600 - 1871 (Cambridge: Cambridge University Press, 2005).

16. André Corvisier, *Armies and Societies in Europe*, 1494-1789, trans. Abigal T. Siddall (Bloomington: Indiana University Press, 1979), 11.

17. Juan Alberto Román Berrelleza and Ximena Chávez Balderas, "The Role of Chlldren in the Ritual Practices of the Great Temple of Tenochtitlan and the Great Temple of Tlatelolco," in*The Social Experience of Childhood in Ancient Mesoamerica*, ed. Traci Arden and Scott R. Hutson (Boulder: University Press of Colorado, 2006), 233-48, 236.

18. Ross Hassig, *Aztec Warfare: Imperial Expansion and Political Control* (Norman: University of Oklahoma Press, 1996), 30-36; Rosemary A. Joyce, "Girling the Girl and Boying the Boy: The Production of Adulthood in Ancient Mesoamerica," *World Archaeology* 31 (2000): 473-83, 479-80.

19. Roger Ascham, *The Scholemaster* (London, 1571), 19. Roger Ascham, *The Scholemaster* (London, 1571), 19.

20. Marta Ajmar-Wollheim, "Geography and the Environment," in*A Cultural History of Childhood and Family in the Early Modern Age*, ed. Sandra Cavallo and Silvia Evangelisti (London: Bloomsbury, 2014), 69-94, 86-87.

21. Joyce, "Girling the Girl," 476.

22. Neil Lancelot Whitehead, "The Snake Warriors—Sons of the Tiger Teeth: A Descriptive Analysis of Carib Warfare, 1500-1820," in*The Anthropology of War*, ed. Jonathan Haas (Cambridge: Cambridge University Press, 1990), 146-70, 152-53.

23. Thornton, *Warfare in Atlantic Africa*, 90.

24. Thornton, *Warfare in Atlantic Africa*, 91-92; Stanley B. Alpers, *Amazons of Black Sparta: the Women Warriors of Dahomey* (London: Hurst and Company, 1998).

25. Thornton, *Warfare in Atlantic Africa*, 102, 116-17.

26. Thornton, *Warfare in Atlantic Africa*, 117.

27. John Keegan, *A History of Warfare* (London: Pimlico, 2004), 227-28.

28. William H. Marquardt, "The Emergence and Demise of the Calusa," in*Societies in Eclipse: Archaeology of the Eastern Woodland Indians*,*A. D.* 1400-1700,ed. David S. Brose, C. Wesley Cowan, and Robert C. Mainfort Jr. (Washington, DC: Smithsonian Institution, 2001), 157-72, 168.

29. Thornton, *Warfare in Atlantic Africa*, 37.

30. Thornton, *Warfare in Atlantic Africa*, 64.

31. Thornton, *Warfare in Atlantic Africa*, 65.

32. Thornton, *Warfare in Atlantic Africa*, 91.

33. Lynn, *Giant of the Grand Siècle*, 354-56.

34. *Considerations upon the Different Modes of Finding Recruits for the Army* (London, 1775), 5.

35. Parker, *Military Revolution*, 48-49.

36. Lynn, *Giant of the Grand Siècle*, 352.

37. G. Davies, ed., *Autobiography of Thomas Raymond and Memoires of the Family of Guise of Elmore*, *Gloucestershire* (London, 1917), 35.

38. Thornton, *Warfare in Atlantic Africa*, 57-58.

39. Thornton, *Warfare in Atlantic Africa*, 37.

40. Thornton, *Warfare in Atlantic Africa*, 10.

41. Lee, *Waging War*, 85.

42. Thomas Brainerd, *The Life of John Brainerd the Brother of David Brainerd*, *and his Successor as Missionary to the Indians of New Jersey* (Philadelphia, 1865), 232.

43. *London Magazine* 9 (1740) 152.

44. John Thornton, "African Dimensions of the Stono Rebellion," *American Historical Review* 96 (1991): 1101-13.

45. Humphrey Bland, *A Treatise of Military Discipline*, 2nd ed. (London, 1727), 12-13, 见 Matthew McCormack, "Dance and Drill: Polite Accomplishments and Military Masculinities in Georgian Britain," *Cultural and Social History* 8 (2011): 215-330; William H. McNeill, *Keeping together in Time: Dance and Drill in Human History* (Cambridge, MA: Harvard University Press, 1995)。

46. 可参见 J. A. Houlding, *Fit for Service: The Training of the British Army*, 1715-1795 (Oxford: Clarendon Press, 1981), 261-64。

47. Harald Kleinschmidt, "Using the Gun: Manual Drill and the Proliferation of Portable Firearms,"*Journal of Military History* 63 (1999): 601-30, 607.

48. John Keegan, *The Face of Battle* (New York: Viking, 1976), 297.

49. Thornton, *Warfare in Atlantic Africa*, 107.

50. Hämäläinen, *Comanche Empire*, 279-80.

51. William Douglass, *A Summary*, *Historical and Political*, *of the First Planting*, *Progressive Improvements*, *and Present State of the British Settlements in North America*, Vol. 1 (Boston, 1750), 155.

52. Cadwallader Colden, *The History of the Five Indian Nations Depending on the Province of New-York in America* (New York, 1727), iii-iv.

53. Wayne E. Lee, "Peace Chiefs and Blood Revenge: Patterns of Restraint in Native American Warfare, 1500-1800," *Journal of Military History* 71 (2007): 701-41, 720-22.

54. Whitehead, "Snake Warriors," 153-54.

55. Thornton, *Warfare in Atlantic Africa*, 35, 37.

56. Alan J. Guy, *Oeconomy and Discipline: Officership and Administration in the British Army*, 1714-63 (Manchester: Manchester University Press, 1985).

57. Davies, ed., *Autobiography of Thomas Raymond*, 35, 37.

58. Davies, ed., *Autobiography of Thomas Raymond*, 38, 40.

59. Lynn, *Giant of the Grand Siècle*, 398.

60. Lynn, *Giant of the Grand Siècle*, 405.

61. Fred Anderson, *A People's Army: Massachusetts Soldiers and Society in the Seven Years' War* (New York: Norton, 1984), 138.

62. Whitehead, "Snake Warriors," 154–55.

63. Thornton, *Warfare in Atlantic Africa*, 37.

64. Thornton, *Warfare in Atlantic Africa*, 64.

65. Thornton, *Warfare in Atlantic Africa*, 119–20.

66. Thornton, *Warfare in Atlantic Africa*, 117.

67. David H. Dye, *War Paths, Peace Paths: An Archaeology of Cooperation and Conflict in Native Eastern North America* (New York: Altamira Press, 2009).

68. James F. Brooks, *Captives and Cousins: Slavery, Kinship and Community in the Southwest Borderlands* (Chapel Hill: University of North Carolina Press, 2002); Hämäläinen, *Comanche Empire*.

69. 乔赛亚·哈默致陆军部长，1790 年 11 月 4 日，*American State Papers: Documents, Legislative and Executive, of the Congress of the United States*, Vol. 4 (Washington, DC, 1832), 104。

70. Thornton, *Warfare in Atlantic Africa*, 38.

71. Thornton, *Warfare in Atlantic Africa*, 118.

72. Thornton, *Warfare in Atlantic Africa*, 69.

73. Thornton, *Warfare in Atlantic Africa*, 38.

74. Ida Altman, "Conquest, Coercion, and Collaboration: Indian Allies and the Campaigns in Nueva Galicia," in*Indian Conquistadors: Indigenous Allies in the Conquest of Mesoamerica*, ed. Laura E. Matthew and Michel R. Oudijk (Norman: University of Oklahoma Press, 2007), 145–74, 150–51.

75. Martin Vaan Creveld, *Supplying War: Logistics from Wallenstein to Patton* (Cambridge: Cambridge University Press, 1977), 5–6.

76. Davies, ed., *Autobiography of Thomas Raymond*, 39.

77. Davies, ed., *Autobiography of Thomas Raymond*, 43.

78. John A. Lynn II, *Women, Armies and Warfare in Early Modern Europe* (Cambridge: Cambridge University Press, 2008).

79. 见 Geoffrey Plank, "Making Gibraltar British in the Eighteenth Century," *History* 98 (2013): 346–69。

80. A. J. B. Johnston, *Control and Order in French Colonial Louisbourg*, 1713–1758 (East Lansing: Michigan State University Press, 2001), 187.

81. Johnston, *Control and Order*, 183.

82. Lynn, *Women, Armies and Warfare*.

83. *Considerations upon the Different Modes*, 3.

84. Thornton, *Warfare in Atlantic Africa*, 68.

85. William R. Fitzgerald, "Contact, Neutral Iroquoian Transformation, and the Little Ice Age," in *Societies in Eclipse*, ed. Brose, Cowan, and Mainfort, 37–47, 39–40.

86. Geoffrey Plank, "Deploying Tribes and Clans: Mohawks in Nova Scotia and Scottish Highlanders in Georgia," in*Empires and Indigenes: Intercultural Alliance, Imperial Expansion, and Warfare in the Early Modern World*, ed. Wayne E. Lee (New York: New York University Press, 2012), 221–50.

87. 见 Gregory Evans Dowd, *War Under Heaven: Pontiac, the Indian Nations, and the British Empire* (Baltimore: Johns Hopkins University Press, 2002), 51。

88. A. O. Thompson, *Flying to Freedom: African Runaways and Maroons in the Americas* (Kingston: University of the West Indies Press, 2006), pp. 144–74, 265–94; M. Caton, *Testing the Chains: Resistance to Slavery in the British West Indies* (Ithaca, NY: Cornell University Press, 1982); M. C. Campbell, *The Maroons of Jamaica*, 1655

-1796: *A History of Resistance, Collaboration and Betrayal* (Granby, MA: Bergin and Garvey, 1988); W. Hoogbergen, *The Boni Maroon Wars in Suriname* (New York: Brill, 1990); Richard Price, ed., *Maroon Societies: Rebel Slave Communities in the Americas* (Baltimore: Johns Hopkins University Press, 1979); Benton, *Law and Colonial Cultures*, 59-66.

89. Matthew Restall, "Black Conquistadors: Armed Africans in Early Spanish America," *The Americas* 57 (2000): 171-205, 181.

90. Jane Landers, "Transforming Bondsmen into Vassals: Arming Slaves in Colonial Spanish America," in *Arming Slaves: From Classical Times to the Modern Age*, ed. Christopher Leslie Brown and Philip D. Morgan (New Haven, CT: Yale University Press, 2008), 120-45, 121-22.

91. Hendrik Kraay, "Arming Slaves in Brazil from the Seventeenth Century to the Nineteenth Century," in *Arming Slaves*, ed. Brown and Morgan, 146-79, 155.

92. Johnson Green, *The Life and Confession of Johnson Green* (Worcester, MA, 1786).

93. *An Alarm to the Patriots* (London, 1749), 50.

94. Nicholas Rogers, *Mayhem: Postwar Crime and Violence in Britain*, 1749-1753 (New Haven, CT: Yale University Press, 2012).

95. 见 John Phillips Resch, *Suffering Soldiers: Revolutionary War Veterans, Moral Sentiment, and Political Culture in the Early Republic* (Amherst: University of Massachusetts Press, 1999)。

96. Lee, "Peace Chiefs and Blood Revenge," 722.

97. "黑蛇",引自 Anthony F. C. Wallace, *The Death and Rebirth of the Seneca* (New York: Knopf, 1973), 121。

98. "黑蛇",引自 Wallace, *Death and Rebirth*, 146。

99. Wallace, *Death and Rebirth*, 234.

100. 布尔芬奇・兰姆,引自 William Smith, *A New Voyage to Guinea* (London, 1744), 173。

101. *Parliamentary History of England from the Earliest Period to* 1803, Vol. 28 (London, 1816), 84-85.

102. 见 John Atkins, *A Voyage to Guinea, Brasil, and the West Indies* (London, 1735), 119-22.

103. William Smith, *A New Voyage to Guinea* (London, 1744), 266.

104. Robin Law, "Dahomey and the Slave Trade: Reflections on the Historiography of the Rise of Dahomey," *Journal of African History* 27 (1986): 237-67.

105. John Landers, *The Field and the Forge: Population, Production and Power in the Pre-Industrial West* (Oxford: Oxford University Press, 2003), 346.

106. Landers, *Field and the Forge*, 339.

107. Landers, *Field and the Forge*, 344.

108. Jan Lindegren, "Men, Money, and Means," in *War and Competition between States*, ed. Philippe Contamine (Oxford: Clarendon Press, 2000), 129-62, 140.

109. 德・加纳回忆录,收录在 *The French Foundations*, 1680-1693, ed. Theodore Calvin Pease and Raymond C. Werner (Springfield: Illinois Historical Library, 1934), 329。

110. *Decourvertes et etablissements des francais dans l'ouest et dans le sud* (Paris, 1889) Vol. 1, p. 542. 见 Susan Sleeper-Smith, *Indian Women and French Men: Rethinking Cultural Encounter in the Western Great Lakes* (Amherst: University of Massachusetts Press, 2001), 23.

111. John Thornton, "The Slave Trade in Eighteenth-century Angola: Effects on Demographic Structures," *Canadian Journal of African Studies* 14 (1980): 417-27.

112. Dye, War Paths, Peace Paths, 2-4.

113. Dye, War Paths, Peace Paths, 114-23; Daniel K. Richter, "War and Culture: The Iroquois Experience," *William and Mary Quarterly* 40 (1983): 528-59.

第七章

1. Peter Russell, *Prince Henry 'the Navigator': A Life* (New Haven, CT: Yale University Press, 2000), 291-315.

2. G. R. Crone, ed., *The Voyages of Cadamosto and other Documents on Western Africa in the Second Half of the Fifteenth Century* (London: Hakluyt Society, 1937), 1.

3. Crone, ed., *Voyages of Cadamosto*, 31.

4. Crone, ed., *Voyages of Cadamosto*, 33-34.

5. Geoffrey Symcox and Blair Sullivan, eds., *Christopher Columbus and the Enterprise of the Indies: A Brief History with Documents* (Boston: Bedford, 2005), 172.

6. 关于莱里的背景,见 Adam Asher Duker, "The Protestant Israelites of Sancerre: Jean de Léry and the Confessional Demarcation of Cannibalism," *Journal of Early Modern History* 18 (2014): 255-86。引文摘自 Jean de Léry, *History of a Voyage to the Land of Brazil*, trans. Janet Whatley (Berkeley: University of California Press, 1990), 118。

7. De Léry, *History of a Voyage*, 118.

8. Barbara Ehrenreich, *Blood Rites: Origins and History of the Passions of War* (London: Virago, 1997), 132-43.

9. Crone, ed., *Voyages of Cadamosto*, 58.

10. Crone, ed., *Voyages of Cadamosto*, 59.

11. Crone, ed., *Voyages of Cadamosto*, 60.

12. William D. Piersen, "White Cannibals, Black Martyrs: Fear, Depression, and Religious Faith as Causes of Suicide among New Slaves," *Journal of Negro History* 62 (1977): 147-59.

13. Francis Moore, *Travels into the Inland Parts of Africa* (London, 1738), 208. 乔布·本·所罗门的故事可见 Thomas Bluett, *Some Memoirs of the Life of Job the Son of Solomon* (London, 1734)。

14. Mungo Park, *Travels into the Interior Districts of Africa* (London, 1799), 319.

15. *Collection of Voyages and Travels*, 5:327.

16. Snelgrave, *New Account*, 162-63.

17. Bryan Edwards, *The History Civil and Commercial of the British Colonies in the West Indies*, Vol. 2 (London, 1801), 150-51.

18. Piersen, "White Cannibals," 149.

19. Ottobah Cugoano, *Thoughts and Sentiments*, 9.

20. Park, *Travels into the Interior*, 319.

21. *Collection of Voyages and Travels*, 5:327.

22. Edwards, *History Civil and Commercial*, 150-51.

23. *Collection of Voyages and Travels*, 5:327.

24. 扬·斯努克的书信,1702 年 1 月 2 日,收录在 William Bosman, *A New and Accurate Description of the Coast of Guinea* (London, 1705), 489。

25. John Thornton, "Cannibals, Witches and Slave Traders in the Atlantic World," *William and Mary Quarterly* 60 (2003): 273-94, 286-89.

26. Neil Lancelot Whitehead, "Carib Cannibalism: The Historical Evidence," *Journal de la Société des Américanistes* 70 (1984): 69-87; Dye, *War Paths, Peace Paths*, 161.

27. Duker, "Protestant Israelites," 268.

28. Frank Lestrignant, *Cannibals: The Discovery and Representation of the Cannibal from Columbus to Jules Verne* (Cambridge: Polity Press, 1997), 16.

29. Symcox and Sullivan, eds., *Christopher Columbus and the Enterprise of the Indies*, 172–73.

30. Andrew Battell, *The Strange Adventures of Andrew Battell* (London: Hakluyt Society, 1901), 21.

31. 扬·斯努克的书信, 1702 年 1 月 2 日, 收录在 Bosman, *A New and Accurate Description*, 487。

32. Elizabeth Hanson, *An Account of the Captivity of Elizabeth Hanson* (London, 1760), 17. 可能存在的其他吹嘘说法见 Robert Charles Padden, "Cultural Change and Military Resistance in Araucanian Chile, 1550 – 1730," *Southwestern Journal of Anthropology* 13 (1957): 103–21, 119–20; Martel, "Hans Staden's Captive Soul," 64–65。

33. S. N. Wasterlain, M. J. Neves and M. T. Ferreira, "Dental Modification in a Skeletal Sample of Enslaved Africans found at Lagos (Portugal)," *International Journal of Osteoarchaeology* 26 (2016): 621 – 32; Jerome S. Handler, "Determining African Birth from Skeletal Remains: A Note on Tooth Mutilation," *Historical Archaeology* 28 (1994): 113–19.

34. Josiah Coale, *The Books and Divers Epistles of the Faithful Servant of the Lord Josiah Coale* (London, 1671), 21 – 22; Henry Cadbury, ed., *Narrative Papers of George Fox, Unpublished or Uncorrected* (Richmond, IN: Friends United Press, 1972), 174.

35. Jonathan Dickenson, *God's Protecting Providence Man's Surest Help and Defence* (London, 1700). 这本小册子得到了贵格会大力推广。它的出版史可见 Charles M. Andrews and Jonathan Dickenson, "God's Protecting Providence: A Journal by Jonathan Dickenson," *Florida Historical Quarterly* 21 (1942): 107–26。

36. Lestrignant, *Cannibals*, 28, 30.

37. Symcox and Sullivan, eds., *Christopher Columbus and the Enterprise of the Indies*, 172–73.

38. Whitehead, "Carib Cannibalism," 78.

39. Thwaites, ed., *Jesuit Relations and Allied Documents*, 13:59–79.

40. De Léry, *History of a Voyage*; see Duker, "Protestant Israelites," 266–67.

41. Andrew Lipman, "'A Meanes to Knitt them Together': The Exchange of Body Parts in the Pequot War," *William and Mary Quarterly* 65 (2008): 3–28, 14.

42. Lipman, "'Meanes to Knitt them Together'," 17.

43. Lipman, "'Meanes to Knitt them Together'," 3.

44. Ruben G. Mendoza, "The Devine Gourd Tree: Tzompantli Skull Racks, Decapitation Rituals, and Human Trophies in Ancient Mesoamerica," in *The Taking and Displaying of Human Body Parts as Trophies by Amerindians*, ed. Richard J. Chacon and David H. Dye (New York: Springer, 2007), 400–43; Christopher L. Moser, "Human Decapitation in Ancient Mesoamerica," *Studies in Pre-Columbian Art and Archaeology* 11 (1973): 5–72, 26–28.

45. Nicholas P. Canny, "The Ideology of English Colonization: From Ireland to America," *William and Mary Quarterly* 30 (1973): 575–98, 582.

46. Snelgrave, *New Account*, 31–32.

47. Inga Celendinnen, *The Cost of Courage in Aztec Society: Essays in Mesoamerican Society and Culture* (Cambridge: Cambridge University Press, 2010), 29–31.

48. Robin Law, "'My Head Belongs to the King': On the Political and Ritual Significance of Decapitation in Pre-Colonial Dahomey," *Journal of African History* 30 (1989): 399–415, 404.

49. Robin Law, "'My Head Belongs to the King'," 406.

50. Proclamation of the Governor, Council, and Assembly of Massachusetts, May

27, 1696 (Boston, 1696).

51. Meuwese, *Brothers in Arms*, 292–94, 301.

52. "Sur Î'Acadie, 1748," MGl, Archives des colonies, CIID, Vol. 10, doc. 154; Louis le Prévost Duquesnelle to Antoine – Louis Rouillé, 16 August 1753, MG 1, Archives des colonies CIIB, Vol. 33, doc. 197; "Divers dépense," Louisbourg, 31 December 1756, MG 1, Archives des colonies CIIB, Vol. 36, doc. 241, National Archives of Canada.

53. 相关例证可见 John Knox, *Journal of Captain John Knox*, ed., Arthur G. Doughty (Toronto: Champlain Society, 1914), Vol. I, p. 297。

54. Dye, *War Paths*, *Peace Paths*, 3–4.

55. Gabriel Sagard, quoted in Karen Anderson, *Chain her by One Foot: The Subjugation of Women in Seventeenth – Century New France* (London: Routledge, 1991), 171.

56. John Underhill, *Newes from America* (London, 1638), 38.

57. 见 Wayne E. Lee, *Barbarians and Brothers: Anglo–American Warfare*, 1500–1865 (Oxford: Oxford University Press, 2011), 130–41, 154–55.

58. 见 Adam J. Hirsch, "The Collision of Military Cultures in Seventeenth–century New England," *Journal of American History* 74 (1988): 1187–212。

59. 见 Ronald Dale Karr, "'Why Should you be so Furious?': The Violence of the Pequot War," *Journal of American History* 85 (1998): 876–909。

60. Underhill, *Newes from America*, 35–36.

61. James Kendall Hosmer, ed., *Winthrop's Journal "History of New England,"* 1630–1649 (New York: Scribners, 1908), Vol. 1, p. 194.

62. 这个课题在施加刑罚背景以外并未得到广泛研究。关于文本证据的调查可见 Nathaniel Knowles, "The Torture of Captives by the Indians of Eastern North America," *Proceedings of the American Philosophical Society* 82 (1940): 151–225. See also Karen Anderson, *Chain her by One Foot: The Subjugation of Women in Seventeenth–Century New France* (London: Routledge, 1991), 169–78。

63. Lyndal Roper, *Oedipus and the Devil: Witchcraft, Religion and Sexuality in Early Modern Europe* (London: Routledge, 1994), 205.

64. Steven Pinker, *The Better Angels of our Nature: A History of Violence and Humanity* (New York: Penguin, 2012), 71–154; Norbert Elias, *The Civilizing Process: State Formation and Civilization* (Oxford: Oxford University Press, 1982).

65. Hugo Grotius, *The Illustrious Hugo Grotius of the Law of Warre and Peace* (London, 1654), 294.

66. 背景可见 Geoffrey Parker, "Early Modern Europe," in *The Laws of War: Contraints on Warfare in the Western World*, ed. Michael Howard, George J. Andreopoulos, and Mark R. Shulman (New Haven, CT: Yale University Press, 1994), 40–58。

67. William Gouge, *God's Three Arrowes Plague, Famine, Sword, in Three Treatises* (London, 1631). See Karr, "'Why Should you be so Furious?'," 880.

68. Charles Lawrence, Orders for attacking Louisbourg, May 1758, Abercromby Papers 303, Huntington Library.

69. *Boston Newsletter*, August 27, 1724; *The Rebels Reward: or, English Courage Display'd* (Boston, 1724); Ian Saxine, *Properties of Empire: Indians, Colonists, and Land Speculators on the New England Frontier* (New York: New York University Press, 2019), 77, 154.

70. Resolution of the council of Nova Scotia, October 1, 1749, CO 217/9, 117; Edward Cornwallis, Proclamation, October 2, 1749, CO 217/9, 118, The National Archives, Kew.

71. Patricia Seed, "Taking Possession and Reading Texts: Establishing the Authority

of Overseas Empires," *William and Mary Quarterly* 49 (1992): 183-209, 202-05.

72. 巴托洛梅·德·博奥克,引自 Celendinnen, *Cost of Courage*, 98。

73. 弗赖·迭戈·德·兰达,引自 Celendinnen, *Cost of Courage*, 100。

74. Mark Meuwese, "Imperial Peace and Restraints in the Dutch-Iberian Wars for Brazil, 1624-1654," in*The Specter of Peace: Rethinking Violence and Power in the Colonial Atlantic*, ed. Michael Goode and John Smolenski (Leiden: Brill, 2018), 30-63, 52-53.

75. 刚果国王唐·佩德罗写给若昂·巴普蒂斯塔·维韦斯阁下的一封书信梗概,该信写于(刚果王国首都)圣萨尔瓦多,日期为 1623 年 11 月 23 日,收录在 Malyn Newitt, ed., *The Portuguese in West Africa*, 1415-1670: *A Documentary History* (Cambridge: Cambridge University Press, 2012), 178-81。

76. Broad Advice, or Dialogue about the Trade of the West India Company," trans. Henry Murphy, in*Collections of the New York Historical Society* 3 (1856): 256.

77. Edmund B. O'Callaghan, ed., *Documents Relative to the Colonial History of the State of New York*, 15 vols. (Albany, NY: Weed, Parson, 1853-1887), 1:414.

78. Evan Haefeli, "Keift's War and the Cultures of Violence in Colonial America," in*Lethal Imagination: Violence and Brutality in American History*, ed. Michael A. Bellesiles (New York: New York University Press, 1999), 17-40.

79. Grotius, *Illustrious Hugo Grotius*, 589.

80. Gouge, *God's Three Arrowes*. See Karr, " 'Why Should you be so Furious?'," 880.

81. See chapter 4.

82. 关于摧毁了对立定居点的战争,见 Craig S. Keener, "An Ethnohistorical Analysis of Iroquois Assault Tactics Used against Fortified Settlements of the Northeast in the Seventeenth Century," *Ethnohistory* 46 (1999): 777-807。

83. Charles Orr, ed., *History of the Pequot War* (Cleveland: Helman-Taylor, 1897), 132.

84. Orr, ed., *History of the Pequot War*, 38.

85. Steven T. Katz, "The Pequot War Reconsidered," *New England Quarterly* 64 (1991): 206-24, 210-11.

86. Orr, ed., *History of the Pequot War*, 62.

87. Ann M. Little, *Abraham in Arms: Gender and War in Colonial New England* (Philadelphia: University of Pennsylvania Press, 2007), 22-23.

88. Padden, "Cultural Change and Military Resistance," 119-20.

89. Langfur, *Forbidden Lands*, 169-74.

90. Thwaites, ed., *Jesuit Relations*, 35:111.

91. 关于这一背景下的殉教现象,见 Allan Greer, "Colonial Saints: Gender, Race, and Hagiography in New France," *William and Mary Quarterly* 57 (2000): 323-48。

92. Sharon Block, *Rape and Sexual Power in Early America* (Chapel Hill: University of North Carolina Press, 2006), 221-22.

93. Grotius, *Illustrious Hugo Grotius*, 551-52; Lynn, *Women, Armies, and Warfare*, 153-59.

94. Plank, *Rebellion and Savagery*, 172.

95. Michael L. Fickes, " 'They Could not Endure that Yoke': The Captivity of Pequot Women and Children after the War of 1637," *New England Quarterly* 73 (2000): 58-81, 70.

96. 胡尼佩罗·塞拉,引自 Antonia I. Castañeda, "Sexual Violence in the Politics and Policies of Conquest: Amerindian Women and the Spanish Conquest of Alta California," in *Building with our Hands: New Directions in Chicana Studies*, ed. Adela de la Torre and Beatriz M. Pesquera (Berkeley: University of California Press, 1993), 15-33, 15。

97. Boucher, *Cannibal Encounters*, 49.

98. Alden T. Vaughn, "'Expulsion of the Salvages': English Policy and the Virginia Massacre of 1622," *William and Mary Quarterly* 35 (1978): 57–84, 78.

99. Boucher, *Cannibal Encounters*, 88.

100. "Letter of Sir Francis Wyatt, Governor of Virginia, 1621–1626," *William and Mary Quarterly* 6 (1926): 114–21, 118.

101. Boucher, *Cannibal Encounters*, 88.

102. Elizabeth A. Fenn, "Biological Warfare in Eighteenth-century North America: Beyond Jeffery Amherst," *Journal of American History* 86 (2000): 1553–80.

103. Richard White, *The Middle Ground: Indians, Empires, and Republics in the Great Lakes Region*, 1650–1815 (Cambridge: Cambridge University Press, 1991), 269–314.

104. Dylan Ruediger, "'In Peace with All, or at least in Warre with None': Tributary Subjects and the Negotiation of Political Subordination in Greater Virginia, 1676–1730," in*Specter of Peace*, ed. Goode and Smolenski, 64–94.

105. Boucher, *Cannibal Encounters*, 88.

106. 有几位学者强调了这种动态变化在美国军事史上的重要性。见 John Shy, "The American Military Experience: History and Learning," *Journal of Interdisciplinary History* 1 (1971): 205–28; Russell F. Weigley, *The American Way of War* (Bloomington: Indiana University Press, 1973); Brian M. Linn, "The American Way of War Revisited," *Journal of Military History* 66 (2002): 501–33; John Grenier, *The First Way of War: American Warmaking on the Frontier* (New York: Cambridge University Press, 2005); Fred Anderson and Andrew Cayton, *The Dominion of War: Empire and Liberty in North America* (New York: Penguin, 2005)。

107. 可参见 Hal Langfur, "Moved by Terror: Frontier Violence as Cultural Exchange in Late-Colonial Brazil," *Ethnohistory* 52 (2005): 255–89。

108. Lawrence H. Keeley, *War Before Civilization: The Myth of the Peaceful Savage* (New York: Oxford University Press, 1996); Pinker, *Better Angels*, 40–56.

109. Noble David Cook, *Born to Die: Disease and New World Conquest*, 1492–1650 (Cambridge: Cambridge University Press, 1998).

110. John F. Schwaller, "Research Note: Broken Spears or Broken Bones: Evolution of the Most Famous Line in Nahuatl," *The Americas* 66 (2009): 241–52, 249–50.

111. David S. Jones, "Virgin Soils Revisited," *William and Mary Quarterly* 60 (2003): 703–42.

第八章

1. Edward Bancroft, *An Essay on the Natural History of Guiana* (London, 1766), 257–58.

2. Camilla Townsend, *Malintzin's Choices: An Indian Woman in the Conquest of Mexico* (Albuquerque: University of New Mexico Press, 2006), 20, 24.

3. Gallay, *Indian Slave Trade*, 116.

4. Paul E. Lovejoy, *Transformations in Slavery: A History of Slavery in Africa* (Cambridge: Cambridge University Press, 2012), 64.

5. 见 Robin Law, *The Slave Coast of West Africa*, 1550–1750: *The Impact of the Atlantic Slave Trade on an African Society* (Oxford: Clarendon Press, 1991), 66–67.

6. John K. Thornton, *The Kingdom of Kongo: Civil War and Transition*, 1641–1718 (Madison: University of Wisconsin Press, 1983), 48–49.

7. Paul Erdmann Isert, *Letters on West Africa and the Slave Trade*, ed. Selena Axelrod Winsnes (Accra, Ghana: Sub-Saharan Publishers, 2007), 127.

8. Robin Law, *Ouidah: The Social History of a West African Slaving " 'Port'*," 1727–1892 (Athens: Ohio University Press, 2004), 76–77.

9. Robert Morris, *Memoirs of the Reign of Bossa Ahadee* (London, 1789),86. See Law, *Slave Coast of West Africa*, 272; see also Law, *Ouidah*, 76–77.

10. David Eltis and Stanley L. Engerman, "Dependence, Servility, and Coerced Labor in Time and Space," in*The Cambridge World History of Slavery*, Vol. 3, ed. Eltis and Engerman (Cambridge: Cambridge University Press, 2017), 1–21, 4.

11. Ólafur Egilsson, *The Travels of Reverend Ólafur Egilsson, trans. Karl Smári Hreinsson and Adam Nichols* (Washington, DC: Catholic University Press, 2016), 15.

12. Egilsson, *Travels*, 9.

13. Egilsson, *Travels*, xxiii–xxiv.

14. Egilsson, *Travels*, 18.

15. Egilsson, *Travels*, 19.

16. Egilsson, *Travels*, xxii–xxiii.

17. Egilsson, *Travels*, 10.

18. Egilsson, *Travels*, xxvii–xxviii.

19. Paul Walden Bamford, "The Procurement of Oarsmen for French Galleys, 1660–1748,"*American Historical Review* 65 (1959): 31–48, 40–41.

20. Grotius, *Illustrious Hugo Grotius*, 570.

21. 见 Carla Pestana, *The English Atlantic in an Age of Revolution*, 1640–1661 (Cambridge, MA: Harvard University Press, 2004), 188。

22. Bamford, "Procurement of Oarsmen," 36.

23. Bamford, "Procurement of Oarsmen," 40.

24. William G. Clarence-Smith and David Eltis, "White Servitude," in*Cambridge World History of Slavery*, ed. Eltis and Engerman, 3:132–59, 133.

25. Robert C. Davis, *Christian Slaves, Muslim Masters: White Slavery in the Mediterranean, the Barbary Coast and Italy* (New York: Palgrave, 2004), 16–21.

26. Davis, *Christian Slaves, Muslim Masters*, 17.

27. Egilsson, *Travels*, xxxii.

28. Egilsson, *Travels*, 8.

29. Ruth Pike, *Penal Servitude in Early Modern Spain* (Madison: University of Wisconsin Press, 1983),9,24.

30. Pike, *Penal Servitude*, 28–29.

31. Bamford, "Procurement of Oarsmen," 33–34; G. E. Aylmer, "Slavery under Charles Ⅱ: The Mediterranean and Tangier,"*English Historical Review* 114 (1999): 378–88, 380.

32. Lovejoy, *Transformations in Slavery*, 29–36.

33. 见 David Eltis, *The Rise of African Slavery in the Americas* (Cambridge: Cambridge University Press, 2000), 1–28。

34. 巴托洛梅·德·拉斯·卡萨斯引用的安东尼奥·德·蒙特西诺斯布道收录在 J. H. Parry, Robert G. Keith, and Michael Jimenez, eds., *New Iberian World: A Documentary History of the Discovery and Settlement of Latin America to the Early Seventeenth Century* 5 vols. (New York: Times Books, 1984), 2:310。

35. Massimo Livi-Bacci, "Return to Hispaniola: Reassessing a Demographic Catastrophe,"*Hispanic American Historical Review* 83 (2003): 3–51, 39–40.

36. Lesley Byrd Simpson, *The Encomienda in New Spain: The Beginning of Spanish Mexico* (Berkeley: University of California Press, 1950), 2–3.

37. Simpson, *Encomienda in New Spain*, 13.

38. Erin Woodruff Stone, "Indian Harvest: The Rise of the Indigenous Slave Trade and Diaspora from Española to the Circum-Caribbean, 1492–1542" (PhD diss., Vanderbilt University, 2014); William L. Sherman, *Forced Labour in Sixteenth-*

Century Central America (Lincoln: University of Nebraska Press, 1979).

39. Edward Johnson quoted in Fickes, " 'They Could Not Endure that Yoke'," 62.

40. Fickes, " 'They Could Not Endure that Yoke'," 59-60.

41. Margaret Ellen Newell, *Brethren by Nature: New England Indians, Colonists, and the Origins of American Slavery* (Ithaca, NY: Cornell University Press, 2015), 38.

42. Fickes, " 'They Could Not Endure that Yoke'," 78.

43. Newell, *Brethren by Nature*, 144-54.

44. *Collection of Voyages*, 5:327.

45. Thomas Tryon, *Friendly Advice to the Gentlemen-Planters of the East and West Indies* (London, 1684), 81.

46. 可参见 Phillips P. Moulton, ed., *The Journal and Major Essays of John Woolman* (Richmond, IN: Friends United Press, 1971), 61。

47. 特赖恩对于种族和奴隶制的观点与众不同,因而容易引发相互对立的理解。见 Geoffrey Plank, "Thomas Tryon, Sheep, and the Politics of Eden," *Cultural and Social History* 14 (2017): 565-81。

48. Linda M. Heywood, "Slavery and its Transformation in the Kingdom of Kongo, 1491-1800," *Journal of African History* 50 (2009): 1-22, 6.

49. 杜阿尔特·洛佩斯,引自 Heywood, "Slavery and its Transformation," 7。

50. Heywood, "Slavery and its Transformation," 15.

51. Antonio Cavazzi, cited in Heywood, "Slavery and its Transformation," 20.

52. 加西亚二世,引自 Jan Vansina, *Kingdoms of the Savannah* (Madison: University of Wisconsin Press, 1966), 142-43。

53. 见 Eltis and Engerman, "Dependence, Servility, and Coerced Labor," 4。

54. Neil L. Whitehead, "Indigenous Slavery in South America, 1492-1820," in*Cambridge World History of Slavery*, ed. Eltis and Engerman, 3:248-71, 248.

55. Carlos Fausto and David Rodgers, "Of Enemies and Pets: Warfare and Shamanism in Amazonia," *American Ethnologist* 26 (1999): 933-56.

56. 能够引起人们回忆 18 世纪纽约奴隶制的描述可见 Jill Lapore, *New York Burning: Liberty, Slavery and Conspiracy in Eighteenth-Century Manhattan* (New York: Vintage, 2006). 关于牧人可见 Philip D. Morgan, "Slaves and Livestock in Eighteenth-Century Jamaica: Vineyard Pen, 1750-1751," *William and Mary Quarterly* 52 (1995): 47-76; Andrew Sluyter, *Black Ranching Frontiers: African Cattle Herders of the Atlantic World*, 1500-1900 (New Haven, CT: Yale University Press, 2012)。

57. 突出了农作物和农作物对奴隶生活条件影响的重要比较研究著作包括 Richard S. Dunn, *A Tale of Two Plantations: Slave Life and Labor in Jamaica and Virginia* (Cambridge, MA: Harvard University Press, 2014), and Philip D. Morgan, *Slave Counterpoint: Black Culture in the Eighteenth-century Chesapeake and Lowcountry* (Chapel Hill: University of North Carolina Press, 1998). 也见 Dale W. Tomich, *Through the Prism of Slavery: Labor, Capital, and World Economy* (Lanham, MD: Rowman & Littlefield, 2004)。

58. David Eltis, Frank D. Lewis, and David Richardson, "Slave Prices, the African Slave Trade, and Productivity in the Caribbean, 1674-1807," *Economic History Review* 58 (2005): 673-700, 677, n. 19.

59. Kenneth F. Kiple, *The Caribbean Slave: A Biological History* (Cambridge: Cambridge University Press, 1985), 106.

60. Tryon, *Friendly Advice*, 142.

61. Erin Woodruff Stone, "America's First Slave Revolt: Indians and African Slaves in Española, 1500-1534," *Ethnohistory* 60 (2013): 195-217; Ida Altman, "The Revolt of Enriquillo and the Historiography of Early Spanish America," *The Americas* 63 (2007): 587-614.

62. Stone, "America's First Slave Revolt," 206.

63. Alida C. Metcalf, "Millenarian Slaves? The Santidade de Jaguaripe and Slave Resistance in the Americas," *American Historical Review* 104 (1999): 1531–59, 1531.

64. Metcalf, "Millenarian Slaves?," 1552.

65. Metcalf, "Millenarian Slaves?," 1551.

66. Metcalf, "Millenarian Slaves?," 1552.

67. Fisher, " 'Dangerous Designes'," 118.

68. Ruth Pike, "Black Rebels: The Cimarrons of Sixteenth-century Panama," *The Americas* 64 (2007): 243–66.

69. Wheat, Atlantic Africa, 54–63.

70. Robert Nelson Anderson, "The Quilombo of Palmares: A New Overview of a Maroon State in Seventeenth-century Brazil," *Journal of Latin American Studies* 28 (1996): 545–66; Charles E. Orser and Pedro P. A. Funari, "Archaeology and Slave Resistance and Rebellion," *World Archaeology* 33 (2001): 61–72.

71. 关于综述可见 Anderson, "Quilombo of Palmares;" 关于考古学和防御工事可见 Orser and Funari, "Archaeology and Slave Resistance," 67–68, and Stuart B. Schwartz, *Slaves, Peasants and Rebels: Reconsidering Brazilian Slavery* (Urbana: University of Illinois Press, 1992), 114–16。

72. Manuel Barcia, *West African Warfare in Bahia and Cuba: Soldier Slaves in the Atlantic World*, 1807–1844 (Oxford: Oxford University Press, 2014), 106–07, 117, 150–51.

73. Barcia, *West African Warfare*, 111.

74. Barbara Klamon Kopytoff, "The Early Political Development of Jamaican Maroon Societies," *William and Mary Quarterly* 25 (1978): 287–307, 299.

75. 詹姆斯·奈特,引自 Kopytoff, "Early Political Development," 297。

76. Anderson, "Quilombo of Palmares," 551–52.

77. Kopytoff, "Early Political Development," 301.

78. Kopytoff, "Early Political Development," 304.

79. Schwartz, *Slaves, Peasants and Rebels*, 124.

80. Metcalf, "Millenarian Slaves?," 1531.

81. Philip Thicknesse, *Memoirs and Anecdotes of Philip Thicknesse, Late Lieutenant Governor of Land Guard Fort* (1788), 121–22.

82. Vernon Valentine Palmer, "The Origins and Authors of the Code Noir," 56*Louisiana Law Review* (1995): 363–407, 376, 384.

83. Malick M. Ghachem, "Prosecuting Torture: The Strategic Ethics of Slavery in Pre-Revolutionary Saint-Domingue (Haiti)," *Law and History Review* 29 (2011): 985–1029, 993.

84. Sally E. Hadden, *Slave Patrols: Law and Violence in Virginia and the Carolinas* (Cambridge, MA: Harvard University Press, 2001), 11.

85. Diana Paton, "Punishment, Crime, and the Bodies of Slaves in Eighteenth-century Jamaica," *Journal of Social History* 34 (2001): 923–54, 926.

86. Paton, "Punishment, Crime, and the Bodies," 940.

87. 丹麦和葡萄牙的案例可见 N. A. T. Hall, "Maritime Maroons: " 'Grand Marronage' from the Danish West Indies," *William and Mary Quarterly* 42 (1985): 476–98, 484; Schwartz, *Slaves, Peasants and Rebels*, 120。

88. Paton, "Punishment, Crime, and the Bodies," 939.

89. Natalie Zemon Davis, "Judges, Masters, Diviners: Slaves' Experience of Criminal Justice in Colonial Suriname," *Law and History Review* 29 (2011): 925–84, 962.

90. Paton, "Punishment, Crime, and the Bodies," 931.

91. Davis, "Judges, Masters, Diviners," 970.

92. Altman, "Revolt of Enriquillo," 599–600.

93. Pike, "Black Rebels," 248.

94. Schwartz, *Slaves, Peasants and Rebels*, 108, 123.

95. Schwartz, *Slaves, Peasants and Rebels*, 119–120.

96. Hadden, *Slave Patrols*, 227–28, n. 20.

97. Stewart R. King, "The Maréchausée of Saint-Domingue: Balancing the Ancién Regime and Modernity," *Journal of Colonialism and Colonial History* 5 (2004), DOI: 10.1353/cch.2004.0052.

98. Kopytoff, "Early Political Development," 294.

99. Hadden, *Slave Patrols*, 6–40.

100. 威廉・布尔致同业公会,1739 年 10 月 5 日,收录在 *Calendar of State Papers Colonial, American and West Indies*, Vol. 45 (London: Her Majesty's Stationary Office, 1994), document 404. 与斯托诺暴动相关的更多信息可见 Thornton, "African Dimensions of the Stono Rebellion".

101. Marjoleine Kars, "'Cleansing the Land': Dutch-Amerindian Cooperation in the Suppression of the 1763 Slave Rebellion in Dutch Guiana," in*Empires and Indigenes*, ed. Lee, 251–75.

102. Richter, "War and Culture."

103. Brett Rushforth, *Bonds of Alliance: Indigenous and Atlantic Slaveries in New France* (Chapel Hill: University of North Carolina Press, 2012). See also Brooks, *Captives and Cousins.*

104. Richard White, *The Roots of Dependency: Subsistence, Environment, and Social Change among the Choctaws, Pawnees, and Navajos* (Lincoln: University of Nebraska Press, 1983), 1–146; Gallay, *Indian Slave Trade.*

105. Neil L. Whitehead, "Indigenous Slavery in South America," 257.

106. Christina Snyder, *Slavery in Indian Country: The Changing Face of Captivity in Early America* (Cambridge, MA: Harvard University Press, 2012).

107. Duarte Gomes de Silveira quoted in Schwartz, *Slaves, Peasants and Rebels*, 110.

108. Schwartz, *Slaves, Peasants and Rebels*, 108.

109. *London Magazine and Monthly Chronologer* 9 (1740) 152.

110. Manuel Barcia, "'To Kill All Whites': The Ethics of African Warfare in Bahia and Cuba, 1807–1844," *Journal of African Military History* 1 (2017): 72–92, 77–78.

111. Matthew Restall, "Black Conquistadors: Armed Africans in Early Spanish America," *The Americas* 57 (2000): 171–205.

112. Jane Landers, "Transforming Bondsmen into Vassals: Arming Slaves in Colonial Spanish America," in *Arming Slaves: From Classical Times to the Modern Age*, ed. Christopher Leslie Brown and Philip D. Morgan (New Haven, CT: Yale University Press, 2006), 122–23.

113. Hendrk Kraay, "Arming Slaves in Brazil from the Seventeenth Century to the Nineteenth Century," in*Arming Slaves*, ed. Brown and Morgan, 146–79, 155–56.

114. Matthew Restall, "Crossing to Safety? Frontier Flight in Eighteenth-Century Belize and Yucatan," *Hispanic American Historical Review* 94 (2014): 381–419; Jane Landers, "Gracia Real de Santa Teresa de Mose: A Free Black Town in Spanish Colonial Florida," *American Historical Review* 95 (1990): 9–30.

115. Altman, "Revolt of Enriquillo," 602.

116. Pike, "Black Rebels," 264–65.

117. Helen McKee, "From Violence to Alliance: Maroons and White Settlers in Jamaica, 1739–1795," *Slavery and Abolition* 39 (2018): 27–52; M. L. E. Moreau de Saint-Méry, "The Border Maroons of Saint-Domingue: The Maniel," in *Maroon Societies*, ed. Price, 135–48, 140.

118. Tom Cummins, "Three Gentlemen from Esmeraldas: A Portrait Fit for a

King," in*Slave Portraiture in the Atlantic World, ed. Agnes Lugo-Ortiz and Angela Rosenthal* (Cambridge: Cambridge University Press, 2013), 119-45, 126.

119. Jane Landers, "Leadership and Authority in Maroon Settlements in Spanish America and Brazil," in *Africa and the Americas: Interconnections during the Slave Trade, ed. José C. Curto and Renée Soulodre-La France* (Trenton, NJ: African World Press, 2005), 173-84, 174-75.

120. Cummins, "Three Gentlemen from Esmeraldas," 130.

第九章

1. Karen Larsen, *A History of Norway* (Princeton, NJ: Princeton University Press, 1948), 178.

2. Bruce E. Gelsinger, *Icelandic Enterprise: Commerce and Economy in the Middle Ages* (Columbia: University of South Carolina Press, 1981), 184.

3. Gelsinger, *Icelandic Enterprise*, 185.

4. G. J. Marcus, "The First English Voyages to Iceland," *Mariner's Mirror* 42 (1956): 313-18,313-14.

5. Marcus, "First English Voyages," 314.

6. Marcus, "First English Voyages," 316.

7. E. M. Carus Wilson, "The Iceland Trade," in*Studies in English Trade in the Fifteenth Century*, ed. Eileen Power and M. M. Postan (London: Routledge & Kegan Paul, 1933), 155-82, 164.

8. Kirsten A. Seaver, *The Frozen Echo: Greenland and the Exploration of North America, ca. A. D.* 1000-1500 (Stanford, CA: Stanford University Press, 1996), 178-79.

9. Wilson, "Iceland Trade," 167; Seaver, *Frozen Echo*, 179.

10. Gelsinger, *Icelandic Enterprise*, 192.

11. Anna Agnarsdôttir, "Iceland's 'English Century' and East Anglia's North Sea World," in*East Anglia and its North Sea World in the Middle Ages*, ed. David Bates and Robert Liddiard (Woodbridge: Boydell Press, 2013), 204-16, 204.

12. Gelsinger, *Icelandic Enterprise*, 193; Wilson, "Iceland Trade," 179-80; Seaver, *Frozen Echo*, 198.

13. Raimondo di Socini to the Duke of Milan, London, 18 December 1497, in H. P. Biggar, ed., *The Precursors of Jacques Cartier*, 1497-1534 (Ottawa: Canadian Archives, 1911), 20.

14. Evan Jones, "England's Icelandic Fishery in the Early Modern Period," in*England's Sea Fisheries: The Commercial Sea Fisheries of England and Wales since* 1300, ed. David J. Starkey, Chris Read, and Neil Ashcroft (London: Chatham Publishing, 2000), 105-18.

15. 安东尼·帕克赫斯致理查德·哈克卢特,1578 年,收录在 E. G. R. Taylor, ed., *The Original Writings and Correspondence of the Two Richard Hakluyts* (London: Hakluyt Society, 1935), 1:127-34, 128-29。

16. Max Friesen, "Pan-Arctic Population Movements: The Early Paleo-Inuit and Thule Inuit Migrations," in *The Oxford Handbook of the Prehistoric Arctic*, ed. Max Friesen and Owen Mason (New York: Oxford University Press, 2016).

17. Vilhjalmur Stefansson, ed., *The Three Voyages of Martin Frobisher*, Vol. 1 (London, 1938), 48-50.

18. Alden T. Vaughan, *Transatlantic Encounters: American Indians in Britain*, 1500-1776 (Cambridge: Cambridge University Press,), 1-5.

19. Greg Mitchell, "The Inuit of Southern Labrador and their Conflicts with Europeans, to 1767," in*Exploring Atlantic Transitions: Archaeologies of Transience and*

Permanence in New Found Lands, ed. Peter E. Pope and Shannon Lewis - Simpson (Woodbridge: Boydell, 2013), 320-30, 321-22.

20. H. P. Biggar, ed., *The Works of Samuel De Champlain* (Toronto: Champlain Society, 1933), 168.

21. William Fitzhugh, "Archaeology of the Inuit of Southern Labrador and the Quebec Lower North Shore," in *Oxford Handbook of the Prehistoric Arctic*, ed. Friesen and Mason, 932-60.

22. P. E. H. Hair, *The Founding of the Castelo de São Jorge da Mina: An Analysis of the Sources* (Madison: University of Wisconsin African Studies Program, 1994), 14; Boxer, *Portuguese Seaborne Empire*, 25.

23. Lovejoy, *Transformations in Slavery*, 24-44.

24. Thornton, *Warfare in Atlantic Africa*, 23; Thornton, *Cultural History*, 21-22.

25. Hair, *Founding of the Castelo*, 14. 总体描述也可见 John Vogt, *Portuguese Rule on the Gold Coast* (Athens: University of Georgia Press, 1979), 19-32。

26. Vogt, *Portuguese Rule*, 85-86; Meuwese, *Brothers in Arms*, 64-65.

27. 引自 Hair, *Founding of the Castelo*, 1。

28. Richard Eden, *The Decades of the Newe World or West India ... in The First Three English Books on America, ed. Edward Arbor* (Birmingham, 1885), 373.

29. Hernán Cortés to Charles V, 1519, in Stuart B. Schwartz, ed., *Victors and Vanquished: Spanish and Naua Views of the Conquest of Mexico* (New York: Bedford, 2000), 75-78, 76; see Matthew Restall, *Seven Myths of the Spanish Conquest* (Oxford: Oxford University Press, 2003), 20.

30. 见 Restall, *Seven Myths*。

31. 韦霍钦戈地方议会致腓力二世,1560 年,收录在 James Lockhart and Enrique Otte, eds., *Letters and People of the Spanish Indies: Sixteenth Century* (Cambridge: Cambridge University Press, 1976), 165-72, 167-68。

32. Alf Hornborg and Jonathan D. Hill, eds., *Ethnicity in Ancient Amazonia: Reconstructing Past Identities from Archaeology, Linguistics, and Ethnohistory* (Boulder: University Press of Colorado, 2011). On the military dimension of this transformation see Carlo Fausto, *Warfare and Shamanism in Amazonia*, trans. David Rodgers (Cambridge: Cambridge University Press, 2012), 18-23.

33. Lee, "Fortify, Fight, or Flee," 726-27.

34. Dye, *War Paths, Peace Paths*, 141-66.

35. Robbie Ethridge, "The Emergence of the Colonial South: Colonial Indian Slaving, the Fall of the Precontact Mississippian World, and the Emergence of a New Social Geography in the American South, 1540 - 1730," in *Native American Adoption, Captivity, and Slavery in Changing Contexts*, ed. Max Caroccie and Stephanie Platt (New York: Palgrave Macmillan, 2012), 47-64.

36. Alexander VI, "Inter Caetera," May 4, 1493. http://www. nativeweb. org/pages/legal/indig-inter-caetera. html

37. 见 Jerry Brotton, *Trading Territories: Mapping the Early Modern World* (London: Reaktion Books, 1997), 119-50。

38. 见 Patricia Seed, *Ceremonies of Possession in Europe's Conquest of the New World*, 1492-1640 (Cambridge: Cambridge University Press, 1995), 69。

39. Boucher, *France and the American Tropics*, 41-42.

40. Silvia Castro Shannon, "Religious Struggle in France and Colonial Failure in Brazil, 1555 - 1615," *French Colonial History* 1 (2002): 51 - 62; John McGrath, "Polemic and History in French Brazil, 1550 - 1560," *Sixteenth Century Journal* 27 (1996): 385-97.

41. Karen Ordahl Kupperman, *The Jamestown Project* (Cambridge, MA: Harvard University Press, 2008), 45-46.

42. Francisco López de Mendoza Grajales, "Memoire of the Happy Result and Prosperous Voyage of the Fleet Commanded by the Adelantado Pedro Menendez de Aviles," in*Laudonniere and Fort Caroline: History and Documents*, ed. Charles E. Bennett (Tuscaloosa: University of Alabama Press, 2009), 141-63, 163.

43. Owen Stanwood, "Catholics, Protestants, and the Clash of Civilizations in Early America," in *The First Prejudice: Religious Tolerance and Intolerance in Early America*, ed. Chris Beneke and Christopher S. Grenda (Philadelphia: University of Pennsylvania Press, 2011), 218-40, 221-22.

44. Wim Klooster, *The Dutch Moment: War, Trade and Settlement in the Seventeenth Century Atlantic World* (Ithaca, NY: Cornell University Press, 2016), 26, 30, 42, 67.

45. Klooster, *Dutch Moment: War*, 29.

46. Klooster, *Dutch Moment*, 23; J. Braat, "Dutch Activities in the North and Arctic during the Sixteenth and Seventeenth Centuries," *Arctic* 37 (1984): 473-80.

47. Harmen Meyndertsz van den Bogaert, "A Journey into Mohawk and Oneida Country," in *In Mohawk Country: Early Narratives about a Native People*, ed. Dean R. Snow, Charles T. Gehring, and William A. Starna (Syracuse, N. Y.: Syracuse University Press, 1996), 1-13, 8-9.

48. Silverman, *Thundersticks*, 21-28.

49. Klooster, *Dutch Moment*, 33-73.

50. Eliga H. Gould, "Zones of Law, Zones of Violence: The Legal Geography of the British Atlantic, circa 1772," *William and Mary Quarterly* 60 (2003): 471-510, 480-81.

51. 唐·胡安·德洛古伦发表于 1637 年的声明,引自 *Venezuela-British Guiana Boundary Arbitration* (New York, 1899), 281。

52. 见 Meuwese, *Brothers in Arms*。

53. Klooster, *Dutch Moment*, 31, 49.

54. Meuwese, *Brothers in Arms*, 137-41.

55. Meuwese, *Brothers in Arms*, 141-43.

56. Meuwese, *Brothers in Arms*, 157.

57. Meuwese, *Brothers in Arms*, 151.

58. Klooster, *Dutch Moment*, 53-54.

59. N. N., *A Little True Forraine Newes* (London, 1642).

60. Meuwese, *Brothers in Arms*, 213.

61. Meuwese, *Brothers in Arms*, 155-56.

62. Linda M. Heywood and John K. Thornton, *Central Africans, Atlantic Creoles, and the Foundation of the Americas*, 1585-1660 (Cambridge: Cambridge University Press, 2007), 145-52; Meuwese, *Brothers in Arms*, 201-27; Klooster, *Dutch Moment*, 82-83.

63. 见 Carla Gardina Pestana, "English Character and the Fiasco of the Western Design," *Early American Studies* 3 (2005): 1-31。

64. Daniel K. Richter, "Rediscovered Links in the Covenant Chain: Previously Unpublished Transcripts of New York Indian Treaty Minutes, 1677-1691," *Proceedings of the American Antiquarian Society* 92 (1982): 45-85, 76.

65. Daniel K. Richter, *The Ordeal of the Longhouse: The Peoples of the Iroquois League in the Era of European Colonization* (Chapel Hill: University of North Carolina Press, 1992), 135-37.

66. Jean R. Soderlund, *Lenape Country: Delaware Valley Society Before William Penn* (Philadelphia: University of Pennsylvania Press, 2015).

67. Geoffrey Plank, "Discipline and Divinity: Colonial Quakerism, Christianity, and 'Heathenism' in the Seventeenth Century." *Church History* 85 (2016): 502-28.

68. William Penn to the Kings of the Indians, October 18, 1681, in Richard Dunn and Mary Maples Dunn, eds., *The Papers of William Penn*, Vol. 2 (Philadelphia: University of Pennsylvania Press, 1982), 128-29. 见 Daniel K. Richter, "Land and Words," in *Trade, Land, Power: The Struggle for Eastern North America*, ed. Richter (Philadelphia: University of Pennsylvania Press, 2013), 135-54。

69. James H. Merrell, *Into the American Woods: Negotiators on the Pennsylvania Frontier* (New York: Norton, 1999).

70. Patrick M. Erben, *A Harmony of the Spirits: Translation and the Language of Community in Early Pennsylvania* (Chapel Hill: University of North Carolina Press, 2012).

71 见 Patrick Spero, *Frontier Country: The Politics of War in Early Pennsylvania* (Philadelphia: University of Pennsylvania Press, 2016)。

第十章

1. Glete, *War and the State*; John Brewer, *The Sinews of Power: War, Money and the English State*, 1688-1783 (Cambridge, MA: Harvard University Press, 1990).

2. Eliga H. Gould, *The Persistence of Empire: British Political Culture in the Age of the American Revolution* (Chapel Hill: University of North Carolina Press, 2000), 3-14; Tony Claydon, *Europe and the Making of England*, 1660-1760 (Cambridge: Cambridge University Press, 2007), 192-98.

3. Creveld, *Supplying War*, 5-39; John A. Lynn, "How War Fed War: The Tax of Violence and Contributions during the Grand Siècle," *Journal of Modern History* 65 (1993): 286-310.

4. 可参见 Kwame Yebao Daako, *Trade and Politics on the Gold Coast*, 1600-1720 (Oxford: Clarendon Press, 1970)。

5. Langfur, *Forbidden Lands*.

6. Lynn, *Giant of the Grand Siècle*, 18.

7. Brewer, *Sinews of Power*, 32; Lynn, *Giant of the Grand Siècle*, 47.

8. Guy Rowlands, "Louis XIV, Vittorio Amedeo and French Military Failure in Italy, 1688-96," *English Historical Review* 115 (2000): 534-69.

9. Owen Stanwood. *The Empire Reformed: English America in the Age of the Glorious Revolution* (Philadelphia: University of Pennsylvania Press, 2011), 87; Kristen Block and Jenny Shaw, "Subjects without an Empire: The Irish in the Early Modern Caribbean," *Past and Present* 210 (2011): 33-60; Hilary McD. Beckles, "'A Riotous and Unruly Lot': Irish Indentured Servants and Freemen in the English West Indies, 1644-1713," *William and Mary Quarterly* 47 (1990): 503-22; Boucher, *France and the American Tropics*, 218.

10. William Thomas Morgan, "The British West Indies during King William's War (1689-97)," *Journal of Modern History* 2 (1930): 378-409, 383, 394.

11. Morgan, "British West Indies during King William's War;" Boucher, *France and the American Tropics*, 220.

12. Robin Law, *The Slave Coast of West Africa*, 129-32; Robin Law, ed., *Correspondence from the Royal African Company's Factories at Ofrah and Whydah on the Slave Coast of West Africa in the Public Record Office, London*, 1678-93 (Edinburgh: Centre of African Studies, Edinburgh University, 1990), 71-74.

13. Emerson W. Baker and John G. Reid, "Amerindian Power in the Early Modern Northeast: A Reappraisal," *William and Mary Quarterly* 61 (2004): 77-106.

14. O'Callaghan, ed., *Documents*, 1:286.

15. O'Callaghan. ed., *Documents*, 1:292-97.

16. Morgan, "British West Indies during King William's War," 385.

17. 埃德温·斯特德致雅各布·莱斯勒,1690 年 1 月 27 日,Leisler Papers, New York University。

18. 见 Emerson W. Baker and John G. Reid, *The New England Knight: Sir William Phips*, 1651-1695 (Toronto: University of Toronto Press, 1998), 86-109。

19. Cotton Mather, *The Present State of New England* (Boston, 1690), 35.

20. Cotton Mather, *Decennium Luctuosum* (Boston, 1699), 213-14.

21. Mather, *Decennium Luctuosum*, 235.

22. Mather, *Decennium Luctuosum*, 226.

23. Mather, *Decennium Luctuosum*, 203.

24. Mather, *Decennium Luctuosum*, 219.

25. Mather, *Decennium Luctuosum*, 219.

26. Mather, *Decennium Luctuosum*, 223.

27. Mather, *Decennium Luctuosum*, 220-22.

28. Mather, *Decennium Luctuosum*, 227.

29. Mather, *Decennium Luctuosum*, 221.

30. Mather, *Decennium Luctuosum*, 231.

31. Mather, *Decennium Luctuosum*, 220.

32. 关于对西班牙帝国存在价值的感知,可见 Carlos Marichal, "The Spanish-American Silver Peso: Export Commodity and Global Money of the Ancien Régime, 1550-1800," *From Silver to Cocaine: Latin American Commodity Chains and the Building of the World Economy*, 1500-2000, ed. Steven Topik, Carlos Marichal, and Zephyr Frank (Durham, NC: Duke University Press, 2006), 25-52。

33. James Ostwald, "The 'Decisive' Battle of Ramillies: Prerequisites for Decisiveness in Early Modern Warfare," *Journal of Military History* 64 (2000): 649-77.

34. Claydon, *Europe and the Making of England*, 192-98.

35. 西班牙殖民者的效忠状况可见 J. H. Elliott, *Empires of the Atlantic World: Britain and Spain in America*, 1492-1830 (New Haven, CT: Yale University Press, 2006), 229。

36. Steven J. Oatis, *A Colonial Complex: South Carolina's Frontiers in the Era of the Yamasee War*, 1689-1730 (Lincoln: University of Nebraska Press, 2004), 42-82.

37. 投降协定,1702 年; CO 152/5, 8, The National Archives。

38. Mario Rodriguez, "Dom Pedro of Braganza and Colónia do Sacramento, 1680-1705," *Hispanic American Historical Review* 38 (1958): 179-208, 207.

39. Evan Haefeli and Kevin Sweeney, *Captors and Captives: The* 1704 *French and Indian Raid on Deerfield* (Amherst: University of Massachusetts Press, 2003).

40. Reid, "Imperial Intrusions," 90.

41. Geoffrey Plank, "New England and the Conquest," in John G. Reid, Maurice Basque, Elizabeth Mancke, Barry Moody, Geoffrey Plank, and William Wicken, *The "Conquest" of Acadia*, 1710: *Imperial, Colonial and Aboriginal Constructions* (Toronto: University of Toronto Press, 2004), 67-85.

42. Adam Lyons, *The* 1711 *Expedition to Quebec: Politics and the Limitations of British Global Strategy* (London: Bloomsbury, 2013), 134.

43. John G. Reid, "Imperialism, Diplomacies, and the Conquest," in Reid et al, *"Conquest" of Acadia*, 101-23, 102-07; Jean-François Brière, "Pêche et Politique à Terre-Neuve au XVIIe Siècle: la France véritable gagnante du traité d'Uthrect?" *Canadian Historical Review* 64 (1983): 168-87.

44. Fred L. Israel, ed. *Major Peace Treaties of Modern History*, 1648-1967 5 vols. (New York: Chelsea House, 1967-1980), 1:209-11.

45. Plank, *Unsettled Conquest*, 40-67, 87-105.

46. 见 Oatis, *Colonial Complex*。

47. R. David Edmunds and Joseph L. Peyser, *The Fox Wars: The Mesquakie*

Challenge to New France (Norman: University of Oklahoma Press, 1993).

48. Silas Told, *An Account of the Life, and Dealings of God with Silas Told* (London, 1785), 26-39.

49. John Barbot, *A Description of the Coasts of North and South Guinea* (London, 1746), 380.

50. David Richardson, ed., *Bristol, Africa and the Eighteenth-century Slave Trade to America* (Bristol: Bristol Record Society, 1986), 159, 171.

51. G. I. Jones, *The Trading States of the Oil Rivers: A Study of Political Development in Eastern Nigeria* (London: Oxford University Press, 1963), 138-39.

52. Cecil Headlam ed., *Calendar of State Papers Colonial, America and West Indies*, Vol. 38 (London, 1938), 55. ii. 该宣称的法律背景见 Benton, *Search for Sovereignty*, 112-16。

53. Richard Pares, *War and Trade in the West Indies*, 1739-1763 (London: Frank Cass, 1963), 1-64; Kathleen Wilson, "Empire, Trade and Popular Politics in Mid-Hanoverian Britain: The Case of Admiral Vernon," *Past and Present* 121 (1988): 74-109; Gerald Jordan and Nicholas Rogers, "Admirals as Heroes: Patriotism and Liberty in Hanoverian England," *Journal of British Studies* 28 (1989): 210-24.

54. 可参见 *New York Weekly Journal*, August 7, 1738。

55. *Boston Evening Post*, April 14 and 28, 1740.

56. Richard Harding, *Amphibious Warfare in the Eighteenth Century: The British Expedition to the West Indies*, 1740—742 (Woodbridge: Royal Historical Society, 1991), 70-77; David Syrett, "The Raising of American Troops for Service in the West Indies during the War of Austrian Succession, 1740-1," *Bulletin of the Institute of Historical Research* 73 (2000): 20-32; Gary Nash, *The Urban Crucible: Social Change, Political Consciousness, and the Origins of the American Revolution* (Cambridge, MA: Harvard University Press, 1979), 169-70.

57. Philip D. Morgan and Andrew Jackson O'Shaughnessy, "Arming Slaves in the American Revolution," in*Arming Slaves*, ed. Brown and Morgan, 180-208, 184.

58. Harding, *Amphibious Warfare in the Eighteenth Century*, 205.

59. Gary Nash, "Urban Wealth and Poverty in Pre-Revolutionary America," *Journal of Interdisciplinary History* 6 (1976): 545-84, 576.

60. Anthony McFarlane, *Columbia before Independence: Economy, Society and Politics under Bourbon Rule* (Cambridge: Cambridge University Press, 1993), 109, 113; Geoffrey J. Walker, *Spanish Politics and Imperial Trade*, 1700-1789 (London: Palgrave, 1979), 208, 216-17.

61. Tobias Smollett, *A Compendium of Authentic and Entertaining Voyages* (2d ed., London, 1766), 5:338.

62. Landers, "Gracia Real de Santa Teresa de Mose," 19-20; Plank, "Deploying Tribes and Clans," 236-39.

63. Plank, *Unsettled Conquest*, 106-09.

64. Pritchard, *Anatomy of a Naval Disaster*.

65. 见 Stephen Conway, *Britain, Ireland, and Continental Europe in the Eighteenth Century* (Oxford: Oxford University Press, 2011), 266-91。

66. Journal of Conrad Weiser, *Colonial Records of Pennsylvania*, Vol. 5, pp. 348-58, 350. 见 White, *Middle Ground*, 201。

67. White, Middle Ground, 196.

68. James L. A. Webb Jr., "The Mid-Eighteenth-Century Gum Arabic Trade and the British Conquest of Saint-Louis de Sènègal, 1758," *Journal of Imperial and Commonwealth History* 25 (1997): 37-58; James F. Searing, *West African Slavery and Atlantic Commerce: The Senegal River Valley*, 1700-1860 (Cambridge: Cambridge University Press, 1993), 129-62.

69. Allan J. Kuethe, *Cuba*, 1753–1815: Crown, *Military and Society* (Knoxville: University of Tennessee Press, 1986), 3–20; Evelyn Powell Jennings, "War as the 'Forcing House of Change': State Slavery in Late Eighteenth-century Cuba," *William and Mary Quarterly* 62 (2005): 411–40; Daniel E. Walker, "Colony Versus Crown: Raising Black Troops for the British Siege on Havana, 1762," *Journal of Caribbean History* 33 (1999): 74–83.

70. Webb, "Mid-Eighteenth-Century Gum Arabic Trade."

71. Christopher Leslie Brown, *Moral Capital: Foundations of British Abolitionism* (Chapel Hill: University of North Carolina Press, 2006), 274–77.

72. 总体状况可见 Kuethe, *Cuba*; Jennings, "War as the 'Forcing House of Change'."

73. Christopher Brown, "Empire Without Slaves: British Concepts of Emancipation in the Age of the American Revolution," *William and Mary Quarterly* 56 (1999): 273–306; David Weber, *The Spanish Frontier in North America* (New Haven, CT: Yale University Press, 1992), 198–203.

74. John Woolman, "The substance of some conversation with Paponahoal the Indian Chief at AB in presence of Jo. W–n AB Etc.," Pemberton Papers, 13:23, Historical Society of Pennsylvania. See Richard W. Pointer, "An Almost Friend: Papunhank, Quakers, and the Search for Security amid Pennsylvania's Wars, 1754 – 1765," *Pennsylvania Magazine of History and Biography* 138 (2014): 237–68.

75. Archibald Loudon, *A Selection of the Most Interesting Narratives of Outrages Committed by the Indians in their Wars with the White People* (Carlisle, PA, 1808), 273.

76. Dowd, *War Under Heaven*.

77. Anthony F. C. Wallace, "Revitalization Movements," *American Anthropologist* 58(1956): 264–81. See also Gregory Evans Dowd, *A Spirited Resistance: The North American Indian Struggle for Unity*, 1745–1815 (Baltimore: Johns Hopkins University Press, 1992); Alfred A. Cave, *Prophets of the Great Spirit: Native American Revitalization Movements in Eastern North America* (Lincoln: University of Nebraska Press, 2006); Lee Irwin, *Coming Down from Above: Prophecy, Resistance, and Renewal in Native American Religions* (Norman: University of Oklahoma Press, 2008).

78. 见 Brown, "Empire Without Slaves"。

79. Anthony Benezet, *Observations on the Inslaving, Importing and Purchasing of Negroes* (Germantown, PA, 1759), 2.

80. Edith Philips, *The Good Quaker in French Legend* (Philadelphia: University of Pennsylvania Press, 1932). On French abolitionism see Marie-Jeanne Rossignol, "The Quaker Antislavery Commitment and How it Revolutionized French Antislavery through the Crèvecoeur – Brissot Friendship, 1782 – 1789," in *Quakers and Abolition*, ed. Brycchan Carey and Geoffrey Plank (Urbana: University of Illinois Press, 2014), 180–93.

81. Robert Niklaus, "The Pursuit of Peace in the Enlightenment," in *Essays on Diderot and the Enlightenment in Honor of Otis Fellows*, ed. John Pappas (Geneva: Droz, 1974), 231–45.

82. Montesquieu, *The Spirit of Laws*, trans. and ed. Anne Cohler, Basia Miller and Harold Stone (Cambridge: Cambridge University Press, 1989), 132.

83. Haydn Mason, "Voltaire and War," *British Journal for Eighteenth-century Studies* 4 (1981): 125–38.

84. Voltaire, *Candide, or Optimism*, trans. Burton Raffel (New Haven, CT: Yale University Press, 2005), 94.

85. Christian Ayne Crouch, *Nobility Lost: French and Canadian Martial Cultures, Indians, and the End of New France* (Ithaca, NY: Cornell University Press, 2014).

86. Gould, *Persistence of Empire*.

87. 可参见 Fred Anderson, *Crucible of War: The Seven Years' War and the Fate of Empire in British North America*, 1754–1766 (New York: Knopf, 2000)。

88. Thomas Paine, *Common Sense*, 2nd ed. (Philadelphia, 1776), 18, 29.

89. A Lover of Peace [Thomas Paine], "Thoughts on Defensive War," *Pennsylvania Magazine* 1 (July 1776): 313–14.

第十一章

1. "Memoirs of Mr. Boston King," *Methodist Magazine* (March 1798): 105–10; (April 1798): 157–61; (May 1798): 209–13; (June 1798): 261–65; Phyllis R. Blakeley, "Boston King: A Negro Loyalist Who Sought Refuge in Nova Scotia," *Dalhousie Review* 48 (1968): 347–56.

2. Sylvia R. Frey, *Water from the Rock: Black Resistance in a Revolutionary Age* (Princeton, NJ: Princeton University Press, 1991), 113.

3. "Memoirs of Mr. Boston King," 107.

4. "Memoirs of Mr. Boston King," 107.

5. "Memoirs of Mr. Boston King," 108.

6. "Memoirs of Mr. Boston King," 109.

7. Blakeley, "Boston King," 350.

8. "Memoirs of Mr. Boston King," 157.

9. "Memoirs of Mr. Boston King," 157.

10. John G. Reid, "Pax Britannica or Pax Indigena? Planter Nova Scotia (1760–1782) and Competing Strategies of Pacification," *Canadian Historical Review* 85 (2004): 669–92, 673.

11. "Memoirs of Mr. Boston King," 159.

12. "Memoirs of Mr. Boston King," 209.

13. "Memoirs of Mr. Boston King," 264.

14. "Memoirs of Mr. Boston King," 261.

15. Ward Stavig and Ella Schmidt, trans. and ed., *The Tupac Amaru and Catarista Rebellions: An Anthology of Sources* (Cambridge: Hackett Publishing, 2008), 21–22.

16. Charles F. Walker, *The Tupac Amaru Rebellion* (Cambridge, MA: Harvard University Press, 2014), 30–31.

17. Nicholas A. Robins, *Native Insurgencies and the Genocidal Impulse in the Americas* (Bloomington: Indiana University Press, 2005), 38–39; Walker, *Tupac Amaru Rebellion*, 169.

18. Walker, *Tupac Amaru Rebellion*, 3–4; Robins, *Native Insurgencies*, 40.

19. Walker, *Tupac Amaru Rebellion*, 146.

20. Ward Stavig, *The World of Tupac Amaru: Conflict, Community, and Identity in Colonial Peru* (Lincoln: University of Nebraska Press, 1984), 226.

21. Walker, *Tupac Amaru Rebellion*, 66.

22. Robins, *Native Insurgencies*, 41; Walker, *Tupac Amaru Rebellion*, 137–38, 176, 191.

23. Robins, *Native Insurgencies*, 40

24. Walker, *Tupac Amaru Rebellion*, 104; Stavig, *World of Tupac Amaru*, 242–43.

25. Walker, *Tupac Amaru Rebellion*, 151.

26. Walker, *Tupac Amaru Rebellion*, 175.

27. Stavig and Schmidt, trans. and ed., *Tupac Amaru and Catarista Rebellions*, 224–25.

28. Stavig and Schmidt, trans. and ed., *Tupac Amaru and Catarista Rebellions*, 68.

29. Walker, *Tupac Amaru Rebellion*, 132; Leon G. Campbell, "Social Structure of

the Túpac Amaru Army in Cuzco, 1780-1781," *Hispanic American Historical Review* 61 (1981): 675-93.

30. Walker, *Tupac Amaru Rebellion*, 104, 144, 150, 176, 186.

31. Walker, *Tupac Amaru Rebellion*, 165.

32. Walker, *Tupac Amaru Rebellion*, 185.

33. Walker, *Tupac Amaru Rebellion*, 258.

34. Constantin-François Volney, quoted in David A. Bell, *The First Total War: Napoleon's Europe and the Birth of Modern Warfare* (London: Bloomsbury, 2007), 203.

35. Jérôme Pétion de Villaneuve, quoted in Bell, *First Total War*, 102.

36. Jacques Jallet, quoted in Bell, *First Total War*, 98.

37. Wayne Lee, *Crowds and Soldiers in Revolutionary North Carolina: The Culture of Violence in Riot and War* (Gainesville: University Press of Florida, 2001); John Markoff, "Violence, Emancipation, and Democracy: The Countryside and the French Revolution," *American Historical Review* 100 (1995): 360-86; Brian J. Singer, "Violence in the French Revolution: Forms of Ingestion/Forms of Expulsion," *Social Research* 56 (1989): 263-93.

38. Wim Klooster, *Revolutions in the Atlantic World: A Comparative History* (New York: New York University Press, 2009), 84-88.

39. John D. Garrigus, "Catalyst or Catastrophe? Saint-Domingue's Free Men of Color and the Battle of Savannah, 1779-1782," *Review/Revista Interamericana* 22 (1992): 109-25, 116.

40. Laurent Dubois, *Avengers of the New World: The Story of the Haitian Revolution* (Cambridge, MA: Harvard University Press, 2005), 67-68.

41. Free Citizens of Color, "Address to the National Assembly, October 22, 1789," in *Slave Revolution in the Caribbean 1789-1804: A Brief History with Documents*, ed. Laurent Dubois and John D. Garrigus (Boston: Bedford/St. Martins, 2006), 69.

42.《费城广告通报》,引自 Dubois, *Avengers of the New World*, 116。

43. Dubois and Garrigus, eds., *Slave Revolution in the Caribbean*, 158.

44. Etienne Polverel and Léger Félicité Sonthanax, quoted in Dubois, *Avengers of the New World*, 159.

45. David Patrick Geggus, *Slavery, War, and Revolution: The British Occupation of Saint Domingue, 1793-1798* (Oxford: Clarendon Press, 1982), 203; John K. Thornton, "'I Am the Subject of the King of Congo': African Political Ideology and the Haitian Revolution," *Journal of World History* 4 (1993): 181-214, 207.

46. Geggus, *Slavery, War, and Revolution*, 315.

47. 路易·迪费,引自 Klooster, *Revolutions in the Atlantic World*, 103。

48. Thornton, "'I Am the Subject of the King'," 213; Dubois and Garrigus, eds., *Slave Revolution in the Caribbean*, 282.

49. Dubois and Garrigus, eds., *Slave Revolution in the Caribbean*, 273.

50. Dubois and Garrigus, eds., *Slave Revolution in the Caribbean*, 291-92.

51. Philip G. Dwyer, "Violence and the Revolutionary and Napoleonic Wars: Massacre, Conquest, and the Imperial Enterprise," *Journal of Genocide Research* 15 (2013): 117-31, 122.

52. Klooster, *Revolutions in the Atlantic World*, 111.

53. Gad Heuman, "From Slavery to Freedom: Blacks in the Nineteenth-century British West Indies," in *Black Experience and the Empire*, ed. Philip D. Morgan and Sean Hawkins (Oxford: Oxford University Press, 2004), 141-65, 145.

54. Thomas Clarkson, *The True State of the Case Respecting the Insurrection in St. Domingo* (Ipswich, 1792), 3.

55. Christopher Fyfe, *A History of Sierra Leone* (Oxford: Oxford University Press,

1963), 105-24, 136-39.

56. John Grace, *Domestic Slavery in West Africa, with Particular Reference to the Sierra Leone Protectorate*, 1896-1927 (London: Frederick Muller, 1975), 220-62.

57. Barcia, *West African Warfare*; Reid, *Warfare in African History*, 111.

58. 见 Lovejoy, *Transformations in Slavery*, chapters 7 and 8。

59. Tim Matthewson, "Jefferson and Haiti," *Journal of Southern History* 61 (1995): 209-48, 217.

60. Charles J. Esdaile, *The Wars of Napoleon* (New York: Longman, 1995), 300.

61. D. McCoy, *The Elusive Republic: Political Economy in Jeffersonian America* (Chapel Hill: University of North Carolina Press, 1980), 209-35; J. C. A. Stagg, *Mr. Madison's War: Politics, Diplomacy, and Warfare in the Early American Republic*, 1783-1830 (Princeton, NJ: Princeton University Press, 1983), 22-25.

62. Klooster, *Revolutions in the Atlantic World*, 151-55.

63. John Lynch, *The Spanish American Revolutions*, 1808-1826 (London: Weidenfeld and Nicolson, 1973), 342-47.

64. Robert Semple, *Sketch of the Present State of Caracas* (London, 1812), 147.

65. Lynch, *Spanish American Revolutions*, 202-06.

66. Klooster, *Revolutions in the Atlantic World*, 128-29; Lynch, *Spanish American Revolutions*, 39-40.

67. Peter Winn, "British Informal Empire in Uruguay in the Nineteenth Century," *Past and Present* 73 (1976): 100-26. On the longstanding rivalry between Buenos Aires and Montevideo, see Fabricio Prado, *Edge of Empire: Atlantic Networks and Revolution in Bourbon Rio de la Plata* (Berkeley: University of California Press, 2015).

68. Troy Bickham, *The Weight of Vengeance: The United States, the British Empire, and the War of* 1812 (Oxford: Oxford University Press, 2012), 245.

69. See Chet, *Ocean is a Wilderness*.

70. 弗朗西斯科·费雷拉·戈梅斯的故事可见 Roquinaldo Ferreira, *Cross-Cultural Exchange in the Atlantic World: Angola and Brazil in the Era of the Slave Trade* (Cambridge: Cambridge University Press, 2012), chapter 6。

71. Ferreira, *Cross-Cultural Exchange*, 203.

72. Ferreira, *Cross-Cultural Exchange*, 204.

73. Ferreira, *Cross-Cultural Exchange*, 240.

结 语

1. 总体状况可见 Mark Levene, *The Rise of the West and the Coming of Genocide* (New York: I. B. Taurus, 2005)。

2. Reid, *Warfare in African History*, 107-46.

3. 一个尤为重要的例证可见 Merritt Roe Smith, *Harpers Ferry Armory and the New Technology: The Challenge of Change* (Ithaca, NY: Cornell University Press, 1980)。

4. Aaron S. Fogleman, "From Slaves, Convicts, and Servants to Free Passengers: The Transformation of Immigration in the Era of the American Revolution," *Journal of American History* 85 (1998): 43-76.

5. 就这一分化展开的学术辩论可见 Robert C. Allen, Tommy E. Murphy, and Eric B. Schneider, "The Colonial Origins of the Divergence in the Americas: A Labor Market Approach," *Journal of Economic History* 72 (2012): 863-94。

6. Fred Anderson and Andrew Clayton, *The Dominion of War: Empire and Liberty in North America* (New York: Viking, 2004), 247-73.

7. 同化项目相关材料可见 Frederick E. Hoxie, *A Final Promise: The Campaign to Assimilate the Indians*, 1880-1920 (Lincoln: University of Nebraska Press, 2001)。

8. John Woolman, "The substance of some conversation with Paponahoal the Indian

Chief at AB in presence of Jo. W-n AB Etc. ," Pemberton Papers, 13:23, Historical Society of Pennsylvania. See Richard W. Pointer, " An Almost Friend: Papunhank, Quakers, and the Search for Security amid Pennsylvania's Wars, 1754 - 1765," *Pennsylvania Magazine of History and Biography* 138 (2014): 237-68.

9. Thomas Fowell Buxton, *The African Slave Trade and its Remedy* (New York, 1840), 268-69.

10. Andrew Porter, " Trusteeship, Anti-slavery, and Humanitarianism," in *The Oxford History of the British Empire, Volume IV: The Nineteenth Century*, ed. Andrew Porter and William Roger Lewis (Oxford: Oxford University Press, 1999), 198-221.

索　引

致　谢

遇见我妻子伊娜·茨魏尼格-巴盖尔洛夫斯卡(Ina Zweiniger-Bargielowska)的第一个晚上，我们相约次日上午从大瀑布出发，顺着尼亚加拉河向下游漫步。这条河波澜壮阔，水流激荡，可让我感到激动的却是北岸的19世纪英国防御工事。我开始几乎一刻不停地讲述1812年战争，内容当然也必然是难忘的。一转眼，那已经是二十多年前的事了，这些年里，从1812年战争到近代早期战争，战争与和平的话题持续不断地困扰着我。我不仅要感恩伊娜，也要感恩每一个在我的职业生涯中迁就我、鼓励我、支持我的人。

我尤其感激牛津大学出版社的苏珊·费伯(Susan Ferber)。在我考虑写这本书很久之后，她在2014年努力说服我认真投入工作。从那时起，每当我发给她计划、大纲、行动方案或草稿，她都仔细处理并给予我详尽、中肯的建议。我在制订本书写作计划时求教于韦恩·李(Wayne Lee)，他给出了宝贵的建议。克里斯蒂安·科特(Christian Koot)和本书的匿名审稿人也提供了重要的校正和建议。2015年，迈克尔·古德(Michael Goode)和约翰·斯摩棱斯基(John Smolenski)组织发起了名为“暴力史中的和平幻象”的会议，我在此次会议上展示了本书的概要，后来又在美洲早期史研究英国组的2017年年会上展示了一次。在这两次会议中我都收到了很好的建议，我对与会的每个人表示感谢。在这本书写作期间，尤其是付梓阶段，得到了下列艺术收藏机构、博物馆和图书馆的馆藏资源与人员支持：巴约博物馆、耶鲁大学拜内克稀见图书与手抄本图书馆、得克萨斯大学奥斯汀分校本森拉丁美洲陈列馆、法国国家图书馆、牛津大学博德利图书馆、大英图书馆、剑桥大学图书馆、纽伦堡德意志国家博物馆、约翰·卡特·布朗图书馆、国会图书馆、伦敦大都会档案馆、都灵皇家博物馆、鹿特丹海事博物馆、埃斯科里亚尔修道院、马德里美洲博物馆、普拉多博物馆、伦敦城博物馆、丹麦国家博物馆、北爱尔兰国家博物馆、奥地利国家图书馆、皇家军械库、格林尼治皇家博物馆、荷兰国立博物馆、东安格利亚大学塞恩斯伯里视觉艺术中心、史密森学会、慕尼黑邦立平面艺术陈列馆、海德贝格大学图书馆、东安格利亚大学图书馆、乌普萨拉大学图书馆以及维多利亚与艾伯特博物馆。我的作品离不开东安格利亚大学图书馆的馆际互借服务。我还得益于东安格利亚大学历史系给予的研究假期和东安格利亚大学艺术与科学学院颁发的出版奖励。在东安格利亚大学，克莱尔·格拉斯比(Claire Grasby)帮助我解决了很多重大问题。杰里米·汤因比(Jeremy Toynbee)和出版社编辑指导我顺利通过了文字编辑和出版阶段。感谢乔恩·格雷戈里(Jon Gregory)提供地图。伊娜全程阅读了每个章节并给予我犀利的批评。我将永远感恩不尽。